"十二五"国家重点图书出版规划项目
四川建设西部文化强省重点项目

章玉钧　谭继和　主编

巴蜀文化通史

巴蜀文化研究论著索引【四】

李敬洵　编

四川人民出版社

巴蜀文化研究论著索引 [四] **目录**

1669 第八章　巴蜀艺术

一、一般论著 / 1671

二、书画艺术 / 1675

三、造型艺术 / 1705

四、建筑艺术 / 1765

五、表演艺术 / 1790

1873 第九章　教育文化

1911 第十章　语言文字

一、巴蜀图语 / 1913

二、扬雄《方言》/ 1915

三、四川方言 / 1921

四、少数民族语言文字 / 1936

第十一章 传媒文化 {1957}

一、印刷与版本、索引 / 1959
二、出版与图书、博物馆 / 1971

第十二章 移民文化 {1989}

第八章

巴蜀艺术

一、一般论著

篇、书名	著(译)编者	出处	卷、期	年月日
古蜀民间工艺美术溯源	刘志勇	巴蜀史志	4 期	2002
巴蜀艺术地理	林 木 李 颖	山东美术出版社		2005
地域考古与对"五斗米道"美术传统的重构	巫 鸿	汉唐之间的宗教艺术与考古		2000
苏东坡的艺术生活	缪 宏	艺浪 2 卷	2、3 期	1936
论《庄子》对苏轼艺术思想的影响	项 楚	四川大学学报（哲社）	3 期	1979
苏轼论艺术的真实性	朱靖华	文学论集	4 辑	1980
诗画本一律，天工与清新——苏轼艺术观的再认识	孙 克	美术研究	1 期	1982
东坡不随人后	李 辑	广西大学学报（哲社）	1 期	1982
苏轼研究二题	曹慕樊	西南师范学院学报（哲社）	3 期	1982
苏轼拘泥形似的艺术批评初探	郑诗群	中南民族学院学报（哲社）	2 期	1984
苏轼论艺术风格	陶文鹏	文学论丛	19 辑	1984
试论老庄及禅宗对苏轼美学思想的影响	柯大课	昭乌达蒙族师专学报（哲社）	2 期	1985
论苏轼的美学思想	王向峰	文艺理论研究	4 期	1985
略论苏轼的意义	谢桃坊	社会科学研究	1 期	1986
苏轼美学思想中所体现的中国古典艺术之精神	钟跃英	美苑	1 期	1987
论苏轼的审美理想	江裕斌	文学评论	4 期	1987
苏轼的"观物必造其质"说——苏轼如何认识、观察、表现生活	徐中玉	文艺理论研究	4 期	1987
论苏轼的艺术美学思想	凌南申	文史哲	5 期	1987
苏轼对意境论的贡献	阮国华	天津社会科学	6 期	1987
苏东坡艺术的研究		黄冈师专学报	4 期	1988
苏轼的艺术创作论	张少康	古典文艺美学论稿		1988
思无邪：苏轼美学的逻辑起点	涂道坤	中国人民大学学报	3 期	1989
略说苏轼的美学思想	徐 良	青海师范大学学报	3 期	1989
略谈苏轼艺术精神中的"反常合道"	费君清	杭州大学学报（哲社）	3 期	1989
苏轼：儒道佛美学思想的融合	王世德	云南教育学院学报	4 期	1991

续表一

篇、书名	著(译)编者	出处	卷、期	年月日
略论苏轼的审美观	彭功智	河南师范大学学报（哲社）	3期	1992
浅论禅宗美学对苏轼艺术创作的影响	高林广	内蒙古师范大学学报（哲社）	1期	1993
试论苏轼的美学追求	孟二冬 丁放	国学研究	2卷	1994
试论苏轼的美学思想与道学的联系	张维	社会科学研究	4期	1994
苏轼：儒道佛美学的融合与超越	徐林祥	文艺报		1995.1.21
道家思想与苏轼的审美心理论	杨存昌	淄博师专学报	1期	1995
试论苏轼的艺术追求与人格境界的统一	杨胜宽	四川大学学报（哲社）	2期	1995
"诗画本一律，天工与清新"——从诗画同一论看苏轼的艺术观	陈晓春	乐山师专学报（社科）	1期	1997
苏轼美学思想新探	阎自启	洛阳大学学报	3期	1997
谈苏轼论王维、吴道子兼及龙江美术批评	盖东升 赵松	艺术研究	4期	2003
简论苏轼高风绝尘之美的美学内涵	张惠民 张进	苏州大学学报（哲社）	3期	2004
苏轼的审美心理经验管窥	黄贞权	社会科学家	3期	2004
苏轼"平淡"美的意蕴及其思想渊源	王德军	长春大学学报	3期	2004
东坡意象创造论	朱靖华	乐山师范学院学报	7期	2005
味外之味：苏轼的艺术审美追求	王启鹏	乐山师范学院学报	7期	2005
四川的文化动态	宋之的	抗战文艺	1卷8期	1938
略谈四川抗战文艺运动的几个特点	秦川	新文学研究	1期	1992
四川的抗战美术宣传	吴继金	文史杂志	4期	2005
对《四川的抗战美术宣传》一文的补遗	张海山	文史杂志	5期	2005
文艺活动在成都	周文	文艺阵地	1卷1、2期	1938
最近成都的文艺活动	周文	抗战文艺	2卷1期	1938
成都抗战文艺运动鸟瞰	周文	抗战文艺	4卷1期	1939
成都的文艺界	零兵	大风半月刊	67期	1940
荒芜了的沃土——成都文化近况	艾明之	文联（重庆）	1卷6期	1946
李劼人先生与"文抗"——"文协"成都分会片段	谢扬青	新文学史料	2期	1992
抗敌文协与李劼人	车辐	新文学史料	2期	1992

续表二

篇、书名	著(译)编者	出处	卷、期	年月日
成都文协时期的陈翔鹤同志	劳洪	新文学史料	4期	1980
陈翔鹤与文联成都分会	洪钟	抗战文艺研究	2辑	1982
抗敌"文协"成都分会始末	邹萌	西南民族大学学报（人文）	9期	2005
抗战时期的成都美术	李孟曦	文史杂志	5期	2005
老舍与成都	曾广灿	成都大学学报（社科）	2期	1982
成都在二十世纪中国美术史上的地位	黄宗贤	美术	4期	2000
回忆抗战时期重庆的戏剧斗争	阳翰笙	戏剧报	11、12期	1961
在反动堡垒里的斗争——忆解放前重庆的文化活动	翁植耘等	重庆出版社		1982
战斗在雾都重庆——回忆文化工作委员会的斗争	阳翰笙	新文学史料	1期	1984
回忆文化工作委员会成立大会	翁植耘	重庆党史研究资料	8期	1984
重庆的新文化运动	杨付军	重庆青运史研究资料	4期	1984
由旧趋新的战前重庆文艺	郝明工	成都大学学报（社科）	1期	1995
阳翰笙同志谈三厅和文化工作委员会		重庆党史研究资料	10期	1985
抗战时期重庆文艺界活动纪事	戎之	重庆地方志资料	2期	1986
抗战初期重庆文艺运动述略	刘安章	重庆师范学院学报（哲社）	3期	1987
南方局领导下的重庆抗战文艺运动	中共重庆市委党史工作委员会	重庆出版社		1989
抗战时期重庆文艺界重要活动及论争	冉庄	重庆社会科学	4期	1995
抗战时期重庆美术活动掠影	禾子	文史杂志	4期	1997
抗战时期大后方美术中心的成因	黄宗贤	西南师范大学学报（社科）	3期	2001
抗战时期重庆的美术活动概况	陈晓南	美术研究	2期	2002
论重庆抗战文化地图中的"文协"	彭玉斌	重庆社会科学	1期	2005
略论抗战时期重庆美术活跃的原因	钱华欣	重庆教育学院学报	5期	2005
活跃于抗战中的重庆校园文艺社团——突兀社	李文平	重庆师范大学学报（哲社）	6期	2005
陪都进步文化人	张鲁 刘蜀仪	重庆大学出版社		1995
郭沫若："文化抗战"的主将和旗帜	袁丽容	郭沫若学刊	3期	1995
让郭学的光焰燃烧得更旺——兼谈郭沫若与抗战文化	黄云万	郭沫若学刊	4期	1995
文化运动的主将 编辑工作的向导	姚梦林	郭沫若学刊	4期	1995

续表三

篇、书名	著(译)编者	出处	卷、期	年月日
郭沫若是抗战文化的一面旗帜	谷辅林	郭沫若学刊	4 期	1995
论郭沫若的抗战文化思想——重读《羽书集》	秦 川	郭沫若学刊	4 期	1995
浅议郭沫若抗战时期的文化选择	秦 川	郭沫若学刊	3 期	2005
郭沫若文化抗战的历史评价	杨胜宽	郭沫若学刊	4 期	2005
郭沫若与抗战文化	李 波	重庆市沙坪坝区文化广电新闻出版局		2005
三峡民间艺术博览	胡绍华等	陕西旅游出版社		1992
三峡民间艺术琐谈	陈和莲	三峡学刊	1 期	1995
三峡民间美术造型与审美的特征	崔 毅	四川三峡学院学报	1 期	1999
		四川教育学院学报	增刊 1	2000
三峡民间美术的特征	崔 毅	四川教育学院学报	增刊 1	1999
论三峡民间美术的美学特征	李长禄	重庆三峡学院学报	4 期	2001
三峡民间美术 1-4 册	李长禄	西南师范大学出版社		2001
三峡民间美术精萃	陈和莲 吴 淼	重庆出版社		2004
试论三峡民间美术的资源与应用	陈孝荣	西南民族大学学报（人文）	11 期	2005
安县民间工艺品集萃	高一旭	中国三峡出版社		2001
巴蜀艺术集成志书的学术成就	幸晓峰 伍明实	四川戏剧	6 期	2005
土家族苗族民俗民间艺术	秦 雨 彭林绪	重庆出版社		1990
White Stone Ornamental Designs	J. H. Edga	Journal of the West China Border Research Society	Vol. 1	1922 – 1923
羌族文化艺术浅说		曲艺	1 期	1990
杂谷脑河的意蕴——羌族美术史略	王伯敏	新美术	3 期	1993
北川羌族艺术撷华	杨永忠	民族	7 期	1994
羌族民间艺术与川西北高原文化	罗 徕	装饰	12 期	2004
浅析西藏宗教文化艺术对阿坝地区的影响	余 斌	西藏艺术研究	3 期	1988
白马藏人的原始综合艺术	鸿 飞	民间文学论坛	6 期	1989
康巴藏族民间美术	甘孜州文化局	四川民族出版社		1989
中国四川藏族装饰图案集	阿坝藏族羌族自治州人民政府	成都出版社		1992
丰富多彩的德格民间文艺	泽尔多杰	四川统一战线	7 期	1995

续表四

篇、书名	著(译)编者	出处	卷、期	年月日
康巴民间艺文丛谈	梅俊怀	甘孜州群众艺术馆		2004
凉山彝族图案纹义探源——兼论几何图案的产生	冯敏	民族艺术	2期	1988
凉山彝族民间美术	凉山州文化局	四川民族出版社		1992
凉山彝族的三色艺术——试论凉山彝族民间色彩	侯宝川	重庆工业管理学院学报	4期	1999
毕摩艺术形态的特征概述	摩瑟磁火	凉山大学学报	4期	2000
彝族传统美术特征浅谈	杨忠秀 卢德福	凉山大学学报	12期	2001
探彝族美术综合艺术特性	叶峰	凉山大学学报	12期	2001
简述民主改革前的凉山彝族文化艺术	张克新 骆正义	凉山大学学报	2期	2004
凉山彝族文化艺术研究	韦安多	四川民族出版社		2004
大凉山美姑民间艺术研究	曾明等	四川民族出版社		2004
彝族手工：穿越时空的历史传承	巴且日火 胡小平	中国西部	11期	2005
摩梭艺术	刘遂海 李发斌	四川美术出版社		2005

二、书画艺术

篇、书名	著(译)编者	出处	卷、期	年月日
益州书画名人录	绵阳地区文化馆	编者刊		1983
绵州书画名人录（征求意见稿）	绵阳市文化局	编者刊		1986
历史上的重庆籍书法家、画家	胡涵子	重庆地方志	5期	1991
内江书画百年	内江书画百年编委会	编者刊		2002
张飞的书法，关羽的绘画	王畅	旅游	5期	1982
陈子昂的"风骨"论与唐代书画艺术	严云绶	书法之友	8期	2000
宋朝内江书画名人录	温钧陶	内江师专学报（社科）	2期	1988
书画双妙的文同	刘诗	四川文物	3期	1990
苏东坡之书画	曹树铭	大陆杂志	41卷10期	1970

续表一

篇、书名	著(译)编者	出处	卷、期	年月日
苏东坡的书画	陈宗敏	中华文化复兴月刊	6卷9期	1973
苏东坡（文忠公）的书画	雅儒	自由谈	30卷12期	1980
苏轼论书画史料	李福顺	上海人民美术出版社		1988
蘇東坡の書画論における虚実の理	大野修作	書道研究	4卷11号	1990
蘇東坡《紙・筆・硯》小考	長尾秀則	国学院中国学会报	38号	1992
苏轼书画美学思想特征试探	傅合远	齐鲁艺苑	4期	1994
苏轼书画的历代评价及影响	衣若芬	宋代文化研究		2000
赤壁漫游与西园雅集——苏轼研究论集	衣若芬	线装书局		2001
《赤壁漫游与西园雅集》——苏轼研究论集	衣若芬	宋代文化研究		2002
苏轼书画艺术与佛教	陈中浙	商务印书馆		2004
明清四川书画	秦化江	四川文物	4期	1986
四川省博物馆珍藏书画精品选介	秦化江	文史杂志	4期	1992
益州书画录、益州书画录续编、益州书画录补遗、附录	薛志泽	成都崇礼堂		1946
张问陶及其书画诗词艺术	彭高泉	四川文物	2期	1996
张问陶书画艺术刍论	秦化江	四川文物	4期	2002
曾懿与左锡嘉	胡昌健	四川文物	6期	1993
清末四川的两位杰出书画家	傅葆琛	龙门阵	2期	1984
清末四川书画家杨春梯	祖垲 土山豆	文史杂志	2期	1989
清季书画家杨春梯	杨祖垲	四川文物	3期	1990
李汝南及其书画艺术	郭永棣 陈卓	成都文物	2期	2003
四川民间秘藏古玩书画	李晟	四川文艺出版社		2000
大足历史上的几位书法人物	赵辉志	重庆地方志	3期	1992
小篆产生以前的隶书墨迹——介绍青川战国木牍兼谈"初有隶书"问题	尹显德	书法	3期	1983
古隶小议——青川秦牍书体浅说	李昭和	四川文物	增刊	1996
青川木牍隶书墨迹探源	黄家祥	出土文献研究	7辑	2005
益部汉隶集录	邓少琴	天风阁		1949
《四川出土汉代砖文书法选》序	高文	中国书法	2期	1987

续表二

篇、书名	著(译)编者	出处	卷、期	年月日
四川汉代纪年砖字砖书法艺术初探	雒启坤 杨琼	四川文物	2期	1990
四川汉代碑刻艺术初论	谢荔	四川文物	6期	1992
四川地区现存主要铭文石刻及其艺术特色	谢凌	四川文物	4期	2000
乐山东汉崖墓石刻文字考	周俊麒	乐山师范学院学报	3期	2001
		四川文物	4期	2001
四川乐山东汉崖墓石刻文字考	周俊麒	考古与文物	增刊·汉唐考古	2002
四川汉隶石刻书艺考述	古元忠	成都文物	2期	2004
四川渠县汉阙书法考略	侯忠明	书法研究	3期	2004
渠县汉阙之《沈府君阙》研究三题	侯忠明	达县师范高等专科学校学报	3期	2003
		书法研究	5期	2004
《何君阁道铭》《石门关铭》书法艺术分析	何应辉	中国书画	8期	2005
褒斜道石门及其石刻	陈明达	文物	4、5期	1961
褒斜道与石门石刻	黄盛璋	文物	2期	1963
褒斜石刻和汉代徒刑	去非	文物	2期	1963
褒斜道石门附近栈道遗迹及题刻的调查	陕西省考古研究所	文物	11期	1964
《郙阁颂》摩崖石刻	汉中地区文教局等	文物	6期	1976
读碑拾零	刘德岑	西南师范学院学报（哲社）	3期	1979
汉《石门颂》新证	郭荣章	汉中师院学报（哲社）	2期	1983
《石门汉魏十三品》简介	素琴	汉中师院学报（哲社）	2期	1983
汉中褒斜道摩崖石刻——汉中文物介绍	汉中市博物馆	汉中师院学报（哲社）	2期	1983
北魏"石门铭"——汉中文物介绍		汉中师院学报（哲社）	1期	1984
石门 第一期	汉中市褒斜石门研究会	编者刊		1984
历代碑帖法书选：汉石门颂	《历代碑帖书选》编辑组	文物出版社		1984
试论石门摩崖的历史意义	张仁镜	汉中师院学报（哲社）	1期	1985
石门汉魏摩崖石刻的保护	刘最长等	文博	1期	1985

续表三

篇、书名	著(译)编者	出处	卷、期	年月日
《石门颂》魏崖刻石	卜希旸	书法丛刊	9期	1985
石门摩崖石刻研究——《石门十三品专辑》	郭荣章	陕西人民美术出版社		1985
《郙阁颂》书法艺术简述	任怀信	人文杂志	3期	1986
石门 第二期	汉中市褒斜石门研究会	编者刊		1986
汉中褒斜道石门摩崖石刻	牛丸好一			1986
《郙阁颂》摩崖刻字形义初探	郭荣章	文博	5期	1987
褒谷石门的汉隶书刻技艺	郭荣章	汉中师院学报（哲社）	1期	1988
北魏《石门铭》的正名意义及其记事价值	李星	汉中师院学报（哲社）	1期	1988
褒谷石门的汉隶书刻技艺	郭荣章	汉中师院学报（哲社）	1期	1988
石门瑰宝——十三品	秦文	西北民族大学学报（哲社）	4期	1988
汉碑偶识	李发林	考古	8期	1988
石门 第三期	汉中市褒斜石门研究会	编者刊		1988
石门汉魏十三品	陕西汉中市褒斜石门研究会、陕西汉中市博物馆	陕西人民美术出版社		1988
论《石门颂》与《石门铭》的书法艺术	刘英华 冯杰	成都大学学报（社科）	1期	1989
试论石门摩崖研究的历史意义	张仁镜	成都大学学报（社科）	1期	1989
初论《石门颂》与汉简书法之关系	李星	成都大学学报（社科）	1期	1989
浅谈石门摩崖石刻的传播	王景元	成都大学学报（社科）	1期	1989
石门十三品质疑	种谷扇舟（柴小奇）	成都大学学报（社科）	1期	1989
石门题刻与宋代的山河堰	汪志德	成都大学学报（社科）	1期	1989
石门摩崖书者与刻工琐记	王丕忠	成都大学学报（社科）	1期	1989
宋代石门轶事补遗和考辨	陶喻之	成都大学学报（社科）	1期	1989
褒斜道石门及石刻研究论著目录汇集	马强 冯素芳	成都大学学报（社科）	1期	1989
罗秀书与《诸葛亮八阵图》刻石	薛凤飞	成都大学学报（社科）	1期	1989
浅谈《李苞通阁道》摩崖石刻的价值	王彬	成都大学学报（社科）	1期	1989
汉代隶书的研究	小木太法（周以量）	成都大学学报（社科）	1期	1989

续表四

篇、书名	著(译)编者	出处	卷、期	年月日
论《石门颂》的书法艺术	杨代欣	成都大学学报（社科）	1期	1989
石门摩崖书法艺术散论	雏长安	成都大学学报（社科）	1期	1989
《杨淮表记》书艺管窥	钟林元	成都大学学报（社科）	1期	1989
汉《石门颂》、《郙阁颂》的文化特征比较初探	田孟礼	成都大学学报（社科）	1期	1989
"崖然题名"辨误	刘洁	文博	4期	1989
南宋褒斜石门题名蜀人事迹考	陶喻之	四川文物	1期	1990
读《汉碑偶识》质疑	陈奇猷	考古	2期	1991
褒斜石门两种摩崖石刻考辨	陶喻之	上海博物馆集刊	6集	1992
石门汉魏石刻艺术蕴含的东方哲理	李星	文博	3期	1993
日本学者对褒斜石门的研究	冯岁平	中国文物报		1993.7.25
石门汉魏十三品撮要	汉中市博物馆	陕西旅游出版社		1993
汉三颂专辑	郭荣章	陕西人民美术出版社		1993
褒斜道石门及其摩崖刻石	陈显远	历史大观园	2期	1994
论秦蜀栈道的几个问题	唐寰澄	文博	2期	1994
近年来蜀道石门石刻研究概述	冯岁平	中国史研究动态	2期	1994
曹操与"衮雪"	曹忠德	陕西水利	3期	1994
石门十三品与汉中人的美意识	李锐	汉中师院学报（哲社）	4期	1994
《辞海》与《石门颂》	于泽民	档案天地	5期	1994
对蜀道及石门石刻研究的几点看法	王翰章 芦桂兰	文博	2期	1995
石门石刻全貌探踪发微	郭荣章	文博	2期	1995
《石门颂》书法艺术之我见	徐永锡	文博	2期	1995
《石门颂》、《杨淮表记》主要人物考	钟林元	文博	2期	1995
石门宋人题刻及轶事补议	王景元	文博	2期	1995
"石门十三品"与蜀派汉隶	杨代欣	文博	2期	1995
曹操手迹今何在 石门摩崖有"衮雪"	刘洁	华夏文化	5期	1995
古褒斜路及其栈道、石门、十三品	王文奇	文史知识	9期	1995
褒斜道、石门及其摩崖石刻	陈显远 王云林	西北史地	2期	1996
汉魏蜀道石刻史料研究	陶喻之	上海博物馆集刊	7辑	1996
古褒斜道上的魏晋摩崖刻石	郭荣章	中国书法史论研讨会论文集		1996

续表五

篇、书名	著(译)编者	出处	卷、期	年月日
"石门十三品"与蜀派汉隶	杨代欣	书法研究	5期	1997
《潘宗伯、韩仲元、李苞通阁道题记》摩崖考识	王景元	碑林集刊		1998
西泠印社法帖丛编：汉石门颂	西泠印社编辑部	西泠印社		1998
中国著名碑帖——石门铭	巴蜀书社编辑部	巴蜀书社		1998
汉中摩崖石刻形成的历史原因	杨东晨	文博	3期	1999
《鄐阁颂》摩崖的损蚀与保护	王景元	文博	6期	1999
《石门颂》研究	徐来军	书法之友	10期	1999
石门铭	金 木	吉林文史出版社		1999
关于《石门颂》的版本问题	陶玉之	书法研究	1期	2000
《石门颂》鉴定三题	冯岁平	文博	1期	2000
四川地区现存汉代主要铭文石刻及艺术特色	谢 凌	四川文物	4期	2000
中国碑帖经典：石门颂	上海书画出版社编辑部	上海书画出版社		2000
历代碑帖法书选：宋山河堰落成记	《历代碑帖法书选》编辑组	文物出版社		2000
《石门石刻大全》序	郭荣章	文博	6期	2001
《石门颂》的"三意"	郑光泽	中国艺术报		2001.3.2
石门石刻大全	郭荣章	三秦出版社		2001
石门三崖刻：释放文化与人性的灿烂	张 韬	青少年书法	1、2期	2002
王森文及其《石门碑醳》	项晓静 吴大康	安康师专学报	4期	2002
石门摩崖石刻文化价值再认识	李 锐	汉中师范学院学报（社科）	4期	2002
《石门颂》的艺术价值	黄友三	艺术·生活	6期	2003
《开通褒斜道》受方家赞叹	李洪义	中国商报		2003.11.13
王森文及其《石门碑醳》	冯岁平	文博	1期	2004
隶书集联（三）：开通褒斜道刻石	张楚务 张劲佳	湖南美术出版社		2005
书李白《上阳台帖》真迹后	启 功	文物精华	2集	1963
从李白的《上阳台》行书帖谈起	刘欣斋	书法	5期	1979
李白的书法及其《上阳台帖》	洪丕谟	艺术世界	6期	1984
李白的书法艺术浅析	刘 诗	四川文物	6期	1990

续表六

篇、书名	著(译)编者	出处	卷、期	年月日
李白的书法艺术及其《上阳台》帖赏析	张家权	书法艺术	5 期	1995
论李白书风	佟培基	唐代文学研究	7 辑	1996
李白《上阳台帖》墨迹	启 功	启功丛稿（题跋卷）		1999
李白手书《上阳台帖》真迹	姜舜源	紫荆	7 月号	2001
李白书法艺术和书法审美观论析	张志攀	浙江师范大学学报（社科）	3 期	2003
论李白在盛唐书风转变中的推动作用	张学忠	陕西师范大学学报（哲社）	6 期	2004
纸面上的人物	刘长春	作家	10 期	2004
李白墨迹选	李成蹊	黄山书社		1992
薛涛的书法	曾君一	成都日报		1980.4.28
"颜书"遗香溢三巴	刘 诗	四川文物	1 期	1992
书法家杜光庭	罗争鸣	华夏文化	3 期	2001
宋苏轼手札		河北第一博物馆半月刊	5 期	1931
东坡留粤书迹	马国权	羊城晚报		1961.6.15
苏轼书写的《醉翁亭记》石刻		河南日报		1961.7.27
苏东坡论书法	戴丽珠	幼狮	43 期	1976
苏轼和米芾的行书	徐邦达	书法丛刊	1 辑	1980
天津市艺术博物馆藏《西楼苏帖》	蔡鸿茹	文物	10 期	1980
北京市文物商店藏《西楼苏帖》	秦 公	文物	10 期	1980
苏东坡字帖（影印本）	苏东坡	四川人民出版社		1981
《景苏园帖》序	李一泯	黄冈师专学报	2 期	1982
谈苏轼书法及其流传书迹	朱鼎荣	书法丛刊	3 辑	1982
《苏轼论书》注释	包备五	书法研究	4 期	1982
蘇軾黃州寒食詩竝黃跋譯注	大野修作	中國碑帖選譯注（下）		1982
蘇東坡の顔真卿観	杉村邦彦	書論	20 号	1982
蘇東坡の書の生成過程について——寒食帖によせて	池田哲也	書論	20 号	1982
"通神"的奥妙	李德义	美苑	3 期	1983
苏轼撰书《齐州长清县真相院释迦舍利塔铭并引》刻石	韩明祥	文物	6 期	1983
苏轼《洞庭春色赋》、《中山松醪赋》墨迹手卷	段成桂	文物	6 期	1983
苏轼手书两赋卷收藏始末	刘 刚	吉林师范学院学报（哲社）	2 期	1984

续表七

篇、书名	著(译)编者	出处	卷、期	年月日
喜鉴大苏赋　珠还宝墨春	金意庵	吉林师范学院学报（哲社）	2期	1984
骏马倏忽踏九州——苏轼《黄州寒食帖》赏析	阮增宝	名作欣赏	4期	1984
苏轼法书年表	段成桂	书法研究	2期	1985
蘇東坡書寫《楞伽經》攷	吉田和夫	中田勇次郎先生頌壽記念論集		1985
成都《西楼苏帖》考	陈光表	成都文物	2期	1985
信手写得佳作来——苏轼书法精品简介	刘 诗	四川文物	2期	1986
纵送自如东坡意——浅谈苏氏书艺	杨敦礼	故宫文物月刊	39期	1987
景苏园帖	杨守敬 杨寿昌	湖北美术出版社		1986
东坡书法研究	金炳基	中国语文学	11辑	1986
苏轼及其墨迹四种	杨臣彬	故宫博物院院刊	1期	1988
苏轼的书法美学观	尹 旭	美术史论	4期	1988
苏东坡的书论与禅悦之风	王南溟	书法研究	4期	1989
苏轼《齐州长清县真相院舍利塔铭》	于中航	书法丛刊	18辑	1989
蘇軾の贈墨・寄墨	滝沢精一朗	野州国文学（国學院大学栃木短期大学）	43号	1989
成都西楼苏帖初笺	徐无闻	西南师范大学学报（哲社）	2期	1990
詩にみる蘇東坡の書論	村上哲見	書道研究	4卷11号	1990
苏轼墨迹大观	苏 轼	上海人民美术出版社		1990
苏轼的书论、书艺及其美学思想	朱郁华	书法研究	2期	1991
苏轼《天际乌云帖》卷（即嵩阳帖）	徐邦达	故宫博物院院刊	4期	1991
苏轼《黄州定惠院月夜偶书二诗草稿》卷	徐邦达	故宫博物院院刊	3期	1991
苏东坡书法美学思想浅谈	杨疾超	黄冈师专学报	4期	1991
中国书法全集：苏轼	刘正成	荣宝斋		1991
苏轼行书墨迹八种	苏 轼	天津古籍书店		1991
苏轼书论辩证思想初探	王 伟	书法研究	2期	1992
谈传世苏轼墨迹中的三件伪书	赵志成	书法丛刊	4期	1992
庄周哲学与苏轼的书法审美观	王元军	文史知识	12期	1992
苏东坡尺牍墨迹九种	苏东坡	北京美术摄影出版社		1992

续表八

篇、书名	著(译)编者	出处	卷、期	年月日
形神兼备 尚意写情——苏东坡《黄州寒食诗帖》思想艺术特色	孙楚春	黄冈师专学报	3期	1993
苏轼法书集	苏 轼	上海书画出版社		1993
玉环飞燕谁敢憎——旷代奇才苏轼与尚意书风	方 磊	西北美术	3、4期	1994
苏轼的书法思想	陶 然	杭州师范学院学报（社科）	4期	1994
浅议苏轼书法批评的标准	朱兴邦	南京高师学报（社科）	2期	1995
意造无法 神韵超妙——苏轼书法艺术刍议	蒋和鸣	常州教育学院学报	2期	1995
论苏轼的书法理论	徐海清	淮阴师范学院学报（哲社）	2期	1995
倪元璐书法承苏轼说	傅红展	中国书法	3期	1995
苏轼行书章法、结体浅识	宣海生	乐山师专学报（社科）	2期	1996
苏轼书学思想述略	蔡 罕	古今谈	4期	1996
能于同处不求同 唯不能同斯大雄——从苏东坡到林散之	陈天哲	书法艺术	2期	1997
论苏轼前期书法的三个阶段	宣海生	乐山师专学报	3期	1997
黄州东坡赤壁《景苏园帖》石刻	丁永淮	文献	3期	1997
《寒食诗帖》管见	仲崇霖	书法艺术	4期	1997
论苏轼的书法美学理论	文师华	南昌大学学报（社科）	4期	1997
从《寒食帖》看苏字的基本特征	张锡庚	书法之友	5期	1997
中国著名碑帖精选：苏轼集	苏 轼	吉林文史出版社		1997
苏轼书法思想成因初探	杨疾超	黄冈师专学报	3期	1998
读苏轼《舍铜龟子文》墨迹	吴民先	苏州教育学院学报	4期	1998
蘇東坡の書	大野修作	月刊しにか	11号	1998
元豊・元祐年間の蘇東坡の書の変遷	三原博	書論	30号	1998
《寒食帖》与苏东坡的尚意	张卫东	连云港教育学院学报	1期	1999
苏轼书写：文人体验	蔡先金	书法研究	3期	1999
旷达雄放 意趣天真——浅谈苏轼的书法艺术风格的形成	董 菱	辽宁大学学报（哲社）	4期	1999
苏轼的书法艺术及书论	李玉琨	锦州师范学院学报（哲社）	3期	2000
论苏轼黄州时期的书法创作	杨疾超	黄冈师范学院学报	5期	2000
自出新意 不践古人——试论苏轼书学观及其《黄州寒食帖》	仇宏斌	书画艺术	6期	2000

续表九

篇、书名	著(译)编者	出处	卷、期	年月日
笔圆而韵胜——苏轼《黄州寒食诗帖》	梦 棠	中国文物报		2000.8.9
气势豪迈神气横——苏轼和他的《黄州寒食诗帖》	田 歌	中国教育报		2000.9.19
中国历代书法大师名作精选：苏轼	苏 轼	西泠印社		2000
苏轼的书法艺术	何炳武	陕西教育学院学报	1 期	2001
苏东坡贬琼期间书法文化活动考	吴冠玉	海南广播电视大学学报	2 期	2001
略论苏轼的书法美学思想	邢燕铭	艺术交流	3 期	2001
表情书法的典范《寒食帖》	李 昕 李光复	书画艺术	3 期	2001
名家·名篇·名帖——苏轼手书《赤壁赋》长卷	姜舜源	紫荆	3 月号	2001
质疑苏轼《渡海帖》	沈厚鋆	中国文物报		2001.2.25
腹有诗书气自华——苏东坡《黄州寒食诗帖》解读	易新生	中国文物报		2001.4.22
山西发现苏轼《玉论》刻石	杨 荣 王丽峰	光明日报		2001.6.3
中国法书精粹：苏轼册页选	苏 轼	浙江人民美术出版社		2001
苏轼草书思想研究	杨疾超	黄冈师范学院学报	1 期	2002
解读苏轼《寒食帖》	姜 茜	华人时刊	10 期	2002
東坡「黄州寒食詩卷」と宋代士大夫	近藤一成	早稲田大学大学院文学研究科紀要	48 号 4 分册	2002
"尚意"书法观的纲领——苏轼书论赏析	王世征	中国艺术报		2002.8.2
中国书法家全集·苏轼	赵权利	河北教育出版社		2002
"书如其人"——苏轼黄州时期书法批评观的确立	杨疾超	黄冈师范学院学报	1 期	2003
略论苏轼诗书理论的内在契合及其成因	金 燕	乐山师范学院学报	1 期	2003
有无之间——由苏轼书法思想看中国精神哲学的境界修证	周 瑾 郑 园	美术研究	1 期	2003
苏轼论书法艺术	张 进	西北美术	2 期	2003
东坡的书法史论	叶培贵	书法研究	2 期	2003
诗意地栖居——禅宗对苏轼书法美学思想的影响	张百军	书法世界	2 期	2003
苏轼行书精品《黄州寒食诗》	劳省三	当代小书画家	9 期	2003

续表一〇

篇、书名	著（译）编者	出处	卷、期	年月日
苏轼论书四则注析	甘中流	书法世界	10 期	2003
苏轼《黄州寒食帖》		中国书画	11 期	2003
奇笔妙趣生发于积学之中——苏轼书论二则辨析	董 文	美术大观	12 期	2003
苏轼巨书"连鳌山"	王国荣	人民日报（海外）		2003.4.23
苏东坡四大楷书名碑	何家治	人民日报（海外）		2003.11.13
中国书法家全集：苏轼	赵权利	河北教育出版社		2003
苏轼书法荟萃	苏 轼	金盾出版社		2003
苏轼书法美学思想	舒韶雄	江西教育学院学报（社科）	2 期	2004
《寒食帖》漂流记	陈阶晋	中华遗产	2 期	2004
苏轼尚意书法切要	岳晓泉	山东理工大学学报（社科）	5 期	2004
苏东坡书法中的"意"与"法"	叶 军	书法研究	5 期	2004
苏轼诗中的书道观——解读苏轼三首论书诗	孙 民	乐山师范学院学报	6 期	2004
苏轼书法美学传神论	许外芳 罗 琤	求索	10 期	2004
"天下第三行书"《黄州寒食帖》	文 博	青少年书法	21 期	2004
寒食帖考	王培军	词学		2004
苏轼书法美学思想述略	陈晓春	四川大学学报（哲社）	2 期	2005
从苏轼书法看宋代书坛的"尚意"审美观	韩红杰	新疆艺术学院学报	2 期	2005
由"三大行书"看创作主体的悲情意识	马 亚	解放军艺术学院学报	2 期	2005
苏轼尚"意"书法艺术观探讨	由兴波 孟 伟	唐都学刊	3 期	2005
苏轼的书法艺术观	由兴波 邓子勉	天府新论	5 期	2005
苏轼的书法传神论	许外芳	中国书画	9 期	2005
天下第三行书——苏东坡《黄州寒食诗帖》沉浮记	王琳祥	中国书画	11 期	2005
出新意于法度中——苏轼书法理论小议	吕书炜	东方艺术	14 期	2005
《东坡题跋》中的书学思想初探	周 斌	书法研究	6 期	2005
苏轼书法精品集	苏 轼	北京师范大学出版社		2005
苏黄书法理论漫谈	欧阳忠伟	书法研究	4 期	1989

续表一一

篇、书名	著(译)编者	出处	卷、期	年月日
苏、黄异同论	徐利明	书法研究	4期	1992
苏轼、黄庭坚书法艺术之比较	王德义	牡丹江师范学院学报（哲社）	1期	1997
苏轼与黄庭坚的书法艺术	王德义	文艺报		2003.7.26
从笔法角度看苏、黄、米书法之不同	徐文平	南京艺术学院学报（美设）	2期	2004
对苏轼黄庭坚书法艺术观的比较研究	由兴波	社会科学家	1期	2005
苏轼和米芾的行书	徐邦达	书法丛刊	1辑	1980
苏辙父子跋《怀素〈自叙帖〉》墨迹	何家治	中国文物报		2005.6.15
千古眉山留佳话　一门三代五书家	刘诗	四川文物	6期	1994
黄庭坚在四川创作的三件书法作品简析	刘诗	四川文物	6期	1988
黄庭坚在巴渝大地的墨迹	张光明	重庆与世界	1期	1998
黄庭坚草书《李太白秋浦歌十五首并跋》	水赉佑	中国书画	6期	2005
谈宋代虞允文的墨迹《适造帖》	刘诗	四川文物	4期	1994
陆游墨迹《忆成都》赏析及其他	刘诗	四川文物	2期	1995
魏了翁《文向帖》、魏了翁题字		成都文物	1期	2002
杰出的书法家魏了翁	龙腾	成都文物	1期	2002
蜀僧兰溪道隆等人对日本镰仓书风的影响	赵仁春	书法研究	3期	2004
《皇宋中兴圣德颂》夔门、浯溪两摩崖考辨	胡昌健	文物	12期	1995
四川摩崖刻经	王钧 阿涛	知识出版社		1990
邓文原"临'急就章'"	萧燕翼	紫禁城	29期	1985
元代蜀中两书家——介绍邓文原与虞集	刘诗	四川文物	4期	1987
元代绵州书法家邓文原	黄光兴	四川文物	6期	2000
论赵孟頫《蜀山图歌》书迹	刘笑平	四川文物	4期	2000
名臣翰墨亦风流——杨廷和、杨慎书札赏析	崔锦	书法丛刊	1期	1993
杨升庵诗墨拾遗	朱家修	滇池	6期	1980
云南腾冲出土杨升庵楷书石刻	杨复兴 彭文位	四川文物	5期	1988

续表一二

篇、书名	著(译)编者	出处	卷、期	年月日
杨升庵墨迹浅析	张祖涌	四川文物	5期	1988
墨痕清雅话升庵——杨升庵书法赏析	马骕	保山师专学报	1期	2000
黄辉书法艺术		四川文物	2期	1992
明代书家黄辉的书法艺术	秦化江	四川文物	2期	1992
黄辉及其书道	胡昌健	四川文物	3期	1993
黄辉的生平和书法艺术	汪世清	故宫博物院院刊	1期	2001
黄云鹄先生泸州遗墨	赵永康	四川文物	3期	1985
妙灵何处说新声，百炼功纯始自然——蜀中诗人张问陶及其书法艺术	范国明	中国书法	12期	2003
晚清蜀中书法家杨光圻及其遗墨	李思桢 杨正苞	四川文物	3期	1986
评果亲王的成都书迹	古元忠	四川文物	4期	1986
清费密书后赤壁赋	费密	巴蜀书社		1987
赵熙书法	赵熙	四川美术出版社		1988
简论赵熙书法艺术	曹念	文史杂志	5期	1992
赵熙致大满书	朱寄尧	文史杂志	1期	1994
龚有融行草屏鉴赏	徐利红	四川文物	3期	1990
龚晴皋书法中大字"纵横有奇气"的诠释	兰娥	四川文物	6期	1999
龚晴皋书风	王川平等	重庆出版社		1999
宋锦赠题	顾印愚	北京财政部印刷局		1914
李拔与三峡石刻	王家德	四川文物	2期	1994
勇于创新的书法艺术家包弼臣	崔陈	文史杂志	1期	1989
竹禅条幅	冰心	五台山研究	1期	1986
西昌书法家小传——[清及近代]		西昌师专学报	1期	1994
近代蜀中才女曾兰	冉华德	文史杂志	5期	1995
新繁发现曾兰书法碑刻	李义让	四川大学学报（哲社）	1期	1993
公孙长子"双钩"书法的艺术魅力	余学东	文史杂志	5期	1991
公孙长子及其书法艺术	罗仁忠	四川文物	2期	1997
20世纪巴蜀学者书家简论	曹建	四川师范学院学报（哲社）	2期	2001
		文史杂志	4期	2001
乔大壮先生的书法艺术	乔无疆	文史杂志	1期	1998

续表一三

篇、书名	著(译)编者	出处	卷、期	年月日
先父乔大壮先生的书法艺术	乔无疆	书法之友	1期	1998
乔大壮篆刻选	乔大壮	书法之友	1期	1998
论乔大壮篆刻的构图美——纪念抵台印人乔大壮逝世50周年	徐梦嘉	文艺研究	5期	1998
辛亥保路死事纪念碑上的书法	石湍	成都文物简讯	3期	1980
四川辛亥志士中的书法艺术家	杨代欣	巴蜀史志	1期	2002
川陕革命根据地的书法艺术	赖万林	四川文物	6期	1999
抗战时期的重庆书法教育初识	廖科	书法研究	2期	1997
抗战时期陪都重庆书法评述	廖科	书法研究	2期	1999
历史的积淀——抗战时期陪都重庆书法述评	廖科	书法之友	11期	1999
陪都书法论	龙鸿	重庆社会科学	6期	2000
重庆二十世纪书法述论	曹建	书法之友	6期	2001
谈杜甫草堂匾联的书法艺术	高文	草堂	创刊号	1981
四川书学论文选	四川省书学学会	电子科技大学出版社		1995
成都——画乡	杨槐	成都日报		1980.5.19
蜀画史稿	罗元黼辑，何韫若、林孔翼注	四川人民出版社		1983
四川古代画家的故事	许祖良	四川美术出版社		1986
传巴山蜀水精神——对四川山水画发展的思索	魏学峰	文史杂志	1期	2001
文翁礼殿图小考	胡兰江	中国典籍与文化	3期	2002
新津汉画及道教的形成	颜开明	中国汉画学会第九届年会论文集		2004
楚辞与古西南夷之故事画	饶宗颐	故宫博物院季刊	6卷4期	1972
朱然墓中的蜀国体育漆画	吴炎	成都体院学报	2期	1987
朱然墓漆画与顾恺之用笔	顾丞峰	东南文化	2期	1991
从吴·朱然墓漆画谈三国绘画	林树中	南京艺术学院学报（美术与设计）	1期	2004
四川三国时期的画像与佛像	袁曙光	四川文物	4期	2003
明皇幸蜀图试论	藤田伸也	大和文華	80号	1988
吴道子嘉陵江畔画迹考察报告	袁有根	新美术	3期	1996

续表一四

篇、书名	著（译）编者	出处	卷、期	年月日
10世紀四川地方に於ける花鳥画の盛行と山水画——五代四川絵画の發展》（上）	高橋善太郎	愛知県立女子大学・愛知県立女子短期大学紀要：人文・社会・自然		1959
益州名画录	黄休复撰，何韫若、林孔翼注	四川人民出版社		1982
《益州名画录》注释中的一条错误	毛西旁	四川师范大学学报（社科）	6期	1991
黄休复"逸格"释读	杨斌	西北美术	2期	1996
《益州名画录》目录作伪与逸格内涵的转变	韦宾	美术观察	8期	2005
晚唐至宋初蜀中绘画艺术的兴衰	谢元鲁	唐史论丛	2辑	1987
五代北宋间一部分杰出的花鸟画家	江声	美术	5期	1956
略论五代时期的西蜀画派	段玉明	四川文物	4期	1986
五代西蜀绘画繁荣原因探析	刘振宇	成都文物	3期	2001
西蜀画院有无考辨	韩刚	贵州大学学报（艺术）	2期	2003
五代时期西蜀绘画的发展与演变	黄瑞欣	郑州大学学报（哲社）	4期	2003
五代西蜀绘画管窥	黄瑞欣	美术	9期	2003
中国花鳥画の発生成立に就いて	下店静市	画説	11号	1937
浅谈花鸟画的起源及其流派	万声 徐步	陕西师范大学继续教育学报	增刊	2004
最早的花鸟写生画家滕昌祐	娅平	文史杂志	6期	1989
徐熙与黄筌	邓白	上海人民美术出版社		1958
小故事		美术	2期	1956
伟大的古代画家——黄筌	罗世勋	成都晚报		1963.4.12
黄筌の絵画史上に於ける地位	高橋善太郎	東洋史論叢：鈴木俊教授還暦記念		1964
黄筌改画	曾意辑	成都日报		1980.1.19
黄筌仿作"钟馗捉鬼图"的联想	王軼伦	湖南教育	11期	1980
黄筌的绘画艺术	剑华	四川文物	4期	1986
黄筌父子与宋代院体花鸟画	娅平	文史杂志	2期	1989
黄筌六鶴図壁畫とその系譜（上）（下）——薛稷・黄筌・黄居寀から庫倫旗一号遼墓仙鶴図壁畫を經て徽宗・趙伯驌・牧谿・王振鵬、浙派・雪舟・狩野派まで	小川裕充	国華	1165号	1992
			1297号	2003

续表一五

篇、书名	著(译)编者	出处	卷、期	年月日
黄筌失误的教益	朱惠民	新闻采编	4期	1995
		声屏世界	8期	1995
《写生珍禽图》	郭宗纾	中学历史教学参考	4期	1998
宋徽宗与写生珍禽图卷	嘉言	收藏家	4期	2002
黄筌(传)《写生珍禽图》制作年代的再探讨	邵彦	书画世界	1期	2005
从黄筌的没骨画谈起		美术报		2005.1.8
中国の花鳥画における二種の傾向(上)(下)	田中豊蔵	国華	289、295号	1914
		中国美術の研究		1964
论花鸟画的徐黄二体	张鹤云	美术	7期	1957
徐熙与黄筌	邓白	上海人民美术出版社		1958
谈徐、黄花鸟画派的一些问题	徐邦达	美术研究	4期	1959
徐熙と黄筌	田中豊蔵	中国美術の研究		1964
"徐、黄二体之争"辨析	令狐彪	美术研究	3期	1982
浅谈"黄徐体异"及五代花鸟画欣赏	张劲	中国美术教育	3期	1998
黄筌徐熙绘画艺术比较	夏起聪	武汉教育学院学报	4期	2001
徐黄异体——试论五代花鸟画的两种美感境界	王新伟	江西社会科学	11期	2004
石恪二祖調心図跋(虞道園筆)		書苑	3卷5号	
石恪の二祖調心図	田中豊蔵	画説	54号	1941
		中国美術の研究		1964
石恪二祖調心図(正法寺蔵・図版解説)	田中豊蔵	美術研究	135号	1944
		中国美術の研究		1964
从石恪《二祖调心图》看他的"减笔人物"	黄远林	美苑	2期	1980
《二祖調心図》再考	戸田禎佑	鈴敬木先生還暦記念・中国絵画史論集		1981
《二祖調心図》(傳石恪畫・重要文化財)に附属する虞集跋の問題	角井博	MUSEUM	400号	1984
水墨减笔画的开派人物——石恪	禾子	文史杂志	4期	1986
石恪和梁楷——写意人物画的第一个高峰	从容	学会	3期	1990
梁楷"李太白像"石恪(?)"二祖调心图"		西北美术	2期	1997

续表一六

篇、书名	著(译)编者	出处	卷、期	年月日
论孙位《高逸图》的故实及其与顾恺之画风的关系	承名世	文物	8期	1965
孙位和他的《高逸图》	禾子	文史杂志	6期	1988
孙位的绘画艺术成就刍论	陶喻之	四川文物	2期	1991
孙位的《高逸图》卷	王顼	中国文物报		1995.4.23
高台寺所蔵の伝禅月筆十六羅漢		国華	253号	1911
羅漢画樣式の変遷（上）（下）	田中豊蔵	国華	312、313号	1916
		中国美術の研究		1964
禅月樣羅漢図解		国華	456号	1928
伝禅月大師十六羅漢像（京都・高台寺蔵）		日本国宝全集	35号	1928-1929
禅月の夢：御物十六羅漢図について	秋山光夫	造形芸術	4号	1939
禅月樣羅漢図について	高崎富士彦	三彩	161号	1963
禅月樣羅漢図について（講演要旨）	高崎富士彦	金沢文庫研究	148号	1968
御物・伝貫休画十六羅漢図考	長廣敏雄	中国美術論集		1984
天教水墨画罗汉	洪丕谟	法音	12期	1991
骨相奇特 古怪超凡——评贯休《十六罗汉像刻石》	金平	浙江工艺美术	2、3期	2000
高古奇骇 意趣盎然——贯休罗汉画风格	何兴泉	云南艺术学院学报	2期	2003
奇形异貌罗汉图——贯休与他的十六罗汉图	冯运榆	美术报		2003.10.25
贯休与"应梦罗汉"	肖卫东	西北民族大学学报（哲社）	1期	2004
贯休《十六罗汉图》的创作背景与图式价值	毛建波	中国书画	7期	2004
贯休与十六罗汉像	蒋琳	东方博物	4期	2005
贯休罗汉画流传状况初探	田道英	四川师范大学学报（社科）	6期	2005
从南唐到北宋期间江南和四川地区绘画势力的发展	陈葆真	台湾大学美术史研究集刊		1994
宋代四川绘画	贾大泉	四川文物	2期	1986
四川花鸟画的积淀与思考	郭汝愚	四川文物	4期	2000
两宋时期花鸟画的承继与开拓	李臣英	宜宾学院学报	5期	2002

续表一七

篇、书名	著(译)编者	出处	卷、期	年月日
墨竹画史致：文同竹派を中心として	青木喬	立命館文学	182号	1960
墨竹刻石兼论墨竹源流	饶宗颐	故宫季刊	8卷1期	1974
墨竹源出西蜀考	屈小强	四川文物	1期	1992
论文同墨竹	史树青	美术	7期	1980
观文同《墨竹图》有感	管桦	紫禁城	2期	1983
文同与墨竹图		文史知识	9期	1986
文同：现实与理想	陈斌	新美术	3期	1998
论文同的咏竹诗和墨竹画	胡问涛 罗琴	四川师范学院学报（哲社）	6期	1998
文同的绘画理论——"胸有成竹"说	赖丽娟	中国国学	20期	
文同与湖州竹派举例	张彬	收藏家	10期	2004
文同之竹浅说	郭林	美与时代	7期	2005
记苏轼《枯木竹石》、文同《墨竹》合卷	夏玉琛	文物	8期	1965
文与可画く篔簹谷偃竹の記：蘇軾東坡全集	古原宏伸	画論		1973
墨竹画大家文同与苏轼	方延寿	艺文志	147期	1977
形散神凝的精彩之作——谈苏轼《文与可画篔簹谷偃竹记》	黄松坡 刘翠霄	名作欣赏	1期	1983
苏轼、文同论观竹、绘竹与寓竹	黄鸣奋	厦门大学学报（哲社）	1期	1987
创作灵感的出现与捕捉——从苏轼的《文与可画竹》得到的启示	韩书文	北京成人教育	8、9期	1997
画竹必先得成竹于胸中	璞石 徐刚锁	学理论	6期	2001
"文湖州派"与苏轼	薛君宁	福建艺术	1期	2002
睹物思人 情理兼胜——苏轼《文与可画篔簹谷偃竹记》赏析	姜光斗	古典文学知识	4期	2005
苏轼的画论	朱应鹏	觉悟	7、8期	1923
蘇東坡の美術思想（1）（2）	矢代幸雄	美学	2、3号	1950
试论苏东坡和倪云林兼论文人画	孙奇峰	美术	4期	1959
東坡の詩画論について	船津富彦	東方学	21号	1961
北宋期の士夫画思想：蘇軾・黄庭堅・米芾について	中村茂夫	京都女子大紀要（文学部）	17号	1964
		中国画論の展開 晋唐宋元篇		1965

续表一八

篇、书名	著(译)编者	出处	卷、期	年月日
东坡论画	陈宗敏	南北极	25期	1972
净因院の画记：蘇軾東坡全集	古原宏伸	画論		1973
苏东坡与诗画合一之研究	戴丽珠	台湾师范大学国文研究所集刊	20号	1976
苏轼的国画及其画论（上）（下）	江正诚	艺文志	132、133期	1976
苏轼和宋代文人画	王逊	美术研究	1期	1979
从"先得成竹"谈起——读苏轼的一则画论	彭骏	广州文艺	8期	1980
苏轼论画	颜中其	学术月刊	11期	1980
苏轼不求形似的艺术观和中国画的民族传统	陈昌华	中国画研究	1期	1981
早期文人写意三题——兼谈苏轼的绘画美学思想	郎绍君	朵云	1集	1981
		文艺研究	3期	1982
谈苏轼的绘画观	屈彦	黄冈师专学报	1期	1981
浅谈苏轼绘画中的形神说	吴晓玲	福建师范大学学报（哲社）	3期	1981
苏轼诗画合一的理论评述	黄海章	中国文学批评论文集		1981
苏轼题画诗跋所表现的绘画理论	程伯安	咸宁师专学报（哲社）	1期	1984
苏东坡的文人画理论与禅宗思想初探	郭继生	台湾大学历史学系学报	8期	1984
苏轼的诗画异同论（节选）	葛岩	美术史论	4期	1985
苏轼的诗画同体论	黄鸣奋	学术月刊	8期	1985
苏轼画论二篇	默	新美术	1期	1986
苏轼与文人画	亚娉	文史杂志	2期	1986
略论苏轼的"诗画异同"说	吕永	武汉大学学报（社科）	3期	1986
宋代绘画的文学化倾向与苏东坡的诗书画理论	安永吉	中国语文学	11辑	1986
苏东坡画论	石叔明	故宫文物月刊	39期	1986
传统再发现的投射——郭熙、苏轼与"画中有诗"	李亮	学术月刊	3期	1987
郭熙、苏轼绘画思想的同一性——兼谈北宋后期绘画美学的时代特征	马鸿增	美术	5期	1987
苏轼非"形似"论源流考	黄鸣奋	文史哲	6期	1987
苏轼"常理"新解	余立蒙	学术月刊	6期	1987
"诗画一律"的内涵与外延——苏轼与中国绘画美学之二	郎绍君	朵云	12期	1987

续表一九

篇、书名	著(译)编者	出处	卷、期	年月日
苏轼的绘画艺术	朱郁华	四川文物	2期	1988
苏东坡的诗画	潘桂林	广州师院学报	4期	1988
苏东坡画论赏述	洪瑀钦	民族文化论丛（岭南大学民族文化研究所）	9辑	1988
"真放本精微"的传神理论——苏轼绘画美学思想研究之一	高岭	文艺研究	5期	1989
论苏东坡元祐时期绘画艺术观	曾瑞雯	受业集	1集	1990
蘇東坡の繪畫論と《東坡易傳》	宇佐美文理	日本中国学会报	42号	1990
论苏轼的绘画观	刘道广	民族艺术	1期	1991
杨慎题苏轼《潇湘竹石图卷》考	赵永康	成都大学学报（社科）	3期	1992
简论苏轼对文人画理论的贡献	季若霄	四川师范大学学报（社科）	4期	1992
论苏轼的"无象"之境——诗境与画境的结合	高岭	美苑	1期	1993
"诗画同律"与"诗画异质"——苏轼和莱辛诗画观的历史文化内涵比较	陈冰 葛桂录	淮阴师专学报	4期	1993
苏轼画目汇录	卿三祥	文献	1期	1994
苏轼论画信牧童	徐中玉	大地	2期	1994
文人画的号角——苏轼画论	朱绎	枣庄师范专科学校学报	3期	1994
东坡《月梅》图赏析	刘应宗	黄冈师专学报	2期	1995
苏轼画论浅析	蔡方	上海教育学院学报	2期	1995
苏轼绘画思想演变管窥	陈见东 葛雷	镇江师专学报（社科）	4期	1995
蘇軾の"墨戲"——文人画の形成	横山伊势雄	中国文化——研究と教育——漢文学会報	53号	1995
蘇軾の繪畫論——文同を中心に	汤浅阳子	中国文化论丛（帝塚山学院大学）	5号	1996
"诗画本一律，天工与清新"——从诗画同一论看苏轼的艺术观	陈晓春	乐山师专学报（社科）	1期	1997
苏轼绘画与宋画的转机初探——绘画的沉思与沉思的绘画之三	赵本嘉	乐山师专学报	2期	1997
苏轼画论与宋画中的迷局——绘画的沉思与沉思的绘画之四	赵本嘉	乐山师专学报	3期	1998
苏轼画论对文学欣赏的启示	何玉兰	乐山师专学报	2期	1997
"詩中有畫"をめぐって——中国における詩と画	浅见洋子	集刊东洋学	78号	1997

续表二〇

篇、书名	著(译)编者	出处	卷、期	年月日
高踞分水岭上的巨人——试论苏轼与文人画的发展	王玉芳	西北师大学报（社科）	6期	1998
高踞分水岭上的巨人（续）——试论苏轼与文人画的发展	王玉芳	西北师大学报（社科）	1期	1999
苏轼画论的功过辨正	章 平	淮阴师范学院学报（哲社）	5期	1999
蘇東坡と絵画	宇佐美文理	月刊しにか	11号	1998
蘇軾の絵画論	青木優子	立命館文学	557号	1998
苏轼题画文学研究	衣若芬	文津出版社		1999
苏轼文人画理论初探	吉春阳	南通师范学院学报（哲社）	1期	2000
苏轼画论浅探	杨疾超	黄冈师范学院学报	1期	2000
论苏轼的文人画观	舒士俊	南京艺术学院学报（美术＆设计）	1期	2000
苏轼与文人画理论的兴起	张亚平	中华文化论坛	2期	2000
神圣背后的误导——浅谈苏轼绘画理论的负面效应	陈 杰	书画艺术	2期	2000
苏轼文人画理论的批判	顾 平	南京艺术学院学报（美术＆设计）	4期	2000
蘇軾の絵畫論形成と李公麟	伊藤忠岡	二松	14号	2000
述评苏东坡的诗画合一	刘永由	湖南教育学院学报	增刊3	2000
苏轼"诗画一律"的内涵	王韶华	文艺理论研究	1期	2001
关于苏轼、莱辛之诗画时空观的思考	严 敏	新疆教育学院学报	2期	2001
苏轼画论浅析	蔡 方	新美术	2期	2001
杜甫、苏轼绘画美学的分歧——"骨"与"肉"的价值评定	刘朝谦	杜甫研究学刊	3期	2001
从社会学、心理学角度谈苏轼文人画观	林源源	东南大学学报（哲社）	增刊2	2001
描かれた蘇軾の姿——重ねられた陶淵明像	板倉聖哲	IS85（ポーラ文化研究所）		2001
苏轼和莱辛诗画观的文化内涵比较	黄燕尤 陈 斌	西北第二民族学院学报（哲社）	1期	2002
苏轼绘画艺术管窥	陈晓春	四川大学学报（哲社）	3期	2002
苏轼绘画观的价值与负面影响	李开荣	新疆艺术学院学报	1期	2003
从王维到苏轼——论诗画交融及文人画的历史实现	尹沧海	天津大学学报（社科）	2期	2003
苏轼的"传神论"小议	王玉芳	国画家	5期	2003

续表二一

篇、书名	著(译)编者	出处	卷、期	年月日
苏轼的"诗画同异论"	王振泰	阴山学刊（社科）	4期	2003
异文化的结晶——莱辛与苏轼诗画异同说	傅怡静	云南师范大学学报（对外汉语教学与研究）	1期	2004
从王维到苏轼	曹明亮 潘寨民	景德镇高专学报	1期	2004
以苏轼为例：中国哲学语境中的诗画理论	闫海燕	南京师大学报（社科）	1期	2004
论苏轼画跋的美学意蕴	张 岩	齐鲁艺苑	1期	2004
论"诗中有画，画中有诗"	徐 浩	贵州大学学报（社科）	3期	2004
"诗画异质"与"诗画一律"——谈莱辛、苏轼诗画观的根源	王培娟	理论学刊	3期	2004
苏轼的"离形得似"与宋代文人画	霍 然	天府新论	4期	2004
苏轼画论的影响浅探	何 毅 张 涤	河北大学成人教育学院学报	4期	2004
论苏轼"寓意而不留意"书画观的禅门精神	陈中浙	孝感学院学报	5期	2004
苏轼绘画"形神"观及其与佛教的关系	陈中浙	江苏行政学院学报	5期	2004
苏轼的文人画观二题	程明震	东南大学学报（哲社）	5期	2004
中国传统文化思想与苏轼文人画理论	陈 因	西南民族大学学报（人文）	7期	2004
"诗画一律"与苏轼的诗词	严 明	装饰	7期	2004
"诗中有画"与"著壁成绘"——从两种王维诗评看中国古代的诗画论	浅见洋二	唐代文学研究	11辑	2004
诗画本一律 天工与清新——苏轼的绘画理论	张 冲	平原大学学报	5期	2005
苏东坡《寿星图》上"德寿殿宝"初义考	王琳祥	中国文物报		2005.3.23
苏轼绘画理论分析	吕书炜	东方艺术	8期	2005
苏氏兄弟绘画观的考察——以题画诗、画题跋作比较	李 栖	第一届宋代文学研讨会论文集		1995
宋"蜀川胜概图"考	蓝 勇	文物	4期	1999
清代蜀中画家传略	江梵众 陈蓉峰	成都大学学报（社科）	2期	1986
杨遇春及《杨忠武侯宣勤积庆图》	王平贞	四川文物	3期	1987
读张问陶《南台寺饮酒图》	江玉祥	四川文物	6期	2003
张船山墨梅浅谈	李志勇 高远树	四川职业技术学院学报	3期	2005

续表二二

篇、书名	著(译)编者	出处	卷、期	年月日
试评龚有融的绘画艺术	兰城	四川文物	6期	1988
画坛怪杰竹禅	李德森	龙门阵	4辑	1982
竹禅巧画观音	石民	中国集体工业	3期	1998
发明创造的"敌人"	沈文	青少年科技博览	Z3期	2002
左锡嘉《仕女画屏》简述	陈蕾	成都文物	4期	2004
杜廉五通桥诗意团扇图	郭彦岚	四川文物	2期	1995
四川画派一百年	陈滞冬	收藏家	7期	2002
画坛蜀风：四川美术一百年	谭晓钟	四川党的建设（城市）	10期	2004
川民艰苦生活的真实写照——读徐悲鸿的几幅人物画	徐君熙	四川文物	4期	1986
徐悲鸿在峨眉山上画的《八哥图》	林木	四川文物	1期	1989
徐悲鸿与青城山	琴心	文史杂志	4期	1994
同怀忧国忧民情——杜甫草堂馆藏徐悲鸿杜甫秦州诗意画浅议	石婉祥	杜甫研究学刊	1期	1999
抗战八年中的徐悲鸿——艺术大师在四川	屈义林	四川统一战线	8期	1999
抗战时期徐悲鸿在渝美术活动述评	钱华欣	重庆大学学报（社科）	5期	2005
为抗战献身的张善子	录士	重庆晚报		1985.8.25
张善子和他的抗日宣传画	王东伟	四川文物	2期	1986
"虎痴"张善子	陈柏绿	中国天主教	4期	1991
"虎痴"张善子（续）	陈柏绿	中国天主教	5期	1991
画坛上的"蜀中三张"——张采芹与张善孖、张大千的深厚友谊	李永翘	文史杂志	4期	1996
爱国者·国画家·蓁虎人——近代张善子生平与绘画艺术初探	于英	收藏界	10期	2002
蜀山再见二雄具——张善子、张大千在抗战中	吴继金	文史杂志	3期	2004
"虎痴"张善子绘画支援抗战	马骏杰	金秋	5期	2004
张善孖与宋哲元的虎画情缘	刘亦实	湖北档案	9期	2005
张大千康巴藏区写生画介绍	王平贞	四川文物	1期	1984
追踪元贤 仰慕遗风——张大千为善孖五旬祝寿考	李德埙	齐鲁艺苑	1期	1988
张大千在郫县轶事	李悦民	文史杂志	1期	1991
张大千与青城山	李永翘	今日四川	4期	1998

续表二三

篇、书名	著(译)编者	出处	卷、期	年月日
张大千画笔斗军阀	张远桃	家庭医学	23期	1998
张大千《西康纪游》图册赏析	林 玉	四川文物	1期	1999
张大千的资中情结	铁波乐	文史精华	9期	1999
张大千画作中的四川情结	汪 毅	文史杂志	5期	2001
张大千和资中八景——故乡忆昔之三	康式昭	四川戏剧	1期	2004
罗文谟、张大千抗战时期在四川的美术活动	罗荣泉	巴蜀史志	1期	2003
四川现代美术史上的罗文谟先生	罗荣泉	成都大学学报（社科）	3期	1995
德艺千秋——罗文谟的艺术生涯	《德艺千秋》编辑组	重庆出版社		1999
展现罗文谟艺术生涯的《德艺千秋》	文 史	文史杂志	1期	2000
回忆成都诗婢家——琐记郑伯英与罗文谟的交往	罗荣泉	文史杂志	6期	2004
抗战时期大师们在成都留下的藏品资源	黄 英	四川日报		2005.4.15
成都留下的大师藏品	黄 英	西部时报		2005.4.22
从《流民图》看一个画家的轨迹	沈 鹏	美术研究	1期	1981
意藉真情 以抒悲愤——蒋兆和《流民图》欣赏札记	禾 子	四川文物	3期	1989
水墨烹成的一碗苦茶——重读蒋兆和作品有感	韩国榛	美术研究	1期	1991
为人生而艺术的史诗——读蒋兆和《流民图》	曦 林	科技文萃	7期	1994
石刻流民图	李科治	中学历史教学参考	12期	1994
无声的呐喊——蒋兆和与他的《流民图》	刘小清	炎黄春秋	2期	1997
蒋兆和与《流民图》	刘曦林	新文化史料	5期	1998
重读《流民图》	陈恩惠	西北美术	4期	2002
蒋兆和《流民图》风雨沧桑六十载	天 琪	世纪	6期	2002
大哉《流民图》一首哀生赋	成 佩	美术之友	1期	2005
蒋兆和创作《流民图》的前前后后	欣 平	书摘	3期	2005
《流民图》——从地牢到艺术殿堂	朱理轩	艺术评论	4期	2005
丹青灼烁 业绩长存——川陕苏区部分绘画作品赏析	史占扬	四川文物	1期	1990
甘孜县发现红军宣传壁画	赵 锋	四川党史	1期	1995

续表二四

篇、书名	著(译)编者	出处	卷、期	年月日
马骀画宝	马 骀	世界书局		1928
		荣宝斋		1956
		文光图书公司		1957
		上海书店		1981
		中国戏剧出版社		1998
分类画范：自习画谱大全	马 骀	荣宝斋		1982
自学奋进　勇于求索——记我国著名国画家马骀	吴嘉陵	文史杂志	3 期	1989
杰出的回族画家马骀	马联虎	回族研究	2 期	1995
西昌籍著名画家马骀	马玉萍	中国西部	4 期	1997
《马骀画室》及众名家的题签题词	蒋邦泽	西昌师范高等专科学校学报	4 期	1997
马骀画宝	博 闻	中国商报		2001.2.3
浅谈彝族文化对凉山汉画的影响	刘海林 潘用良	凉山大学学报	4 期	2000
西康藏族兄弟民族的图案	谭 遥	西南文艺	1 月号	1952
甘孜藏族唐卡	甘孜藏族地区文化局	美术	2 期	1987
藏族的"神奇画家"——访通拉泽翁喇嘛	杨健吾	民族艺术	1 期	1989
试说一幅唐卡及相关问题	蔡永旭	四川文物	3 期	1994
四川省博物馆藏唐卡赏析	王平贞	四川文物	4 期	2002
噶派宗师通拉泽翁	杨嘉铭 杨 环	中国西藏	2 期	2004
噶派宗师通拉泽翁（续）	杨嘉铭 杨 环	中国西藏	3 期	2004
康巴画派：雪域艺坛的瑰丽奇葩	康·格桑益希	西藏旅游	5 期	2004
谈藏画《岭·格萨尔王传》	邢 链	光明日报		1981.1.12
略谈藏族"唐卡"《格萨尔王传》	王平贞	四川文物	3 期	1985
《格萨尔》与唐卡	降边嘉措	中华儿女（海外）	6 期	1999
唐卡与《格萨尔》仲唐	降边嘉措	中国西藏	6 期	2002
藏族英雄史诗：格萨尔唐卡	降边嘉措 周爱明	中国画报出版社		2003
稀世珍宝《格萨尔》唐卡	陈志学 周爱明	中国西藏	1 期	2004
冕宁藏族长幅连画《开山图经》释读	陈宗祥等	西藏研究	3 期	1992

续表二五

篇、书名	著(译)编者	出处	卷、期	年月日
蒙人牵虎画的源头	根秋翁修	贡嘎山（藏文）	5期	1992
"画骨"传统与文化渊流——彝族毕摩巫祭造型艺术探源	巴莫曲布嫫	民族艺术	3期	1998
浅论彝族古代毕摩绘画	张纯德	云南艺术学院学报	1期	2003
古代彝族毕摩绘画	张纯德	云南大学出版社		2003
彝族毕摩绘画中的阴阳观	张纯德	民族艺术研究	6期	2004
神图巫符与仪式象征——大凉山彝族毕摩宗教绘画中的神话原型	巴莫曲布嫫	民族艺术	1期	1998
巫术咒仪与鬼板符画——大凉山彝族鬼灵信仰与巫祭造型之考察	巴莫曲布嫫	民族艺术	2期	1998
古朴而神秘的线描艺术——论凉山彝族毕摩画	瓦其比火	西南民族学院学报（哲社）	8期	2003
神图与鬼板——凉山彝族祝咒文学与宗教绘画考察	巴莫曲布嫫	广西人民出版社		2004
四川的壁画艺术	李金彝	四川日报		1957.3.23
	曹丹	群众文艺	1期	1981
四川古代壁画	吴觉非	四川日报		1962.8.24
蜀中瑰丽的壁画艺术	徐君熙	成都日报		1981.10.28
四川古代壁画艺术概谈	曾繁森	四川教育学院学报	3期	1994
浅谈四川壁画	曹丹	四川文物	3期	1996
盘古图考	饶宗颐	中国社会科学院研究生院学报	1期	1986
述宋人所见东汉蜀地绘"盘古"的壁画	饶宗颐	中央民族学院学报	2期	1989
汉代繁华一穴中——四川省三台郪江崖墓群发现彩绘壁画墓	钟治	中国文物报		2000.11.29
郪江崖墓彩绘壁画及其雕刻艺术	刘章泽等	中国文物报		2002.12.18
唐代成都大圣慈寺壁画小考	川口久雄（张永言）	文史杂志	2期	1986
五代における西蜀寺観壁画に関する一考察——成都大聖慈寺の絵画史料をめぐって	王衛明	京都橘女子大學研究紀要	26号	1999
五代における西蜀寺観壁画に関する一考察（続篇）——范成大『成都古寺名筆記』訳註	王衛明	京都橘女子大學研究紀要	27号	2000

续表二六

篇、书名	著(译)编者	出处	卷、期	年月日
唐宋时期成都的大圣慈寺壁画	谢祥荣	成都大学学报（社科）	1期	2003
成都大慈寺佛教文化及壁画艺术研究的有益成果——读谢祥荣先生关于成都大慈寺的两篇文章	梁吉充	中共四川省委省级机关党校学报	4期	2002
大圣慈寺画史丛考——唐、五代、宋时期西蜀佛教美术发展探源	王卫明	文化艺术出版社		2005
王建与壁画	张兴哲 濮禾章	成都日报		1980.4.21
四川明代佛寺壁画	曾繁森	美术	4期	1992
新津九莲山观音寺壁画和塑像	艾世远 邹挺	文物	1期	1982
对新津观音寺壁画雕塑的探索	赵树同	四川文物	2期	1985
新津观音寺壁画		四川文物	4期	1993
四川新津观音寺壁画	金维诺	河北美术出版社		2001
新津观音寺壁画初探	刘葵	西南民族大学学报（人文）	10期	2003
七曲山大庙残存壁画的揭取	黄维贤	四川文物	1期	1984
觉苑寺壁画及塑像	黄邦红	四川文物	2期	1985
剑阁觉苑寺的明代雕塑与壁画	母学勇	文物天地	1期	1989
对剑阁觉苑寺大雄宝殿建筑雕刻和壁画的再认识	周成	四川文物	4期	1993
剑阁觉苑寺明代佛传壁画	母学勇	文物出版社		1993
佛传故事图谱诠释	母学勇	剑阁县旅游局		1993
试论觉苑寺《佛传》壁画的特点和价值	母学勇	四川文物	4期	1996
剑阁觉苑寺明代佛传壁画	中共剑阁县委宣传部、中共剑阁县委外宣办	四川人民出版社		2004
宝梵壁画添新篇	李全民 刘新尧	四川文物	1期	1989
宝梵寺古建及壁画初考	刘新尧	四川文物	4期	1993
上寺梵天院及其明代壁画	蔡运生	四川文物	3期	1996
龙兴寺明代壁画	邓太昌	文史杂志	2期	1996
新都宝光寺念佛堂壁画揭取及复位	谢振斌	四川文物	5期	1997

续表二七

篇、书名	著(译)编者	出处	卷、期	年月日
新都龙藏寺壁画使用颜料的研究	陈 青 韦 荃	四川文物	6期	2004
一幅珍贵的藏族壁画	江泽丰	成都日报		1981.5.7
芦山白塔寺壁画的搬迁和复原	谢振斌	四川文物	6期	1999
小金沃日土司寨碉与经楼壁画	郭金川	四川文物	2期	2001
武侯祠文武廊彩塑后背壁画的维修保护	曾中懋	四川文物	6期	2002
"僰人悬棺"岩画中的巫师形象	沈仲常	历史知识	4期	1980
珙县"僰人悬棺"岩画中的球戏	沈仲常	贵州民族研究	2期	1982
僰人悬棺岩画中的珍狗俗——读僰人悬棺岩画杂记	沈仲常	民族学研究	4辑	1982
四川珙县麻塘坝崖画探索	万斗云	贵州省民族研究所		1982
珙县附近悬棺之崖画和沧源崖画	汪宁生	民族学研究	4辑	1984
广西花山崖壁画与四川珙县僰人崖画	陈明芳	民族艺术		1985
四川长宁"七个洞"东汉纪年画像崖墓	四川大学考古专业七八级实习队、长宁县文化馆	考古与文物	5期	1985
论宜宾长宁"七个洞"崖画雕刻的主题思想	罗开玉	考古与文物	3期	1986
对长宁"七个洞"石刻画中两种符号的试译	罗伟先	考古与文物	3期	1986
长宁"七个洞"崖墓"社稷""玄武"神符的有关问题	罗伟先	四川文物	2期	1989
珙县岩画头饰管窥	古 今	考古与文物	1期	1989
珙县"僰人"悬棺岩画颜料的鉴定	曾中懋	考古与文物	2期	1990
珙县悬棺岩画初探	崔 陈	四川文物	2期	1993
僰人与悬棺岩画及铜鼓	邱启光	文史杂志	6期	2001
川南"都掌蛮"岩画研究	屈 川	西南师范大学学报(社科)	1期	2004
也谈"僰人"悬棺岩画中的铜鼓形象	屈 川	西南民族大学学报(社科)	9期	2004
南方丝绸之路上的石刻岩画	张正宁	中国西部	4期	1997
西昌大菁乡罗卜葸岩画	凉山彝族自治州博物馆、西昌市文管所	四川文物	4期	1999

续表二八

篇、书名	著(译)编者	出处	卷、期	年月日
仁寿观音堂岩穴墓及岩画	叶晓莉	四川文物	1期	2003
北宋刻印的一幅木刻画	叔英	文物	1期	1962
四川绵竹木版年画		美术	Z4期	1960
四川绵竹木版画及其特色	史维安	四川日报		1962.3.20
四川绵竹木版年画琐谈	赵毅	四川日报		1963.2.10
绵竹木版年画浅述	侯世武 黄宗厚	四川文物	2期	1986
四川绵竹年画	刘竹梅	美术研究	4期	1987
简论绵竹年画	侯世武	文史杂志	6期	1990
绵竹年画	高文等	文物出版社		1990
再现四川清代地方民俗的珍贵画卷——绵竹《迎春图》	宁志奇	文史杂志	2期	1991
绵竹年画	虞向军	今日中国	12期	1995
		对外大传播	1、2期	1996
绵竹年画	江绪金	中国西部	6期	1996
绵竹年画与戏曲	何青成	四川戏剧	6期	1996
		今日四川	2期	1997
绵竹年画博物馆	萧业	民俗研究	2期	2002
绵竹年画	岱峻	巴蜀史志	2期	2002
绵竹年画：乡土川西的彩绘名片	岱峻 赖武	中国西部	3期	2002
蜀中奇葩——绵竹年画	庭西	当代职校生	4期	2002
绵竹年画在中国美术史上的地位	范小平	美术	3期	2003
绵竹年画《老鼠嫁女》的装饰特色	胡佳音	宜宾学院学报	5期	2004
传统绵竹年画精品集	绵竹年画博物馆	四川美术出版社		2005
梁平年画	高文	四川文物	6期	1994
重庆梁平民间老年画艺术研究	李倍雷	民族艺术	4期	2005
清代木刻《释迦牟尼讲经说法图》	孙仁良	四川文物	1期	1994
德格的藏族木刻佛画	文金扬	美术	9期	1956

续表二九

篇、书名	著(译)编者	出处	卷、期	年月日
德格印经院的木刻艺术	西师图画科"四川美术史"编写组	西南师范学院学报（人文）	2 期	1960
德格印经院藏传木刻版画集（藏汉对照）	更秋登子	四川民族出版社		2002
早期木刻运动在四川	丰中铁	美术研究	4 期	1980
		抗战文艺研究	1 期	1981
抗战时期重庆的木刻运动	凌承纬	新文化史料	2 期	1994
"陪都"进步美术运动的旗帜——抗战时期重庆的木刻运动探析	吕 晓	重庆师专学报	2 期	1998
风起云涌的木刻运动——重庆"中国木刻研究会"的始末	王 琦	文艺理论与批评	3 期	1998
论抗战时期重庆木刻运动的特征及其进步性	钱华欣	重庆工商大学学报（社科）	5 期	2004
已是悬崖百丈冰 犹有花枝俏——论抗日战争时期重庆木刻运动活跃的原因	钱华欣	美术	8 期	2004
版画在四川的发展	丰中铁	文史杂志	1 期	1985
重庆报纸最早的版画	河 山	重庆晚报		1988.5.13
波澜壮阔的历史画卷——抗战时期重庆的新兴版画运动	凌承纬	美术	9 期	2005
记"四川漫画社"的抗日美术宣传活动	乐以钧等	抗战文艺研究	3 期	1982
抗战时期的重庆漫画	蒋义海	重庆日报		1983.7.10
40 年前重庆的漫画展览	思 蜀	重庆晚报		1985.7.28
抗战漫画宣传队在重庆	王乐天	重庆晚报		1985.8.11
一次轰动重庆的画展	郑显荣	重庆日报		1985.8.20
重庆《新华日报》上的漫画	蒋义海	重庆晚报		1985.8.25
谢趣生的抗战漫画	廖仲宣	文史杂志	3 期	1986
《抗战通俗画刊》之漫画战	蒋义海	重庆晚报		1987.4.5
四川糖画——中国四川民间艺术之花	中国成都锦江区文化广播电视局、中国成都锦江区民间糖画艺术协会	成都出版社		1993

三、造型艺术

篇、书名	著(译)编者	出处	卷、期	年月日
从大溪出土石雕人面谈几个问题	李水城	文物	3 期	1986
人面陶像讲述 5000 年前的故事——岷江上游新石器时代考古重大发现	叶星光 吴冰凌	中国民族报		2003.7.29
美术考古重大发现 四川广汉出土商周青铜雕像群	白建钢	美术	2 期	1987
三星堆二号祭祀坑青铜立人像初记	沈仲常	文物	10 期	1987
中国美术史的重大发现	范小平	中国美术报	32 期	1987
从"纵目"谈起——兼论广汉三星堆出土的"纵目"青铜人面像	范小平	中国文物报		1988.1.15
广汉三星堆遗址出土人物造型艺术初探	陈显丹	文物天地	1 期	1988
古蜀的系列青铜人雕像	范小平	美术	7 期	1988
广汉三星堆青铜人像在美术史上的地位	范小平	四川文物	6 期	1988
广汉商代纵目青铜面像研究	范小平	四川文物·广汉三星堆遗址研究专辑		1989
关于三星堆出土青铜人面神像之探讨	徐学书	四川文物·广汉三星堆遗址研究专辑		1989
试析巴蜀青铜器上的鸟、鱼、龟、虫(蚕)纹饰——兼和范小平同志商榷	吴 怡	四川文物	5 期	1989
广汉三星堆青铜器研究	陈显丹	四川文物	6 期	1990
古蜀铜人铜面像	王光尧	中国文物报		1990.11.8
试析巴蜀青铜器上的虎图像	吴 怡	四川文物	1 期	1991
三星堆遗址青铜"纵目"人面象研究——兼和范小平同志商榷	巴家云	四川文物	2 期	1991
商代蜀国青铜雕像文化来源和功能之再探讨	段 渝	四川大学学报（哲社）	2 期	1991
略论古巴蜀艺术的主要特色——从三星堆出土的文物珍品谈起	幸晓峰	艺苑求索	3 期	1991
三星堆祭祀坑出土青铜面具研究	陈德安	四川文物	1 期	1992
三星堆青铜立人像考	钱玉趾	四川文物	1 期	1992
三星堆青铜立人像的文化密码试解	罗 曲	文史杂志	2 期	1992

续表一

篇、书名	著(译)编者	出处	卷、期	年月日
璀璨的三星堆金器文化	邱登成	四川文化	3期	1992
"三星堆"青铜器刍议	文昌	成都文物	4期	1992
三星堆青铜器选辑	邱登成	四川文化	5期	1992
对广汉埋葬坑青铜器及其他器物意义的初步认识	诺埃尔·巴纳德	南方民族考古	5辑	1992
中国青銅文明の中で異彩を放つ三星堆遺跡の青銅遺物群	徐朝龍	茨城大教養五浦美術研究所紀要	1号	1993
三星堆突目阔嘴青铜人面像新解	钱玉趾	文史杂志	3期	1993
三星堆青铜立人像文化意识与艺术特征	谬永舒	四川文物	4期	1993
四川省三星堆出土青銅立人像ポーズについて	徐朝龍	博古研究	5号	1993
商周面具初探	刘世茂 黄尚明	考古与文物	6期	1993
青铜人世界的秘密——关于三星堆青铜人像群的再思考	王光尧	中国文物世界	8期	1993
三星堆遗址二号坑出土青铜立人像试释	黄家祥	华夏考古	2期	1994
縦目仮面,《燭龍》と《祝融》	徐朝龍	史林	77卷4期	1994
纵目青铜人像的民族学观察	杨明洪	四川文物	6期	1994
三星堆纵目式青铜面具的人类学意义	王纪潮	四川文物	6期	1994
三星堆出土铜器的铸造技术	曾中懋	四川文物	6期	1994
广汉三星堆出土商代铜牌浅说	杜全鹏	中国文物报		1995.4.9
广汉三星堆遗物坑青铜器的铅同位素比值研究	金正耀等	文物	2期	1995
论三星堆青铜面具及其古蜀图腾	范小平	先秦史与巴蜀文化论集		1995
三星堆青铜铸品的文化内涵	杨正苞	文史杂志	4期	1996
三星堆器物坑饰"鱼凫"纹金杖与弓鱼国墓地"鸭首"形铜笄	高大伦	中国文物报		1997.10.12
从一件新材料看广汉铜牌饰	李学勤	中国文物报		1997.11.30
三星堆立人踏鸟青铜像	钱玉趾	成都文物	2期	1997
三星堆"青铜兽面像"辨	杨正苞	文史杂志	5期	1997
三星堆青铜雕像与西亚上古雕塑艺术比较	范小平	四川文物	5期	1997
三星堆青铜人面像之我见	庞永臣	文史杂志	6期	1997

续表二

篇、书名	著(译)编者	出处	卷、期	年月日
良渚兽面纹为虎纹的又一重要例证	张明华	中国文物报		1998.9.9
论三星堆纵目的青铜面像	范小平	四川文物	1期	1998
人面鱼纹是一幅婴儿出生图	祝恒富	四川文物	1期	1998
三千年的青铜扶桑	丘枢兴	人民中国（中文版）	2期	1988
三星堆"兽面具"辨析	张明华	中国文物报		1999.3.17
三星堆大耳青铜头像与古代耳部变形风俗	星灿	中国文物报		1999.10.20
三星堆与三星堆铜牌饰研究	赵殿增	中国殷商史学会第七次年会论文集		1999
鸟脚人像与维纳斯	苏宁	中华文化论坛	3期	1999
三星堆青铜神树探讨	黄剑华	四川文物	2期	1999
古蜀王国器物造型之内涵	陈显丹	中华文化论坛	1期	2000
三星堆青铜造像艺术探讨	黄剑华	文史杂志	4期	2000
三星堆青铜艺术的人物造型研究	林向	中华文化论坛	3期	2000
三星堆青铜人体造像初探	万娇	长江文化论丛	1辑	2001
三星堆与商周青铜人像造型艺术研究	范小平	四川文物	2期	2001
三星堆青铜器年代及族属辨析	白剑	四川教育学院学报	3期	2001
神性与王权——三星堆青铜塑像	张波	华夏文化	4期	2001
三星堆青铜神坛赏析	赵殿增	文物天地	5期	2001
三星堆青铜器的原料与巴族	成家彻郎 胡明明	青年考古学家	13期	2001
试论三星堆眼形器的内涵	朱亚蓉	四川文物	1期	2002
三星堆出土黄金制品探讨	黄剑华	西南交通大学学报（社科）	1期	2002
三星堆青铜立人新考	王政	天府新论	1期	2002
广汉三星堆遗址出土"铜'次'形器"研究	胡昌钰 耿宗宪	四川文物	2期	2003
论转型期图腾艺术——兼四川广汉三星堆青铜雕图腾观之讨论	范小平	美术观察	2期	2002
三星堆纵目与参目头像新考	钱玉趾	成都文物	2期	2002
三星堆青铜器"酥粉锈"腐蚀机理的研究与探讨	王𤏳	四川文物	3期	2002
释"蜀"、"叟"：三星堆柱目人铜面像的解谜（上）（下）	周清泉	成都大学学报（社科）	2、3期	2003
与青铜器对话——三星堆青铜文化审美阐释	苏宁	天府新论	6期	2003

续表三

篇、书名	著(译)编者	出处	卷、期	年月日
长江流域早期青铜文化的形上观察——关于三星堆和大洋洲青铜器的历史定位	张辛	长江流域青铜文化研究		2002
三星堆金杖"鱼鸟图"——华夏古老神奇的"鲲鹏之变"	白剑	阿坝师范高等专科学校学报	2期	2004
巴蜀青铜器工艺研究综述	姚智辉	四川文物	3期	2004
三星堆出土青铜尊罍的艺术风格和文化含义	孙岩	四川文物	3期	2004
三星堆出土一号青铜神树的修复	杨晓邬	四川文物	4期	2004
三星堆的青铜时代	萧易	成都日报		2005.10.24
三星堆出土青铜大型面具口部造型探析	金秉骏	四川文物	1期	2005
三星堆出土青铜器管见（上）（下）	伊藤道治（常耀华、王平）	殷都学刊	1、2期	2005
艺术迷狂与偶像再造——三星堆青铜神像的美学思考	苏宁	社会科学研究	1期	2005
三星堆二号坑铜鸡杂考	冯广宏	成都文物	3期	2005
三星堆出土青铜高台立人像观瞻小记	王仁湘	中华文化论坛	4期	2005
神话、原型与三星堆面具	苏宁	天府新论	6期	2005
三星堆青铜树象征性研究	陈淳 殷敏	四川文物	6期	2005
中国固有还是来自西方——对三星堆"铜神坛"下层怪兽的新认识	孙华	黄盛璋先生八秩华诞纪念文集		2005
金沙遗址出土铜器概述	张擎等	成都文物	2期	2002
成都金沙遗址出土双鲟金带	冯广宏	成都文物	4期	2002
金沙遗址出土青铜立人像探析	黄剑华	成都文物	3期	2003
金沙遗址金冠带图案探析	黄剑华	文博	1期	2004
金沙遗址出土金蛙之寓意探析	黄剑华	东南文化	1期	2004
成都金沙遗址铜器研究	金正耀等	文物	7期	2004
三星堆和金沙古蜀金器"射鱼纹"之管见	罗明	中国文物报		2004.7.9
古蜀金器"射鱼纹"之我见	陈淳	中国文物报		2004.8.27
古蜀金器"射鱼纹"寓义考	刘学堂	中国文物报		2004.8.27
古玉考	龚熙台	成都东方美术专科学校校刊	创刊号	1935

续表四

篇、书名	著(译)编者	出处	卷、期	年月日
古玉兵杂考——跋华大所藏古玉四器	蒋大沂	中国文化研究汇刊	2卷	1942
记广汉出土的玉石器	冯汉骥 童恩正	四川大学学报（哲社）	1期	1979
		文物	2期	1979
四川广汉出土的商代玉器	敖天照 王友鹏	文物	9期	1980
关于广汉土坑出土石璧的认识	沈仲常 黄家祥	成都文物	4期	1986
"牙璋"初论	陈显丹	四川文物	1期	1989
浅释三星堆二号祭祀坑出土的"边璋"图案	陈德安	南方民族考古	3辑	1990
璋的考辨——兼论三星堆玉器	李天勇 谢丹	四川文物·三星堆古蜀文化研究专辑		1992
三星堆文化玉石器研究	陈显丹	四川文物·三星堆古蜀文化研究专辑		1992
中国古代玉石璋研究	周南泉	考古与文物	5期	1993
早期蜀国玉雕初探——商代方国玉器研究之一	杨建芳	故宫文物月刊	120期	1993
简谈商代人物雕塑的表现方式	高蒙河	考古与文物	6期	1993
古蜀文明与中华牙璋	林 向	中华文化论坛	1期	1994
		先秦史与巴蜀文化论集		1995
广汉三星堆遗址出土玉·石器的初步考察	高大伦 李映福	考古与文物	2期	1994
三星堆玉·石礼器中的璧和璋	屈小强	四川文物	5期	1994
三星堆玉石礼器中的璧和璋	屈小强	四川文物	5期	1994
试探三星堆遗址一号祭祀坑出土的B型玉璋	史延廷	先秦史与巴蜀文化论集		1995
也谈广汉三星堆玉璧的文化功能	陈江凤 周铁项	四川文物	2期	1995
璋之名实考	涂白奎	考古与文物	1期	1996
三星堆"饰鸟玉璋"略议	史延廷	陕西历史博物馆馆刊	2辑	1995
蜀王诸妃祈子图——三星堆遗址石边璋图案新解	庞永臣	文史杂志	2期	1999
记"三星堆传奇"的玉石器（上）（下）	杨美莉	故宫文物月刊	194、195期	1999
三星堆玉璋图案探讨	黄剑华	中国文物报		2000.8.2
		四川文物	5期	2000

续表五

篇、书名	著（译）编者	出处	卷、期	年月日
三星堆古玉与三星堆祭祀活动	赵殿增	海峡两岸中国古玉研讨会论文集		2001
三星堆玉石器再研究	敖天照	四川文物	2期	2003
试论三星堆玉璋图案的意义	陈宗祥	西南民族大学学报（人文）	6期	2005
弓鱼国墓地玉雕艺术初探	胡智生	文博	6期	1993
成都金沙商周遗址出土"玉眼形器"的初步研究	高大伦	四川文物	2期	2002
早蜀文化遗物中眼形及眼形器之研究	高大伦	成都文物	2期	2002
成都金沙遗址发现"玉璧王"	宁远斋	巴蜀文化研究通讯	4期	2002
论金沙长琮的符号	李学勤	四川文物	5期	2002
成都金沙商周遗址出土"玉牌形器"辨析	高大伦	中国文物报		2002.3.29
四川成都金沙、船棺遗址：申报世界文化遗产与文物保护	李明斌	成都文物	1期	2003
试说金沙遗址出土的玉璧——对拙作《蜀文化大转移的政治意义》的补充	李复华	成都文物	2期	2003
对金沙遗址出土部分玉器的几点认识	谢辉	四川文物	3期	2003
金沙遗址出土玉琮初步研究	朱章义 王方	成都文物	3期	2003
金沙遗址出土凹刃玉凿形器初步研究	周志清	成都文物	4期	2003
金沙遗址出土玉器概述	张擎等	玉魂国魂——中国古代玉器与传统文化学术讨论会论文集		2003
金沙遗址出土玉琮探析	黄剑华	河南科技大学学报（社科）	2期	2004
金沙遗址出土玉琮形制与制作年代的讨论	王方 朱章义	浙江省文物考古研究所学刊	6辑	2004
金沙遗址玉器类型及特点	王方	成都文物	4期	2004
金沙玉器类型及其特点	王方	中原文物	4期	2004
成都金沙遗址出土玉琮初步研究	朱章义 王方	文物	4期	2004
金沙玉器类型及其特点	王方	中原文物	4期	2004
金沙遗址出土的玉人头像	黄剑华	河南科技大学学报（社科）	3期	2005
金沙良渚玉琮的年代和来源	朱乃诚	中华文化论坛	4期	2005
金沙遗址琢玉工艺初探	王方	成都文物	4期	2005

续表六

篇、书名	著(译)编者	出处	卷、期	年月日
骑虎铜人像与玉琮线刻人像——兼谈三星堆、金沙与良渚文化的关系	赵殿增	成都文物	3期	2004
三星堆、金沙一类"奇异"玉器构图来源、内涵、定名及相关问题研究	顾问	古代文明（辑刊）		2005
璀璨美玉耀古蜀	萧易	成都日报		2005.10.31
盐亭县出土古代石璧	赵紫科	四川文物	5期	1991
四川大学博物馆收藏的汉以前部分玉石器	高大伦 刑进原	文物	4期	1995
中国出土玉器全集13卷（四川、重庆）	江章华	科学出版社		2005
成都金沙遗址出土石雕器物初识	王方	成都文物	3期	2002
金沙遗址出土石雕人像探析	黄剑华	中华文化论坛	1期	2004
对成都金沙遗址出土石雕作品的几点认识	王方	考古与文物	3期	2004
金沙石像 为何赤身裸体	黄剑华	成都日报		2005.7.25
四川汉代雕塑艺术	迅冰	中国古典艺术出版社		1959
四川汉代雕塑艺术及其所反映的社会现实	商春芳	太原大学学报	4期	2002
		中国古都研究	19辑	2002
		文明起源与城市发展研究		2004
Persistence of Custom as Illustrated in the Collection of Han Dynasty Clay Images in the West China Union University Museum	D. C. Graham	Journal of the West China Border Research Society	Vol. 6	1933–1934
成都出土的东汉说唱俑	沈仲常	成都日报		1961.4.26
古代说唱艺人的艺术写照——谈东汉说唱俑的艺术风格	白非	成都日报		1961.4.26
汉代的"说书俑"	刘志远	四川日报		1961.12.10
簿书碑和说唱俑——《三国历史陈列》展品介绍	李金彝	成都日报		
四川汉代陶俑	沈仲常等	朝花美术出版社		1963
说书俑又一态	魏达议	成都日报		1980.7.14
四川西昌县发现汉代椎结陶俑	四川西昌地区博物馆	文物	9期	1979
汉代的"说唱俑"	余德章	群众艺术	4期	1980
四川峨眉县发现东汉石俑	赵殿增	文物资料丛刊	4期	1981
四川汉代陶俑艺术简介	龚廷万	美术	8期	1982

续表七

篇、书名	著(译)编者	出处	卷、期	年月日
四川汉代陶俑艺术点滴	龚玉	美术	8期	1982
四川汉代陶俑刍论	王有鹏	四川文物	3期	1987
绵阳市出土的汉代说唱俑	巩发明 季兵	四川文物	2期	1989
东汉说唱俑	石荣	四川文物	5期	1991
四川马俑刍议	史占扬	四川文物	1期	1992
合江出土东汉"秘戏"陶俑	王定福	四川文物	4期	1992
四川绵阳出土的西汉陶俑	何志国	中国文物报		1992.6.28
汉代的"亚当和夏娃"	殷力欣	文化月刊	4期	1995
重庆市江北玉带山出土汉代陶俑	林必忠 董小陈	四川文物	5期	1996
浅谈我国汉化的俳优形象	商春芳	四川文物	1期	1997
四川东汉陶俑	曹建强	古今农业	3期	1998
安县发现东汉说唱俑	谢明光	四川文物	4期	1998
汉代说唱俑考	高文	四川文物	5期	1998
四川汉代说唱俑	高文	今日四川	3期	1999
试论四川汉代说唱俑及其史料价值	刘芬	音乐探索	3期	2003
两汉俳优解	于天池	中国典籍与文化	2期	2005
是"说唱俑"还是"俳优俑"——汉代崖墓"说唱俑"考辨	于天地 李书	文艺研究	4期	2005
陶质文物修复技术浅谈——记成都市新都区陶马车的修复	李跃 李刚	四川文物	1期	2003
三峡库区出土珍贵文物陶鸟的修复	王海阔	四川文物	2期	2003
瑰宝"神鸟"的修复	王海阔	文物修复研究	3期	2003
成汉俑新说	刘弘	四川文物	4期	1995
南部县出土唐代三彩陶俑	陈钢 陶陈洁	四川文物	5期	1996
南部县出土的彩釉陶俑小识	叶茂林	四川文物	2期	1998
四川汉代瓦当	高文	四川文物	2期	1993
昭化的汉砖艺术	马兴国	四川大学学报(哲社)	4期	1991
凉山汉晋砖谭概	刘海林 潘用良	四川文物	4期	1999
四川汉代地名砖考略	高文	成都文物	2期	1999
蜀出汉画砖		艺林月刊	67卷	1935

续表八

篇、书名	著(译)编者	出处	卷、期	年月日
四川汉代画象选集	闻宥	群联出版社		1955
		中国古典艺术出版社		1956
在四川德阳县收集的汉画像砖	四川省文管会	文物参考资料	7期	1956
四川天彭延平墓出土汉砖画象		美术	2期	1957
重庆市博物馆藏四川汉画像砖选集	重庆市博物馆	文物出版社		1957
汉代画像砖	社文	四川日报		1961.7.19
四川汉代画象砖拓片	四川省博物馆	上海人民美术出版社		1961
四川汉代的画像砖	清白	成都晚报		1963.5.24
四川汉代画像砖	迅冰	艺苑掇英	7期	1979
四川新都县发现一批画像砖	四川省博物馆	文物	2期	1980
四川新都画像汉砖	四川省博物馆	社会科学研究	2期	1981
成都市出土东汉画像砖	李恩雄	考古与文物	1期	1982
四川彭县义和公社出土汉代画像砖简介	陈显双	考古	10期	1983
四川绵阳出土鹿纹画像砖	何志国	考古	4期	1984
彭山县岩墓发现的画像砖	帅希彭	四川文物	4期	1985
广汉县出土一批汉画像砖	敖天照	四川文物	4期	1985
四川彭县等地新收集到一批画像砖	袁曙光	考古	6期	1987
文物珍品——汉代画象砖	卢光明	文史杂志	6期	1987
四川汉代画像砖	高文	上海人民美术出版社		1987
《龙车星辰》汉代画像砖	张德金	中国文物报		1988.5.20
四川汉代画像艺术选	吕林	四川美术出版社		1988
四川彭山出土的汉代画像砖	帅希彭	考古与文物	3期	1989
新都县梓潼村出土东汉乘舆画像砖的附记	胡顺利	四川文物	5期	1989
西昌出土"有尾濮"画像砖	张正宁	中国文物报		1990.11.29
彭山近年出土的汉代画像砖	帅希彭	四川文物	2期	1991
四川广元昭化征集的汉代画像砖	郑若葵 唐志工	文物	11期	1994
大邑发现东汉画像砖	郭仕文	中国文物报		1997.5.11
谈四川新都出土的汉代画像砖	张德全	美术	12期	1998
巴蜀汉代画像集	龚廷万等	文物出版社		1998
四川画像砖	张惠萍	中学历史教学研究	1期	2000

续表九

篇、书名	著(译)编者	出处	卷、期	年月日
邮票上的四川汉代画像砖	高文	四川文物	3期	2001
四川三台姬家山汉墓出土罕见画像砖	左启	中国文物报		2001.9.28
记几块珍贵的汉画像砖	刘振宇	东南文化	4期	2002
汉代画像砖，民间瑰宝	刘振宇	中国收藏	12期	2003
成都怡汉轩秘藏汉画像砖精选	刘振宇	中国汉画研究	1辑	2004
成都出土的第一具完整砖棺	高文 王锦生	中国汉画研究	1辑	2004
重庆首次出土汉代画像砖	林必忠 刘春鸿	中国文物报		2004.9.22
蜀风汉画传千古——成都东汉画像砖特展	震雨	收藏家	5期	2005
略谈四川新发现的六朝画像砖	袁曙光	四川文物	3期	1989
大竹县发现宋代画像砖	余和平	四川文物	5期	1994
几块画像砖的说明	于豪亮	考古通讯	4期	1957
论盘舞	冯汉骥	文物参考资料	8期	1957
祭祀灵星的舞蹈的画像砖的说明	于豪亮	考古通讯	6期	1958
四川汉代画象砖艺术	刘志远	中国古典艺术出版社		1958
四川的画像砖墓及画像砖	冯汉骥	文物	11期	1961
收获和弋射图——汉代画像砖介绍	沈仲常	成都晚报		1961.7.16
读四川画像砖的几点体会	王颂余 吴燃	河北日报		1963.4.19
汉代市井考——说东汉市井画像砖	刘志远	文物	3期	1973
		文史论丛		1974
四川汉代画像砖反映的社会生活	刘志远	文物	4期	1975
"告贷图"画象砖质疑	沈仲常	考古	6期	1979
也谈"告贷图"画像砖的再定名	胡顺利	考古	6期	1980
古代工艺美术珍品——画像砖	史扬	成都晚报		1981.1.1
古代蜀中妇女的生动形象	勃阳	成都日报		1981.3.9
古健身术	王家佑 李远国	成都日报		1981.5.28
四川汉代画像砖与汉代社会	刘志远等	文物出版社		1983
"讲学图"与"蜀石经"	史勃	成都文物	2期	1984
"伏羲女娲·双龙"画像砖试释	余德章	四川文物	3期	1984

续表一〇

篇、书名	著(译)编者	出处	卷、期	年月日
广汉所出永元八年砖跋——关于古代猎鹰的一则札记	闻宥	四川大学学报（哲社）	2期	1985
东汉城市局部地图的研究——成都市西郊东汉墓出土市井画像砖	曹婉如	自然科学史研究	2期	1985
祭祀灵星舞的画像砖质疑	刘文杰 余德章	农业考古	2期	1985
试论四川汉代画像砖的分布地区、刻塑技法及其史料价值	余德章 刘文杰	考古与文物	5期	1986
浅谈四川汉代画像砖艺术	高文	四川文物	1期	1987
从汉代画像砖看民族文化交流	张德全	四川文物	1期	1987
从汉代画像砖看汉代的婚俗	吴怡	成都文物	2期	1987
四川汉代画像砖上的佛塔图像	谢志成	四川文物	4期	1987
四川汉代画像砖	高文	上海人民美术出版社		1987
对"收获播种"画像砖的再探索	罗伟先	四川文物	3期	1988
四川彭县"泗水捞鼎"画像砖质疑	李卫星	四川文物	5期	1989
宝兴汉画像砖艺术特色浅析	杨文成 高文	四川文物	1期	1992
浅析汉画中的三足乌	李伟男	文物春秋	2期	1992
四川汉画像砖起源初探	丁祖春	成都文物	3期	1992
四川画像砖中所见的汉代桥梁	周香洪	四川文物	3期	1992
汉画像石上的接吻图考辨	杨爱国	四川文物	4期	1994
"文翁讲学图"画像砖介绍	刘耀辉	成都大学学报（社科）	1期	1995
野合图考	高文	四川文物	1期	1995
《桑间野合》画像砖考释	冯修齐	四川文物	3期	1995
山东与四川汉画的比较研究	李卫星	四川文物	3期	1995
四川汉代秘戏图画像砖的思考	杨孝鸿	四川文物	2期	1996
心有灵犀——读埃特鲁斯坎人的一幅壁画与四川大邑汉画像砖中的"渔猎图"	毕斐	东方艺术	4期	1997
		故宫文物月刊	176期	1997
成都汉代的杂技画像砖	徐忠辉	成都文物	1期	1998
我国古代一个以农业生产为题材的大型舞蹈——汉代《灵星舞》考述	赵逵夫	西北师范大学学报（社科）	3期	1998
我国最早的弦鼗图像	高文	四川文物	3期	1998
四川汉代性题材画像研究	范小平	东南文化	4期	1998
四川汉代钱币图纹砖考略	张德全	四川文物	1期	1999

续表一一

篇、书名	著(译)编者	出处	卷、期	年月日
成都石羊乡出土王莽时期斗鸡图	朱章义	农业考古	1期	1999
从汉画看汉代的射箭活动	崔乐泉	考古与文物	2期	1999
浅析四川汉代画像砖艺术中的开拓性因素	李江	四川文物	1期	2001
《弋射·收获》图与中国山水画	王建纬	四川文物	1期	2001
彭州汉画像砖揭示的社会生活	沈洪民	成都文物	4期	2001
四川汉代画像砖的艺术价值论	魏学峰	四川文物	4期	2002
四川汉画像砖的分区与分期	袁曙光	四川文物	4期	2002
汉代《渡弱水》条形画像砖	王锦生	成都文物	4期	2002
汉代社会生活写真——四川汉墓画像砖	杨泓	人民日报（海外）		2002.6.21
四川昭化、梓潼东汉画像砖掌印痕的推论与鉴赏	李英宏	中国汉画研究	1辑	2004
四川汉代画像题材类型问题研究	盛磊	中国汉画研究	1辑	2004
四川汉代画像砖的造假与鉴定	刘振宇	中国汉画研究	1辑	2004
古蜀绘画砖艺术	刘志勇	巴蜀史志	1期	2004
试论汉代四川画像砖的装饰艺术特色	黄莓子	美与时代	10期	2004
汉代四川画像砖的装饰意匠简论	郑晓东 黄莓子	艺术教育	1期	2005
汉代高禖图画像砖之民俗学思考	陈云洪	成都文物	1期	2005
四川新津出土汉画刻石之一		艺林月刊	90卷	1937
四川新津出土汉画刻石之二		艺林月刊	91卷	1937
四川新津出土汉画刻石之三		艺林月刊	92卷	1937
四川新津出土汉画刻石之四		艺林月刊	93卷	1937
四川省新津县保存有古代崖刻	李维扬	文物参考资料	9期	1954
四川重庆江北发现汉墓石刻	陈丽琼	考古通讯	8期	1958
四川郫县东汉砖墓的石棺画像	四川省博物馆、郫县文化馆	考古	6期	1979
四川宜宾县崖墓画像石棺	兰峰	文物	7期	1982
曾家包汉画像石	翁善良	成都文物	创刊号	1983
四川郫县东汉墓门石刻	梁文骏	文物	5期	1983
扬子山1号汉墓画像石刻	余德章等	成都文物	3期	1984
绚丽多彩的画像石——四川解放后出土的五个汉代石棺椁	高文	四川文物	1期	1985

续表一二

篇、书名	著(译)编者	出处	卷、期	年月日
乐山汉崖墓石刻画像概述	唐长寿	东南文化	2期	1986
四川荥经东汉石棺画像	李晓鸣	文物	1期	1987
内江市发现东汉岩墓画像	雷建金 傅成金	四川文物	4期	1987
四川汉代画像石	高文	巴蜀书社		1987
四川荥经发现东汉石棺画像	荥经严道古城遗址博物馆	考古与文物	2期	1988
汉画瑰宝——四川新出土的八个画像石棺	高文 高成英	文物天地	3期	1988
简阳县鬼头山发现榜题画像石棺	雷建金	四川文物	6期	1988
璧山发现一批东汉画像石棺		中国文物报		1988.3.4
宜宾地区出土汉代画像石棺	宜宾地区文化局	考古与文物	1期	1991
内江市关升店东汉崖墓画像石棺	雷建金	四川文物	3期	1992
璧山出土汉代石棺	戴克学	四川文物	1期	1993
新津发现汉代画像石棺	颜开明 郑卫	中国文物报		1994.9.11
温江县出土汉代石墓门画像	郭永棣	四川文物	3期	1995
安岳崖墓石刻画像概述	傅成金	四川文物	3期	1996
南溪县长顺坡画像石棺清理简报	颜灵	四川文物	3期	1996
新津县出土两具汉代画像石棺	郑卫	四川文物	5期	1996
三台凤凰山麓发现东汉兵马画像石	左启	中国文物报		1998.7.22
四川汉代石棺画像集	高文	人民美术出版社		1998
四川合江汉画像石棺	郭家平	中国档案报		2000.6.29
中国画像石全集（7）：四川汉画像石	高文	河南美术出版社、山东美术出版社		2000
汉代画像石棺岩墓清理简记（新津）	郑卫 颜开明	成都文物	4期	2001
中国巴蜀汉代画像砖大全	高文 王锦生	国际港澳出版社		2002
四川雅安发现东汉崖墓石刻	苑坚 郑国君	人民日报		2004.3.27
四川昭觉县出土的汉代画像砖石	俄比解放	考古与文物	3期	1994
市博馆藏画像砖及石刻		成都文物	3期	1998
中国西南汉代画像内容组合	罗二虎	社会科学研究	1期	2002
中国西南汉代画像内容分类	罗二虎	四川大学学报（哲社）	1期	2002

续表一三

篇、书名	著(译)编者	出处	卷、期	年月日
巴县沙坪坝出土之石棺画像研究	常任侠	金陵学报	8卷1、2期	1938
沙坪坝出土之石棺画象研究	常任侠	时事新报·学灯	41、42期	1939
		说文月刊	1卷10、11期	1940
		民俗艺术考古论集		1943
		常任侠艺术考古论文选集		1984
芦山新出汉石图考（附图）	任乃强	康导月刊	4卷6、7期	1942
辨王晖石棺浮雕	任乃强	康导月刊	5卷1期	1943
郫县出土东汉画像石棺图象略说	李复华 郭子游	文物	8期	1975
东汉石刻画——"仙人博戏图"		成都日报		1980.4.10
汉画像石上的酿酒图	石 湍	成都文物简讯	1期	1981
四川彭山崖墓门楣石刻试析	谷建祥	南京博物院集刊	6辑	1983
四川汉代画像石初探	高 文	四川文物	4期	1985
南溪东汉石棺画像中所见的濮人图腾	何泽宇	川南文博	1期	1986
乐山汉崖墓石刻画像概述	唐长寿	东南文化	2期	1986
宜宾汉代石刻画像中的鲟鱼	兰 峰	四川文物	4期	1987
跋汉画赵苟哺父图	王恩田	四川文物	4期	1987
荥经画像石棺"秘戏图"及其它——《跋汉画赵苟哺父图》读后	唐长寿	四川文物	1期	1991
王孝渊墓碑画像石及其历史地位	袁曙光	汉代画像石研究		1987
曾家包二号墓墓门画像考辨	张 建	成都大学学报（社科）	1期	1988
四川出土的十一具汉代画像石棺图释	高 文 高成英	四川文物	3期	1988
四川崖墓画像石考释四则	唐长寿	四川文物	3期	1988
南川县汉崖墓石刻研究	缪永舒	四川文物	3期	1989
内江市东汉崖墓画像石的调查与探讨	雷建金 高晓宏	四川文物	3期	1998
中江汉画像石遗存初考	黄崇华	四川文物	4期	1989
"天门"考——兼论四川汉画像砖（石）的组合与主题	赵殿增 袁曙光	四川文物	6期	1990
汉代鱼鸟图小考	刘 弘	四川文物	1期	1991

续表一四

篇、书名	著（译）编者	出处	卷、期	年月日
泸州出土汉画像石棺鱼雀图考	张遐龄	四川文物	1期	1991
两件汉代画像石辨误	薛登	成都文物	2期	1991
泸州博物馆收藏汉代画像石棺考释	谢荔	四川文物	3期	1991
四川汉代画像石棺艺术研究	高文 范小平	中原文物	3期	1991
四川中江东汉崖石雕	范小平	美术	7期	1991
汉代石刻"狗咬耗子"与古代养狗捕鼠的习俗	江玉祥	文物天地	1期	1992
也谈古代狗与猫的捕鼠问题——补江玉祥先生文	郑岩	文物天地	5期	1992
狗捉耗子——从四川汉画像石谈起	徐建	中国文物报		1993.8.29
汉墓石刻画像与墓主身份等级研究	罗伟先	四川文物	2期	1992
中江东汉崖墓的石刻艺术	范小平	四川文物	5期	1992
浅谈乐山东汉崖墓的壁雕艺术	汪涛	四川文物	5期	1992
四川石棺装饰艺术初探	高文 范小平	成都文物	1期	1993
岷江流域汉画像崖墓分期及其它	唐长寿	中原文物	2期	1993
对四川简阳石棺画像的几点认识	韩光	汉画研究	3期	1993
郭沫若与王晖石棺画像研究	周日琏	四川文物	6期	1993
中国·四川省の漢代画像石棺の芸術研究	高成英 北進一	エスキス	93号	1993
关于郭沫若题咏王晖石棺画像与学术争议	周日琏 高文	郭沫若学刊	2期	1996
安岳崖墓石刻画像概述	傅成金	四川文物	3期	1996
王晖石棺朝向归宿考释	胡开祥	四川文物	4期	1996
古埃及新王国及中东同时期墓室浮雕和中国汉画像石刻艺术风格之比较	范小平	艺苑（美术）	2期	1997
千古风韵 垂昭后世——评成都两座东汉墓门题刻	古元忠 刘笑平	成都文物	2期	1997
四川汉代石棺画像概论	高文	四川文物	4期	1997
三台县安居镇东汉崖墓石刻画像	钟治	四川文物	5期	1997
内江市东汉崖墓画像石的调查与探讨	雷建金 高晓宏	四川文物	3期	1998
汉代画像石棺研究	罗二虎	考古学报	1期	2000

续表一五

篇、书名	著(译)编者	出处	卷、期	年月日
四川合江汉代画像石棺	郭家平 佚　名	中国档案报		2000.6.29
郪江崖墓的重要价值	俞伟超	中国文物报		2000.11.29
乐山柿子湾崖墓画像石刻研究	唐长寿	四川文物	1期	2002
四川汉代画像中的"担负"画面	王子今	四川文物	1期	2002
四川汉画艺术探源	高文	成都文物	4期	2002
四川新津县汉代画像石棺上之新发现	高文 王锦生	四川文物	5期	2002
四川新津县汉代画像石棺上之新发现（二）	高文 王锦生	四川文物	6期	2003
		中国汉画研究	1辑	2004
		中国汉画学会第九届年会论文集（上）		2004
试析三台郪江崖墓出土东汉画像石棺	钟治	故宫文物月刊	231期	2002
汉代画像石棺	罗二虎	巴蜀书社		2002
新津汉画像石人物倚龙图含义辩	曾繁模	重庆历史与文化	1期	2003
从王晖石棺谈王晖生前的信仰	陈华	四川文物	6期	2003
四川南溪长顺坡汉墓石棺画像考释	罗二虎	四川文物	6期	2003
四川"半开门中探身人物"题材初步研究	盛磊	中国汉画研究	1辑	2004
		中国汉画学会第九届年会论文集（上）		2004
四川汉墓画像中的死亡与生命	唐长寿	四川文物	2期	2004
三台郪江崖墓出土画像石棺研究	李生 钟治	四川文物	4期	2004
中江塔梁子崖墓壁画榜题考论	王子今 高大伦	文物	9期	2004
四川门阙类画像砖研究	袁曙光 赵殿增	中国汉画学会第九届年会论文集（上）		2004
试说大邑出土的东汉永元十年画像棺	胡亮	中国汉画学会第九届年会论文集（上）		2004
中国最早的战船图考	杨志立	中国汉画学会第九届年会论文集（上）		2004
新津汉画及道教的形成	颜开明	中国汉画学会第九届年会论文集（下）		2004
新津汉画像石特色简析	曾繁模	四川文物	1期	2005
长宁七个洞崖墓群汉画像研究	罗二虎	考古学报	3期	2005

续表一六

篇、书名	著(译)编者	出处	卷、期	年月日
巴蜀"胡人"图像札记	刘文锁	四川文物	4期	2005
中江塔梁子东汉崖墓胡人壁画雕像考释——兼论印欧人种入居我国西南的时代问题	谢崇安	四川文物	5期	2005
四川中江县塔梁子M3部分壁画考释	宋治民	考古与文物	5期	2005
中江塔梁子M3石刻兵器"弩"应为钩镶	何志国	文物	6期	2005
新津画像崖棺"玃盗女"图考	唐长寿	四川文物	6期	2005
贵州习水县发现的蜀汉岩墓和摩崖题记及岩画	黄泗亭	四川文物	1期	1986
成都扬子山晋泰始十年墓门浮雕人物	邓少琴	历史知识	2期	1982
三千年前彩色木雕人头像出土		光明日报		2004.12.27
四川省立博物馆所藏汉代石函浮雕与陶制明器说明	孔玉芳	说文月刊	5卷3、4期	1945
芦山县的东汉石刻	陶鸣宽 曹恒钧	文物参考资料	10期	1957
漫谈巴蜀汉代石刻	吴稚鹤	艺林丛录	4编	1964
四川芦山出土汉代石刻楼房	钟坚	文物	10期	1987
芦山的东汉石刻	李军	四川文物	6期	1994
郫县最近出土东汉石马	梁文骏	成都日报		1980.9.16
雅安石雕础座略说	袁曙光	四川文物	3期	1985
四川乐山东汉岩墓内的一尊石刻佛像	李复华 陶鸣宽	文物参考资料	6期	1957
乐山麻浩、柿子湾崖墓佛像年代新探	唐长寿	东南文化	2期	1989
早期佛教造像的南传系统	阮荣春	东南文化	1、2期	1990
早期佛教造像的南传系统（续）	阮荣春	东南文化	3期	1990
沱江崖墓所见汉代佛像及其相关问题	何志国	四川文物	5期	1991
试谈绵阳出土东汉佛像及其相关问题	何志国	四川文物	5期	1991
从四川绵阳出土的中国最早的铜佛像谈起	何志国	文物天地	5期	1991
"早期佛教造像南传系统"调查资料	阮荣春 木田知生	东南文化	5期	1991
略论四川早期佛教造像	何志国	东南文化	5期	1992
四川早期佛教遗物及其年代与传播途径的考察	吴焯	文物	11期	1992
论早期佛教造像东渐的"时空差"	阮荣春	东南文化	1期	1994

续表一七

篇、书名	著(译)编者	出处	卷、期	年月日
四川早期佛教造像滇缅道传入论——兼与吴焯先生商榷	何志国	东南文化	1期	1994
略论四川早期佛教造像	何志国	东南文化	5期	1992
初论中国南方早期佛教造像的性质	何志国	四川文物	增刊	1996
四川汉画及摇钱树所反映的中国早期佛教艺术	范小平	中华文化论坛	3期	1998
适应与传播——四川汉墓出土佛像的符号学考释	姜生	宗教学研究	4期	1998
近年来关于佛像起源问题的研究状况	宫治昭（李静杰）	敦煌研究	2期	2000
论早期佛像在长江流域的传播——以汉晋考古材料为中心	何志国	中国古都研究	19辑	2002
		东南文化	3期	2004
四川钱树和长江中下游部分器物上的佛像——中国南方发现的早期佛像札记	宿白	文物	10期	2004
摇钱树佛像与印度初期佛像的关系	何志国	美术研究	2期	2005
西南丝路与四川早期佛教造像	黄剑华	西南交通大学学报（社科）	2期	2005
论中国西南地区早期佛像	罗二虎	考古	6期	2005
中国早期佛教造像研究	李正晓	文物出版社		2005
四川忠县三国铜佛像及研究	赵殿增 袁曙光	东南文化	5期	1991
四川三国时期的画像与佛像	袁曙光 赵殿增	四川文物	4期	2003
四川摩崖象	叶瀚	晚学庐丛稿		
浙江四川直隶造象目蒙目	叶瀚	晚学庐丛稿		
中国美协组成考察团赴川考察古代雕刻	温廷宽	文物参考资料	2期	1957
大足等地古代雕刻给我们的启发	孙善宽 林家长	美术	7期	1957
在四川考察古代雕刻	温廷宽	光明日报		1957.2.25
丰富多彩的四川古代石刻艺术	张松鹤	美术	6期	1957
四川佛教摩崖造像的艺术价值及其现状	温廷宽	现代佛学	8、9期	1957
丰富多彩的四川石刻艺术	西南师范学院图画科"四川美术史"编写组	西南师范学院学报（人文）	2期	1960
四川大佛有多少	昨非	旅游天府	4期	1981

续表一八

篇、书名	著(译)编者	出处	卷、期	年月日
四川的十一尊大佛		成都晚报		1983.3.6
四川的十八尊大佛	余 音	旅游天府	5期	1983
巴山蜀水多大佛	余 音	旅游天府	5期	1983
巴山潆水话石佛	刘学文	法音	1期	1984
四川石刻造像艺术概述	刘长久 胡文和	社会科学研究	6期	1985
四川石刻——尚待开发的艺术宝库	谭洛非	四川文物·石窟研究专刊		1986
试论四川的摩崖造像	吴觉非	四川文物·石窟研究专刊		1986
四川摩崖石刻佛教造像题材内容初探	胡文和	四川文物	3期	1987
灿烂夺目的历史画廊——《中国美术全集·四川石窟雕塑》编后记	许征云	美术之友	1期	1988
四川石窟杂识	丁明夷	文物	8期	1988
我国的六大石佛	继 印	法音	10期	1988
中国美术全集·雕塑编(12)——四川石窟雕塑	李巴生	人民美术出版社		1988
天府摩崖石雕大佛兴盛的历史文化背景	蜀 石	文史杂志	1期	1989
四川地区古代石刻风化原因的研究	曾中懋	文物保护与考古科学	2期	1991
四川摩崖石刻造像调查及分期	胡文和	考古学集刊	7集	1991
乐山大佛和他的兄弟们	邓洪平 喻光韶	电子科技大学出版社		1992
云南、四川石窟考察散记	王朝闻	美术	12期	1993
四川道教佛教石窟艺术	胡文和	四川人民出版社		1994
漫谈四川石窟菩萨	郭祝崧	阿坝师专学报	1期	1996
四川是我国石窟雕刻艺术数量最多的省		中华文化论坛	4期	1996
中国石窟雕塑精华——四川观音·菩萨造像	重庆出版社	编者刊		1996
四川石窟现存的两尊万回像	罗世平	文物	6期	1998
中国西南石窟艺术	刘长久	四川人民出版社		1998
中国石窟雕塑全集8·四川	刘长久	重庆出版社		2000
四川石窟、摩崖造像综述	李 良	四川文物	4期	2001
巴蜀地区摩崖佛寺的选址、布局与基本形制初探	郭 璇	中国民族建筑论文集		2001

续表一九

篇、书名	著(译)编者	出处	卷、期	年月日
四川石窟寺中常见洞窟形制及经变像考	李 良	四川文物	2期	2002
古代四川地区密宗造像的发展及成因	魏 崴	四川文物	4期	2002
陇南麦积山石窟与巴蜀石窟	宋朗秋	麦积山石窟艺术文化论文集（上）		2002
神奇的石刻王国	雷文彬	西部人	7期	2003
四川石窟概论	丁明夷	宿白先生八秩华诞纪念文集		2003
四川石窟造像（上）（下）	金维诺	雕塑	4、6期	2004
巴蜀摩崖石刻的建筑环境观	张兴国 冯 棣	新建筑	4期	2005
巴蜀地区摩崖佛寺的流变	郭 璇	重庆建筑大学学报	6期	2005
论地狱变相图	胡文和	四川文物	2期	1988
四川摩崖造像中的《药师变》和《药师经变》	胡文和	文博	2期	1988
四川摩崖造像中的"维摩变"	胡文和	考古	6期	1988
四川唐代摩崖造像中的"西方净土变"	胡文和	四川文物	1期	1989
四川摩崖造像中的涅槃变	胡文和	考古	9期	1989
四川摩崖造像中的"大方广华严十恶品经变"	胡文和	敦煌研究	2期	1990
四川石窟华严经系统变相的研究	胡文和	敦煌研究	1期	1997
四川和敦煌石窟中"西方净土变"的比较研究	胡文和	考古与文物	6期	1997
四川唐代佛教造像与长安样式	罗世平	文物	4期	2000
巴蜀地区摩崖佛寺的选址、布局与基本形制初探	郭 璇	中国民族建筑论文集		2001
四件四川佛教石雕和净土图像在中国的起源	王静芬 郭春萍	敦煌研究	1期	2002
四件四川佛教石雕和净土图像在中国的起源（续）	王静芬 郭春萍	敦煌研究	2期	2002
四川石窟寺中常见洞窟形制及经变相考	李 良	四川文物	2期	2002
试论四川的"菩提瑞像"	雷玉华 王剑平	四川文物	1期	2004
四川摩崖石刻中的阿弥陀佛与五十二菩萨	雷玉华	考古与文物	2期	2005

续表二〇

篇、书名	著(译)编者	出处	卷、期	年月日
再论四川的"菩提瑞像"	雷玉华 王剑平	故宫博物院院刊	6期	2005
本市西安南路出土一批古代石刻	吴红	成都日报		1982.2.27
四川省广元县出土北魏元恪时期石佛		史学情报	3期	1983
北魏元恪时期石刻佛像在广元出土	周福双 盛伟	四川日报		1983.2.17
新出土的北魏石刻佛像	曾德仁	成都晚报		1983.8.11
成都南朝石刻造像之真伪	张勋燎	成都文物	2期	1991
成都万佛寺出土的梁代石刻造像	袁曙光	四川文物	3期	1991
成都万佛寺梁代造像艺术特色的形成	李巴生	敦煌研究	3期	1992
南朝的《法华经》普门品变相——刘宋元嘉二年石刻画像内容	吉村怜（贺小萍）	敦煌研究	4期	1996
成都南朝石刻造像考辨	雷玉华	成都文物	2期	1997
成都发现南朝佛教造像	雷玉华	文物天地	2期	1997
成都市西安路南朝石刻造像清理简报	成都市文物考古工作队、成都市文物考古研究所	文物	11期	1998
北周天和释迦造像与题记	袁曙光	四川文物	1期	1999
试论成都地区出土的南朝佛教石造像	李裕群	文物	2期	2000
"青州模式"造像的源流	费泳	东南文化	3期	2000
四川南朝佛教造像二考	雷玉华	成都文物	4期	2000
成都南朝浮雕弥勒经变与法华经变考论	赵声良	敦煌研究	1期	2001
南朝法华经普门品变相——论刘宋元嘉二年铭石刻画像的内容	吉村怜 小泽亨子	东南文化	3期	2001
成都商业街南朝石刻造像赏析	张肖马	文物天地	4期	2001
岷江上游新出南朝石刻造像及相关问题	霍巍 罗进勇	四川大学学报（哲社）	5期	2001
成都市商业街南朝石刻造像	张肖马 雷玉华	文物	10期	2001
四川大学博物馆收藏的两尊南朝石刻造像	霍巍	文物	10期	2001
四川广元发现北魏石佛头	唐志工	中国文物报		2001.12.7

续表二一

篇、书名	著(译)编者	出处	卷、期	年月日
四川南朝造像与佛像的传播	袁曙光	麦积山石窟艺术文化论文集（下）		2002
关于中国成都地区的佛教造像——以520－540年间造像为中心	八木春生（顾虹）	敦煌研究	3期	2003
四川大足之古代石刻		东方杂志	32卷5期	1935
介绍大足石刻及其文化评价	吴显齐	新中华（复刊）	3卷7期	1945
大足石刻参礼	王仲博	旅行杂志	20卷7期	1946
记四川大足宝顶山唐宋石像	李德芳	南方杂志	1卷1期	1946
真理之神	杨家骆	世界书局		1946
大足石刻印象记	吴显齐	和平日报		1947.1.20, 1947.1.21
大足龙岗区石刻记略——世界学院中国学典馆大足石刻考察团考察记略之一	杨家骆	中央日报·文物周刊	20期	1947.2.2
大足宝顶区石刻记略——世界学院中国学典馆大足石刻考察团考察记略之二	杨家骆	中央日报·文物周刊	21期	1947.2.9
大足龙岗宝顶以外各区石刻记略——世界学院中国学典馆大足石刻考察团考察记略之三	杨家骆	中央日报·文物周刊	22期	1947.2.16
大足石刻——唐宋造像新发现	吴显齐	旅行杂志	21卷3期	1947
大足石刻之艺术与佛教（上）（下）	王恩洋	文教丛刊	7、8期	1947
大足石刻	王恩洋	弘化社		1954
四川大足县石刻	蒋美华	文物参考资料	9期	1955
大足石刻志略	陈习删	大足县人民政府		1955
大足石刻	李巴生	人民画报	4期	1956
宝顶雕刻年代问题	陈习删	文物参考资料	5期	1956
大足北山石刻巡礼	阿木	四川日报		1956.9.7
大足县培修唐、宋石刻造像	李祖泽	文物参考资料	3期	1957
大足佛教摩崖造像的艺术价值及其现状	温廷宽	现代佛学	9期	1957
石刻艺术的宝库——介绍四川大足宝顶大佛湾的摩崖造像	潘绍棠	人民日报		1957.5.15
大足石刻	傅扬	朝花美术出版社		1957
论大足宝顶石刻的一些特点	温廷宽	文物参考资料	4期	1958
四川大足的古代雕刻	林树中	解放日报		1958.1.11

续表二二

篇、书名	著(译)编者	出处	卷、期	年月日
大足石刻	中国美术家协会四川石刻考察团	文物出版社		1959
《中国北部的石窟雕塑艺术》与《大足石刻》两书中的一些问题	陈去非 谢明非	文物	7 期	1960
四川培修大足石刻	高 文	光明日报		1960.2.16
大足石刻	杜 文	四川日报		1961.9.10
大足石刻	荫 远	上海人民美术出版社		1961
大足石刻	吴 野	四川日报		1962.7.21
大足北山石刻艺术	吴 非	成都晚报		1962.7.14
大足石刻	金勖琪	光明日报		1962.12.18
大足石刻	四川美术学院雕塑系	朝花美术出版社		1962
大足石刻观后记	丁献堂	"中央"日报		1969.8.10
大足石窟之圆觉经变像	陈清香	慧炬	86 期	1970
大足石窟《佛传变像》研究	陈清香	美术学报	5 期	1971
大足唐宋佛教崖雕之研究	陈清香	台湾风物	26 卷 4 期	1976
大足石刻	代 才 先 发	四川日报		1978.9.10
瑰丽的艺术 科学的结晶——浅谈大足石刻的科学成就	章以谦	科学画报	3 期	1979
大足石刻	重庆博物馆群工部	艺苑掇英	7 期	1979
大足石刻	王官乙	美术家杂志	8、10 期	1979
论大足菩萨像的风格	陈清香	美术论集		1979
大足石刻	徐文彬	艺苑掇英	1 期	1980
大足北山和宝顶山摩崖造像	大足县文保所	文物	1 期	1980
石刻的宝库	傅天仇	百科知识	3 期	1980
大足石刻	大足县文保所	四川画报	3 期	1980
人间天上、鬼斧神工——记四川大足石刻	何礼荪	旅游	4 期	1980
大足石刻欣赏随笔	王官乙	美术丛刊	10 辑	1980
石刻艺术的珍品——大足石刻琐记	岷 枫	成都日报		1980.1.14
大足石刻	刘红宾 邓忠礼	四川日报		1980.2.3

续表二三

篇、书名	著(译)编者	出处	卷、期	年月日
精美绝伦的石刻艺术	郭相颖	成都日报		1980.5.17
中国大足石窟的石佛群各种文化的交融——宏大工程的观感	石川一成	读卖新闻		1980.6.14
大足石刻趣谈	郭相颖	成都日报		1980.7.21
大足石刻传奇	覃峻石	四川日报		1980.12.21
大足石刻	四川省大足县文物保管所	编者刊		1980
大足石刻 1、2辑	赵甫华	大足饮食服务公司、重庆出租汽车公司		1981
大足石刻		社会科学研究	1期	1981
旅游事业的一座"金矿"	王官乙	旅游天府	2期	1981
大足石刻观感	艾芜	旅游	3期	1981
江南最大的石刻——记访大足石刻	石川一成	朋友杂志	3期	1981
一龛有争议的菩萨	覃峻石	旅游天府	4期	1981
刻在悬崖上的连环画	鸥影	旅游天府	4期	1981
一千零七只手	李正心	旅游天府	4期	1981
大足石刻	冀连波	大地	6期	1981
大足石刻	张嘉齐	中国建设	6期	1981
也谈宝顶山摩崖造像的年代问题	李正心	文物	8期	1981
大足石刻艺术的造化	治明	中国旅游	17期	1981
巧夺天工的大足石刻	泓赓 建英	人民日报		1981.1.12
精湛的大足石刻艺术	郭相颖	中国财贸报		1981.2.19
巧夺天工 绚丽多彩——记大足石刻	林梦麟 刘长生	重庆日报		1981.2.24
北山石刻的精华	游仲之	重庆日报		1981.6.7
卧佛	游仲之	重庆日报		1981.6.7
华丽的孔雀明王	许可	重庆日报		1981.6.7
圆觉洞府	许可	重庆日报		1981.6.7
牧牛图	唐安良	重庆日报		1981.6.7
南山石刻	李正心	重庆日报		1981.6.7
石门圣府洞	赵甫华	重庆日报		1981.6.7
大足石刻中的书碑	李正心	成都日报		1981.7.9
宝顶山上的小佛湾	李正心	成都日报		1981.9.6

续表二四

篇、书名	著(译)编者	出处	卷、期	年月日
石刻《维摩问疾图》及作者	钟纪明	重庆日报		1981.10.4
大足石刻	永川地区文化局等	四川人民出版社		1981
大足石刻艺术	白自然	外文出版社、美乃美株式会社		1981
晚期石窟艺术的精华——大足石刻	陈 东	四川建筑	1期	1982
菩萨美——大足石刻艺术欣赏	王官乙	美的研究与欣赏	1辑	1982
漫步大足石刻间	于竟祁	紫禁城	2期	1982
石刻艺术的宝库——大足	傅天仇	人民画报	2期	1982
大足石刻	裴 榴	旅行家	3期	1982
竟把戒酒当腹诊	辛 夫	旅游天府	3期	1982
四川大足宝顶石窟"仲景腹诊图"辨误	陈先赋	中华医史	3期	1982
宋代大足石刻——渗透着市民阶层思想意识的艺术	李正心	美术	4期	1982
宝顶、北山话石刻——大足观美杂记	周来祥	美育	5期	1982
牧牛图	李心正	人民日报		1982.7.19
罕见的千眼千手观音	邓之金 李传授	四川日报		1982.10.21
神秘诱人的多宝塔	高 琪 郭相颖	四川日报		1982.10.21
记大足石刻观音造像	重 木	成都日报		1982.11.15
大足石刻	中国旅游出版社	编者刊		1982
大足石刻研究通讯	大足石刻研究学会	编者刊	1期	1983
四川大足石刻艺术考察报告	张澄之	浙江工艺美术	1期	1983
大足石刻之美	李巴生	大众美学	1辑	1983
堪称国宝的大足石刻	郭相颖	大众美学	2辑	1983
大足宝顶石刻"九龙浴太子图"的表现艺术	胡文和	大众美学	2辑	1983
大足石刻问答	竣 石 相 颖	旅游天府	2期	1983
大足石刻为什么保存得那样好	李正心	旅游天府	2期	1983
是神也是人	邓之金	旅游天府	2期	1983
世界罕见的千手观音	钟 山	旅游天府	2期	1983

续表二五

篇、书名	著(译)编者	出处	卷、期	年月日
人与猴子	吴 名	旅游天府	2 期	1983
只此一刻的《古文孝经》	陈 颖	旅游天府	2 期	1983
我国最早的机械齿轮	冯学敏	旅游天府	2 期	1983
养鸡女无罪	弱 草	旅游天府	2 期	1983
哪一个更美	贺 章	旅游天府	2 期	1983
巧夺天工的心神车窟	巴 仁	旅游天府	2 期	1983
富于生活情趣的大足石刻	一 木	旅游天府	2 期	1983
大足宝顶山石刻浅论	胡昭曦	乐山市志资料	3 期	1983
四川省大足县发掘出大批宋代石雕像		史学情报	3 期	1983
大足石刻 3 辑	赵甫华	内江市饮食服务公司、大足县饮食服务公司		1983
大足石刻 4 辑	赵甫华	成都市旅游社等		1983
大足佛教石刻《父母恩重经变像》跋	龙 晦	世界宗教研究	4 期	1983
再谈宝顶山摩崖造像的年代问题	东 登	文物	5 期	1983
小论大足石刻	李正心	文谭	6 期	1983
大足石刻	张嘉齐 钱光依	中国旅游出版社		1983
大足石刻漫记	李正心	四川人民出版社		1983
艺夺天工圆觉洞	李正心	成都晚报		1983.1.23
观音为何生媚——大足石窟散记	甘 犁	重庆日报		1983.2.25
数珠观音——东方维纳斯	治 贵	成都晚报		1983.6.12
大足石刻的第一个研究者	李正心	重庆日报		1983.6.5
石刻艺术的瑰宝——记大足石刻	卢祖品	人民日报		1983.6.26
宝贵的古代儿童生活画——记大足石刻中的儿童雕像	传 授 之 金	重庆日报		1983.10.16
宝顶石刻的主建者——赵智凤	赵甫华	成都晚报		1983.11.17
大足宝顶石刻"九龙浴太子图"浅析	胡文和	世界宗教研究	1 期	1984
四川大足宝顶山摩崖造像区的古代排水工程初探	李显文	考古与文物	4 期	1984
大足石刻三题	石天河	诗刊	11 期	1984
"东方维纳斯"作者	郭相颖	重庆日报		1984.1.1
魏了翁与大足石刻	石 湍	成都晚报		1984.5.24
大足石刻的发现	李正心	成都晚报		1984.6.7

续表二六

篇、书名	著(译)编者	出处	卷、期	年月日
张澍——第一个研究大足石刻的学者	李正心	四川日报		1984.6.23
大足石刻中新发现的鲁班像	邓之金 赵甫华	四川日报		1984.8.18
大足石窟	大足县文物保管所	文物出版社		1984
试述大足石刻的成因	陈明光 邓之金	四川文物	1期	1985
四川大足宝顶摩崖造像的若干问题	洪惠镇	美术史论	1期	1985
大足石刻拾遗（之一）（之二）	草莱	大足县志通讯	1、2期	1985
石刻之乡又添一处宋刻佳作——灵岩寺	草莱	大足县志通讯	2期	1985
新发现宋代石刻十一处	邓之金	大足县志通讯	2期	1985
千年瑰宝，异彩多姿——大足石刻概貌	陈明光	重庆地方志资料	2期	1985
大足北山的数珠观音	徐黎明	艺术世界	3期	1985
宝顶山石窟寺	李巴生	美术研究	4期	1985
大足——北山和宝顶的石刻艺术	梁鸿文	建筑史论文集	7辑	1985
辉煌的大足石刻	周倩萍	瞭望	17期	1985
大足石刻趣谈	赵凤普	中国旅游报		1985.1.1
石门山的传说	赵甫华	成都晚报		1985.1.26
大足石刻中的佛涅槃像	陈登和	中国旅游报		1985.4.1
奇异的石船	草莱	四川日报		1985.4.18
辉煌的大足石刻	刘开渠	人民日报		1985.5.11
四川艺术之光——大足石刻	龙晦	成都晚报		1985.11.14
佛像人化	叶毓山	四川日报		1985.11.16
中国大足石窟	白自然	外文出版社		1985
大足石刻	大足石刻艺术博物馆	四川省新闻图片社		1985
大足石窟艺术	钟德望等	四川人民出版社		1985
大足石刻研究	刘长久等	四川省社会科学院出版社		1985
大足石刻内容总录	四川省社会科学院等	四川省社会科学院出版社		1985
宝顶石刻	照知 澄静	重庆市佛教协会		1985
大足佛雕中的世俗生活	李连春	天津日报		1986.1.8

续表二七

篇、书名	著(译)编者	出处	卷、期	年月日
石刻之乡话石刻——大足石刻介绍	钟德望	四川外事	1期	1986
试论大足宝顶山密宗造像的渊源	贠安志	考古与文物	2期	1986
略论大足石刻在中国石窟史上的地位和作用	陈明光	社会科学研究	4期	1986
石刻高手"新秀"的发现——大足石刻拾零	陈明光	四川文物	10期	1986
大足石刻造像	邹德 张文刚	四川文物·石窟研究专刊		1986
加强考古工作 开展多学科研究——谈大足石刻的科研	朱秉璋	四川文物·石窟研究专刊		1986
大足宝顶石窟	阎文儒	四川文物·石窟研究专刊		1986
大足龙岗山石窟	阎文儒	四川文物·石窟研究专刊		1986
试论宝顶山石窟造像的特点	宋朗秋 陈明光	四川文物·石窟研究专刊		1986
试论宝顶山造像的上限年代	陈明光	四川文物·石窟研究专刊		1986
宝顶山摩崖造像是完备而有特色的佛教密宗道场	郭相颖	四川文物·石窟研究专刊		1986
		社会科学研究	4期	1986
大足石刻与宋史研究	胡昭曦	四川文物·石窟研究专刊		1986
大足石刻韵文与四川方音	龙晦	四川文物·石窟研究专刊		1986
大足石刻审美断想	治贵	四川文物·石窟研究专刊		1986
浅谈大足石刻艺术的形式美	朱丹枫	四川文物·石窟研究专刊		1986
试论宝顶山石窟造像的特点	宋朗秋	四川文物·石窟研究专刊		1986
大足石刻中的绘画性因素试析——兼谈敦煌艺术对大足石刻的影响	宁强	敦煌研究	1期	1987
大足石篆山"志公和尚"龛辨正及其它	顾森	美术史论	1期	1987
大足石篆山石窟"鲁班龛"当为"志公和尚龛"	陈明光	文物	1期	1987
大足初探	林培安	重庆社联	2期	1987
观摩大足石刻有感	严肃	四川文物	3期	1987
大足石刻"天元甲子"纪年考析	陈明光	四川文物	3期	1987
大足石刻与地方志	张划	中国地方志	3期	1987
禅画牧牛图探研	陈清香	佛教艺术	4期	1987

续表二八

篇、书名	著(译)编者	出处	卷、期	年月日
从一幅名画到石刻艺术——谈大足北山《维摩问疾图》	曹丹	文史杂志	6期	1987
大足石刻	张划	文史知识	8期	1987
大足新发现唐代摩崖造像	唐毅烈	重庆日报		1987.9.27
大足石刻	西南师范学院、大足县文保所	文物出版社		1987
大足石刻发现初唐石窟及其他	陈明光	重庆社会科学	2期	1988
宝顶山有赵智凤自造像吗——再谈宝顶山摩崖造像的年代问题	李正心	重庆社会科学	2期	1988
大足发现的初唐石窟及其价值	陈明光	文史杂志	3期	1988
大足尖山子发现初唐石刻造像	陈明光 黎方银	四川文物	4期	1988
大足飞天试析——兼与敦煌飞天比较	刘晓白	敦煌研究	4期	1988
大足宝顶山大佛湾"华严三圣"质疑	段玉明	四川文物	6期	1988
大足北山佛湾石窟的分期	黎方银 王熙祥	文物	8期	1988
大足宝顶山和圣寿寺	陈静	法音	10期	1988
谈谈大足石刻的五大价值	刘晓白	重庆晚报		1988.1.3
大足石刻艺术	王肇翰	重庆出版社		1988
大足石刻	黎方银	四川人民出版社		1988
		三秦出版社		2004
论世俗化的大足石窟造像	张祥水	艺苑	3期	1989
大足县大钟寺宋代圆雕石刻遗址调查	邓之金	四川文物	5期	1989
大足宋代石窟中的儒、释、道"三教合一"造像	黎方银	中国文物报		1989.9.8
大足石刻北山佛湾石窟艺术中有关古代军事问题的初探	宋朗秋	重庆社会科学	3期	1990
古佛崖探秘——三谈宝顶山摩崖造像的年代问题	李正心	重庆社会科学	3期	1990
大足宝顶山石刻造像下限年代考	陈灼	四川文物	6期	1990
大足石窟艺术	黎方银	重庆出版社		1990
宋代大足石刻崛起内因探讨	张划	四川文物	2期	1991
关于大足石窟文化的通信	李约瑟等	湘潭大学学报(社科)	3期	1991
大足石刻文化因子探	翁正良	渝州大学学报(哲社)	3期	1991

续表二九

篇、书名	著(译)编者	出处	卷、期	年月日
中国大足石刻	王庆瑜等	万里书店、重庆出版社		1991
大足石刻中的儒教造像及其产生根源	李正心	重庆社会科学	1期	1992
大足宝顶《父母恩重经变》研究	胡文和	敦煌研究	2期	1992
试论大足北山五代造像	刘笑平 尹建华	四川文物	4期	1992
大足北山佛湾神像所持非手铳说——兼与李约瑟博士商榷	刘 旭	求索	4期	1992
大足石刻艺术简析	闵 刚	益阳师专学报	3期	1992
试论大足北山五代造像	刘笑平 尹建华	四川文物	4期	1992
中国大足石刻荟萃	王庆瑜	《重庆与世界》杂志社		1992
大足石刻保卫战	赵甫华	电子科技大学出版社		1992
赵智凤传	赵甫华	四川人民出版社		1992
川中女神拾异——大足佛龛女身菩萨杂谈	岳 生	自贡师专学报（综合）	1期	1993
大足石刻中的儒教造像及其产生根源	李正心	孔子研究	1期	1993
大足宋代石刻镌匠考述	张 划	四川文物	3期	1993
简述镌刻大足石窟的工匠师	邓之金	文博	3期	1993
大足石雕《十牧》散记	史 岩	新美术	3期	1993
大足石刻中的南宋千手观音像	郭相颖	文物天地	3期	1993
大足石刻艺术	刘临渊	文史杂志	3期	1993
刻在岩壁上的哲学伦理巨著——大足石刻宝顶山摩崖造像	郭相颖	重庆社会科学	3期	1993
北山石窟岩体风化产物的形成及其破坏作用	张赞勋等	重庆建筑工程学院学报	3期	1993
大足石刻调查纪实	胡良学	文物天地	4期	1993
大足石刻文化三题	宋朗秋	传统文化与现代化	4期	1993
大足石刻研究文集	重庆大足石刻艺术博物馆、大足文县物保管所	重庆出版社		1993
大足石刻	张嘉齐 范云兴	中国旅游出版社		1993
大足石刻——中国石窟艺术史上的丰碑	陈明光	重庆与世界	1期	1994

续表三〇

篇、书名	著（译）编者	出处	卷、期	年月日
初探大足石刻是宋史研究的实物史料宝库	陈明光	社会科学研究	2期	1994
大足北山佛湾149石窟手铳管窥	刘 旭	四川文物	2期	1994
大足宝顶山小佛湾"释迦舍利宝塔禁中应现之图"碑	重庆大足石刻艺术博物馆	文物	2期	1994
大足宝顶山小佛湾祖师法身经目塔勘察报告	重庆大足石刻艺术博物馆	文物	2期	1994
大足尖山子、圣水寺摩岩造像调查简报	重庆大足石刻艺术博物馆	文物	2期	1994
四川大足小佛湾大藏塔考	方广锠	佛学研究	2期	1994
大足北山典型石窟风化产物化学特征及其破坏作用	汪东云等	地下空间	2期	1994
宝顶山卧佛风化破坏原因	汪东云等	四川建筑	2期	1994
宝顶山石窟岩体风化破坏的作用因素分析	汪东云等	工程地质学报	2期	1994
宝顶石刻区污染地下水对造像岩体的破坏作用	张赞勋等	山地研究	3期	1994
北山典型石窟风化产物化学特征及变化规律——典型窟渗水病害研究之二	汪东云等	水文地质工程地质	3期	1994
大足石窟石刻艺术	李 咸	石材	4期	1994
大足宝顶大佛湾"牧牛图"调查报告	胡良学等	四川文物	4期	1994
大足佛教石刻《牧牛图颂》跋	龙 晦	中华文化论坛	4期	1994
略谈宝顶山摩崖造像的哲学、伦理思想	郭相颖	中华文化论坛	4期	1994
美神荟萃的大足石刻	郭相颖	中外文化交流	4期	1994
我观大足石刻	李哲良	重庆社会科学	5期	1994
也谈"牧牛道场"的宗派问题	胡良学	四川文物	6期	1994
宝顶山石窟区石刻保护水体质量评价	汪东云等	工程勘察	6期	1994
大足石刻	重庆大足石刻艺术博物馆	重庆出版社		1994
大足二名碑	刘贤高	中国文物报		1995.6.18
大足石刻砂岩的岩石学特征	张赞勋等	重庆建筑大学学报	2期	1995
大足北宋造像琐谈	申及甫	阿坝师专学报	2期	1995
大足宝顶石刻与"孝"的教化	胡昭曦	中华文化论坛	3期	1995

续表三一

篇、书名	著(译)编者	出处	卷、期	年月日
北山石窟风化产物可溶盐形成的水文地球化学机理	张赞勋 谢本立	敦煌研究	3期	1995
宝顶山石窟造像岩壁风化产物化学特征及形成分析	汪东云等	工程地质学报	3期	1995
大足石刻保护岩体稳定性预测研究	胡振瀛等	地下空间	4期	1995
从大足石刻看中国古代宗教哲学的世俗化和艺术化	向自强 张书军	川东学刊	4期	1995
四川摩崖造像"唐瑜伽部主总持王"柳本尊化道"十炼图"调查报告及探疑	陈明光 胡良学	佛学研究	4期	1995
试述大足石窟外在的基本特征	宋朗秋	四川文物	6期	1995
从中国部分石窟看大足石窟外在的基本特征	宋朗秋	重庆社会科学	6期	1995
大足北山石窟的水害和治理	蒋思维 谢本立	工程勘察	6期	1995
步入神坛的众生相——四川大足石刻	李霞	今日中国	11期	1995
大足石刻	张问渔	四川人民出版社		1995
大足石刻艺苑	陈先学	重庆出版社		1995
大足石刻研究文选——四川石窟艺术研讨会暨重庆大足石刻研究第三届年会专集	重庆大足石刻研究会等	编者刊		1995
再谈宝顶山摩岩造像是密宗道场及研究断想	郭相颖	社会科学研究	1期	1996
		佛学研究	5期	1996
试论大足宋代石窟的文化基础	黎方银	社会科学研究	1期	1996
四川摩岩造像柳本尊化道"十炼图"由来及年代探索	陈明光	四川文物	1期	1996
大足宝顶和敦煌的大方便(佛)报恩经变之比较研究	胡文和	敦煌研究	1期	1996
大足宝顶山大佛湾"六耗图"龛调查	邓之金	四川文物	1期	1996
大足北山多宝塔内善财童子五十三参石刻图像	黎方银	敦煌研究	3期	1996
大足石刻分期述论	宋朗秋	敦煌研究	3期	1996
大足宝顶菩萨堡摩崖造像考述	唐毅烈	四川文物	3期	1996
宝顶山小佛湾造像考释	李正心	中华文化论坛	4期	1996
宝顶山宋刻阿育王山之《宝塔图》考	陈明光	中华文化论坛	4期	1996

续表三二

篇、书名	著(译)编者	出处	卷、期	年月日
关于大足佛教石刻两则跋文	龙 晦	中华文化论坛	4期	1996
论《孔雀明王经》及其在敦煌、大足的流传	王惠民	敦煌研究	4期	1996
《宝顶山摩崖造像开创于唐代还是宋代》——中国文物之谜石刻·古建筑·佛教造像	季崇建 陶喻之	中国文物世界	125期	1996
大足石刻的发现经过	胡昌健	中国文物报		1996.8.11
大足石刻风化物可溶盐形成及破坏作用机理	张赞勋等	第五届全国工程地质大会文集		1996
中国石窟雕塑精华——大足宝顶石刻		重庆出版社		1996
中国石窟雕塑精华——大足北山石刻		重庆出版社		1996
大足宝顶与敦煌莫高窟佛说父母恩重经变相的比较研究	孙修身	敦煌研究	1期	1997
大足石刻的地藏造像初识	胡良学 蒋德才	四川文物	2期	1997
大足宝顶大佛湾西方净土变相	胡良学	敦煌研究	2期	1997
独具特色的大足石刻艺术	陈国生	华夏文化	2期	1997
充满凡人情趣的佛教石刻	大 兵	风景名胜	2期	1997
大足石刻被发现并非始于抗战时期	刘蜀仪	文物天地	3期	1997
石刻存至美		科技与经济画报	3期	1997
宝顶山大佛湾"西方净土变相"的调查研究	胡良学	中华文化论坛	4期	1997
大足石刻禅宗《牧牛图》管见	胡良学	佛学研究	6期	1997
大足宝顶石刻"地狱变相·十佛"考识	陈 灼	佛学研究	6期	1997
大足北山第12号、第176号龛造像佛座所反映的印度影响	金 申 段文杰	敦煌研究五十年纪念文集		1997
大足石刻研究文集（2）	重庆大足石刻艺术博物馆、四川社会科学院大足石刻艺术研究所	重庆出版社		1997
大足石刻 世之瑰宝	曹志荣 周先红	西南民兵杂志	1期	1998
观经变像经文偈颂	陈明光	藏外佛教文献	1期	1998
大藏佛说守护大千国土经	陈明光	藏外佛教文献	1期	1998

续表三三

篇、书名	著(译)编者	出处	卷、期	年月日
六道轮回图偈颂	陈明光	藏外佛教文献	1期	1998
父母恩重经变经文偈颂	陈明光	藏外佛教文献	1期	1998
大方便佛报恩经变经文偈颂	陈明光	藏外佛教文献	1期	1998
地狱变经偈颂	陈明光	藏外佛教文献	1期	1998
大足石篆山、妙高山摩岩造像的调查研究	胡良学 陈 静	四川文物	1期	1998
大足石篆山、妙高山摩岩造像的调查研究（续）	胡良学 陈 静	四川文物	2期	1998
大足石刻《牧牛图》艺术的美与宗教义理的结合	宋朗秋	雕塑	4期	1998
宝顶大佛湾第15号龛刻石之管见	胡良学	敦煌研究	4期	1998
漫话大足石刻	兵 林	风景名胜	4期	1998
大足石刻 世之瑰宝	曹志荣 周先红	西南民兵	11、12期	1998
大足石刻平话	陈先学	重庆出版社		1998
大足石刻优美的雕塑语言——气功相	张 划	雕塑	1期	1999
冯楫与大足石刻妙高山三教造像考述	赵辉志	四川文物	1期	1999
中国雕塑艺术史上的奇葩——走近大足石刻	孙 闯	档案史料与研究	1期	1999
《十大明王》造像方法谈——走进大足石刻	孙 闯	雕塑	1期	1999
大足石刻印象	曾寿彬	中国宗教	3期	1999
《民国重修大足县志》中的大足石刻	施懿超	文史杂志	3期	1999
巴蜀遗产：大足石刻铭文搜藏与研究	陈明光	巴蜀史志	4期	1999
大足石刻——中国石窟艺术史上的丰碑	陈明光	重庆与世界	6期	1999
石窟艺术史上的最后丰碑		中国文物报		1999.11.30
大足石刻雕塑全集	重庆大足石刻艺术博物馆、重庆出版社	重庆出版社		1999
大足石刻铭文录	重庆大足石刻艺术博物馆、重庆市社会科学院大足石刻艺术研究所	重庆出版社		1999

续表三四

篇、书名	著(译)编者	出处	卷、期	年月日
名人与大足石刻	童登金	四川美术出版社		1999
宋代大足石刻的魅力	胡有源	文史杂志	2期	2000
神奇辉煌的大足石刻	骆奇南	成都文物	3期	2000
大足石刻与大足石刻铭文概论	陈明光	社会科学研究	5期	2000
大足宝顶山大佛湾"圆觉经变"窟的调查研究	童登金 胡良学	四川文物	4期	2000
世界文化遗产——大足石刻	郭旃	文物天地	6期	2000
大足宝顶山石窟研究	陈明光	佛学研究	9期	2000
地藏菩萨十斋日	张总	藏外佛教文献		2000
中国石窟雕塑全集7·大足	李巴生	重庆出版社		2000
大足石刻研究	郭相颖	重庆出版社		2000
大足石刻导览	宋朗秋 李代才	巴蜀书社		2000
宗教与大足石刻	胡鹏	中国文联出版社		2000
大足石刻风景名胜诗文选注	李传授	中国文联出版社		2000
宝顶山佛教名胜	澄静	中国文联出版社		2000
大足石刻的水害治理	童登金	中国文物报		2001.1.10
大足北山佛湾石刻转轮经藏窟之管见	胡良学	中华文化论坛	1期	2001
大足石刻的保护	童登金	文物天地	5期	2001
融合儒、释、道三教的大足石刻	胡良学	文物天地	5期	2001
独树一帜的宝顶石窟	曾建伟	文物天地	5期	2001
大足宝顶山石窟对中国石窟艺术的创新——密教道声之研究	陈明光	敦煌研究	1期	2001
北山摩崖造像综述	周正勇	文物天地	5期	2001
大足石刻 全人类的瑰宝	童登金 谢晓鹏	风景名胜	7期	2001
大足石刻	季行	下一代	7期	2001
世界遗产大足石刻	赵峥蔚	市场观察	8期	2001
大足石篆山石门山妙高山宋代石窟与文氏镌匠世家的关系研究	胡文和	中华佛学学报	14期	2001
大足石刻及重庆文物	崔妮	光明日报		2001.11.12
大足石刻画册系列 宝顶山石窟	童登金 李传授	巴蜀书社		2001

续表三五

篇、书名	著(译)编者	出处	卷、期	年月日
大足石刻考察与研究	陈明光	中国三峡出版社		2001
大足石刻考古与研究	陈明光	重庆出版社		2001
刻在石崖上的书——宝顶山石刻文化浅说	胡鹏	中国三峡出版社		2001
中国大足石刻精萃	郭相颖	重庆出版社		2001
大足石刻精品	李代才	中国摄影出版社		2001
大足石刻画册	童登金等	四川美术出版社		2001
2000年宝顶石窟气象特征	周涛 邓启兵	文物保护与考古科学	14卷1期	2002
大足宝顶山石窟造像年代布局及内容研究（下）	陈明光	重庆历史与文化	1期	2002
大足石刻的气象环境特征	陈卉丽等	重庆历史与文化	1期	2002
简述大足石刻供养人（下）	邓灿	重庆历史与文化	1期	2002
大足石刻	郑南初	上海集邮	9期	2002
大足石刻《牧牛图》考	赵辉志	佛学研究	11期	2002
大足石刻研究文集（3）	大足石刻艺术博物馆、大足县文物保管所	中国文联出版社		2002
大足石刻研究文集（4）	大足石刻艺术博物馆、大足县文物保管所	中国文联出版社		2002
大足石刻又添另类版本	罗义华	重庆日报		2002.10.10
大足石刻	童登金	中国民族报		2002.9.6
大足石刻铭文与宋史研究	胡昭曦	漆侠先生纪念文集		2002
重庆大足石刻灾害治理——地下水的地球物理探测	张亮国等	中国地球物理学会年刊2002——中国地球物理学会第十八届年会论文集		2002
四川佛教石刻造像——以大足北山宝顶山观音像为例	陈清香	花莲县文化局		2002
大足石刻	王庆瑜	中国旅游出版社		2002
大足石刻中的明肃皇后、诃利帝母、九子母与送子观音	龙晦	中华文化论坛	1期	2003
大足"孝道"石刻研究方法新探	翁雪梅	重庆工商大学学报（社科）	2期	2003
大足石刻《牧牛图》的禅观过程	贺尊超	四川文物	2期	2003
大足石刻	郭兴建	对外大传播	4期	2003
世界文化遗产——中国大足石刻		经贸世界	6期	2003

续表三六

篇、书名	著(译)编者	出处	卷、期	年月日
重庆：大足石刻	刘世昭	风景名胜	6 期	2003
大足石刻	黄长春	旅游纵览	11 期	2003
渝发现唐代石刻造像		文汇报		2003.8.25
重庆大足发现罕见唐代石刻造像	张琴	中国文物报		2003.8.29
重庆大足新发掘北宋摩崖造像群	李韧	人民日报		2003.4.19
大足石刻	赵贵林等	广东旅游出版社		2003
大足石刻保护与研究文集	童登金	文物出版社		2003
大足石刻的气象环境特征	陈卉丽等	华夏考古	1 期	2004
宋代杂剧南传形式的文物遗存——四川大足石窟"六师外道谤佛不孝"群像考	修海林	黄钟	1 期	2004
"宝顶山"名考释——"宝顶"就是"金刚顶"	郭相颖	四川文物	2 期	2004
陈习删《大足石刻志略》的方志学意义	赵辉志	中国地方志	3 期	2004
		巴蜀史志	6 期	2004
大足石刻	茹勇夫	科学大观园	4 期	2004
大足石刻和佛教的世俗化	邓小刚 子房	文史杂志	5 期	2004
大足石窟与敦煌石窟建筑形式的比较	杨雄	重庆三峡学院学报	6 期	2004
试论净土信仰与大足石刻的关系	李小强	佛学研究	13 期	2004
大足宝顶山"报德经变"慈觉禅师宗赜溯源	陈明光	佛学研究	13 期	2004
论宝顶石刻的场景处理和北山石刻的造像方法	余洋	重庆工程图学学会第十四届图学研讨会交流暨第二届 CAD 应用、CAI 软件演示交流大会论文集		2004
大足石刻道学文化	胡鹏	中国国际文艺研究院		2004
儒教造像与大足石刻的儒化	李正心	中国三峡出版社		2004
浅谈大足石窟的艺术特色	龙红	江苏广播电视大学学报	1 期	2005
大足篆山石窟造像补遗	杨方冰	四川文物	1 期	2005
大足大钟寺遗址出土北宋造像钩沉	陈明光	巴蜀史志	1 期	2005
"父母恩重经变"与孝道思想的关系	张腾才	四川文物	1 期	2005
大足石刻研究综述	刘贤高等	巴蜀史志	2 期	2005

续表三七

篇、书名	著(译)编者	出处	卷、期	年月日
由石门山石刻的"超写实"现象谈起	陈小春	雕塑	4期	2005
重庆大足石刻——中国研究艺术史上最后的丰碑	王德友	丝绸之路	5期	2005
世界文化遗产——大足石刻	刘园	重庆与世界	5期	2005
人类文明的瑰宝——大足石刻思想文化内涵透视	陈先学	重庆与世界	5期	2005
撩开神秘的面纱		重庆与世界	5期	2005
大足龙门阵 佛事为主流		重庆与世界	5期	2005
生活情趣富集的佛教石窟——宝顶山		重庆与世界	5期	2005
美神大荟萃——北山		重庆与世界	5期	2005
三教合一——南山等石窟		重庆与世界	5期	2005
中国石窟艺术的奇葩	刘园	重庆与世界	5期	2005
大足"释迦行孝、修行图"中的外道人物及其相关问题研究	胡同庆 宋琪	敦煌研究	6期	2005
60年前的大足石刻之旅	陈明光	文史杂志	6期	2005
大足石刻改变了对中国佛教造像艺术的认识		中国美术馆	9期	2005
宋代大足北山石刻装饰特征与巴渝市民意识探微	肖宇窗 王玉英	装饰	10期	2005
论大足石窟艺术的特殊意义	龙红	美术	11期	2005
心心心更有何心——谈宝顶山摩岩造像心法要旨	郭相颖	佛学研究	14期	2005
大足石刻打造范例考古报告	夏帆 任迪	重庆日报		2005.4.7
石窟艺术的奇葩——大足石刻		西部时报		2005.9.23
大足石刻研究文集（5）	重庆大足石刻艺术博物馆、大足县文物保管所	重庆出版社		2005
中国重庆大足石刻国际学术研讨会暨大足石刻首次科学考察60周年纪念会	重庆大足石刻艺术博物馆	编者刊		2005
大足安岳的石窟艺术	张圣奘	西南文艺	19期	1952
大足与安岳石窟某些造像的比较	刘长久 胡文和	四川文物·石窟研究专刊		1986
安岳石窟与大足石窟的雕刻艺术研究	赵树同	四川文物·石窟研究专刊		1986

续表三八

篇、书名	著(译)编者	出处	卷、期	年月日
试述大足石刻与安岳石刻的关系	陈明光 邓之金	四川文物·石窟研究专刊		1986
大足安岳石刻初探	辛 玉	四川文物·石窟研究专刊		1986
安岳、大足石窟中《柳本尊十炼图》比较	王熙祥 黎方银	四川文物·石窟研究专刊		1986
安岳、大足"柳本尊十炼图"题刻和宋立《唐柳居士传》碑的研究	胡文和	四川文物	3 期	1991
《宋刻〈唐柳本尊传碑〉校补》文中"天福"纪年的考察与辨正——兼大足、安乐石刻柳本尊"十炼图"题记"天福"年号的由来探疑	陈明光	世界宗教研究	4 期	2004
安岳、大足圆觉洞石刻		四川文物	6 期	1991
四川安岳县的石刻	吴觉非	文物参考资料	5 期	1956
安岳县发现罕见的盛唐时期卧佛和经文	汪 毅	四川日报		1982.3.30
全国罕见的安岳卧佛	彭家胜	成都日报		1982.7.26
纯熟精致的安岳石刻	白中培	成都日报		1982.8.5
罕见的安岳卧佛和龛刻佛经	汪 毅	四川日报		1982.9.5
在四川安岳县发现唐代巨大卧佛和石刻经文	陈儒珍	文汇报		1982.9.11
紫竹观音	汪 毅	四川日报		1982.11.7
从安岳卧佛的"发现"说起	罗仲番	四川日报		1982.11.14
新发现的巨大石刻卧佛	冯学敏	旅游天府	3 期	1982
我国两尊罕见的卧佛	汪 毅 陈 沛	旅游	4 期	1982
四川省安岳县发现唐代大卧佛和唐刻经文		史学情报	4 期	1982
新发现的安岳摩崖释迦涅槃造像	汪 毅 石 湍	历史知识	5 期	1982
石刻之乡的一尊美神	一 卉	成都晚报		1983.4.8
我国古代雕刻又一伟大宝库——谈安岳石刻	赵树同	四川日报		1983.8.20
安岳八庙卧佛	陈昌其	四川地方志通讯	2 期	1983
千佛寨何止千佛	唐新文	文史资料选辑	3 期	1983
新发现的四川安岳卧佛初探	刘学文	法音	4 期	1983
试论安岳卧佛沟唐代涅槃变相图	胡文和 李官智	四川文物	4 期	1984

续表三九

篇、书名	著(译)编者	出处	卷、期	年月日
安岳石刻	安岳文物保管所	四川省社会科学院出版社		1984
丰富多彩的石刻造像——四川安乐毗卢洞调查纪要	贠安志	文博	4期	1985
安岳石刻漫笔	汪毅	四川地方志通讯	4期	1985
壮美的安岳卧佛	汪毅	中国旅游报		1985.9.17
浅谈安岳圆觉洞摩崖造像	胡文和 陈昌其	四川文物	1期	1986
安岳卧佛沟唐代石经	胡文和 李官智	四川文物	2期	1986
安岳石刻造像初探	汪毅	文史杂志	3期	1986
安岳石窟寺调查纪要	贠安志	考古与文物	6期	1986
古代安岳石刻群	龚学孺	人民中国（日文）	6期	1986
四川省安岳县的摩崖石刻	刘世昭	人民中国（日文）	6期	1986
安岳石刻造像	邹德 曾德仁	四川文物·石窟研究专刊		1986
安乐摩崖造像技术精湛	白中培	四川日报		1986.2.24
安岳毗卢洞	白中培	四川文物	3期	1987
安乐石刻漫笔	汪毅	文物天地	2期	1988
四川安乐卧佛院调查	彭家胜	文物	8期	1988
千佛寨摩崖造像	唐承义	四川文物	2期	1989
安岳石窟造像	王家祐	敦煌研究	1期	1989
中国佛教与安岳石刻艺术	汪毅	中国旅游出版社		1989
安岳卧佛侍者像辨析	周正勇	四川文物	1期	1990
安岳卧佛院卧佛刻经与题记	曹丹	四川文物	2期	1990
安岳名山寺摩崖造像	唐承义	四川文物	6期	1990
安岳石刻造像的数量与始造年代	傅成金	四川文物	2期	1991
安岳石刻之玄应考	傅成金	四川文物	3期	1991
安岳圆觉洞"西方三圣"名称问题探讨	邓之金	四川文物	6期	1991
再识安岳圆觉洞摩崖造像	傅成金	四川文物	6期	1991
四川安岳卧佛沟唐代石刻造像和佛经	胡文和	文博	2期	1992
初论安岳石刻研究的角度	汪毅	文史杂志	5期	1992
四川安岳石刻普查简报	傅成金 唐承义	敦煌研究	1期	1993

续表四〇

篇、书名	著(译)编者	出处	卷、期	年月日
安岳卧佛院摩崖造像上限年代探讨	邓之金	四川文物	2期	1993
安岳华严洞石窟	李官智	四川文物	3期	1994
安岳毗卢洞石窟调查研究	曹丹 赵晗	四川文物	3期	1994
四川安岳四处重要佛教石刻——兼谈安岳与大足石刻的关系	洪惠镇	美术史论	4期	1994
安岳石窟考察散记	牟运道	西北美术	3期	1995
也论安岳毗卢洞石窟——兼与曹丹、赵晗二君商榷	刘长久	四川文物	5期	1995
四川安岳涅槃佛像的解读及重修时代	金申	台湾历史博物馆馆刊	2期	1996
安岳华严洞大般若洞"丫人"字辨释	赵辉志	四川文物	3期	1996
安岳石刻《柳居士十炼窟》内容初探	傅成金	四川文物	4期	1996
中国石窟雕塑精华——四川安岳石刻	重庆出版社	编者刊		1996
安岳大般若洞怪图辨析	张划	四川文物	2期	1997
安岳卧佛院窟群总目	李良 邓之金	四川文物	4期	1997
安岳石窟艺术	刘长久	四川人民出版社		1997
安岳石刻话观音	汪毅	今日四川	1期	1998
简述安岳石窟艺术造像风格	李官智	四川文物	1期	2000
四川安岳石窟的年代与分期	曾德仁	四川文物	2期	2001
川中宝珠——安岳佛教石刻	李桂红	佛教文化	4、5期	2001
"石刻之乡"安岳	盛华	四川日报		2001.2.9
安岳石刻	安岳县文物管理所	四川人民出版社		2001
安岳石刻走笔话观音	邓明智	文史杂志	4期	2002
漫话安岳石刻	金勋琪	文史杂志	3期	2003
安岳石刻与玄应的由来	杨烈光	四川日报		2003.10.24
安岳媚态观音石刻造像	那剑卿	人民日报(海外)		2003.10.27
安岳石刻综述	廖顺勇	丝绸之路	1期	2004
从安岳大般若洞三教合一造像论其思想性和文化意义	汪毅	巴蜀史志	6期	2004
从安岳大般若洞三教合一造像论其思想性和文化意义	汪毅	中华文化论坛	1期	2005
简说安岳石刻的价值与地位	石永恩	文史杂志	1期	2005

续表四一

篇、书名	著(译)编者	出处	卷、期	年月日
古代石窟考察	牟运道	雕塑	3期	2005
三台县千佛岩造像及赵岩之考察	郑励俭等	志林	1期	1940
三台征集一批宋代石刻	左启	中国文物报		1992.3.15
三台发现北宋摩崖石刻	左启	中国文物报		1998.5.24
三台东山摩崖遗存是唐代密宗道场	赵长松	四川文物	3期	1998
三台东山摩崖造像与唐东移涪江查考	景竹友	四川文物	6期	2000
四川邛崃城郊发现唐代古物	蓉媛	燕京学报	33期	1947
四川邛崃唐代龙兴寺石刻	冯定国等	中国古典艺术出版社		1958
临邛千佛崖	古元忠	成都日报		1981.5.25
邛崃石笋山摩崖造像	魏尧西	成都文物	1期	1984
邛崃石笋山摩崖造像	丁祖春 王熙祥	四川文物	2期	1984
四川邛崃唐代石刻	李宁	美术	10期	1989
四川邛崃石笋山唐代摩崖造像	胡文和	文博	6期	1990
成都万佛寺石刻造像——全国基建出土文物展览会西南区展览品之一	冯汉骥	文物参考资料	9期	1954
成都万佛寺继续发现石刻	四川省文管会	文物参考资料	2期	1955
成都万佛寺石刻艺术	刘志远 刘廷璧	中国古典艺术出版社		1955
万佛寺石刻	刘志远	成都日报		1956.12.9
四川省博物馆藏万佛寺石刻造像整理简报	袁曙光	文物	10期	2001
成都西郊发现唐代石刻	袁明森	考古	9期	1959
成都龙泉驿区发现唐宋石窟石刻	李胜等	四川日报		1984.1.22
Measurements of the Kiating Big Buddha	L. A. Lovegren	Journal of the West China Border Research Society	Vol. 5	1932
The Great Buddha of Kiating	T. Cook	Journal of the West China Border Research Society	Vol. 7	1935
四川乐山大佛	郭沫若	旅行家	3期	1957
乐山大佛	平子	成都晚报		1962.3.3
乐山大佛	吾非	四川日报		1962.6.16
乐山大佛及凌云寺	宋艾	成都晚报		1963.6.14
记乐山凌云寺的大佛	开庆	四川文献	96期	1970
嘉州大佛	林蓼	四川文献	146期	1974

续表四二

篇、书名	著(译)编者	出处	卷、期	年月日
乐山大佛	文汀	四川日报		1978.10.22
乐山大佛		四川日报		1980.3.8
海通法师与凌云大佛	廉正祥	四川日报		1980.6.28
壮哉乐山大佛	何礼荪	旅游	2期	1980
中国佛教之最	徐松	历史知识	1期	1981
乐山大佛	乐山市文管所	文物出版社		1982
乐山大佛	乐山市文物保管所	文物出版社		1984
乐山大佛	裕园	美术家	45期	1985
海通法师与乐山大佛	奇崛	旅游	2期	1986
凌云大佛记	成绶台	水利天地	6期	1987
乐山大佛	乐山市文物保管所	文物出版社		1987
乐山大佛究竟有多高		法音	3期	1988
乐山大佛凌云栈道	钟涤	建筑工人	12期	1988
介绍几张乐山大佛的早期照片	韦润琴 何国涛	四川文物	2期	1989
乐山大佛高度研究	罗孟汀	四川文物	2期	1989
乐山大佛与艺术审美观念		文艺理论研究	6期	1989
大佛文化研究综述	杨炳昆	乐山师专学报（社科）	1期	1990
乐山大佛试探	唐长寿	乐山师专学报（社科）	1期	1990
		四川文物	1期	1992
乐山大佛建造始末及其造型特征	干树德	乐山师专学报（社科）	1期	1990
乐山大佛与佛教	徐成树 卢志伟	乐山师专学报（社科）	1期	1990
大佛建造年代考	唐德望	乐山师专学报（社科）	1期	1990
百丈金身开翠壁 巍巍佛阁与山齐	干树德	文史知识	2期	1990
乐山大佛造型的民族化特征	干树德	文史杂志	4期	1990
四川乐山大佛砂岩的成因	田洪均	沉积学报	4期	1990
乐山大佛与弥勒像的中国化		文史知识	11期	1991
乐山大佛的高度	刘建国	中国文物报		1991.5.19
乐山大佛的时代背景及其社会意义	杜厚信	乐山师专学报（社科）	4期	1992
乐山大佛文化	张翔龄	乐山师专学报（社科）	4期	1992

续表四三

篇、书名	著(译)编者	出处	卷、期	年月日
乐山大佛风景区石刻文化艺术述评	周俊其	乐山师专学报（社科）	1期	1993
岷江河畔的佛像石刻	周俊其	四川文物	6期	1993
伟哉　乐山大佛	晓青	风景名胜	9期	1994
乐山大佛史迹考辨	干树德	乐山市社科联、乐山社科分院		1994
乐山大佛与大佛文化	杨炳昆 唐长寿	成都出版社		1994
乐山大佛及石刻艺术研究	周俊其	四川文物	1期	1995
弥勒崇拜与乐山大佛的建造	干树德	四川文物	3期	1995
"大像（佛）阁"研究	周俊其	四川文物	5期	1995
乐山大佛与海通大师	张静玲	风景名胜	8期	1995
乐山大佛与海通及其他	商承霖	学理论	9期	1995
论巨型雕塑的多重意义——从中国乐山大佛谈起	潘绍棠	雕塑	4期	1996
乐山市白崖山崖墓及摩崖石刻	帅秉龙	四川文物	6期	1996
乐山大佛建造始末考略	干树德	四川文物	1期	1997
乐山大佛文化源流	干树德	四川省乐山市社科联、社科院乐山分院		1997
乐山发现明代大肚弥勒佛摩崖造像	帅秉龙	四川文物	1期	1999
山是一尊佛　佛是一座山——乐山大佛风景区揽胜	刘胜	长江建设	1期	1999
浅谈乐山大佛及其环境保护的意义	罗娅玲	中共乐山市委党校学报	5期	2000
浅析乐山大佛"小样"之谜	卢志伟	中共乐山市委党校学报	6期	2000
乐山大佛揽胜	郭明兴	民主	10期	2000
文化瑰宝：乐山大佛	吕林	四川日报		2000.10.21
乐山大佛	拜学英	朔方	5、6期	2001
乐山大佛见证百年	卢志伟	中共乐山市委党校学报	6期	2001
乐山大佛发现唐代"大像阁"遗迹	郭明兴 卢志伟	中国文化报		2001.4.30
近代以来乐山大佛维修纪实	李泽民	中国档案报		2001.6.29
千古大佛又一"谜"——开凿大佛的石块哪里去了	王建	中共乐山市委党校学报	1期	2002
乐山大佛有趣的天文数字	刘跃庭	四川统一战线	2期	2002

续表四四

篇、书名	著(译)编者	出处	卷、期	年月日
乐山大佛的美学特征	魏奕雄	风景名胜	3期	2002
		科技日报		2004.8.2
乐山大佛维修第一人	王建	中共乐山市委党校学报	5期	2002
乐山大佛	黄颖	源流	7期	2002
乐山大佛掀起你的盖头来	郭明兴	海内与海外	10期	2002
治理乐山大佛的前期研究	四川省文物考古研究所、乐山大佛乌尤文物保护管理局	四川科技出版社		2002
世界关注乐山大佛	罗孟鼎	巴蜀书社		2002
最早走出国门的乐山大佛	郭明兴	中共乐山市委党校学报	1期	2003
		中国建设报		2003.3.7
		中国旅游报		2003.5.30
		四川党的建设(城市)	4期	2005
乐山大佛	简卉	初中生辅导	1期	2003
乐山大佛坐落何处	林廉	咬文嚼字	3期	2003
乐山大佛	刘世昭	风景名胜	6期	2003
四川乐山大佛	贺宝根	地理教学	10期	2003
世界第一大佛——乐山大佛	王健	初中生之友	11期	2003
中国巨型佛教雕塑	钱正坤	艺术市场	Z1期	2003
东方佛都——乐山大佛	李佳	经理日报		2003.4.27
乐山大佛揽胜	满霖	中国宗教	2期	2004
乐山大佛基岩酸雨影响评价及防治对策	周骏一	乐山师范学院学报	2期	2004
用物探技术探查乐山大佛内部状况	钟世航 黄克忠	工程地球物理学报	3期	2004
世界第一佛——乐山大佛		四川省情	4期	2004
乐山大佛	郭明兴	寻根	5期	2004
乐山大佛究竟有无莲花宝座	魏奕雄	科技日报		2004.6.5
乐山大佛排水系统何时形成		科技日报		2004.6.12
乐山大佛为何取倚坐姿势	魏奕雄	科技日报		2004.6.21
乐山大佛果真凿了九十年吗		科技日报		2004.9.11
唐代乐山大佛是现今样子吗	魏奕雄	科技日报		2004.10.9
海通禅师与乐山大佛	郭明兴	中国档案报		2004.10.22

续表四五

篇、书名	著（译）编者	出处	卷、期	年月日
乐山大佛大像阁之谜	魏奕雄	科技日报		2004.11.6
乐山大佛碑刻为何弥足珍贵	魏奕雄	科技日报		2004.11.13
乐山大佛探微	魏奕雄	中国民族报		2004.11.23
乐山大佛	河川	四川美术出版社		2004
乐山大佛的研究与保护	袁金泉	四川文物	1期	2005
模拟酸雨对乐山大佛基岩影响及其防治对策	周骏一等	地质灾害与环境保护	1期	2005
乐山大佛	晏华	统一论坛	1期	2005
乐山大佛	璇之	初中生辅导	2期	2005
嘉州山水之魂——浅析乐山大佛的审美心理效应	徐泽虹	中华文化论坛	4期	2005
乐山大佛琐记	陈德忠	古典文学知识	4期	2005
四川乐山大佛风化的初步探讨	秦中等	地理研究	6期	2005
乐山小道士观摩崖造像	唐长寿	敦煌研究	3期	2003
四川广元千佛崖	常盘大定 关野贞	中国文化史迹	10辑	1941
广元千佛崖在艺术上之价值	吴景洲	新中华（复刊）	2卷4期	1944
广元皇泽寺及其石刻	王家祐	文物参考资料	5期	1956
关于广元千佛崖造像的创始时代问题	史岩	文物	2期	1961
广元千佛崖简介	温廷宽	文物	12期	1961
广元皇泽寺	宋子正	四川日报		1961.8.6
广元千佛崖	社文	四川日报		1961.10.22
广元的百花石刻	张德育	成都晚报		1962.3.14
嘉陵流香	管纪奋 姚志能	四川日报		1962.7.11
千佛多姿添异彩——记广元千佛崖石窟	王代升	四川日报		1979.2.19
广元皇泽寺一瞥	信东	成都日报		1980.7.24
石刻艺术的一颗明珠	张此吾	成都日报		1980.9.1
广元观音岩摩崖造像	黎仕培	四川日报		1981.5.27
千佛崖记事	冯学敏	四川日报		1982.7.28
千佛崖	此吾 文兰	历史知识	1期	1982
谈广元石刻和中西美术的风格	丁立镇	朵云	3集	1982

续表四六

篇、书名	著(译)编者	出处	卷、期	年月日
四川广元县皇泽寺石窟调查纪要	贠安志 侯正荣	考古与文物	1期	1985
广元"释迦文佛"石像浅析	曾德仁	四川文物	3期	1985
广元千佛崖柏堂寺修复开放	刘寅	四川文物	4期	1985
广元皇泽寺	马金山	中国旅游报		1986.1.14
广元千佛崖摩崖造像	盛伟	四川文物	1期	1986
广元石刻艺术画册	丁立镇	四川人民出版社		1988
广元千佛洞的加固和风化碑刻的处理	曾中懋	四川文物	3期	1990
四川广元千佛崖与皇泽寺	阎文儒	江汉考古	3期	1990
广元千佛崖石窟调查记	广元市文管所、中国社科院宗教所佛教室	文物	6期	1990
广元皇泽寺石窟调查记	广元市文管所、中国社科院宗教所佛教室	文物	6期	1990
广元新发现的佛教造像	广元市文管所	文物	6期	1990
千佛崖利州毕公及造像年代考	罗世平	文物	6期	1990
广元千佛崖初唐密教造像析	邢军	文物	6期	1990
从川北石窟实测谈石窟寺立面图施测方法	王树林等	文物	6期	1990
广元千佛崖菩提瑞像考	罗世平	美术研究	1期	1991
文化通道嘉陵行(三)——石头活现的精灵	赖武	今日四川	3期	1995
"恩泽寺"应为"皇泽寺"	舒义顺	新闻知识	5期	1995
千佛崖造像	田华明	四川文物	1期	1996
中国石窟雕塑精华——四川广元石刻	重庆出版社	编者刊		1998
广元皇泽寺《蚕桑十二事图》	黄河	北方蚕业	2期	2000
广元千佛崖	广元市文化局	编者刊		2000
广元观音岩石窟调查记	罗宗勇等	四川文物	3期	2002
广元石窟	雷玉华 王剑平	巴蜀书社		2002
广元千佛崖"藏佛洞"考察	温玉成	四川文物	3期	2003
四川广元千佛崖石窟	韩松 徐俊东	中国宗教	5期	2003

续表四七

篇、书名	著(译)编者	出处	卷、期	年月日
广元出土佛教石刻造像	盛涛 陈洁	四川文物	1 期	2004
广元皇泽寺 28 号窟时代考证	王剑平 杨栋	四川文物	1 期	2004
广元皇泽寺石窟调查报告	梁咏涛等	四川文物	1 期	2004
广元皇泽寺	温声航	文史天地	1 期	2004
广元千佛崖藏佛洞	雷玉华 王剑平	西藏研究	4 期	2004
广元唐以前佛教窟龛与造像的分期与年代	姚崇新	艺术史研究	6 辑	2004
广元唐代石窟造像题材二题	姚崇新	四川文物	3 期	2005
藏身地下 100 年 皇泽寺 5 窟摩崖造像重见天日	青兴海 曹小佳	广元日报		2005.9.23
广元石窟艺术	罗宗勇	四川美术出版社		2005
川北石窟札记——从广元到巴中	丁明夷	文物	6 期	1990
试论广元、巴中两地石窟造像的关系——兼论巴中与敦煌之间的古代交通	姚崇新	四川文物	4 期	2004
四川巴中、通江两县石窟简介	陈明达	文物参考资料	2 期	1955
四川巴中南龛的摩崖造像	陶鸣宽	文物参考资料	5 期	1956
巴中南龛石刻艺术	吾非	成都日报		1962.12.12
南龛古貌换新颜	张友俊 张登才	四川日报		1979.9.19
巴中南龛坡摩崖造像	巴一夫	四川日报		1980.6.22
今古文明汇一园——巴中南龛公园散记	张友俊	四川日报		1982.10.29
巴中南龛	张登才	旅游天府	4 期	1982
巴中水宁寺摩崖造像	贠安志	文博	3 期	1984
四川巴中县石窟调查记	贠安志	考古与文物	1 期	1986
巴中摩崖造像中的佛教史迹故事初探	宁强	四川文物	3 期	1987
四川巴中水宁寺唐代摩崖造像	四川省文管会、巴中县文管所	文物	8 期	1988
巴中南龛第 93 号毗沙门天王造像龛新探	宁强	敦煌研究	3 期	1989
巴中水宁唐代摩崖造像	苟廷一	四川文物	6 期	1989

续表四八

篇、书名	著(译)编者	出处	卷、期	年月日
巴中西龛发现隋初摩岩造像	苟廷一	四川文物	3 期	1991
巴中石窟艺术概述	苟廷一	四川文物	6 期	1994
巴中南龛摩崖造像考述	苟廷一	四川文物	5 期	1995
巴中西龛石窟调查记	巴中市文管所	文物	3 期	1996
巴中石窟三题	罗世平	文物	3 期	1996
巴中南龛仅存的一道培修记碑	苟廷一	四川文物	5 期	1996
宋巴州通判宗泽与南龛《古楠赋并叙》	苟小梅	四川文物	3 期	1997
巴中南龛民国《观音镌像记碑》	苟小梅	四川文物	5 期	1997
唐状元张曙与巴中南龛山麓《击瓯楼赋并序》	苟廷一	四川文物	3 期	1998
巴中石窟艺术调查简报	程崇勋	四川文物	3 期	1998
巴中石窟艺术调查简报（续）	程崇勋	四川文物	4 期	1998
中国石窟雕塑精华——四川巴中石刻	编者刊	重庆出版社		1998
巴中"九天玄女地券"考	岳钊林	四川文物	5 期	1999
巴中南龛25号地藏龛浅议	苟廷一	四川文物	5 期	1999
四川巴中南龛摩崖造像	陈以政 李芝兰	中国文物报		2000.8.6
巴中龛毗沙门天王龛浅谈	苟廷一	四川文物	4 期	2000
巴中石窟考查漫记	雷玉华	成都文物	3 期	2001
巴中摩崖石刻造像调查	雷玉华	宗教学研究	4 期	2001
鬼子母佛考（巴中南龛）	何斌 雷玉华	成都文物	4 期	2003
巴中乾元二年杜甫书严武摩崖题词辨伪	陶喻之	杜甫研究学刊	4 期	2001
中国石窟艺术成熟期转型体——巴中唐代石窟佛教造像考察研究	胡文和	艺术家	总325期	2002
浅谈巴中石窟	吴朝均	麦积山石窟艺术文化论文集（下）		2002
巴中摩崖造像艺术	黎明	西部人	3 期	2003
巴中石窟	雷玉华 程崇勋	巴蜀书社		2003
巴中石窟的初步研究	雷玉华	中华文化论坛	3 期	2004
米仓道与巴中石窟	雷玉华	敦煌研究	1 期	2005

续表四九

篇、书名	著(译)编者	出处	卷、期	年月日
巴中摩崖造像的龛形特点与渊源	雷玉华等	成都文物	2期	2005
巴中南龛石窟风化破坏原因及防风化加固保护	谢振斌	四川文物	3期	2005
巴中石窟开凿之背景	雷玉华	四川文物	6期	2005
通江县的摩崖造像	陶鸣宽	文物参考资料	11期	1957
通江县"千佛岩摩崖石刻造像"抢险加固工程竣工	席凯	四川文物	3期	2002
四川荣县与绵阳的石刻造像	曹恒钧	文物参考资料	12期	1956
荣县大石佛像	古辛	成都日报		1980.4.28
荣县大佛的故事	兰洁	成都日报		1980.6.28
四川第二大佛荣县石佛	邹礼洪	旅游天府	4期	1981
我国第二大佛——荣县如来佛	柴正言	四川日报		1982.2.13
荣县大佛	黄伯厚	四川文物	2期	1984
新发现的又一尊石刻大佛	李新海等	旅游天府	4期	1986
荣县大佛的建造史和修缮史略	袁金泉	四川文物	1期	2001
荣县大佛——我国最大的释迦牟尼石刻造像	杨荣新	文史杂志	6期	2001
绵阳碧水寺摩崖造像	何志国 李其堂	四川文物	3期	1987
绵阳唐代佛教造像初探	文齐国	四川文物	5期	1991
绵阳市摩崖造像艺术赏析	季兵	四川文物	5期	1991
绵阳北山院摩崖造像述略	刘佳丽	四川文物	6期	2000
四川仁寿望峨台的摩崖造象	吴觉非	文物参考资料	10期	1957
仁寿牛角寨发现三十龛唐代摩崖造像	卢文辉 梅松武	四川日报		1982.6.22
仁寿县牛角寨摩崖造像	邓仲元 高俊英	四川文物	5期	1990
仁寿龙桥乡唐代石窟造像	高俊英等	四川文物	1期	1994
仁寿大佛与乐山大佛的关系	叶晓莉	四川文物	1期	1998
仁寿县坛神岩第53号"三宝"窟右壁"南竺观记"中道藏经目研究	胡文和	世界宗教研究	2期	1998
仁寿能仁寺摩崖造像	叶晓莉	四川文物	5期	1999
仁寿县发现"世尊讲法图"造像	王德友 瞿小琴	四川文物	4期	2001
乐山大佛有个"哥哥"		晚报文萃	8期	2003

续表五〇

篇、书名	著(译)编者	出处	卷、期	年月日
仁寿大佛与乐山大佛的关系	叶晓莉	四川文物	1期	1998
四川夹江千佛崖造像	曹恒钧	文物参考资料	4期	1958
夹江修缮千佛崖	黄元海	四川日报		1982.4.7
夹江新发现的唐代摩崖造像	周杰华	四川文物	2期	1988
夹江千佛岩弥勒造像浅议	干树德	四川文物	6期	1995
寻古千佛岩	田贻娜	风景名胜	1期	1998
夹江千佛岩	夹江县老年人体协	编者刊		2001
牛仙古迹	江文远	中共乐山市委党校学报	2期	2002
夹江千佛岩	周杰华	四川文物	3期	2002
丹山碧水大佛寺	李剑 白海	四川日报		1979.4.12
宜宾市发现唐代巨大弥勒佛头像		四川日报		1983.4.11
宜宾市丹山碧水摩崖造像	熊俊海	四川文物	1期	1990
宜宾市修复唐代石刻千佛岩	熊燕	四川文物	1期	1993
宜宾市修复唐代"千佛岩"	曹钢	四川文物	5期	1993
宜宾市大佛沱唐宋摩崖造像	丁天锡	四川文物	4期	1996
四川茂汶县的唐代石刻造像	林春	文物	10期	1980
茂汶点将台唐代题记标点勘误	温玉成	文物	7期	1984
茂汶较场坝唐摩岩造像题记考	薛玉树	四川文物	1期	1985
茂汶羌区历代摩崖造像及碑记考	李绍明	民族论坛	2期	1987
四川茂汶南齐永明造像碑及有关问题	袁曙光	文物	2期	1992
茂汶南齐永明造像碑质疑	邵磊	四川文物	3期	2001
佛图关与石刻造像	胡人朝	重庆日报		1981.11.23
怄佛的传说	贺大舜	重庆日报		1983.7.3
重庆发现地下摩崖石刻造像		人民日报(海外)		1996.6.13
潼南大佛、琴声、仙女洞	丁艾	成都日报		1981.12.6
罕见的石刻大字	丁艾	四川日报		1982.8.29
潼南大佛	蒋道征	四川日报		1983.4.10
潼南大佛的传说	水成	重庆日报		1983.12.18
潼南县马龙山发现大卧佛	李剑 高琪	重庆日报		1983.7.29

续表五一

篇、书名	著(译)编者	出处	卷、期	年月日
我省又发现一石刻大佛——潼南马龙山卧佛	丁艾	成都晚报		1983.10.3
一座金山似的潼南大佛	丁艾 李剑	旅游天府	5期	1983
新发现的四川最大石刻卧佛	白海 姜冰	旅游天府	6期	1983
潼南马龙山摩崖造像	丁艾	四川文物	3期	1985
凉山博什瓦黑石刻画像调查简报	黎家芳	中国历史博物馆馆刊		1982
试论博什瓦黑石刻的族属、年代及其特点	陈明芳	中山大学学报（哲社）	2期	1982
谈"蛇穴"、"鬼画"——记昭觉县博石瓦黑古石刻图像遗迹	关荣华 毛瑞芬	贵州民族研究	3期	1982
凉山博什瓦黑石刻画像调查简报	黎家芳	中国历史博物馆馆刊	4期	1982
凉山昭觉石刻的译名探讨	苏克明	四川文物	2期	1986
凉山昭觉石刻画族属考略	关荣华	四川文物	2期	1988
凉山博什瓦黑南诏大理石刻中"梵僧"画像考	李绍明	思想战线	2期	1988
昭觉博什瓦黑岩画"出行图"中的王者试析	黄承宗	四川文物	4期	1992
大凉山彝族腹心地区的博什瓦黑石刻造像	陈明芳	东南文化	6期	1992
凉山昭觉博什瓦黑石刻的族属为白族考	李宗放	民族研究	3期	2003
南诏大理国白族文化的历史见证——凉山博什瓦黑石刻的族属为白族考	李宗放	大理文化	6期	2003
彝汉文化交融的活化石——论博什瓦黑岩画的文化内涵	叶峰 罗庆春	西南民族大学学报（人文）	12期	2005
西昌发现一方大理时期刻石	黄承宗	文物	4期	1987
西昌发现石刻佛像群	张正宁等	中国文物报		1990.6.7
安宁河源头发现大型藏文石刻	马文中 袁晓文	民族	4期	1995
西昌海角出土梵文石刻小考	黄承宗	四川文物	4期	1994
凉山佛教密宗石刻的初步研究	刘弘	四川文物	4期	1999
丹棱新发现大石摩崖造像佛像群	万玉忠 傅剑勋	四川日报		1982.11.19
丹棱郑山——刘嘴大石包造像	王熙祥	四川文物	3期	1987

续表五二

篇、书名	著(译)编者	出处	卷、期	年月日
四川丹棱摩崖石刻	万玉忠	四川政协报		2001.9.18
飞凤山石窟	肖田	成都晚报		1983.4.15
大邑药师岩的摩崖造像	谢师道	成都文物	1期	1985
泸县玉龙寺石刻	冯仁杰	四川文物	4期	1984
泸县玉蟾山摩岩造像	冯仁杰	四川文物	2期	1985
叙永县发现十九樽北宋摩崖造像	罗永忠	四川日报		1984.6.7
资中县发现"拈花微笑"摩岩佛像	邓云金 赵甫华	四川日报		1984.9.8
四川资中重龙山摩崖造像	王熙祥 曾德仁	文物	8期	1988
资中重龙山摩崖造像内容总录	王熙祥	四川文物	3期	1989
旺苍县发现唐代摩崖造像群	杨春美	四川日报		1985.8.10
旺苍县佛子岩唐代摩崖造像	杨春美	四川文物	3期	1986
旺苍县佛子崖摩崖石刻造像调查简报	广元皇泽寺博物馆、成都市文物考古研究所	四川文物	1期	2004
旺苍县木门寺摩崖石刻造像调查简报	广元皇泽寺博物馆、成都市文物考古研究所	四川文物	1期	2004
旺苍县普济镇佛爷洞摩崖石刻造像调查简报	广元皇泽寺博物馆、成都市文物考古研究所	四川文物	1期	2004
苍溪县阳岳寺摩崖石刻造像调查简报	雷玉华等	四川文物	1期	2004
禹迹山摩崖造像	王积厚	四川文物	4期	1986
南部禹迹山大佛的维修和保护	曾中懋	四川文物	4期	2000
内江清溪摩崖造像与古清溪县治	高小宾 雷建金	四川文物	4期	1988
黑水徐古吐蕃摩岩造像	徐学书	中国文物报		1988.12.23
大像山摩崖造像及石刻题记	王积厚	四川文物	1期	1989
太蓬山摩崖石刻题记	刘敏	四川文物	1期	1989
营山县大蓬山安禄山石刻考释	冯汉镛	文史杂志	3期	1997
唐安禄山题龛的时代及成因问题窥豹	刘敏	中华文化论坛	2期	2005
岳池灵泉寺及其石刻	张道远	四川文物	2期	1989
观音滩石刻及摩崖造像	陶永贤	四川文物	3期	1989

续表五三

篇、书名	著(译)编者	出处	卷、期	年月日
合川涞滩摩崖石刻造像	黄 理等	四川文物	3期	1989
世所罕见的涞滩禅宗石刻艺术	李哲良	四川文物	2期	1995
合川涞滩宋代禅宗摩崖石刻考察记	李豫川	禅	6期	1995
中国石窟雕塑精华——合川涞滩石刻	重庆出版社	编者刊		1998
重庆涞滩二佛寺禅宗石刻艺术	罗仕杰 刘 智	中国历史文物	1期	2002
合川涞滩摩崖造像考古调查	罗仕杰 刘 智	重庆历史与文化	2期	2002
龙多山石刻文字小记	董其祥	四川文物	3期	1992
合川石刻明珠——怨恨气佛	刘天春	中国文物报		1998.2.22
蒲江县摩崖造像调查纪实	丁祖春	成都文物	3期	1984
蒲江飞仙阁摩崖造像	莫洪贵	四川文物	3期	1985
蒲江县摩崖造像统计	蒲江县文化馆文物组	成都文物	2期	1986
蒲江关子门发现的唐代《观经变》造像	龙 腾	四川文物	3期	1992
蒲江县长秋乡鸡公树山隋唐摩崖造像	龙 腾	四川文物	4期	1993
蒲江县长秋山摩崖造像调查	刘新生	四川文物	2期	1995
蒲江看灯山唐代十六罗汉造像	龙 腾	成都文物	4期	1996
四川蒲江县出土一批宋代石雕像	龙 腾	中国文物报		1996.6.23
蒲江飞仙阁造像	安吉娜(李 淞)	敦煌研究	4期	1998
蒲江摩崖石刻造像的初步调查	雷玉华	四川文物	5期	2002
四川蒲江佛教雕刻——盛唐时中国西南与印度直接联系的反映	何恩之(李 淞)	敦煌研究	4期	1998
蒲江摩崖石刻造像的初步调查	雷玉华	四川文物	5期	2002
中日联合考察队考察蒲江摩崖造像	龙 腾 夏 晖	成都文物	1期	2003
蒲江看灯山摩崖造像考察	龙 腾 夏 晖	成都文物	1期	2005
资阳新发现一座唐代石刻大佛	徐伯荣	四川日报		1983.1.9
资阳半月山大佛	杨留章 徐伯荣	成都晚报		1983.8.1
资阳大佛	徐伯荣	旅游天府	4期	1983
资阳大佛	李家譽	中国旅游报		1985.1.7

续表五四

篇、书名	著(译)编者	出处	卷、期	年月日
资阳县半月山大佛	王庆煜	四川文物	4期	1993
资阳半月山大佛	袁国腾	四川文物	3期	1996
忠县出土一处唐代摩崖石刻	代 奎	四川日报		1983.4.16
四川忠县临江岩发现唐代摩崖石刻	方文华	文物	5期	1986
新开寺唐代摩崖造像初探	邓鸿钧	四川文物	5期	1989
马边站佛	李室全	四川文物	1期	1990
四川剑阁武连横梁子摩崖造像	母学勇	考古	5期	1992
岷江河畔的佛像石刻	周俊其	四川文物	6期	1992
遂宁调查梵惠寺唐宋摩崖造像	庄文彬等	中国文物报		1992.12.6
遂宁摩崖造像艺术简述	彭高泉	四川文物	2期	1993
遂宁梵慧寺摩崖造像	彭高泉等	四川文物	3期	1995
屏山八仙山大佛	杨 宁	四川文物	1期	1993
彭州市出土佛教石刻造像	沈洪民	成都文物	1期	1995
四川彭州龙兴寺出土石造像	彭州市博物馆、成都市文物考古研究所	文物	9期	2003
彭州"三昧水"文物考察散记	沈洪民	成都文物	2期	2005
千佛崖造像	田华明	四川文物	1期	1996
乐至石匣寺摩崖造像	袁国腾	四川文物	1期	1996
广安冲相寺摩崖造像及石刻调查纪要	刘 敏	四川文物	3期	1997
广安冲相寺锭光佛石刻造像考略——兼论锭光佛造像的有关问题	刘 敏	中华文化论坛	4期	2003
长江三峡摩崖石刻	邵红峰	史志文汇	3、4期	1997
三峡地区石刻文物的文化价值研究	李禹阶 邹登顺	重庆师院学报（哲社）	2期	2000
重庆三峡库区唐代佛教石刻造像	王 玉	重庆历史与文化	2期	2003
重庆三峡库区唐代摩崖佛教石刻造像（续）	王 玉	重庆历史与文化	1期	2004
三峡石刻与三峡审美	杨 斌	三峡大学学报（人文）	6期	2004
三峡摩崖石刻多	刘玉泉	湖北日报		2004.11.11
梓潼西岩寺摩岩造像	仇世增	四川文物	1期	1998
梓潼卧龙山千佛崖摩崖造像	仇昌仲	四川文物	2期	1998
石篆山石刻	梁 学	文物天地	5期	2001
石篆山新发现三龛造像考略	杨方冰	重庆历史与文化	2期	2003

续表五五

篇、书名	著(译)编者	出处	卷、期	年月日
荒山野岭隐藏千佛石窟——有专家认为，可能是大足石刻中著名的"孔雀明王石窟"的一份"草稿"	路易	中国矿业报		2001.6.16
重庆弹子石镇大佛段明教石窟造像	温玉成	四川文物	2期	2002
四川荥经发现唐代男身观音造像	苑坚	中国文物报		2003.9.19
重庆市云阳县硐村佛教摩崖造像	李映福	四川文物	1期	2004
重庆万县中坝子遗址发现唐代佛教金铜造像	西北大学文博学院	考古与文物	2期	2004
试谈四川的道教石刻	吴觉非	四川文物	2期	1984
道像造型中的莲台及其它	石衍丰	四川文物	2期	1984
四川道教摩崖石刻造像	王家祐 丁祖春	四川文物·石窟研究专刊		1986
四川道教摩崖造像概况	王家祐	中国道教	1期	1987
四川道教摩崖造像述议	王家祐	敦煌研究	2期	1987
关于四川道教摩崖造像的一些问题——与王家祐先生商榷	胡文和	敦煌研究	1期	1991
四川道教石窟造像	胡文和 曾德仁	四川文物	1期	1992
四川道教石窟（续）	胡文和 曾德仁	四川文物	2期	1992
四川道教石窟造像的艺术特色	胡文和	成都文物	2期	1992
中国道教石刻艺术史	胡文和	高等教育出版社		2004
规模罕见的道教造像——玄妙观	存艺	成都晚报		1983.4.24
罕见的唐代道教造像——安岳玄妙观	唐承义	四川地方志通讯	4期	1985
安岳玄妙观道教摩崖造像	唐承义	四川文物	6期	1992
江油发现宋代道教石刻造像	黄石林	成都晚报		1983.9.12
窦圌山道教转轮藏雕像初探	邓少琴 王家祐	宗教学研究	4期	1983
蒲江飞仙阁道教摩崖造像	曾德仁等	四川文物	1期	2003
大足石刻道教造像渊源初探	李远国	四川文物·石窟研究专刊		1986
大足石窟中的宋代道教造像	胡文和 刘长久	世界宗教研究	3期	1987
试释大足南山"三清古洞"石刻造像	石衍丰	四川文物	2期	1989
大足道教摩崖造像	胡齐畏 胡若水	大足县政协文史资料委员会		1989

续表五六

篇、书名	著(译)编者	出处	卷、期	年月日
大足南山三清古洞和石门山三皇洞再识	胡文和	四川文物	4 期	1990
大足石刻中的道教造像	邓之金	四川文物	4 期	1990
四川大足道教石刻概述	李远国	东洋文化	1 期	1990
大足三清洞十二宫神考辨	李远国 王家祐	四川文物	2 期	1997
南山石刻——神系完备的道教造像	刘贤高	文物天地	5 期	2001
试论大足道教石刻文化特点	李小强	重庆历史与文化	1 期	2002
大足南山道教醮坛造像	李小强	中国道教	1 期	2003
大足三皇洞研究简述及浅识	李小强	中国道教	6 期	2005
剑阁鹤鸣山道教造像	黄邦红	四川文物	3 期	1987
四川剑阁鹤鸣山道教石刻	母学勇	文物	2 期	1991
四川剑阁武连横梁子摩崖造像	母学勇	考古	5 期	1992
剑阁出土的道教神像及其价值	母学勇	四川文物	3 期	1993
剑阁县的道教石刻造像	蔡运生	中国道教	1 期	1994
剑阁鹤鸣山石刻道教图谱的内涵初论	母学勇	四川文物	2 期	1994
剑阁的道教神像及其价值	母学勇	宗教学研究	1、2 期	1995
剑阁县的道教摩崖造像	蔡运生	四川文物	4 期	1996
四川剑阁鹤鸣山道教摩崖造像	曾德仁等	四川文物	6 期	2004
浅析青城山常道观和祖师殿的道教石刻	陈澍	四川文物	5 期	1989
丹棱县龙鹄山唐代道教摩崖造像	万玉忠	四川文物	1 期	1990
王建墓石刻	杨有润	文物参考资料	3 期	1955
王建墓浮雕 一、二集		文物出版社		1958
王建墓的石人	陈志东	成都日报		1979.9.24
成都永陵出土石人	陈古全	文物	6 期	1981
王建墓前的翁仲	戴德源	旅游天府	4 期	1981
王建墓石刻艺术	温廷宽	四川人民出版社		1985
前蜀永陵石刻的艺术史价值	张亚平	四川文物	3 期	2000
永陵石刻艺术浅谈	冯夏	四川文物	3 期	2000
王建墓石刻艺术	温廷宽	四川人民出版社		1985
宋代石雕墨洗	石林	四川文物	5 期	1991

续表五七

篇、书名	著(译)编者	出处	卷、期	年月日
渠县发现宋代石狮	陈铁军	中国文物报		1993.8.8
合江发现宋代玉皇石雕	赵世一	四川文物	4期	1996
北川小坝元代至元石刻题记考略	李绍明	四川文物	2期	1989
刘整降元石像在泸州	兰家纯	龙门阵	11辑	1982
老泸州城"刘整降元"石像考	陈世松	四川文物	4期	1984
四川泸州市发现忽必烈摩崖造像		经济日报		1985.3.25
巧夺天工的石雕艺术——介绍万源县张建成墓	余天建	四川文物	6期	1989
四川宜宾护士学校砸毁明代铜像		文物参考资料	9期	1954
新津观音寺的明代佛教艺术	赵冈	旅行杂志	26卷3期	1952
四百年前的精美铜造像	王家祐	成都晚报		1962.3.4
新津观音寺"飘海观音"塑像	李中华	成都文物	2期	1985
新津观音寺的罗汉塑像	华胄	成都文物	2期	1985
略谈新津观音寺的塑像及其它	颜开明	宗教学研究	3、4期	1992
珍奇的飘海观音	何跃贵	巴蜀史志	4期	2004
平武报恩寺的木雕千手观音像	向远木	成都文物	3期	1985
石雕佳作——报恩寺石香炉	苏洪礼	四川文物	6期	2000
泸州的"孙孙打婆"石像	赵尔康	历史知识	6期	1985
浅谈綦江石门寺石刻造像	代汝金 曾方煜	四川文物	3期	1987
西昌泸山"鱼篮观音"画像碑考略	刘世旭 张正宁	四川文物	3期	1992
对西昌泸山《鱼篮观音图》的再研究	张正宁	四川文物	3期	1997
普贤铜像探疑	干树德	四川文物	6期	1994
明蜀僖王陵藏式石刻考释	任新建	四川文物	3期	1995
潼南新胜发现明代石香炉	徐林	四川文物	3期	1995
重庆市万盛区发现500年前石刻	罗昭伦	四川文物	1期	1997
雅安发现明代大型石雕群像	赵彤	四川文物	1期	2000
一件征集的铜佛像	王黎明 雷玉华	成都文物	1期	2005
四川蒲江出土一批明代佛像	龙腾	中国文物报		2005.2.18
本市发现一对清朝早期石狮	胡人朝	重庆日报		1959.8.8
北门城隍庙的塑像	曾缄	成都晚报		1962.9.15

续表五八

篇、书名	著(译)编者	出处	卷、期	年月日
西秦会馆木雕艺术浅谈	陈世琮	井盐史通讯	1期	1981
西秦会馆的石刻艺术	陈世琮	井盐史通讯	1期	1982
秦腔入川与自贡戏雕	杨志烈	陕西戏剧	5期	1984
西秦会馆戏雕考述	王强	盐业史研究	1期	1989
自贡西秦会馆木雕赏析（一）	郭广岚	盐业史研究	2期	1996
自贡西秦会馆木雕赏析（二）	郭广岚	盐业史研究	3期	1996
自贡西秦会馆木雕赏析（三）	郭广岚	盐业史研究	1期	1997
自贡西秦会馆木雕赏析（四）	郭广岚	盐业史研究	2期	1997
自贡西秦会馆木雕赏析（五）	郭广岚	盐业史研究	3期	1997
自贡西秦会馆木雕赏析（六）	郭广岚	盐业史研究	2期	1998
自贡西秦会馆木雕赏析（七）	郭广岚	盐业史研究	3期	1998
自贡西秦会馆木雕赏析（八）	郭广岚	盐业史研究	1期	1999
自贡西秦会馆木雕赏析（九）	郭广岚	盐业史研究	2期	1999
自贡西秦会馆木雕赏析（十一）	郭广岚	盐业史研究	2期	2000
自贡西秦会馆木雕赏析（十二）	郭广岚	盐业史研究	3期	2000
自贡西秦会馆木雕赏析（十四）	郭广岚	盐业史研究	3期	2001
西秦会馆戏雕三辩	郭广岚	盐业史研究	1期	1998
自贡西秦会馆木雕石雕研究概论	郭广岚	四川文物	1期	2001
西秦会馆楣板木雕赏析	郭广岚	盐业史研究	3期	2002
西秦会馆木雕上的才子佳人戏	郭广岚	文史杂志	6期	2002
四川民间戏曲雕刻选	四川省文物管理局、四川省川剧艺术研究院	巴蜀书社		2002
四川自贡西秦会馆贲鼓、金镛两阁楣板戏雕考	郭广岚	中华戏曲	1期	2005
莫把"翠香"当"西厢"——读《艺术撷珍丛书·木雕》札记	郭广岚	中华戏曲	2期	2005
"清溪"款竹刻解疑——兼析清中期嘉定竹刻山水的新样式	施远	上海博物馆集刊		2005
塑像神手	李吉华	龙门阵	6辑	1982
泸县玉龙寺石刻	冯仁杰	四川文物	4期	1984
泸州"百子图"石刻造像重见天日	罗克俭 罗存修	四川文物	2期	1990

续表五九

篇、书名	著(译)编者	出处	卷、期	年月日
泸县石刻	泸县文体广电局	编者刊		2004
李白纪念馆的清代石狮	欧小白	四川文物	5期	1991
真佛山的故事——德化寺塑雕画考	何光表	四川达县真佛山德化寺		1991
清代四川戏曲雕刻赏析	河清成	四川戏剧	5期	1994
遂宁市中区清代墓碑石刻的艺术价值	彭高泉	四川文物	6期	1994
平武白马藏族近代木雕"曹盖"十二相	尚云川	四川文物	1期	1991
渡口古代的石雕艺术	李森	渡口日报		1984.6.19
凉山彝族石刻史料简述	何耀华	彝族文化	增刊	1985
		西南民族研究彝族专集		1987
三峡地区石刻文物的文化价值研究	李禹阶 邹登顺	重庆师院学报(哲社)	2期	2000
巧夺天工的木雕艺术——叙永春秋祠	周香洪	四川文物	2期	1991
蜀南名祠	颜林	巴蜀史志	3期	2005
巧夺天工的民间石雕艺术——汉源九襄清代节孝石坊考	何青城	四川戏剧	5期	1997
百年戏文——汉源九襄石碑坊戏曲雕刻简介	吴小葵	中国京剧	3期	2000
建筑雕刻戏曲文物民俗旅游研究藏本：四川民间戏曲雕刻选	四川省文物管理局、四川省川剧艺术研究院	巴蜀书社		2002
德格的藏族木刻佛像	文金阳	美术	9期	1956
献给《格萨尔》千周年纪念的一份厚礼——谈丹巴莫斯卡《格萨尔》岭国人物石刻发掘整理的重大意义	降边嘉措	西南民族大学学报(人文)	6期	2003
琉璃刻卷——丹巴莫斯卡《格萨尔王传》·岭国人物石刻谱系	罗布江村等	四川民族出版社		2003
		四川藏学研究	8辑	2004
两进莫斯卡——寻访格萨尔石刻	杨嘉铭	中国西藏	4期	2004
扎溪卡草原石刻文化揭述	杨环	西南民族大学学报(人文)	12期	2005
凤池砚	蒋大沂	文物周刊	7期	1936
石柱金音石砚	何超	四川日报		1979.9.23
在重庆发现的与《红楼梦》有关的文物	胡邦伟	重庆日报		1980.10.12
千年宝砚	胡惠芬	旅游天府	3期	1982
成都琉璃厂的风字砚	杨诗云	四川日报		1983.11.5

续表六〇

篇、书名	著(译)编者	出处	卷、期	年月日
四川简阳出土的石砚	蜀迟	考古与文物	2 期	1983
"大蕃春萌"瓦当砚考	王益鸣 王仿生	西藏研究	1 期	1984
白蛛砚	程世明	四川文物	1 期	1985
巨砚	李定与	旅游天府	2 期	1985
话说蜀砚	张月	文史杂志	3 期	1992
苴却砚石之考察	莫耀支 赵庆隆	地球	6 期	1993
苴却砚	莫耀支 赵庆隆	中国地质	12 期	1993
"苴却砚"考	黄道霞	中国文物报		1995.11.5
云南"苴却砚"	雁寒	创造	2 期	1995
神奇的苴却砚	罗润先	文史杂志	4 期	1997
"苴却"溯源	罗润光 孙传胜	云南民族学院学报（哲社）	4 期	1997
文房新品——苴却砚	池倩	对外大传播	3 期	1998
苴却砚即泸石砚说质疑	龙腾	四川文物	5 期	1998
苴却石与苴却砚	杨万里	花木盆景（花卉园艺）	10 期	2000
攀枝花苴却砚石的成因初探	马玉孝等	成都理工学院学报	4 期	2001
释"苴却"	涂宗涛	周口师范高等专科学校学报	1 期	2002
苴却古砚	毛志品	今日民族	4 期	2002
略谈攀西苴却砚	曾省三	中国宝玉石	2 期	2003
攀枝花一绝——苴却石	马尚平	龙门阵	4 期	2004
寻找失落的苴却古砚	毛志品	云南档案	4 期	2004
攀枝花：苴却砚·宝玉石·观赏石	马玉孝等	地质出版社		2005

四、建筑艺术

篇、书名	著(译)编者	出处	卷、期	年月日
Some Elements of Chinese Architecture with Notes on Szechwan Specialities	D. S. Dye	Journal of the West China Border Research Society	Vol. 3	1926–1929
中国营造学社调查川康古建筑附属艺术概况	容媛	燕京学报	28 期	1940

续表一

篇、书名	著(译)编者	出处	卷、期	年月日
略述西南区的古建筑及其研究方向	陈明达	文物参考资料	2卷11期	1951
四川古建筑	四川省建设委员会等	四川科学技术出版社		1992
古代巴蜀建筑的文化品格	李先逵	建筑历史与理论	5辑	1993
		建筑学报	3期	1995
巴蜀建筑文化简论	李先逵	四川建筑	1期	1994
对巴蜀传统建筑的探索和实践	鲁杰	四川建筑	1期	1995
中国古建筑文化之旅：四川·重庆	庄裕光	知识产权出版社		2003
刘致平先生与四川住宅园林研究	张先进	四川建筑	2期	1999
四川传统建筑与园林研究的先行者——纪念刘致平先生	张先进	华中建筑	1期	2000
川江流域古建筑文化初探	邓晓	重庆师范大学学报（哲社）	1期	2002
成都发掘商周木结构建筑遗址	余长安	光明日报		1986.1.17
四川省新发现商周、唐代建筑遗址		中国文化报		1986.3.9
我省考古事业的重大收获，新发现古代建筑遗址全国罕见		四川日报		1986.3.10
成都平原的环境对蜀文化聚落建筑与经济的影响	姜世碧	四川文物	2期	2003
崖墓建筑（上）——彭山发掘报告之一	陈明达	建筑史论文集	17辑	2003
崖墓建筑（下）——彭山发掘报告之一	陈明达	建筑史论文集	18辑	2003
四川唐代摩崖中反映的建筑形式	辜其一	文物	11期	1961
大足北山佛湾摩崖造像第245窟中反映的唐代建筑及结构	李显文	四川文物·石窟研究专刊		1986
四川唐代石窟中的佛教建筑	胡文和	成都文物	1期	1990
四川佛教石窟中立体表现的唐代建筑	胡文和	西北美术	2期	1997
前后蜀苑囿议	马文彬	四川文物	3期	2000
四川江油发现宋代木构建筑	哲文	文物	3期	1964
简述大足宋墓的建筑结构与雕刻艺术	唐毅烈	重庆历史与文化	1期	2002
屏山明代古城建筑刍议	胡玉	四川文物	4期	2004
重庆建筑业施工技术发展概况	陈泉根	重庆地方志	5期	1991
重庆建筑与风土人情	崔越	沈阳建筑工程学院学报	1期	1992
抗战时期的陪都建筑	范尧	青岛建筑工程学院学报	4期	1992

续表二

篇、书名	著(译)编者	出处	卷、期	年月日
山地历史文化遗产的保护观念——论重庆黄山陪都遗址的保护与开发	黄光宇 李和平	城市规划	3期	1998
重庆建筑与城市景观	王根芳	重庆建筑	2期	2002
试论成都文物建筑的保护	王正明 尹建华	四川文物	2期	2001
成都历史文化内脉及保护建设浅析	毕凌岚 钟毅	华中建筑	1期	2002
成都"水井"文化的发展与变迁——从成都传统建筑的环境要素井的盛衰关注地下水资源的保护	程小蓉 代云林	资源与人居环境	8期	2005
阆中古建筑	《四川古建筑》《四川民居》编辑部、阆中县建筑委员会	编者刊		1987
三峡库区古建筑的价值及其保护抢救之意见	罗哲文	文物工作	1期	1994
四川"天井"民居	成诚 何干新	建筑学报	1期	1983
中国居住建筑简史——城市、住宅、园林（附：四川住宅建筑）	刘致平 王其明	中国建筑工业出版社		1990
四川民居美学思想初探	雍朝勉	规划师	2期	1994
巴蜀民居源流初探	庄裕光	中华文化论坛	4期	1994
四川小镇民居精选	季富政 庄裕光	四川科学技术出版社		1994
巴蜀民居采风	殷宗	室内设计	2期	1995
四川民居散论	季富政	成都出版社		1995
四川抱厅式天井民居的空间特色	张兴国	室内设计	2期	1996
四川民居附：传统建筑装修图集	四川省建设委员会、四川省勘察设计协会	四川人民出版社		1996
四川乡土建筑——农舍	胡国增	四川建筑	2期	1999
四川庄园建筑艺术特色	罗兴奎	四川建筑	2期	1999
老房子——四川民居	王其钧 李玉祥	江苏美术出版社		2000
巴蜀城镇与民居	季富政	四川交通大学出版社		2000
四川民居天井的启迪	王道明	建筑工人	12期	2003
解读《中国民居建筑》中之"四川民居"	朱岸林	大学出版	2期	2004

续表三

篇、书名	著(译)编者	出处	卷、期	年月日
四川盆地传统民居地域特质与形成	王朝霞	重庆建筑	增刊	2004
巴蜀地域民居局限性探析	肖晓丽 褚冬竹	新建筑	4期	2005
四川广汉文化的居住建筑初探	江道元	香港建设	6期	1998
大溪文化房屋的建筑形式和工程作法	李文杰	考古与文物	4期	1986
长江三峡地区夏、商、周时期房屋建筑的考古发现与研究——兼论长江三峡先秦时期城址建筑的特点（上）（下）	杨 华	三峡学院学报	3、4期	2000
三峡地区古人类房屋建筑遗迹的考古发现与研究	杨 华	中华文化论坛	2期	2001
长江三峡地区新石器时代建筑遗迹综述	谭宗菊等	三峡文化研究丛刊		2002
干兰——西南中国原始住宅的研究	戴裔煊	岭南大学西南社会经济研究所		1948
"干兰"式建筑的考古研究	安志敏	考古学报	2期	1963
四川内江汉画民居干栏及大苍	雷建金等	中原文物	3期	1991
三台郪江崖墓所见汉代建筑形象述略	孙 华	四川文物	5期	1991
乐山崖墓所见汉代岷江中游地区建筑形制考略	向玉成	四川文物	6期	2003
三国蜀汉民居的时代特征——忠县涂井蜀汉崖墓出土陶房模型试析	朱晓南	四川文物	3期	1990
杜甫草堂发现唐宋民居遗址的意义	杨渝泉	四川文物	5期	2005
重庆及川东的明清古民居	孙晓芬	四川文物	3期	1997
陪都蒋介石夫妇旧居	杨耀健	文史精华	9期	1995
"常"与"变"——从川西小镇黄龙溪谈我国古代复合空间的哲学	杨 鹰	新建筑	4期	1985
从黄龙溪民风民俗看川西传统民居特色	徐淑娟	西南交通大学学报（社科）	5期	2005
成都温江陈家桅杆——古建筑文化琐谈	谢天开	四川建筑	2期	2000
沉寂百年的陈家桅杆	罗萍嘉 周浩明	室内设计与装修	9期	2001
扶"桅杆"于将倾	甄先尧	成都文物	1期	2004
成都龙泉驿"田氏支祠"与"唯仁山庄"	方全明 黄宜勤	四川文物	5期	2000

续表四

篇、书名	著(译)编者	出处	卷、期	年月日
唐昌古镇传统建筑保护与利用	陈大乾 邓 位	建筑史论文集	16辑	2002
抢救市区内最后的客家碉楼	陈方耀	成都日报		2005.1.21
地域建筑文化之融合——浅析成都"少城"住宅与北京四合院之继承创	胡媛媛 蔡道馨	地域建筑文化论坛论文集		2005
雅安上里民居的雕刻艺术	张朝武	四川文物	5期	1992
四川夕佳山传统民居环境探析	业祖润等	中国传统民居与文化——中国民居第七届学术会议论文集	7辑	1996
独具特色的夕佳山民居	王显友	四川文物	1期	1997
中国民居建筑"活化石"——夕佳山民居		资源开发与市场	5期	2001
川南夕佳山民居的风水观与景园艺术	袁犁 姚萍	小城镇建设	3期	2003
隐世的文明 夕佳山庄园	王剑林	城市住宅	4期	2003
夕佳山民居景园建筑风格与环境艺术	袁犁等	四川建筑科学研究	2期	2004
夕佳山民居设计观探析	吕卫平	美术观察	9期	2004
夕佳山民居图案的精神内涵	陈华	宜宾学院学报	1期	2005
话说夕佳山古民居	曹家树	四川党的建设（城市）	11期	2005
三台古城传统民居特色及其保护更新研究	龙彬	华中建筑	4期	1999
四川广安浓洄镇民居	郑洁 陆琦	城市住宅	10期	2000
板仓坝王宅	黄琪 戴志中	华中建筑	6期	2001
隆昌云顶寨庄园民宅初考	张隐秋	政协隆昌县委员会文史资料委员会		2002
阆中民居	邵亚 罗萍嘉	室内设计与装修	10期	2003
我爱我"家"——说说重庆吊脚楼	刘剑英	中外建筑	4期	1999
论山地传统聚居环境的特色与保护——以重庆磁器口传统街区为例	李和平 严爱琼	城市规划	8期	2000
洪崖洞民居的传统形式	何玉 郭良	重庆工学院学报	4期	2001
建筑本天成 妙手偶得之——谈古镇磁器口民居的处理手法特点	郭宇铭	华中建筑	4期	2001

续表五

篇、书名	著(译)编者	出处	卷、期	年月日
重庆传统民居空间环境对气候的适应性	许东风 魏宏扬	室内设计	1期	2002
片段的历史文脉——关于重庆洪崖洞旧城风貌区	林野	上海艺术家	1、2期	2002
山地传统聚居地的空间重塑——重庆市洪崖洞传统民居风貌区规划设计	刘征	规划师	8期	2002
重庆吊脚楼民居的保护与改造策略	卢峰 朱昌廉	住宅科技	2期	2003
重庆传统民居适应气候的建造措施初探	王莺	小城镇建设	3期	2003
重庆磁器口老街住区与文化研究	孙胜等	建筑知识	3期	2004
风水美学里的重庆吊脚楼	项之圆	小城镇建设	5期	2004
洪崖洞今昔	正权	红岩春秋	2期	2005
城市阳台 洪崖洞再现老重庆	老凯	重庆建筑	5期	2005
乡土建筑——重庆吊脚楼	冯雁军	中国房地信息	8期	2005
重庆山地民居形态与现代人居——浅析重庆山地民居的保护与更新	黄红春	重庆建筑	8期	2005
浅谈大昌古城及温家大院民居的建筑风格	冯林	四川文物	2期	1993
从忠县、石柱县传统民居建筑的文化内涵谈三峡工程地面文物的保护	汤羽扬	北京建筑工程学院学报	1期	1996
三峡工程淹没区传统聚落及民居概述	汤羽扬	长江建设	5期	1996
"巴"文化与三峡地域聚居形态	赵万民	华中建筑	3期	1997
中西合璧峡谷回音 生生不息——论三峡工程淹没区传统聚落与民居的地域性特征	汤羽扬	北京建筑工程学院学报	1期	1999
民居建筑史上的奇葩 龚滩古建筑	吴胜延	重庆与世界	4期	1999
浅析三峡地区传统民居的特征与风格	严广超	华中建筑	1期	2003
三峡地区的传统聚居建筑	程世丹	武汉大学学报（工学）	5期	2003
渝东南土家族民居	孙雁等	重庆大学出版社		2004
土家吊脚楼的特色及其可持续发展思考——渝东南土家族地区传统民居考察	刘晓晖 章琳	武汉理工大学学报（社科）	2期	2005
聚山川灵秀 藏古建朴拙——历史文化名镇双江的清代民居	熊海龙	小城镇建设	3期	2001

续表六

篇、书名	著(译)编者	出处	卷、期	年月日
潼南双江古民居	渝 扬 杨 毅	新重庆	4 期	2003
重庆黔江木楼修建仪式调查	李 熠	康定民族师范高等专科学校学报	3 期	2004
四川园林	四川园林编辑部	编者刊		1988
四川古典园林初探	张先进	四川建筑	1 期	1995
巴蜀园林艺术	曾 宇 王乃香	天津大学出版社		2000
巴蜀传统山地园林入口空间浅析	李旭佳 崔英伟	四川建筑	3 期	2001
川派古典园林与中国官家园林	张渝新	成都文物	4 期	2002
四川园林的置石艺术	彭 凤	中国园林	2 期	2003
川派古典园林是中国官家园林的典型代表	张渝新	中国园林	4 期	2003
西蜀历史文化名人纪念园林	赵长庚	四川科学技术出版社		1989
川西纪念园林的建筑艺术特色	刘红红 吴 薇	中外建筑	1 期	1999
淡妆浓抹总相宜——西蜀园林艺术与风格	刘和椿	成都教育学院学报	8 期	2000
论川西古典园林	许志坚	中华文化论坛	4 期	2003
西蜀古园长生宫	王纯五	文史杂志	6 期	1992
成都风景园林	成都市园林局、四川大学	四川大学出版社		1993
成都建筑、园林的特色	袁镜身	建筑	10 期	2000
成都古代园林初探	潘明娟	西安教育学院学报	3 期	2003
论成都园林的文化特色	张哲乐	中华文化论坛	4 期	2005
杜甫草堂的建筑艺术	李显文	草堂	2 期	1983
浅谈成都杜甫草堂园林植物配置的风格	李泽雏	中国园林	4 期	1985
历史与文化共生的乡土建筑——成都杜甫草堂茅屋景区浅析	曾艺君 万 江	四川建筑	2 期	2000
我国古朴典雅的纪念建筑群——记蜚声全球的著名文学圣地成都杜甫草堂	王英杰	中国房地信息	4 期	2000
杜甫草堂植物与园林特色	张建军	杜甫研究学刊	4 期	2003
成都武侯祠的古建筑和园林	张宗荣	成都文物	3 期	1985

续表七

篇、书名	著(译)编者	出处	卷、期	年月日
成都武侯祠的古建与园林	张宗荣	四川人民出版社		1998
西蜀古典名园——成都望江楼	廖嵘	四川建筑	5期	2005
西蜀名园——新繁东湖	王绍增	中国园林	3期	1985
新繁东湖	新繁东湖管理所	四川人民出版社		1990
新繁东湖缘起考	张渝新	四川文物	3期	2001
新都历史文化丛书：新繁东湖	李义让 冯修齐	四川人民出版社		2001
《新繁东湖缘起考》辨析	房锐	西华大学学报（哲社）	5期	2005
		四川文物	5期	2005
蜀中名园三苏祠	黄山人	四川统一战线	6期	1997
文物之宝库 园林的典型	岳春恩	四川林勘设计	3期	1998
重庆园林风景	赵定民	重庆市园林管理局		2000
重庆温泉寺及其寺庙园林史略	向培伦	重庆建筑	5期	2003
千年石柱山水园林	杨学春			2004
北宋古建筑姜庆楼	芦山县文管所	芦山县历史文物资料辑		1985
唐昌古镇传统建筑保护与利用	陈大乾 邓位	建筑史论文集	2期	2002
回响·文化源——唐昌古镇传统建筑保护与利用	邓位	四川建筑	2期	2002
巴蜀地区摩崖佛殿建筑结构及构造特点探析	郭璇 张兴国	古建园林技术	1期	2004
巴蜀摩崖佛殿空间类型及营建手法初探	郭璇	重庆建筑大学学报	4期	2004
四川会馆建筑与移民文化	陈玮 胡江瑜	华中建筑	2期	2001
清代四川城的形态与祠庙建筑空间格局	杨宇振	华中建筑	1期	2005
旋螺殿	卢绳	中国营造学社汇刊	7卷1期	1944
巧夺天工的旋螺殿	屈川	四川文物	2期	1985
宜宾真武山玄祖殿及古建群	李又起	四川文物	2期	1987
宜宾真武山庙群	徐仕柱	四川日报		1985.9.13
宜宾真武山古建筑群及其相关问题	蔡永旭	四川文物	3期	1997
屏山县万寿寺与万寿观	丁天锡	四川文物	3期	1986
屏山县修复古代建筑清凉寺	熊燕	四川文物	3期	1994

续表八

篇、书名	著(译)编者	出处	卷、期	年月日
峨眉山圣寿万年寺砖殿及铜铁铸像	高 文	四川日报		1961.6.9
峨眉山的砖殿	吾 非	成都晚报		1962.4.28
峨眉山建筑初探	沈 庄	建筑学报	1期	1981
砖殿与蛙鸣	宋东涛	成都日报		1981.7.5
峨眉山麓飞来殿	张光廷	四川日报		1981.7.21
峨眉山飞来殿建筑记	骆坤琪	四川地方志通讯	6期	1983
峨眉东岳庙飞来殿和香殿进行落架维修	李显文	四川文物	3期	1984
造型奇特的峨眉山万年寺无梁砖殿	罗友援	四川文物	4期	1987
万年寺铜普贤像和无梁砖殿	陈述舟	四川文物	5期	1989
峨眉山风水建筑浅识	季富政	四川建筑	2期	1994
峨眉山万年寺无梁殿历经近四百年无损		四川环境	4期	1995
白水秋风万年寺	闻 怡	四川戏剧	6期	1997
峨眉山万年寺无梁砖殿	颜 林	四川统一战线	3期	1999
峨眉山市元代古建筑飞来殿落架维修及香殿搬迁工程	王小灵	四川文物	2期	2002
		中国文物保护技术协会第三次学术年会论文集		2004
峨眉山万年寺无梁砖殿的修建缘起及其演变	熊 锋	中国俗文化研究	3辑	2005
成都教会建筑述要	陈重庆	华中建筑	3期	1988
华西坝建筑群与成都城市的近代化	张丽萍	文史杂志	5期	2001
话"天师洞"建筑	周 政 文景良	成都文物	2期	1984
四川灌县青城山风景区寺庙建筑	李维信	建筑史论文集	5辑	1982
梓潼盘陀石殿建筑年代初探	李显文	四川文物	1期	1984
大邑县罗汉寺的明代建筑	胡 明	成都文物	1期	1985
自贡清代建筑的又一珍品——桓侯宫	竹 风	井盐史通讯	1期	1983
自流井王爷庙的建筑年代及其建筑风格刍议	黄 健	盐业史研究	1期	1989
丰都名山古建筑群	陈 刚 陶陈洁	四川文物	1期	1990
老霄顶与古建筑群	胡学元	四川文物	3期	1989

续表九

篇、书名	著(译)编者	出处	卷、期	年月日
我国古代佛教建筑史上的伟大奇迹——四川乐山大佛阁研究	周俊麒	乐山师专学报（社科）	1期	1995
剑阁觉苑寺大殿建筑及大木结构初探	李显文	四川文物	4期	1986
巧夺天工的报恩寺	江源	四川日报		1978.12.29
闪光耀采的古建筑群	灵茜	成都日报		1982.6.17
平武报恩寺的奥秘	刘俊民	人民日报		1985.4.15
四川平武明报恩寺勘察报告	平武县文保所	文物	4期	1991
深山名刹平武报恩寺	李先逵	古建园林技术	2期	1994
报恩寺求索	庄裕光	华中建筑	4期	1995
四川阆中永安寺元代大殿及其壁画雕像	陶明宽等	文物参考资料	12期	1955
阆中永安寺大殿建筑时代及构造特征浅析	朱小南	四川文物	1期	1991
新津老子庙建筑特点	颜开明	宗教学研究	1期	1994
剑阁钟鼓楼古建筑群	朱绍文	四川文物	1期	1994
潼南大佛寺建筑与环境	张兴国	四川建筑	1期	1995
乐山文庙建筑特征试探	胡方平	四川文物	3期	1995
巴中奎星阁	晏萍 岳钊林	四川文物	1期	2000
浅谈绵阳木构古建筑及相关问题	赵义元	四川文物	6期	2000
宗教建筑与山地园林的紧密结合——四川广元皇泽寺设计分析	周宁	现代城市研究	6期	2000
德阳文庙的建筑特色	范小平	四川文物	1期	2002
会馆建筑	孙音	四川建筑	2期	2003
赏析巴蜀会馆建筑	陈蔚 胡斌	四川建筑	3期	2004
重庆湖广会馆及其保护研究	龙彬	建筑史论文集	14辑	2001
重庆近代天主教堂研究	龙彬	建筑史	1期	2003
重庆的教堂——山地环境中的独特景观	欧阳桦 张小恒	重庆建筑	3期	2004
重庆城市高地上的教堂形态研究	欧阳桦 张小恒	重庆建筑大学学报	6期	2004
重庆"湖广会馆"建筑中的木雕刻	李茹冰 陈建红	重庆建筑大学学报	2期	2003

续表一〇

篇、书名	著(译)编者	出处	卷、期	年月日
重庆最早的大型工业厂房遗存——铜元局建筑特色及保护再利用	欧阳桦 欧阳刚	重庆建筑	1期	2005
三峡地区的祠庙建筑	程世丹 高 康	长江建设	3期	2002
重庆三峡地区祠庙的建筑特色	朱宇华	建筑史	3期	2003
三峡地区的祠庙建筑	程世丹 高 康	长江建设	3期	2002
奇妙的石琴	丁 艾	旅游天府	3期	1982
奇妙的回音岩	姜 冰	重庆日报		1983.11.20
潼南石琴	丁 艾	四川文物	4期	1986
绝妙的潼南石琴	谢明德	重庆晚报		1986.5.23
四川石琴声学原理初探	俞文光等	黑龙江大学自然科学学报	3期	1989
潼南石琴之谜	谭 昆	南方论刊	3期	1994
四川石琴声学现象的实验测试与分析	付正心等	黑龙江大学自然科学学报	1期	1996
四川石琴是我国四大古回音建筑之一				
中国四大回音建筑之一——四川石琴的频谱分析	吕厚均等	自然科学史研究	2期	1999
"邛笼"考	孙宏开	民族研究	1期	1981
石碉文化初探	邓廷良	重庆师院学报（哲社）	2期	1985
试论"邛笼"文化与羌语支语言	孙宏开	民族研究	2期	1986
四川甘孜阿坝地区的"高碉"文化	杨嘉铭	西南民族学院学报（社科）	3期	1988
邛笼考	李范文	阿坝师专学报	12期	1990
四川碉楼民居文化综览	季富政	华中建筑	2期	1994
试论"邛笼"（高碉）建筑	江道元 陈宗祥	四川藏学研究	2辑	1994
中国邛笼（碉房）建筑与文化	江道元 陈宗祥	世界民族建筑国际会议论文集		1997
雄哉千碉之林——川西北阿坝州石碉石寨趣谈	单子恩	文化交流	3期	1998
试论邛笼建筑	彭代明	阿坝师范高等专科学校学报	1期	1999
试论中国西南藏羌民族民居建筑的美学价值	彭代明	贵州艺术高等专科学校学报	1期	1999
川西阿坝藏族羌族自治州石房建筑	张先得	古建园林技术	1期	2004
川西北的石碉文化	徐学书	中华文化论坛	1期	2004
川西高原的藏羌古碉群	庄春辉	中国西藏	5期	2004

续表一一

篇、书名	著(译)编者	出处	卷、期	年月日
川西北乡土建筑的生态特征初探	成斌	四川建筑	5期	2004
川西北的石碉文化		文史杂志	6期	2004
中国碉楼民居的分布及其特征	刘亦师	建筑学报	9期	2004
川西民居走廊揽胜	何宇光	科学生活	1期	2005
东巴文凶为邛笼考	木仕华	民族语文	4期	2005
千碉之国	韦维 李贵云	中国西部	10期	2005
羌民的建筑	张松涛	边疆研究通讯	1卷 5、6期	1942
古代羌族的建筑艺术	周锡银	民族文化	5期	1982
独特精湛的羌族建筑	周锡银	西南民族学院学报（哲社）	1期	1984
精湛的羌族建筑和挑花刺绣	周锡银	民族艺术		1985
羌族居住文化概观	曹怀经	长安大学学报（建筑与环境）	2、3期	1992
羌寨碉楼	张昭全	四川统一战线	8期	1994
青衣羌人的"青衣瓦当"	杨文成	四川文物	1期	1995
从羌族文化、民风民俗看羌族建筑	陈大乾	四川建筑	4期	1995
羌族民居赏析	陈颖 郁林	四川建筑	4期	1995
浅谈羌族碉房	余耀明	民俗研究	1期	1996
羌族建筑随想三题	季富政	中外建筑	3期	1997
羌族碉楼建筑文化初探	彭陟焱 周毓华	西藏民族学院学报（社科）	2、3期	1998
羌民居主室中心柱窥视	季富政	四川文物	4期	1998
"壳"中的羌族——浅谈桃坪羌寨的防御系统	王载波	四川建筑	2期	2000
羌族住房——碉楼	何衡岳	建筑工人	8期	2000
羌寨"碉楼"	曹弘	风景名胜	12期	2000
中国羌族建筑	季富政	西南交通大学出版社		2000
羌寨碉楼原始与现代理念的共鸣	李香敏等	四川工业学院学报	2期	2001
浅谈黑虎、桃坪羌碉的战争功能与审美	彭代明等	阿坝师范高等专科学校学报	2期	2002
神秘的桃坪羌寨	董凤安	东方艺术	2期	2002
依山居之 垒石为室 与大山共存——羌寨民居的生态意义探寻	唐平	阿坝师范高等专科学校学报	2期	2002

续表一二

篇、书名	著(译)编者	出处	卷、期	年月日
桃坪羌寨聚落景观与民居空间分析	张 青 全惠民	北京工业大学学报	3期	2002
羌族奇景碉楼	管祥麟	民族论坛	3期	2003
东方古堡——桃坪羌寨	于立光	四川统一战线	5期	2003
羌族建筑与村寨	任 浩	建筑学报	8期	2003
羌族民居浅析——黑虎羌碉	张离可	重庆建筑	1期	2004
羌族建筑文化与现代市场	吴天明	巴蜀史志	3期	2004
魅力石城——桃坪羌寨	胡小平	森林与人类	11期	2004
永驻心灵的丰碑——浅谈桃坪羌碉	尹浩英	民族论坛	11期	2004
四川阿坝州理县桃坪羌寨	顾 正	住宅科技	12期	2004
平台相连的羌族民居	姬旭明	中国民族报		2004.5.21
羌族建筑中的宗教色彩解析	田 凯	亚洲民族建筑保护与发展学术研讨会论文集		2004
劫后羌笛遗古韵——羌族建筑文化浅析	索朗白姆	西藏大学学报	1期	2005
经百载磨砺 屹万山之间——桃坪西羌古堡	庄春辉	中国统一战线	2期	2005
神秘的东方古堡——桃坪羌寨	锦绣新华《建筑艺术》栏目组	北京规划建设	2期	2005
"东方古堡"——羌寨	胡小平	Women of China	2期	2005
羌族居住环境保护与自然意识观	余宗明	阿坝师范高等专科学校学报	4期	2005
羌族民居建筑群的价值及其开发利用	杨光伟	西南民族大学学报（人文）	5期	2005
羌族建筑的活化石——萝卜寨	张紫宣	阿坝日报		2005.1.14
四川藏族民居实录		建筑学报	7期	1963
雪山草地的藏族民居	徐尚志等	建筑学报	7期	1963
别具一格的四川藏族民居	邵俊仪	重庆建筑工程学院学报	2期	1980
四川藏族地区喇嘛寺的建筑艺术	李家瑞	历史知识	6期	1982
四川藏族住宅	叶启燊	四川民族出版社		1985
漫谈嘉绒藏胞的房屋	严木初	阿坝师专学报	11期	1989
川西的藏族民居	潘贺明	住宅科技	9期	1991
谈碉房	王旭东	康巴文苑	1期	1992
嘉绒藏区的古碉堡	拉尔吾加	中国西藏	5期	1994
德格居住一览	呷玛降泽	康巴文苑	2期	1995

续表一三

篇、书名	著(译)编者	出处	卷、期	年月日
嘉绒藏区的民居	崔丹	西藏民俗	3期	1995
马尔康地区藏族民间建筑一览	黄渝平	西藏艺术研究	4期	1995
从藏东康区住宅形式谈藏族住宅建筑艺术的沿革	康·巴杰罗卓 泽勇	西藏大学学报	4期	1995
金川古代土陶管供水系统调查小记	张孝忠 宋友成	中国藏学	4期	1995
嘉绒藏区古代科技奇葩——金川县噶尔丹寺土陶管自来水工程	张孝忠 宋友成	西藏研究	1期	1996
从藏东康区住宅形式谈藏族住宅建筑艺术的沿革	保罗	西藏研究	2期	1996
木雅康巴藏族的民居	木雅·曲吉建才	西藏民俗	3期	1996
嘉绒藏族的石碉建筑	张昌富	西藏艺术研究	3期	1996
		西藏研究	4期	1996
嘉绒藏区碉房建筑及其文化探微	多尔吉	中国藏学	4期	1996
别有情趣的吊脚楼——四川宝兴县硕碛乡和平沟藏族民居	李柏春	建筑	9期	1997
卓克基土司及土司官寨——兼谈嘉绒藏族民族建筑的一些特点	陈学志	西藏研究	1期	1999
浅谈嘉绒藏族建筑艺术特点	潘志林	四川戏剧	3期	2000
丹巴古碉——东方的金字塔	赵宏	四川统一战线	4期	2000
养在深闺人未识的嘉绒藏寨	谭丽莎	中华工商时报		2000.9.4
丹巴：盘腿打坐的民居		上海科学生活	6期	2001
川西甘孜州藏族民居	王艮	城市住宅	12期	2001
横断山系的神奇聚落——嘉绒藏寨碉群	张先进	中国民族建筑论文集		2001
藏族民居——宗教信仰的物质载体——对嘉绒藏族牧民民居的宗教社会学田野调查	郑莉等	西藏大学学报	1期	2002
丹巴高碉文化	牟子	康定民族师专学报	3期	2002
乡城白房子	严鹏和	西藏旅游	4期	2002
宫殿般的住宅道孚民居	李建惠	民间文化	4期	2002
丹巴碉楼	冉玉杰	人民日报（海外）		2002.9.16
古老神奇的甘堡藏寨	林大如	中国档案报		2003.6.6
德格印经院的建筑特色	冯林等	四川文物	1期	2003
嘉绒藏族的建筑文化	胡佳	浙江工艺美术	2期	2003

续表一四

篇、书名	著(译)编者	出处	卷、期	年月日
嘉绒藏寨碉群及其世界文化遗产价值	张先进	四川建筑	5期	2003
氐人聚落与民居	季富政	四川文物	5期	2003
康巴建筑的奇葩——道孚民居	穆群森	民族	11期	2003
横断山系的神奇聚落——嘉绒藏寨碉群	张先进	中国民族建筑论文集		2003
国家历史文化名城研究中心历史街区调研——四川雅安宝兴硗碛	朱晓明 张 兰	城市规划	1期	2004
丹巴古碉建筑文化综览	杨嘉铭	中国藏学	2期	2004
仙境皇宫——道孚藏族民居	翟东风等	建筑知识	3期	2004
道孚藏族民居	翟东风	建筑知识	3期	2004
浅论丹巴甲居嘉绒藏寨民居	李 明 袁姝丽	宜宾学院学报	4期	2004
独特的嘉绒藏族寨墙图案	刘显炯	中国西藏	6期	2004
		中国西藏（藏文）	6期	2004
"东方金字塔"——丹巴古碉	科学大观园		10期	2004
丹巴：石碉筑就的民俗景观	梅 文	中国民族报		2004.3.19
甘孜州两个地区藏族民居的结构、构造和技术	陈 颖 刘长存	亚洲民族建筑保护与发展学术研讨会论文集		2004
四川藏寨碉楼建筑及可持续发展研究——丹巴县中路——梭坡藏寨历史与现状	陈 颖 张先进	学术动态	2期	2005
嘉绒藏族民居装饰浅析	曾运东	肇庆学院学报	4期	2005
色尔古藏寨——浓郁的嘉绒风情	刘乾坤	中国西藏	4期	2005
甲居藏寨民居建筑及其与自然环境之关系	孙 吉	阿坝师范高等专科学校学报	4期	2005
浅谈四川甘孜藏族建筑艺术特点	东干·格西奇珠 扎西卓玛	西藏艺术研究	4期	2005
道孚县藏族民居坡屋顶渊源思考	刘长存	技术与市场	8期	2005
千碉之国	韦 维 李贵云	中国西部	10期	2005
寓意丰富的嘉绒寨墙图案	刘显炯	中国民族报		2005.7.8
土司官寨话沧桑	耿少将 邓 军	中国民族报		2005.9.2
对甘孜藏族自治州甲居藏寨、梭坡古碉群、泸定桥和康定县民族建筑的建保护议	陈震东等	地域建筑文化论坛论文集		2005

续表一五

篇、书名	著(译)编者	出处	卷、期	年月日
凉山彝族的建筑技术	江道元	凉山彝族奴隶制研究	2期	1978
凉山彝族奴隶制民居的建筑艺术	冯 敏 陈志明	中央民族学院学报	6期	1990
凉山彝族古代建筑小考	吉木布初 黄承宗	四川文物	1期	1991
彝族建筑风格初探	陈 实	四川建筑	1期	1994
论凉山彝族民房建筑结构及其现代科学思想	阿牛木支	凉山大学学报	增刊	2001
凉山彝族民居中独特的采光设计	侯宝石	灯与照明	2期	2004
		重庆建筑	增刊	2004
泸沽湖摩梭民居初探	李晓娟	建筑学报	12期	1992
摩梭民居建筑的特色	李明成	四川建筑	1期	1994
摩梭民居室内环境杂谈	毛 刚 石正东	室内设计	3期	1995
摩梭人的建筑——女儿国采风录	吴庆洲	广东建筑装饰	5期	1998
掀起"女儿国"的盖头——观摩摩梭人房屋设置与装饰	木 石	现代装饰	4期	2001
泸沽湖边的木楞房	马青宇	室内设计与装修	12期	2001
摩梭木楞房的建筑文化	钟 华	中华建设	4期	2005
"木拉哈"——摩梭人的防火经	李俊生	中国西部科技	9期	2005
释阙	孙次舟	金陵学报	10卷1、2期	1940
四川石阙	常盘大定 关野贞	中国文化古迹	10辑	1941
汉代的"阙"	童丕绳	文物周刊	42期	1947
汉代的石阙	陈明达	文物	12期	1961
汉代石阙	社 文	四川日报		1961.8.27
漫话蜀阙	刘志远	成都晚报		1962.1.18
略论四川石阙及其雕刻艺术	徐文彬	艺苑掇英	7期	1979
汉阙刻石	石 湍	成都文物简讯	2期	1980
千年古阙今犹坚	张致忠	四川日报		1981.2.14
四川汉阙的价值	冯一下	四川文物	4期	1984
门阙考——并及四川石阙史略	徐文彬	西南师范大学学报(社科)	2期	1986

续表一六

篇、书名	著(译)编者	出处	卷、期	年月日
四川的汉晋石阙	丁祖春	考古与文物	6期	1987
四川汉代石阙与"阙"画像砖浅论	张肖马	成都文物	4期	1988
阙的类型及建筑形式	朱晓南	四川文物	5期	1992
四川汉代石阙	重庆市文化局 重庆市博物馆	文物出版社		1992
巴蜀汉阙的历史文化考察	刘自兵 戴天柱	达县师范高等专科学校学报	6期	2004
重庆附近发现之汉代崖墓与石阙研究	常任侠	说文月刊	2卷2期	1940
雅安高颐石阙	常盘大定 关野贞	中国文化古迹	10辑	1941
高颐阙	贺春源 谭永承	四川日报		1979.3.25
东汉高颐阙枋头铭刻	重庆市博物馆	艺苑掇英	7期	1979
高颐阙	耿继斌	文物	10期	1981
汉阙——记雅安高颐墓阙	朱枢	成都日报		1981.3.19
高颐阙及其维修	曹丹	四川文物	4期	1984
试析雅安高颐阙——兼述复位复原加固维修工程技术	曹丹	四川文物	4期	1985
高颐阙铆铁的科学考察	曾中懋	四川文物	2期	1986
四川省雅安高颐阙考释	赵彤	四川文物	2期	1989
鲁迅手绘高颐阙图	叶淑穗	鲁迅研究月刊	1期	1990
雅安烟雨高颐阙	颜林	中国文物报		1991.9.1
高颐阙残损阙檐的修复技术	曾中懋	文物保护与考古科学	2期	1993
创见 丰富 气势——四川雅安高颐阙古建筑文化琐谈	谢天开	四川建筑	4期	1996
雅安汉高颐阙、墓及石刻	杨小平	中华工商时报		2002.7.5
绵阳平阳石阙	常盘大定 关野贞	中国文化古迹	10辑	1941
玲珑多彩的平阳府君阙	王代升 巩发明	四川日报		1979.7.11
汉阙"府君"系何人	王志强	四川文物	4期	1985
书箱石与汉阙	庞宗礼 耿熏	旅游天府	4期	1986
平阳府君阙考	孙华 巩发明	文物	9期	1991

续表一七

篇、书名	著(译)编者	出处	卷、期	年月日
读志小议	陈见昕	绵阳师专学报	3期	1995
绵阳平阳府君阙维修技术及相关问题	曹丹	四川文物	6期	1996
芦山县汉樊敏阙清理复原	曹丹	文物	1期	1963
芦山县汉樊敏阙	曹丹	文物参考资料	11期	1963
西蜀由来多名工——芦山樊敏阙、王晖石棺和姜庆楼散记	周书凡	四川日报		1981.2.28
樊敏阙、碑的历史文化价值	魏学锋	文史杂志	1期	1988
四川西昌城郊出土石阙	黄承宗	文物	4期	1979
凉山州发现有东汉题记石阙	张建成	四川日报		1983.4.13
四川昭觉县发现东汉石表和石阙残石	吉木布初 关荣华	考古	5期	1987
昭觉县东汉石表考释的几点辨正	胡顺利	四川文物	3期	1988
沈氏石阙铭刻		艺苑掇英	7期	1979
冯焕阙	曾德仁	四川青年	7期	1983
四川渠县冯焕阙	王建纬	文物天地	6期	1985
渠县汉阙	王建纬	四川文物	3期	1987
跋《沈府君神道碑亭记》——纪念王公介屏先生	王建纬	四川文物	3期	1992
汉阙之乡：渠县	梅海泉	四川人民出版社		1994
蜀地汉阙群	贯明钧	风景名胜	8期	1995
重访"汉阙之乡"	张彦夫	文史杂志	6期	1999
渠县无铭阙维修工程概述	朱绍文	成都文物	4期	2000
渠县汉阙之沈府君阙研究三题	侯忠明	达县师范高等专科学校学报	3期	2003
渠县汉阙的文化解读	李同宗	达县师范高等专科学校学报	3期	2004
渠县汉阙	渠县文物管理所	编者刊		
阙	渠县文物管理所	编者刊		
中国汉阙之乡——渠县	渠县旅游局	编者刊		
梓潼汉阙	姚光普	四川日报		1980.3.19
梓潼诸阙考述	孙华等	四川文物	3期	1988
对《梓潼诸阙考述》一文的商榷意见	卢玉承 敬永金	四川文物	1期	1989
上庸长阙	江道玷 肖田	成都日报		1980.5.15

续表一八

篇、书名	著(译)编者	出处	卷、期	年月日
江北盘溪的东汉石阙	胡人朝	重庆日报		1981.6.28
四川忠县汉阙纪略	辜其一 陈振声	文物资料丛刊	4期	1981
忠县无铭阙的维修复原技术	曾中懋 冯林	四川文物	6期	1988
忠县贯铭阙	曾先龙	四川文物	6期	1988
四川忠县丁房阙辨	孙华	文博	3期	1990
记四川忠县的两处汉代石阙	王其明	古建园林技术	2期	1996
千年汉阙忠州惊现	陈仁德			2001.7.8
忠县发现1800年前汉阙	邓大庆 刘刚	光明日报		2001.8.12
乌杨阙进城记	蒙和平	红岩	5期	2002
重庆忠县又发现石阙	曾先龙	中国文物报		2002.1.18
千年汉阙"移民"记	孙坷	新西部	6期	2003
抢救三峡文物 千年汉阙搬家	刘诗平 陈敏	瞭望	16期	2003
三峡库区忠县发现汉魏时期双子母石阙	邹后曦 李大地	中国文物报		2003.3.28
追寻千年汉阙	邹密	重庆日报		2003.5.23
守墓的阙——乌杨汉阙与花灯坟	邹后曦	文物天地	6期	2003
重庆市忠县丁房阙、无名阙文物保护搬迁工程	马涛	文博	4期	2005
乌杨汉阙加固与修复工程	田鹏刚等	西安建筑科技大学学报(自然)	4期	2005
夹江双杨府君阙释疑	赵汉成	四川文物	4期	1987
成都东郊发现了汉阙石刻	石湍	成都文物简讯	2期	1980
成都汉阙刻石铭文考释	邓代昆	四川文物	3期	1988
成都郊区两块东汉墓阙铭文补说	胡顺利	四川文物	1期	1989
《成都郊区两块东汉墓阙铭文补说》之补	邓代昆	四川文物	5期	1989
汉阙初议——从成都两通汉阙说起	蔡永华	成都文物	1期	1997
江阳汉阙刻石	李世荣	文史杂志	6期	2003
汉王涣墓与稚子阙	陈廷乐	四川文物	3期	1988
重庆万州发现武陵石阙	邹后曦 方刚	中国文物报		2003.8.13

续表一九

篇、书名	著(译)编者	出处	卷、期	年月日
彭县三昧水石牌坊	周书 夏阳	成都文物	2 期	1985
大巴山陶雕牌坊	马幸辛	四川文物	2 期	1990
遂宁三新乡石牌坊	彭高泉	四川文物	3 期	1991
明代掌引妇官石坊	魏朗	成都文物	3 期	1992
隆昌石牌坊群	张全	四川文物	3 期	1993
鲜为人知的隆昌牌坊群	谢梦 江涌	风景名胜	10 期	2001
隆昌石牌坊	吴久灵 雷文彬	四川统一战线	9 期	2002
隆昌石牌坊	玉敏	聪明泉	5 期	2003
隆昌——西部石牌坊之乡探秘		新西部	7 期	2003
中国西部牌坊之乡——隆昌	沈阳	巴蜀史志	1 期	2004
		文史杂志	2 期	2004
隆昌石牌坊刍议	田林 杨静	文物春秋	5 期	2004
响石奇观双坊矗立	吴晓英	四川档案	5 期	2004
中国牌坊汇隆昌	吴晓英	中国档案报		2004.7.2
白话隆昌牌坊	红岩	今日国土	12 期	2005
漫话大邑县的明代牌坊和照壁	胡朝晖	四川文物	4 期	1994
邛崃天台山石牌坊及照壁	汪雄	四川文物	4 期	1994
四川云阳县高阳乡夏黄氏节孝牌坊	楼庆西	古建园林技术	2 期	1996
南充羊龙庙牌坊	覃海泉	四川文物	3 期	1996
仁寿双石碑坊	叶晓莉	四川文物	5 期	1998
精美的绵州石牌坊	李义元	文物天地	2 期	1999
酉阳后溪龚氏坊小考	彭福荣	涪陵师范学院学报	1 期	2003
夹江的牌坊	江文远	中共乐山市委党校学报	3 期	2003
薛焕其人与宜宾赵场薛氏家族牌坊	邓沛 王颖	文史杂志	6 期	2004
塔	吴觉非	四川日报		1962.3.18
四川唐宋塔初探	林向	四川大学学报丛刊	5 辑	1980
四川名塔	林向	四川人民出版社		1986
瑞光塔	苟治平	成都日报		1979.12.20
文风塔	罗俊林	成都日报		1980.4.21

续表二〇

篇、书名	著(译)编者	出处	卷、期	年月日
四川邛崃石塔寺宋塔	陈振声	文物	3期	1982
邛崃石塔的维修	曾中懋	四川文物	4期	1984
石塔寺释迦如来真身宝塔	罗哲文	四川文物	4期	1984
邛崃宋代石塔	余林	成都晚报		1984.11.11
邛崃兴贤塔	文乙	成都文物	1期	1985
邛崃回澜文风塔	骆奇南	四川文物	3期	1994
邛崃大悲院石塔建筑艺术	胡立嘉	四川文物	1期	1995
文君故里回澜塔	胥绍成	中华建筑报		2000.8.1
邛崃石塔寺石塔	胡立嘉	成都文物	4期	2001
彭县、邛崃的古塔	徐式文	成都晚报		1983.5.23
天彭北塔即景	肖田	成都日报		1980.5.5
造型奇特的龙兴舍利宝塔	周述烈	成都日报		1982.12.26
龙兴舍利宝塔	高华敏	成都晚报		1983.7.2
龙兴寺古塔始创年代考	周述烈	成都文物	3期	1984
古塔巍巍话天彭	德明 杨魏	成都晚报		1984.11.7
关于龙兴寺塔建筑年代的探讨	庄巨川	成都文物	1期	1985
彭县龙兴舍利宝塔	辛玉	四川文物	5期	1988
彭州龙兴寺及其舍利宝塔的兴废与重建	邹礼洪	成都师专学报	3期	1999
彭州龙兴塔始建溯源	沈洪民	成都文物	3期	1999
彭州龙兴寺古塔年代再探	周述烈	成都文物	2期	2002
看百年老照片 说天彭龙兴塔	史占扬	成都文物	2期	2004
圣积寺铜塔	赵白	成都日报		1980.6.12
塔，四川峨眉山华岩宝塔	厉声树	人民中国	12期	1985
峨眉山伏虎寺及其铜塔	陈述舟	四川文物	2期	1988
"华严铜塔"铸造诸说辨析	干树德	中共乐山市委党校学报	3期	1999
龙护塔	江道衍	成都日报		1980.8.28
建昌白塔纪事	林向	历史知识	6期	1981
唐时古塔仍绰约——宝光塔漫话	冯修齐	成都日报		1981.1.5
倒立着的塔	李正心	旅游天府	3期	1982
泸州白塔	廖上柯	旅游天府	4期	1982

续表二一

篇、书名	著(译)编者	出处	卷、期	年月日
泸州报恩塔	安 中 仁 杰	四川文物	2期	1985
泸州报恩塔	程思远	四川文物	4期	1990
冯楫与泸州报恩塔	胡昭曦	四川文物	2期	2004
神秘诱人的多宝塔	高 琪 郭相颖	四川日报		1982.10.21
大足宝顶的佛塔造像浅释	林 向	四川文物·石窟研究专刊		1986
大足多宝塔石刻与宋人冯楫	胡昭曦	中国历史文物	1期	2002
插天一塔锁江流	汪 犁	成都日报		1982.11.7
举脚始信天可登——奎光古塔风姿	汪 犁	四川日报		1983.1.3
奎光古塔纠偏加固小记	卞再斌	成都文物	4期	2004
闭关10余年 奎光塔即将迎客	何明江等	成都日报		2005.4.4
凌云山上"灵宝塔"	张光廷	四川日报		1983.8.24
四川乐山灵宝塔并非唐塔	乐岛芳 师屏龙	中国文物报		1989.6.23
乐山灵宝塔始建年代之我见	彭学艺	四川文物	1期	1995
乐山灵宝塔始建年代考	毛西旁	四川文物	2期	1998
巍巍灵宝塔	王 建	中共乐山市委党校学报	6期	2004
隋唐益州福感寺塔遗址考	林 向	成都文物	2期	1984
南充白塔	王积厚	四川文物	1期	1985
广安白塔	李明高	四川文物	4期	1985
德阳孝泉延祚寺元代砖塔	朱小南	四川文物	1期	1985
南部神坝砖塔	王积厚	四川文物	2期	1985
剑州白塔	朱绍文	四川文物	4期	1989
造型奇特的古浮图——三学寺的释尊无量宝塔	薛玉树	四川文物	4期	1986
简阳县宋代白塔	方建国	四川文物	5期	1989
宜宾旧州塔	艾永奇	四川文物	1期	1990
永川明代铜塔	谢洪卫	四川文物	6期	1991
开江宝泉塔	孙仁良	四川文物	6期	1991
开江文笔塔	孙仁良	四川文物	5期	1995
达县清代一佛塔	张 双	四川文物	4期	1996
中国西南民族传统"笮桥"技术的发展	廖伯琴	自然科学史研究	1期	1993

续表二二

篇、书名	著(译)编者	出处	卷、期	年月日
西南古代索桥研究	蓝勇	四川文物	6期	1993
中国西南古代索桥的形制及分布	蓝勇	中国科技史料	1期	1994
古代西南的溜索	蓝勇	贵州文史丛刊	6期	1994
四川桥梁图志	四川省交通厅公路局	四川人民出版社		2002
西康的铁索桥	张孝忍	旅行杂志	28卷1期	1954
泸定桥桥亭复原设计	尹培桐	建筑学报	3期	1978
泸定桥的铁索是怎么装上去的	邓明浩	民族团结	3期	1981
泸定桥的铁索是怎样装上去的	任占文	上海集邮	6期	1994
泸定桥的铁索是怎样装上去的	李永和	小学教学参考	2期	1999
泸定桥现状调查报告	李良等	四川文物	2期	1999
泸定桥史话	巫祖才	风景名胜	12期	2000
泸定桥东桥台稳定性评价	李苍松等	四川文物	1期	2001
"泸定桥"的由来	毛国锋	小学阅读指南	3期	2002
泸定桥	刘克勤	小学阅读指南	6期	2004
三百年风雨泸定桥	周文林 马天华	龙门阵	10期	2005
索桥	张承道	旅行家	8期	1956
灌县竹索桥	吾非	四川日报		1962.6.13
机动灵活的浮桥——四川竹桥之一	沈交志	成都晚报		1963.9.12
历史悠久的索桥——四川竹桥之二	沈交志	成都晚报		1963.9.21
重点文物保护单位中的桥——泸定桥、芦沟桥、安平桥、安济桥、永通桥	茅以升	文物	9期	1963
索桥和碉楼	李绍明	历史知识	1期	1980
索桥	李受天	四川日报		1981.4.15
垂天彩虹——索桥	杨瑞文	成都日报		1981.6.21
别具风格的南桥	汪犁	成都日报		1981.8.2
发现夫妻桥修建者何先德夫妇墓	汪犁	成都日报		1982.3.11
灌县安澜索桥	罗树凡	成都文物	4期	1984
安澜桥话古	木子	中国文物报		1995.4.16
藏区的索桥	李豫川	中国西藏	6期	1995
藏式伸臂桥	杨嘉铭	西藏人文地理	1期	2005

续表二三

篇、书名	著(译)编者	出处	卷、期	年月日
四川画像砖中所见的汉代桥梁	周香洪	四川文物	3期	1992
川江古桥小考	冯一下	四川文物	4期	1985
四川中江县发现古代石桥及唐宋石碑		文物参考资料	6期	1954
谈成都的桥梁	胡克谐	成都日报		1959.12.12
成都的桥	谢家玄	成都晚报		1963.2.8
成都的桥	苟治平	成都风物	5辑	1983
老成都的桥	曾进	文史杂志	5期	2000
万里桥	肇世	工商导报		1953.12.31
驷马桥和万里桥	钟树梁	成都日报		1956.8.5
万里桥	江晓寒	成都晚报		1961.5.14
今昔万里桥	刘嗣	成都晚报		1962.9.27
万里桥的传说	戴盛昌	成都晚报		1983.11.14
成都名胜万里桥	谭良啸	四川文物	4期	1995
成都万里桥史话	屈洪斌	巴蜀史志	4期	2000
驷马桥	曾缄	成都晚报		1962.10.11
驷马桥与洗墨池	漆道尧	成都晚报		1983.4.27
漫话成都驷马桥	石湍	文史杂志	2期	1986
九眼桥的传说	李存镒	成都日报		1956.9.29
九眼桥建于何时	陈光富	成都晚报		1964.2.28
九眼桥头话今昔	陈光富	成都日报		1979.9.3
九环弓和九眼桥	朴人	旅游天府	3期	1981
九眼桥下"金砖"之谜揭晓		成都日报		1981.4.11
九眼桥轶事	景朝阳	中国西部	4期	2002
苏坡桥、亭的来历	郑光福	四川农民报		1981.3.1
"犹代宋时秋"——苏坡桥今昔	郑光福	成都晚报		1983.5.17
别具风格的南桥	汪犁	成都日报		1981.8.2
洗面桥	曾治中	群众文艺	5期	1982
古桥遗恨	郑光福 张木军	四川农民报		1982.11.27
何以"半边"命桥名	里木	成都晚报		1983.5.19
青石桥史话	石湍	成都晚报		1983.11.2
凤凰山下落凤桥	范友才	金牛风物	3期	1983

续表二四

篇、书名	著(译)编者	出处	卷、期	年月日
两座"踏水桥"	郑光福	金牛风物	3 期	1983
踏水桥今昔	张云吉	金牛风物	3 期	1983
漫话成都古桥	赵祖华	成都文物	3 期	1992
古桥与成都	刘祯贵	文史杂志	3 期	2004
古桥与成都城市特色之我见	刘祯贵	巴蜀史志	3 期	2005
古桥与成都文化特色	刘祯贵	城乡建设	5 期	2004
成都几座桥的传说	朱文建	龙门阵	9 期	2005
长滩古桥	李乔亚 吴显荣	四川日报		1981.11.29
泸县龙脑桥	李显文	文物	10 期	1983
龙脑桥的结构与雕刻艺术	李显文	四川文物	2 期	1985
龙脑桥的传说	程思远	四川文物	2 期	1985
泸县龙脑桥加高与维修技术	魏均德 曾中懋	四川文物	6 期	1992
龙脑桥趣闻	段 波	四川档案	2 期	2004
合川发现宋代古桥	杨旭德等	重庆晚报		1987.7.25
合川南宋石拱桥	冯庆豪 罗世杰	四川文物	5 期	1988
合川发现宋代石拱桥		中国文物报		1988.1.15
合川发现一处明代石桥		中国文物报		1988.3.25
江油红军桥	赵义元	四川文物	4 期	1992
数百枕木托起古桥四百年		光明日报		1995.3.30
剑阁明代石拱桥	母学勇	四川文物	1 期	1988
剑门关"三国"古桥	何中辉	四川文物	3 期	1996
涪陵龙门桥	又 村	四川文物	5 期	1988
涪陵市发现宋代古桥	黄秀陵	四川文物	5 期	1988
川江古桥小考	冯一下	四川文物	4 期	1985
长江古桥考	刘兴诗	成都理工大学学报（社科）	1 期	2004
三峡古今桥梁中的特定内涵	郑敬东	重庆工商大学学报（社科）	2 期	2005

五、表演艺术

篇、书名	著(译)编者	出处	卷、期	年月日
巴蜀文化的音乐舞蹈艺术试探	杨德谦	先秦史与巴蜀文化论集		1995
汉代成都歌谣四首	余一成	成都风物	1辑	1981
古代的无词歌——啸	李晓明	四川文物	5期	1998
杜甫和巴渝歌谣	王平	重庆日报		1962.4.15
四川革命历史民歌简介	匡天齐	音乐探索	4期	1985
川陕苏区红色歌谣选	川陕革命根据地历史研究会	中国民间文学出版社		1981
江油发现《红军歌谣集》手抄本	曾昌林	四川文物	4期	1994
四川民歌选	四川省文联创作研究组	编者刊		1954
四川民歌选	纪别等	民间文学	2期	1955
四川民歌选	谭宝彝	上海文化出版社		1955
四川歌谣选	罗泅等	重庆市人民出版社		1955
四川民歌集1-5集	曼西选编	中华全国总工会工人歌舞团		
四川民歌选	四川大学一九五八级毕业生工作组	编者刊		1963
四川民歌选1、2集	四川省歌舞团	编者刊		1963
四川民歌选1、2集	四川省文化局音乐组、中国音协四川分会筹备组	编者刊		1978
四川民间歌曲选:汉族部分	四川省文化局音乐组、中国音乐家协会四川分会	编者刊		1978
四川民间歌曲选:汉族部分 第二集	中国音乐家协会四川分会	编者刊		1982
四川民歌选编 第一集	四川省群众艺术馆	编者刊		1983
山歌集粹(之一)		四川音乐	8期	1984
四川山歌集粹(二)背二歌	杨羽健	四川音乐	9期	1984
山歌集粹(三)蹽山歌	羽健	四川音乐	10期	1984

续表一

篇、书名	著(译)编者	出处	卷、期	年月日
山歌集粹（四）丰富多彩的四句子山歌		四川音乐	11期	1984
四川汉族民歌的分类与类别特点	匡天齐	音乐探索	3期	1984
中国民间歌曲集成·四川省卷1－3册	中国民间歌曲集成四川省卷编委会	编者刊		1986
中国民间歌曲集成·四川省卷4册	中国民间歌曲集成四川省卷编委会	编者刊		1988
蜀乡民歌恰是好	石以	今日四川	2期	1997
巴蜀情歌	冯晓阳	广西民族出版社		1999
巴蜀秧歌习俗源流初探	郝志伦	达县师范高等专科学校学报	3期	2000
中国歌谣集成：四川卷	《中国歌谣集成·四川卷》编辑委员会	中国ISBN中心		2004
府河下游民歌举隅	罗尚	四川文献	25期	1964
介绍川北农村的"立歌堂"	湛庐	民间文学	10期	1957
立歌堂	湛庐搜集	民间文学	10期	1957
川北民歌	广元县文化馆	编者刊		1979
川北民歌2	广元县文化馆	编者刊		1982
川北山歌	白云	大众文艺出版社		
川北薅草歌	白云	大众文艺出版社		2005
绵阳民间情歌	黄道德 刘大军	巴蜀书社		1991
梓潼民歌集粹	潼县文化馆	编者刊		1983
中国民间文学集成：三台县歌谣资料集	四川省三台县民间文艺资料室集成领导小组	编者刊		1987
青川民间歌曲（第一集）	青川县文化馆	编者刊		1983
中国民间文学集成：广元市苍溪县歌谣卷	广元市三套集成编委会	编者刊		1987
山歌不唱不开怀——旺苍民歌集	中共旺苍县委宣传部	重庆出版社		2004
通江民间歌谣（资料集成）	四川省通江县文化馆、通江县民间文学集成办公室	编者刊		1988

续表二

篇、书名	著(译)编者	出处	卷、期	年月日
宣汉民歌选	宣汉县文化局	编者刊		1982
民间歌曲集成	四川省达县地区文化局	编者刊		1983
中国民间文学三套集成：四川省渠县民间歌谣资料集	渠县民间文学集成领导小组等	编者刊		1987
营山民歌选	营山县委宣传部	编者刊		1976
中国民间歌曲集成：四川省南部县卷	四川省南部县文化馆	编者刊		1983
中国民间歌曲集成：四川省西充县卷	四川省西充县文化馆	编者刊		1983
中国民族民间歌曲集成：内江市卷	中国民族民间歌曲集成内江卷编委会	编者刊		1986
泸县民歌选	泸县文化馆	编者刊		1983
民间歌谣集成	高县文化馆	编者刊		1986
乐山地区民间歌曲选	乐山地区文化馆	编者刊		1980
中国民间歌曲集成四川省乐山地区卷：乐山民歌集（汉族部分）	四川省乐山地区文化局	编者刊		1984
甘洛县民间歌谣集 上	甘洛县集成办、语委	编者刊		1988
中国民间歌曲集成四川省冕宁县资料卷：冕宁民间歌曲	冕宁县文化馆	编者刊		2005
南坪民歌选	川甘青边境工作团民族歌舞团	编者刊		1955
南坪山歌	黄万品 潘凤鸣	音乐探索	1 期	1985
璀璨的艺术瑰宝——九寨沟民歌解析	马成富 秀花	阿坝师范高等专科学校学报	3 期	2003
中国民间歌曲集成：四川省攀枝花市卷	马维新	四川民族出版社		1991
辑巴歌杂记四则	于飞	民俗	82 期	1929
巴歌杂集之六	于飞	民俗	90 期	1929
辑巴歌杂记	于飞	民俗	90、91 期	1929
			101、105 期	1930
			106、107 期	1930

续表三

篇、书名	著（译）编者	出处	卷、期	年月日
巴歌	于飞	民俗	109期	1930
重庆歌谣的研究	于飞	风物志	1期	1944
巴山风情歌	唐思孝	西南师范大学出版社		1992
巴渝情歌初探	陈善荣 杨先国	民族艺术	3期	1994
巴人古歌谣之文化内涵初探	胡炳章	西南民族学院学报（哲社）	4期	1995
试论"巴讴"与"巴人"	王建纬	四川文物	5期	2000
巴渝古代民歌简论	陈正平	四川师范学院学报（哲社）	1期	2003
屈原本是巴族人，楚辞得益巴人歌	王红旗	文史杂志	6期	2003
渝东南山歌民间美学思想初探	李伟	涪陵师范学院学报	2期	2004
中国歌谣集成：重庆市卷	中国歌谣集成重庆市卷编委会	科学技术文献出版社重庆分社		1989
重庆民歌中的衬词衬腔浅析	邹渊	中国音乐	4期	2005
重庆民间歌曲集成	重庆市文化局	西南师范大学出版社		2004
中国歌谣集成：重庆市市中区卷	重庆市市中区民间文学三套集成编委会	重庆市市中区文化局		1988
中国歌谣集成——重庆市巴县卷	重庆市巴县民间文学三套集成编辑委员会	编者刊		1988
中国歌谣集成·四川省万县地区卷：三峡民歌	中国民间文学集成万县地区卷编辑委员会	中国民间文艺出版社		1990
三峡民间歌谣精鉴	刘世新等	陕西旅游出版社		1992
漫谈三峡库区的薅草锣鼓歌谣	黄少文	重庆社会科学	3期	1997
《长江三峡》古歌谣解疑——兼谈诗的起兴	王国清	湘潭师范学院学报（社科）	2期	1999
三峡地区"丧歌"浅析	刘天学	重庆师范大学学报（哲社）	6期	2004
巫山情歌	梁上泉 谢梦涛	音乐世界	7期	1980
巫山情歌绕峡谷	邵红峰	风景名胜	11期	1999
武陵奇葩 酉阳民歌	汪胜华	中国民族	2期	2003
石柱县民间歌曲集成	石柱县文化馆	编者刊		1984
The Road Calls of Chair Coolies	G. Manly	Journal of the West China Border Research Society	Vol. 13 A, B	1941

续表四

篇、书名	著(译)编者	出处	卷、期	年月日
"川江船夫号子"说明	陶鹏 杜宇	人民音乐	4期	1951
与劳动紧密结合的"川江号子"	朱中庆 田霁明	人民音乐	3期	1956
川江船夫号子	杜宇等	四川人民出版社		1959
关于川江船工号子（上）	杨羽健	音乐世界	5期	1984
关于川江船工号子（中）	杨羽健	四川音乐	6期	1984
关于川江船工号子（下）	杨羽健	四川音乐	7期	1984
川江号子简介	陈邦贵	重庆市中区史志	1期	1986
川江号子	陈新	四川监察	9期	1997
作者不用找《川江号子》歌词	刘子农	大众电影	1期	1999
川江船与川江号子	铁波乐	寻根	2期	2000
《川江船夫号子》赏析	赵华强	成都师专学报	3期	2001
川江航运文化初探	邓晓	中华文化论坛	2期	2002
船工 船工号子 船工精神——关于重庆形象与精神的思考和建议	邓平	重庆社会主义学院学报	2期	2002
川江号子的形成、内容与文化精神	李良品	涪陵师范学院学报	2期	2003
川江号子	许增泽	文史杂志	4期	2003
对川江航运文化成因的讨论	邓晓	中华文化论坛	4期	2003
川江号子 永恒的绝唱	赵建新 乔敏	中国水运报		2004.1.12
"川江号子"的文化内涵	邓晓	中华文化论坛	1期	2005
川江号子	李良品	中国三峡建设	4期	2005
抢救濒危的川江船工号子	伍明实 朱中庆	巴蜀史志	4期	2005
川江号子——永不磨灭的峡江绝唱	杨斌等	记者观察	8期	2005
"文化活化石"川江号子亟待抢救	段明良 周少诚	人民政协报		2005.7.16
乌江船工号子初探	田永红	鄂西大学学报（社科）	1期	1989
乌江船工号子研究	邓光华	中国音乐	4期	1989
槐花几时开	川南	四川音乐	2期	1979
槐花几时开		四川音乐	10期	1981
以假托真 拙中有巧——试谈民歌的假托修辞现象	韦宗林	贵州民族学院学报（社科）		1983

续表五

篇、书名	著(译)编者	出处	卷、期	年月日
四川民歌《槐花几时开》的产生	匡天齐	音乐探索	3期	1989
槐花几时开		音乐世界	4期	1990
四川民歌《槐花几时开》旋律形态解析	黄涛	音乐探索	1期	2003
《槐花几时开》与其钢琴正谱伴奏	杨华	戏剧文学	8期	2003
《槐花几时开》艺术形象的美学分析	赵大刚	西华师范大学学报（哲社）	6期	2004
四川民歌《槐花几时开》的音乐风格及其艺术特征	杨华	戏文	4期	2005
浅谈四川民歌《尖尖山》	胡郁青	四川师范学院学报（哲社）	1期	1992
太阳出来喜洋洋		四川音乐	1期	1982
"啰儿"翻新 雅俗共赏——介绍《太阳出来喜洋洋》	匡天齐	四川音乐	4期	1983
太阳出来喜洋洋	川东民玺鼓	四川音乐	4期	1983
太阳出来喜洋洋		音乐世界	2期	1991
太阳出来喜洋洋	杨鸿年 黎英海	中国音乐教育	3期	1993
四川民歌《太阳出来喜洋洋》曲词探源及旋律形态研究	黄涛	音乐探索	3期	2002
感想"啰儿调"	显舟	音乐周报		2003.5.16
再说"啰儿调"	显舟	音乐周报		2003.5.23
太阳出来喜洋洋——石柱土家族自治县民族民间音乐曲集	秦泽斌	中国文联出版社		2005
黄杨扁担闪悠悠	梁上泉 王燕樵	诗刊	5期	1960
黄杨扁担		四川音乐	3期	1981
我所了解的《黄杨扁担》	何良荣	重庆日报		2001.1.12
《黄杨扁担》发源地之争	何玉清	中国质量万里行	9期	2002
黄杨扁担 一首民歌 两年纠纷	何玉清	报告文学	11期	2002
《黄杨扁担》何必独争	阿福	重庆日报		2002.10.17
重庆秀山花灯歌曲：黄杨扁担专辑	秀山自治县抢救和振兴"秀山花灯"领导小组办公室	编者刊		2002
黄杨扁担软溜溜	刘发生	新重庆	11期	2003

续表六

篇、书名	著(译)编者	出处	卷、期	年月日
黄杨扁担——重庆秀山花灯歌曲集	重庆市音乐家协会	西南师范大学出版社		2003
析秀山民歌《黄杨扁担》的一字之误	东人达	渝西学院学报（社科）	1期	2005
四川花灯歌曲：酉阳、秀山部分	林祖炎等	重庆人民出版社		1958
秀山花灯选集	李树广	四川省群众艺术馆		1980
秀山花灯	中国舞蹈家协会四川分会	四川文艺出版社		1985
浅谈秀山花灯的发展	向菊瑛	中国音乐	1期	1989
川东戏曲园地的一朵奇葩——秀山花灯	夏国康	鄂西大学学报（社科）	1期	1989
中国民间艺术：秀山花灯	喻再华 杨艺华	重庆市文化局		1999
民间艺术之花——秀山花灯		中国民族	9期	2003
秀山花灯——一朵绽开的山花	程仁清	中国民族报		2003.1.21
秀山花灯灯调浅析	刘天学	重庆师范大学学报（哲社）	6期	2005
绚丽的山花：秀山花灯二人转	姚祖恩	中国民族	11期	2005
活泼轻松风趣诙谐的秀山花灯戏	姚祖恩	中国民族	11期	2005
独具特色的民间歌舞艺术——秀山花灯探源	姚祖恩	中国民族	11期	2005
跳团团 挂红灯——秀山花灯的表演特征	向菊瑛	中国艺术报		2005.11.18
秀山花灯的文化功能	钟光全	中国艺术报		2005.11.18
秀山花灯与土家民俗	刘济平	中国艺术报		2005.11.18
《中国音乐文物大系·四川卷》序	严福昌	四川文物	6期	1995
中国音乐文物大系·四川卷	严福昌 肖宗第	大象出版社		1996
四川音乐文物综述	辛晓峰	中国音乐学	4期	1997
中国民族民间器乐曲集成：四川卷	杜天文	中国ISBN中心		1999
"天府"风情：巴蜀音乐文化区鸟瞰——长江流域音乐文化巡礼之三	蔡际洲	云南艺术学院学报	1期	2001
中国民族民间器乐曲集成四川卷：成都市青羊区卷	成都市青羊区民族民间器乐曲集成编委会	编者刊		
中国民族民间器乐曲集成：德阳市卷（资料卷）	卢尚君	中国民族民间器乐曲集成德阳市卷编辑部		1993

续表七

篇、书名	著(译)编者	出处	卷、期	年月日
中国民族民间器乐曲集成：四川省绵阳市卷	中国民族民间器乐曲集成四川省绵阳市卷编辑委员会	绵阳市文化局		1991
中国民族民间器乐曲集成：四川省北川县资料集	北川县文化馆	编者刊		1988
南江民间器乐曲（唢呐部分）	南江县文化馆	编者刊		1988
开江县民间器乐曲集成	本书编委会	编者刊		1988
大竹县民间器乐曲集成	大竹县文化馆	编者刊		1988
中国民族民间器乐曲集成：四川省达县地区卷	四川省达县区文化局	编者刊		1989
四川省邻水县民间器乐曲集	邻水县文化局	编者刊		1987
中国民族民间器乐曲集成：内江市卷	杨时川	四川人民出版社		1992
乐山民间器乐选	乐山市文化艺术研究所	编者刊		1996
中国民族民间器乐曲集成：凉山彝族自治州资料卷	曾令士等	凉山彝族自治州资料卷编辑部		1989
中国民族民间器乐曲集成：四川省凉山彝族自治州会理县资料卷	会理县民族民间器乐曲集成编辑部	编者刊		1989
中国民族民间器乐曲集成：四川省攀枝花市卷	攀枝花市文艺集成志办公室	编者刊		1993
中国民族民间器乐曲集成：重庆卷	重庆市《中国民族民间器乐曲集成》办公室	编者刊		
万县专区民间音乐选辑	中国音乐家协会四川分会	编者刊		1964
涪陵专区民间音乐选辑	中国音乐家协会四川分会	编者刊		1964
"文化立县"与民间音乐的保护与开发——渝东南酉阳县民间音乐文化资源考察述略	邓 钧	人民音乐	5期	2003
石柱县民间器乐集成	石柱县文化馆	编者刊		1984
彭水民间音乐	彭水苗族土家族自治县筹备委员会	编者刊		1984
彭水民族民间器乐曲集	孔庆余	重庆出版社		2002

续表八

篇、书名	著(译)编者	出处	卷、期	年月日
巴楚音乐文物与长江三峡地区的古代文明	谭维泗	长江文化论集		1995
三峡地区传统音乐文化初探	杨匡民 周耘	长江论坛	1 期	2000
浅谈长江三峡地区民间音乐遗产的抢救和保护	王刚福	涪陵师范学院学报	4 期	2003
巴蜀古代乐舞戏曲图像	严福昌	西南师范大学出版社		1999
从考古发现看古蜀人的音乐歌舞艺术	屈小强	天府新论	5 期	1993
论战国时期的巴蜀音乐文化	方建军	交响	3 期	1993
战国时期巴蜀音乐文化初探	赵娟	史学月刊	5 期	2001
巴蜀音调论	蒲亨强	乐府新声	1 期	2005
从四川画像砖论汉代乐舞百戏	陈学志	成都文物	3 期	1988
四川汉砖乐舞	幸晓峰	今日四川	4 期	1995
唐五代西川音乐之一瞥	何昌林	音乐探索	4 期	1984
杜甫诗文中的音乐世界	张志烈	杜甫研究学刊	4 期	1998
大足石刻中所见的伎乐	刘忠贵	四川文物·石窟研究专刊		1986
重庆大足县发现民间乐伎	段绪美 张文刚	中国文物报		2002.9.20
从大足石窟看佛教音乐	段绪美	佛教文化	6 期	2003
大足石刻与佛教音乐	段绪美	中国宗教	8 期	2004
唐五代四川雅乐的式微及其独立生机	罗秀君	艺术探索	1 期	1997
唐代音乐文化与杜甫诗文的音乐内涵	张宗福	西南民族大学学报（人文）	5 期	2004
前蜀王建墓内石刻伎乐考	冯汉骥	四川大学学报（社科）	1 期	1957
一支一千年前的乐队	王家祐	成都日报		1962.2.18
五代前蜀始祖王建棺座石彫の二十四楽妓について	岸辺成雄	唐代の楽器		1968
王建墓中的乐舞石刻	朱舟	成都日报		1979.3.15
一千年前的歌舞乐队	朱舟	旅游天府	2 期	1981
永陵乐舞石刻	俞松云	中国音乐	1 期	1982
成都王建墓的坐部伎演乐石刻	路	四川音乐	4 期	1982
王建墓石刻伎乐与霓裳羽衣舞	秦方瑜	音乐探索	3 期	1984
		四川文物	2 期	1986

续表九

篇、书名	著(译)编者	出处	卷、期	年月日
王建与音乐舞蹈	马文彬	历史知识	4期	1984
唐风余韵犹存人间——前蜀皇帝王建墓伎乐队石刻赏析	修海林	文物天地	4期	1984
宝贵的音乐历史资料——王建墓乐舞伎浮雕石刻评介	胡 均	民族民间音乐	2期	1985
王建墓石刻伎乐与霓裳羽衣舞	秦方瑜	音乐探索	3期	1985
参差横凤翼，遗声落西秦——王建墓内石刻排箫乐器探源	秦方瑜	四川文物	4期	1985
前后蜀宫廷中的音乐歌舞初探	杨伟立 胡文和	四川师范大学学报（社科）	4期	1986
千年唐音鼓乐 民族文化和融——王建墓石刻伎乐群鼓源释	秦方瑜	成都大学学报（社科）	1期	1987
五代南方艺苑的奇葩——王建墓石刻伎乐与南唐顾闳中《韩熙载夜宴图》的比较研究	秦方瑜	成都大学学报（社科）	1期	1988
王建墓棺床石刻二十四乐伎	岸边成雄 樊 一	四川文物	4期	1988
试论王建墓乐舞石刻的艺术史价值	秦方瑜 朱 舟	社会科学研究	2期	1994
王建墓石刻乐舞伎演示内容初探	秦方瑜	中华文化论坛	3期	1994
唐乐风采存人间——记前蜀皇帝王建墓石刻伎乐队	舒 言	国际音乐交流	3期	1994
前蜀皇帝王建墓石刻伎乐队		国际音乐交流	3期	1994
王建墓棺床石刻乐伎弄佛曲说探证	迟乃鹏	四川文物	3期	1997
王建墓及其棺床乐伎石刻	杨荣新	文史杂志		1998
永陵石刻伎乐与成都古代音乐	潘前春	志林大观	2期	1999
永陵石刻伎乐与唐代乐舞	张亚平	成都文物	4期	1999
蜀后主成南音始祖说及海内外传播	李寄萍	八桂侨刊	2期	2005
泉州南音界崇奉后蜀主孟昶为乐神之谜	郑国权	音乐探索	3期	2005
试论蜀地音乐对宋初教坊乐之影响	赵为民	音乐研究	1期	1992
苏东坡"阳关三迭说"小议	徐仁甫	中华文史论丛	2辑	1981
苏轼与音乐	朱 舟 罗永明	音乐研究	2期	1980
苏轼与音乐	苏培安 汪 珞	音乐爱好者	4期	1983

续表一〇

篇、书名	著(译)编者	出处	卷、期	年月日
传统民歌的继承者和弘扬者——兼驳"东坡不能歌"	饶学刚	语文学刊	4期	1993
苏轼与音乐	林克仁	乐府新声	4期	1985
有关苏轼与音乐活动	陈四海	民族民间音乐	4期	1989
苏轼作品中的音乐世界	张志烈	乐山师范学院学报	4期	2000
苏轼与民间音乐	陈四海	四川大学学报（哲社）	4期	2001
苏轼作品中的音乐世界	张志烈	乐山师范学院学报	4期	2000
四川省广元县罗家桥一、二号墓伎乐石雕的研究	李成俞等	音乐探索	1期	1985
回忆成都星海合唱团	刘文晋	四川日报		1981.6.14
抗战时期陪都救亡歌咏活动纪略	叶 语	重庆日报		1985.11.12
抗日战争时期重庆的音乐救亡运动	徐兴旺等	抗战文艺研究	4期	1986
记1928年在成都的一次音乐会	闵枕涛	音乐探索	3期	1990
抗战时期四川进步音乐活动概述	李兴文	音乐探索	3期	1990
抗战时期重庆抗战歌咏活动初论——兼及抗战歌咏的几个文化特征	李方元	音乐研究	3期	1992
烽烟万丈，战歌震天——漫话陪都抗战音乐	叶 语	人民音乐	12期	1995
我国第一支新型专业民族管弦乐队的诞生与发展——抗战时期重庆国乐活动资料之一	郑体思	黄钟	2期	1998
还历史本来面目——关于《何日君再来》答问	南 咏	人民音乐	9期	1980
也谈《何日君再来》问世经过	应国靖	人民音乐	9期	1980
还历史的本来面目——关于歌曲《何日君再来》问世经过的讨论综述	长 河	四川音乐	10期	1980
刘雪庵的生活道路和创作道路	匡 惠	中央音乐学院学报	2期	1985
刘雪庵与《长城谣》	潘子农	音乐艺术	2期	1986
音乐家刘雪庵	闻之敬	音乐探索	2期	1989
刘雪庵的壮歌悲曲		音乐世界	6期	1989
历史感与中国味——漫忆刘雪庵先生其乐其人	辛丰年	发烧友	2期	1995
三十年代的多产音乐家刘雪庵	孙晓芬	四川文物	4期	1995

续表一一

篇、书名	著(译)编者	出处	卷、期	年月日
刘雪庵与他创作的抗战歌曲	孙晓芬 苏青	民国春秋	6期	1995
刘雪庵与《何日君再来》	陈福田	世纪	4期	1997
刘雪庵的探戈舞曲与《何日君再来》	王怀冰	纵横	10期	1997
		北方音乐	5期	1998
一首流行歌褒贬五十年	孙蕤	北方音乐	4期	1998
刘江陵与《流亡三部曲》	戴子腾	世纪	6期	2002
缅怀为中国音乐事业做出辉煌贡献的著名音乐家——刘雪庵	《刘雪庵作品选》筹备委员会工作小组	文艺报		2002.4.2
有关《流亡三部曲》的一点补充	陈一萍	世纪	6期	2003
"万里长城万里长……"——刘雪庵和《长城谣》	房巍	音乐周报		2003.4.11
谈刘雪庵先生的歌曲代表作——纪念刘雪庵先生诞辰100周年	段文	中国音乐	4期	2004
试析刘雪庵先生抗战歌曲《长城谣》之音乐特色——兼谈两段体歌曲的艺术魅力	徐湘	中国音乐	4期	2004
读《流亡三部曲》有感	周杰	世纪	5期	2004
长城谣 独唱	潘子农 刘雪庵	音乐创作	1期	2005
何日君再来——当代（近现代）中国音乐关键词系列之二	徐天祥	天津音乐学院学报	2期	2005
今日君又来——为纪念刘雪庵诞辰100周年而作	明言	交响	4期	2005
万里长城万里长——著名音乐家刘雪庵和他的《长城谣》	李明忠	重庆日报		2005.7.28
文昌崇拜与洞经音乐	王兴平	音乐探索	2期	1996
文昌洞经音乐与道释儒雅俗文化	甘绍成	音乐探索	2期	1996
		宗教学研究	3期	1996
洞经音乐发源于文昌祖庭梓潼	黄枝生	音乐探索	1期	1999
略论中国洞经音乐的起源及流变特征——一种多视角的文化探索	雷宏安	宗教学研究	1期	1999
		民族艺术研究	6期	1999
洞经音乐探源	王兴平	音乐探索	4期	1999
都江堰市"洞经音乐"初考	蒋纯勇	音乐探索	2期	1996
攀西地区洞经音乐初步调查	漆明镜	音乐探索	1期	2003

续表一二

篇、书名	著（译）编者	出处	卷、期	年月日
川西地区道教音乐调查报告	甘绍成 董 阳	音乐探索	2 期	1988
武当山青城山道教音乐之比较研究	蒲亨强 蒲亨建	交响	4 期	1988
《武当山青城山道教音乐之比较研究》补	蒲亨强 蒲亨建	交响	2 期	1989
川西道教音乐的类型及其特征	甘绍成	音乐探索	3 期	1989
青城山道教音乐传人江至霖	甘绍成	中国道教	4 期	1989
川西道教音乐概述	甘绍成	中国道教	4 期	1990
川西道教音乐与地方音乐的关系	甘绍成	音乐探索	3 期	1992
中国道教音乐巡礼 断云浮月钟声寒——川西青城山道乐	蒲亨强 蒲亨建	音乐爱好者	3 期	1995
青城山道教音乐研究	甘绍成	新文丰出版公司		2000
青城山道教科仪演礼程序与音乐安排	甘绍成	中国音乐学	4 期	2003
青城山道教音乐与外地道教音乐的关系	甘绍成	交响	4 期	2003
寺院音乐	亚欣等	中国音协成都分会		1955
峨眉山佛教音乐	林 木	民族艺术	4 期	1990
从大足石窟看佛教音乐	段绪美	佛教文化	6 期	2003
大足石刻与佛教音乐	段绪美	中国宗教	8 期	2004
重庆佛乐（罗汉寺焰口）的音乐与地方色彩	钟光全	第一届中韩佛教音乐学术研讨会论文集		2004
西南民间音乐汇编第二辑：四川闹年锣鼓	西南音乐工作者协会	编者刊		1954
闹年锣鼓	萧前林	四川人民出版社		1956
安岳闹年锣鼓	刘元尚	音乐世界	4 期	1992
让"闹年锣鼓"在蓉城街头重新闹起来——浅谈成都地区流传的"闹年锣鼓"音乐	甘绍成	音乐探索	2 期	1997
渠县民间耍锣基础曲牌	龚平峰搜集	渠县文化馆		
渠县民间耍锣曲谱资料集	渠县民间文学集成领导小组、渠县文化馆	编者刊		1987
达州民间吹打乐浅析	刘飞云	音乐探索	4 期	2002
乡乐新韵——接龙吹打乐论文选	徐万德 张 勇	贵州人民出版社		2005

续表一三

篇、书名	著(译)编者	出处	卷、期	年月日
接龙吹打乐——重庆市非物质文化遗产保护工作单项系列成果（第1册）	徐万德 张 勇	贵州人民出版社		2005
广汉石磬和古巴蜀磬乐	幸晓峰	四川文物	6期	1992
三星堆遗址出土石璧的祭祀功能和音乐声学特征（上）	幸晓峰	中华文化论坛	4期	2004
三星堆遗址出土石璧的祭祀功能和音乐声学特征（下）	幸晓峰	中华文化论坛	2期	2005
巫山出土陶响器、石埙、石磬考略	幸晓峰	四川文物	2期	2003
錞于图附记	赵世忠	华西学报	5期	1937
记錞于	赵世忠	说文月刊	3卷4期	1941
			3卷7期	1942
四川涪陵小田溪出土的虎钮錞于	徐中舒	文物	5期	1974
錞于与铜鼓	徐中舒 唐嘉弘	社会科学研究	5期	1980
贵州松桃出土錞于与巴文化的关系	刘恩元	贵州民族研究	2期	1982
古代錞于漫话	熊传新	历史知识	6期	1982
我国古代錞于概论	熊传新	中国考古学会第二次年会论文集		1982
古代越族的乐器——錞于	傅举有	民族研究	5期	1983
錞于述略	李衍垣	文物	8期	1984
錞于刍议	林 奇 邓 辉	江汉考古	4期	1987
虎钮錞于	王晓宁	湖北民族学院学报（社科）	1期	1990
万县又发现虎钮錞于	廖渝方	四川文物	1期	1991
中国古代錞于	傅举友	中国文物世界	8期	1993
虎钮錞于用途初探	邓 辉	四川文物	2期	1994
试论湘鄂川黔边界地区出土的虎钮錞于的族属问题	赵小帆	贵州民族研究	2期	1995
四川境内出土或传世錞于述略	幸晓峰	四川文物	2期	1996
战国虎钮錞于	龚 瑛	中国文物报		1996.8.11
巴人与錞于	万全文	文物天地	5期	1997
虎钮錞于使用中的民族考察	邓 辉	湖北省考古学会论文选集	3集	2000
巴蜀文物奇珍——虎钮錞于	李 润	中国文物报		2004.7.2
试论巴人乐器——錞于	陈四海 赵 玲	音乐探索	4期	2005

续表一四

篇、书名	著（译）编者	出处	卷、期	年月日
錞于略论	万全文	楚文化研究论集	6 集	2005
四川涪陵新出土的错金编钟	邓少琴	文物	12 期	1974
涪陵巴人贵族墓出土的编钟	余德章	乐器	3 期	1984
巴蜀古代乐器精品图鉴	严福昌	西南师范大学出版社		1996
王建墓浮雕——乐器研究	李成渝	音乐探索	4 期	1992
大足宝顶山小佛湾千佛壁乐器小考	刘光霞	四川文物	2 期	1997
论苏轼与民族器乐	陈四海	音乐探索	2 期	2001
论苏轼与古琴艺术——兼论其音乐美学思想	陈四海	文艺研究	2 期	2002
成都琴书文词研究	王冰洋	风土杂志	2 卷 4 期	1948
"存见古琴曲谱辑览"	许 健	音乐研究	2 期	1960
甘肃靖远县发现三国（蜀）时古琴拓片	党世才	四川文物	4 期	1993
唐代四川雷氏琴——四川古代名工巧匠介绍	周一拾	成都晚报		1964.5.7
成都的"雷琴"	朱 舟	成都日报		1980.7.31
唐代制琴工艺师雷威	木 子	中国文物报		1993.8.29
雷氏七弦琴	刘 安 陈 敏	中国文物报·收藏鉴赏周刊		2002.10.23
苏轼、黄庭坚与唐琴九霄环珮	范子烨	文学遗产	5 期	2005
仁寿收藏明代左光斗七弦琴	王德友	四川文物	2 期	1997
从四川省博物馆馆藏古琴谈古琴文化	陈 静	四川文物	1 期	2003
南坪琵琶	文星明	四川音乐	9 期	1980
峨眉山喔山号	林 翀	民族艺术	4 期	1987
The Music of the Chu'an Miao	R. G. Agnew	Journal of the West China Border Research Society	Vol. 11	1939
綦江苗族民歌调查	蒲亨强	民族艺术	1 期	1987
綦江苗歌及其民俗特点	亨 强	吉首大学学报（社科）	3 期	1988
浅论川南僰人民歌音调及调式特征	黄小惠	中华文化论坛	4 期	2005
土家族情歌集	吴恭俭	四川民族出版社		1981
土家族歌谣的分类与社会作用	彭南均	吉首大学学报（社科）	2 期	1985
土家族民歌	宋玉鹏等	四川民族出版社		1987

续表一五

篇、书名	著(译)编者	出处	卷、期	年月日
土家族三千年音乐史考	石峥嵘 吴广平	音乐研究	1期	1990
		音乐探索	3期	1990
图腾音乐——土家族民歌中的歌哭现象	蔡元亨	中央民族大学学报	4期	1995
石柱土家情歌	盛本孝	中国三峡建设	7期	1997
酉水流域土家音乐史迹考	龙泽瑞	艺术探索·论文集		1997
音乐游记——川东民歌采风录	蒲亨强	音乐爱好者	3期	1999
论土家族音乐之美——乐种、传播、线的艺术	田世高	湖北民族学院学报（哲社）	1期	2000
土家族歌舞音乐语义特征论	田世高	湖北民族学院学报（哲社）	3期	2001
节奏音乐中的一颗璀璨明珠——土家族的"打挤钹"	王跃辉	人民音乐	6期	2001
论土家族"打挤钹"的音乐特征	王跃辉	中央民族大学学报	2期	2002
论土家族的音乐风格	田世高	黄钟	4期	2002
土家族音乐概论	田世高	中央民族大学出版社		2002
土家族音乐形态论	田世高	天津音乐学院学报	1期	2003
土家族的音乐语言结构	田世高	民族艺术研究	4期	2003
土家情歌	冉竞华	文史天地	7期	2003
土家族民歌歌论	田世高	湖北民族学院学报（哲社）	2期	2004
民间口传文学的珍贵遗产——重庆土家族民歌	黄洁等	中国文史出版社		2004
重庆土家族民歌选集	黄洁	中国文史出版社		2004
土家族"哭嫁歌"中女性心理及功利色彩探微	石雯丽	吉首大学学报（社科）	1期	2005
改土归流前后土家族情歌的文化特征	谢亚平	民族文学研究	1期	2005
论屈原《天文》对三峡土家族"盘歌"的影响	鲜于煌	重庆师范大学学报（哲社）	2期	2005
重庆土家族民歌的狂欢化特征	丁世忠	文艺争鸣	5期	2005
渝东南土家族民歌中的数字表达研究	白俊奎	重庆社会科学	1期	2005
初绽春情的美妙诗化——重庆土家族情歌探析	黄洁	重庆社会科学	5期	2005
戚州的民歌	林名均	边疆研究通讯	3期	1942
松潘民歌集成（第一集）	松潘县文化馆	编者刊		1984

续表一六

篇、书名	著(译)编者	出处	卷、期	年月日
阿坝情歌	达尔基	四川民族出版社		2005
羌族民间歌曲选	中国音乐家协会四川分会	四川民族出版社		1962
羌笛	罗正鑫	四川音乐	4 期	1980
羌族盘歌	杨格丰等	民间文学	3 期	1981
羌族婚礼酒歌	王德春等整理	民间文学	7 期	1982
羌族歌谣浅析	李 明	西南民族学院学报（哲社）	2 期	1982
羊皮鼓·盘铃	黄银善	音乐探索	1 期	1985
羌族的民歌	严玉良	中国音乐	2 期	1985
话羌笛	袁炳昌	乐器	4 期	1985
羌笛考略	周锡银	民族艺术	2 期	1986
双管竖笛	黄银善	中国音乐	2 期	1986
对今羌笛的质疑	罗正鑫	音乐探索	1 期	1987
羌族祭祀歌曲	肖常纬	中国音乐	4 期	1988
羌笛说	赵世骞	中国音乐	4 期	1988
羌族传统音乐与民俗	董方权	中国音乐	3 期	1990
羌笛源流考	张定邦	青海师范大学学报（哲社）	3 期	1990
羌族多声部民歌的种类及其音乐特征	樊祖荫	中国音乐学	1 期	1992
论羌族习俗歌的社会内涵	李 明	民俗研究	3 期	1992
羌笛考	袁炳昌	乐器	4 期	1992
岷江河畔听羌歌	陈晓华	草地	1 期	1994
羌笛考	赵世骞	民族艺术	2 期	1995
羌族的民间音乐	肖 珣	成都师专学报	2 期	1996
关于羌笛来历思辨	张 曦	西南民族学院学报（哲社）	2 期	1996
今存"羌笛"析释及其流变	黄 涛	音乐探索	4 期	1998
羌族祝酒歌	杨光成	羌炎文化	1 期	2000
羌族民间歌舞音乐	黄银善 董方权	中国少数民族传统音乐（上）		2001
羌笛研究	陈正生	乐器	5 期	2002
羌族的民间音乐	杜亚雄	中国少数民族音乐概论		2002
羌族音乐史稿	旦木秋	西羌文化	1 期	2003

续表一七

篇、书名	著(译)编者	出处	卷、期	年月日
羌笛源流考辨——西南丝绸之路音乐文化考察研究之一	王其书	音乐探索	4 期	2003
浅析羌族民歌的艺术特色	杨碧嫦 陈远贵	阿坝师范高等专科学校学报	1 期	2004
羌族二声部民歌概探	黄涛	音乐探索	4 期	2004
简析羌族民歌的结构与分类	陈海珍	内江科技	4 期	2004
从羌族民歌《马五哥》透视羌族妇女的历史婚姻	杨碧嫦 陈远贵	阿坝师范高等专科学校学报	4 期	2005
桃坪羌寨羌族传统音乐文化之当代化研究	路瑜 李珊	西南民族大学学报（人文）	6 期	2005
川西北回族及其民歌	马成富	民族	1 期	1995
西康情歌	（信隆）	康藏前锋	2 卷 7 期	1935
康藏情歌	（王铭琛）	康导月刊	5 卷 1－12 期	1943.4－1944.4
			6 卷 1 期	1944
康藏民间歌谣	钱梦超	益世报·边疆研究周刊	30 期	1941.6.19
康藏山歌	刘家驹	蒙藏月刊	1 卷 9 期	1941
边地民歌	铭琛辑	康导月刊	5 卷 1－12 期	1943.4－1944.4
			6 卷 7、8 期	1945
康藏民歌	（田炳生）	康导月刊	6 卷 9、10 期	1947
岗珠（木里藏族民歌）	李铭琴	西南音乐	1 期	1954
西康藏民的音乐生活	乔谷	民间文艺集刊	3 册	1951
西康乐——西藏民歌	格桑曲义（喜绕）	西南文艺	7 期	1951
桑拉姆斯姬（梭麻藏族民歌）	广源	西南音乐	7 期	1954
松岗山歌（四土松岗民歌）	娥管唱 郑孝玉	西南音乐	8 期	1954
藏族民歌选	邓珠拉姆等	民间文学	2 期	1956
藏民山歌	傅仇	四川文艺	3 期	1956
藏族民歌选辑	夏奇搜集	四川文艺	5 期	1956
藏族民歌选辑	米苗 芦笛	四川文艺	10 期	1956
从黑夜唱到天明（藏族民歌选）	乐安等	四川人民出版社		1956

续表一八

篇、书名	著(译)编者	出处	卷、期	年月日
四川藏族民歌	李建中搜集	民间文学	1期	1957
四川藏族民歌	芦笛集译	民间文学集刊	2册	1957
四川藏族民歌选	陈之光 刘平	四川人民出版社		1957
藏族民歌选	四川人民艺术剧院歌舞团搜集	四川人民出版社		1957
川西边区嫁女歌——仪式歌	蜀鹃	民间文学	10期	1958
康藏人民的声音（藏族民歌集）	李刚夫整理	作家出版社		1958
康巴歌舞万紫千红	何乾三	人民音乐	1期	1960
康巴藏族情歌	灵燕整理	四川文学	6期	1962
川康民歌选	许牧野选辑	四川文献	113-124期	1972
西康情歌	义西旺姆	章恰尔（藏文）	3期	1984
阿尔麦人（藏族）二声部民歌概述	张光荣 江国荣	音乐探索	3期	1985
藏族民歌选：白云的歌	意西泽珠 许珍	四川民族出版社		1985
漫叙阿坝藏族民歌	达尔基	四川民族史志	3期	1989
攒拉地区藏族民歌	杨树秀	中国音乐	3期	1990
浓郁的草原气息 真挚的感情升华——阿坝州草地情歌艺术特色浅析	刘德贵	四川民族史志	2期	1991
阿坝藏族民歌	达尔基搜集整理	阿坝州群众艺术馆		1991
甘孜州藏族器乐漫谈	傅修林	康巴文苑	2期	1991
德荣民歌	泽仁邓珠	贡嘎山（藏文）	2期	1991
阿坝藏族民歌	达尔基搜集整理	阿坝州群众艺术馆		1991
色达牧歌	其麦贡布	贡嘎山（藏文）	5期	1992
略谈康巴藏族器乐曲独特的艺术风格	傅修林	康巴文苑	1期	1993
康巴情歌	维色	邦锦花	2期	1993
康巴藏族寺庙音乐管窥	傅修林	西藏艺术研究	1期	1994
浅谈川西北藏族民歌	何强	西藏艺术研究	2期	1994
康巴藏族民歌和民间音乐的分类及其艺术特色	阿金	西藏艺术研究	2期	1995
浅析四川藏区"拉伊"的艺术特色	李学琴 紫腾嘉	西藏艺术研究	2期	1995

续表一九

篇、书名	著(译)编者	出处	卷、期	年月日
康巴"昂任"(长调)小议	贡嘎次旦	西藏艺术研究	2期	1996
浅谈四川藏族民歌"鲁"	李学琴	西南民族学院学报(哲社)	5期	1996
浅析草地藏族民歌、民间故事的基本特点	马建耀	西藏艺术研究	2期	1997
康巴藏族的酒歌与酒文化	金建国	中国民族	4期	1997
从民歌看川藏康巴人和粤东北客家人的族群性格	何国强	中国藏学	3期	1998
康定雅拉山歌	杨明清等	康定县文化馆		2001
康巴藏族山歌的韵味	嘉雍群培	中国西藏	4期	2004
藏族民间歌谣	宋兴富	巴蜀书社		2004
嘉戎藏族民间音乐	钟 忠	中国音乐	1期	1984
浅谈嘉戎藏族民间歌曲	卡尔左·钟忠	音乐探索	3期	1986
嘉戎藏族地区宗教寺院"钦姆"音乐	钟 忠	中国音乐	3期	1990
川西北嘉绒藏族音乐文化考察研究	钟 忠	中国藏学	2期	1993
嘉绒藏族祝酒词的由来、表演形式和种类	于 斌	西藏艺术研究	3期	1994
清史稿中有关嘉绒音乐舞蹈的记载	张昌富	西藏艺术研究	3期	1997
嘉绒地区俄斯德藏族民歌	翁白·昌旺江	西藏艺术研究	2期	2005
白马藏人民歌古今论	肖常纬	音乐探索	6卷1期	1989
四川白马藏族民歌的文化学研究	何晓兵	音乐研究	3期	1992
从白马民歌看白马文化的来源	何晓兵	音乐探索	1期	1993
平武白马藏人民间音乐考察录	肖常纬	音乐探索	3期	1986
"楚些"今踪——白马藏族民歌中出现的"些"	杨鸣键	中央民族学院学报	6期	1986
白马藏人民歌古今论	肖常纬	音乐探索	1期	1989
白马情歌	刘 汤	中国电视	6期	1992
平武白马藏人民间音乐考察录	肖常纬	中国音乐	2期	1998
对白马藏人号角式音列民歌的联想	毛继增	音乐研究	3期	1999
四川白马藏族民歌的描述与解释(连载)	何晓兵	云南艺术学院学报	3期	1999
四川白马藏族民歌的描述与解释(连载)(二)——白马民歌形态描述(上)	何晓兵	云南艺术学院学报	4期	1999

续表二〇

篇、书名	著(译)编者	出处	卷、期	年月日
四川白马藏族民歌的描述与解释（连载）（二）——白马民歌形态描述（下）	何晓兵	云南艺术学院学报	1期	2000
四川白马藏族民歌的描述与解释（连载）（三）——白马民歌的文化解释	何晓兵	云南艺术学院学报	2期	2000
四川白马藏族民歌的描述与解释（连载）——谱例部分	何晓兵	云南艺术学院学报	3期	2000
四川白马藏族民歌的描述与解释（连载）——谱例部分（例40-54）	何晓兵	云南艺术学院学报	4期	2000
四川白马藏族民歌的描述与解释（连载）——谱例部分（例56-77）	何晓兵	云南艺术学院学报	1期	2001
四川白马藏族民歌的描述与解释（连载）——谱例部分（例78-100）	何晓兵	云南艺术学院学报	2期	2001
四川木里拍米藏族音乐考察研究	郭乃安 杨晓鲁	中国音乐学	1期	1989
拍米藏族音乐与语言的联系	杨晓鲁	中国音乐	1期	1989
格萨尔王传的歌曲	M. Helferr	巴黎大学高等学术研究院第四部历史语文研究所		1977
《格萨尔》中的说唱音乐	黄银善	音乐探索	1期	1988
格萨尔曲调 上、下	四川省《格萨尔》工作领导小组办公室	编者刊		1988
论《格萨尔》说唱音乐的历史演变及其艺术特点	边多	西藏研究	4期	1991
《格萨尔》音乐研究回顾与展望	扎西达杰	中国音乐	2期	1992
《格萨尔》的音乐性——史诗文学对其音乐的表述之研究	扎西达杰	中国藏学	2期	1993
史诗《格萨尔》说唱音乐的艺术性与社会功能	卢国文	中央民族大学学报	3期	1994
《格萨尔王传》与藏族民歌	谈士杰	青海民族学院学报	1期	1996
《格萨尔》音乐的多元结构	扎西达杰	西藏艺术研究	4期	1996
论扎西达杰《格萨尔》音乐研究	更嘎才旦	西藏艺术研究	4期	2000
扎西达杰《格萨尔》音乐研究简介	更嘎才旦	青海社会科学	5期	2000
浅谈《格萨尔》说唱音乐艺术	边多	西藏研究	4期	2002

续表二一

篇、书名	著(译)编者	出处	卷、期	年月日
试论藏族史诗《格萨尔》说唱音乐的传遍方式及其特点	仓央拉姆	西藏艺术研究	1 期	2004
藏族《格萨尔·赛马篇》歌曲研究	艾尔费	四川民族出版社		2004
《格萨尔》音乐演唱法初探	仓央拉姆	西藏艺术研究	1 期	2005
浅析《格萨尔》说唱音乐的吟颂性特征	王 力 张春梅	中央民族大学学报（哲社）	4 期	2005
德格印经院的三份乐谱	崔炳元	中国音乐	2 期	1985
德格印经院《兵舞》音乐及其它	李光德	艺研动态	4 期	1987
康定情歌		四川音乐	9 期	1982
从《溜溜调》到《康定情歌》	孟 源	音乐爱好者	1 期	1984
在"跑马溜溜的山上"	廉正祥	民族团结	7 期	1987
康定情歌浅谈	梅俊怀	康巴文苑	2 期	1991
西南风情		西南民兵	1 期	1994
谁是《康定情歌》的词曲作者	杨嘉铭 杨 艺	甘孜日报		1997.1.31
《康定情歌》作者今安在	郭昌平 赵蜀康	乌鲁木齐晚报		1997.3.22
《康定情歌》		民族团结	5 期	1998
魂牵梦绕四十载 跑马溜溜康定城	廖正烈	视听技术	11 期	1998
康定情歌——汉藏文化交融的结晶	赵 宏	民族	1 期	2001
寻访《康定情歌》	胡庆和 周 华	四川统一战线	1 期	2001
"老外"为何对《康定情歌》情有独钟	韩映红	音乐天地	5 期	2001
康定情歌		歌海	5 期	2001
喻宜萱与《康定情歌》	方辉盛 文有仁	四川统一战线	8 期	2001
		炎黄春秋	1 期	2002
谁是《康定情歌》的作者	周 华	中国民族报		2001.3.20
孕育康定情歌的地方——跑马山	聂光荣	四川气象	2 期	2002
当年新疆军区老战士证实《康定情歌》确系王洛宾改编		华西都市报		2002.4.21
《康定情歌》歌词赏析	尤祖渝	四川省干部函授学院学报	3 期	2003
老新闻再新潮——《喻宜萱与〈康定情歌〉》采写记	文有仁	新闻三昧	3 期	2003
康定情歌	张明源	民间传奇故事	A 卷 1 期	2004

续表二二

篇、书名	著(译)编者	出处	卷、期	年月日
我为王洛宾改编《康定情歌》、《四季歌》做证	孙韶	前进论坛	1期	2005
喻宜萱：爱在康定不了情	方辉盛 文有仁	四川统一战线	4期	2005
为自由而歌唱	张玉春	人民日报		2005.4.23
解读《康定情歌》——情歌之乡探情歌	陈漱渝	中华读书报		2005.9.14
凉山彝族民间音乐简介（连载）	曾令士	音乐世界	8-12期	1979
彝族民间音乐简介	曾令士	四川音乐	11期	1979
凉山彝族音乐简介	郭万春	中国音乐	3期	1985
倮倮民歌四首	刘复	语丝	129期	1927
倮倮歌谣选译	杨启劲	西康青年	2卷11期	1942
倮倮情歌	(岭光电)	康导月刊	5卷10期	1944
大凉山彝族民歌	新容等搜集	民间文学	12期	1956
阿惹妞——大凉山彝族情歌	恩扎维基	诗刊	12期	1958
大凉山彝族情歌（二首）	吴琪拉达	山花	3期	1959
阿诺谷——彝族酒礼歌	居举朗烂整理	民间文学	11期	1959
彝族情歌	(尼珑阿龙)	民间文学	3期	1963
我的小表妹（凉山彝族"阿惹妞体"情歌）	肖崇素	山茶	2期	1980
大凉山上的"阿炳"——不屈的彝族民间艺人——夫惹木呷	张艺琴	四川音乐	4期	1981
凉山自有彝家歌	曾令士	音乐爱好者	1期	1982
阿惹牛	凉山彝族自治州编译局	编者刊		1983
凉山彝族"义诺"地区民间歌曲初探	吉古夫铁	音乐探索	2期	1988
从"丫"看彝族民歌的深层结构及其共性特征	曾令士	音乐探索	2期	1988
凉山彝族民歌的音律测定	周立	音乐探索	1期	1989
彝族民歌一句式结构及其曲式意义	曾令士	音乐探索	1期	1990
彝族"都火"歌的文化和音乐特征	曾令士	音乐探索	4期	1990
凉山彝族传统民歌（彝文）	凉山州编译局	四川民族出版社		1990
所地民歌三百首（彝文）	凉山州语言文字工作委员会	四川民族出版社		1991

续表二三

篇、书名	著(译)编者	出处	卷、期	年月日
凉山彝族民歌与社会生活、风俗之关系	曾令士	中国音乐	1 期	1992
凉山彝族婚礼歌及其特点	李明珍	中国音乐	1 期	1992
凉山彝族民歌的表现形式及审美特征	骆木格	中国音乐	1 期	1992
谈冕宁民歌的史料价值	陆文熙	西昌师专学报（哲社）	3 期	1994
金沙江与凉山彝族民歌	曾令士	西南民族学院学报（哲社）	增刊 1	1996
彝族火把节的"都火"歌	曾令士	中国音乐	2 期	1998
凉山彝族民间歌曲初探	骆木格	凉山大学学报	4 期	2000
凉山彝族民歌简述	吉古夫铁	凉山大学学报	4 期	2004
彝族乐器	袁炳昌	乐器	3 期	1982
彝族乐器〔续〕	袁炳昌	乐器	4 期	1982
彝族民间器乐曲选	凉山彝族自治州文化局	四川民族出版社		1982
彝族口弦及口弦曲初探	曾令士	音乐探索	3 期	1984
彝族口弦初探	曾令士	人民音乐	10 期	1984
彝族乐器简介（一）	曾令士	音乐探索	2 期	1985
彝族民间乐器简介（二）	曾令士	音乐探索	4 期	1985
凉山彝族口弦的律学研究	曾遂今	中国音乐学	2 期	1986
凉山彝族舞蹈音乐研究	曾令士	音乐探索	4 期	1986
凉山彝族口弦音乐的分类及其特点	曾遂今	中央音乐学院学报	3 期	1987
凉山彝族民间器乐研究	曾令士	音乐探索	1 期	1989
凉山彝族民间乐器	凉音	中国音乐	1 期	1992
彝族传统音乐思维探幽	曾令士	音乐探索	3 期	1992
"及嘿"溯源兼及"羌笛"之管见	曾令士	音乐探索	2 期	1998
浅谈凉山美姑县的古老民歌乐器乐曲	吉牛木果	凉山大学学报	4 期	2000
论彝族葫芦笙特色	沙马瓦特	凉山大学学报	12 期	2001
摩梭人音乐概述	殷海涛	民族艺术	4 期	1990
摩梭民歌简介	张金云	中国音乐	2 期	1991
摩梭人音乐中的母性色彩	张新民	云岭歌声	2 期	1998
摩梭人的"打跳"音乐	杨丽芬	云岭歌声	3 期	2003
摩梭古歌（三首）	相鲁若玛等	山茶	1 期	1982

续表二四

篇、书名	著(译)编者	出处	卷、期	年月日
舞蹈——巴蜀文化的瑰宝	冷茂弘	舞蹈	4 期	1999
巴蜀舞蹈史	四川省音乐舞蹈研究所	四川美术出版社		2004
中国民族民间舞蹈集成·四川卷	中国民族民间舞蹈集成编辑部	中国ISBN中心		1993
金堂县民间舞蹈（普查稿）	金堂县文化馆	编者刊		1983
中国民族民间舞蹈集成·四川卷——德阳市资料卷	四川省德阳市资料卷编辑部	编者刊		1987
梓潼县民间舞蹈集梓	梓潼县文化馆	编者刊		1983
中国民族民间舞蹈集成·四川卷——绵阳地区资料卷	绵阳地区文化局、绵阳地区文化馆	编者刊		1985
青川县民族民间舞蹈	青川县文化馆	编者刊		1983
中国民族民间舞蹈集成·四川卷——达县地区资料卷	四川省达县地区资料卷编写组	编者刊		1987
中国民族民间舞蹈集成·四川省南部县分卷	四川省南部县文化馆	编者刊		1986
中国民族民间舞蹈集成·四川卷——内江市资料卷	四川省内江市资料卷编辑部	编者刊		1987
中国民族民间舞蹈集成·四川卷——自贡市资料卷	四川省自贡市文化局	编者刊		1986
中国民族民间舞蹈集成·四川卷——宜宾地区资料卷	四川省宜宾地区资料卷编写组	编者刊		1987
中国民族民间舞蹈集成·四川卷——阿坝藏族羌族自治州资料卷	阿坝藏族羌族自治州舞蹈集成编写组	编者刊		1987
中国民族民间舞蹈集成·四川卷——甘孜藏族自治州资料卷	甘孜州文化局艺术集成办公室	编者刊		1989
中国民族民间舞蹈集成·四川卷——凉山彝族自治州资料卷	四川省凉山彝族自治州资料卷编辑部	编者刊		1987
中国民族民间舞蹈集成·四川卷——攀枝花市资料卷	攀枝花市资料卷编写组	编者刊		1988
重庆民族民间舞蹈集成	重庆市文化局	西南师范大学出版社		2003
石柱土家族自治县民族民间舞蹈集成	石柱县文化馆	编者刊		1985
巴人乐舞小考	吴正纲	中央民族学院学报	1 期	1988
论二磴岩舞蹈图——前所未见的巴人民间舞蹈图像	林堃	舞蹈	2 期	1995

续表二五

篇、书名	著(译)编者	出处	卷、期	年月日
浅析"二磴岩舞蹈图"的内涵与价值	林 堃	四川文物	2期	1996
"武王伐纣"中的巴人巴舞	杨 华	湖北民族学院学报(哲社)	3期	1999
巴人体育与原始宗教	杨爱华 李 英	解放军体育学院学报	1期	2004
巴渝戏剧舞乐	张永安	重庆出版社		2004
巴人体育简论	曾 超	北京体育大学学报	11期	2005
巴渝舞和渝州的来历	张 庄	重庆日报		1979.2.16
汉代"巴渝舞"初论	王耕夫	舞风	1期	1983
巴渝舞考	刘文杰	舞蹈论丛	3期	1984
巴渝舞源流考	董其祥	重庆师范学院学报(哲社)	4期	1984
巴渝舞的源和流	段绪光	中南民族学院学报(哲社)	4期	1984
巴渝舞与土家族摆手舞辨考	王耕夫	舞蹈研究	3期	1985
巴人乐舞小考	吴正纲	中央民族学院学报	1期	1988
巴渝舞·踏碛·竹枝——巴蜀传统文化系列研究之二	季智慧	成都师专学报	1期	1988
		文史杂志	6期	1988
巴渝舞考	邓廷良	东南文化	6期	1992
"巴渝"及"巴渝舞"小议	杨先国	民族艺术	1期	1993
巴渝舞曲名和性质新探	杨 铭	渝州论谭	1期	1993
		西南民族史研究		2000
再议巴渝舞	杨先国	民族艺术	3期	1993
巴渝舞论——重庆首届巴渝舞学术讨论会论文集	王 静	重庆出版社		1993
巴渝舞与铜鼓	林必忠	四川文物	3期	1996
《巴渝舞》和巴渝地区的汉代舞蹈	王克芬	舞蹈研究	2、3期	1997
巴渝舞的结构与音乐分类	田大文	音乐探索	4期	1997
巴渝舞初探	肖善生	青海人民出版社		1997
《牧誓》之"彭"与賨人歌舞	王建纬	四川文物	5期	1998
《巴渝舞》名称考辨——土家族古代音乐史系列研究之二	石峰嵘	交响	1期	1999
		音乐探索	1期	1999
		北京舞蹈学院学报	2期	1999
		古汉语研究	2期	1999

续表二六

篇、书名	著(译)编者	出处	卷、期	年月日
《巴俞》题意旧解辨正——土家族古代音乐史系列研究之三	石峥嵘	吉首大学学报（社科）	1期	1999
巴渝奇葩民族舞	高仲媛	中国民族报		2001.5.15
巴渝歌舞的起源、发展与动因	李良品	成都教育学院学报	11期	2002
巴渝舞的演变与流派	杨爱华	体育学刊	3期	2003
论巴渝舞的起源与嬗变	李良品	江西社会科学	9期	2003
巴渝舞	杨爱华	体育文化导刊	10期	2003
"巴渝舞"历史渊源与特点的研究	杨爱华 李英	解放军体育学院学报	3期	2004
古代巴人体育——巴渝舞研究	杨爱华等	北京体育大学学报	8期	2004
魏晋宫廷《巴渝舞》表演形制探考	梁海燕	中国中古文学研究——中国中古（汉—唐）文学国际学术研讨会论文集		2004
简论巴渝舞曲的音乐美学特质	易小燕	涪陵师范学院学报	3期	2005
土家族摆手舞	向大万	中国民族	3期	1980
摆手舞舞源浅议	彭继宽	民族论坛	1期	1985
土家族的"摆手舞"	龚光胜 袁益军	民族艺术	2期	1988
摆手舞探源	向渊泉	民族论坛	4期	1988
摆手舞与巴渝舞	彭武一	民族论坛	1期	1990
土家摆手舞	李土敏	湖南档案	5期	1994
摆手舞的社会功能及发展趋势	黄兆雪	中南民族学院学报（哲社）	6期	1994
关于摆手舞的几个问题	叶德政	土家学刊	3期	1997
摆手舞的源起及文化内涵初论	萧洪恩	湖北民族学院学报（社科）	1期	1996
武陵人的生命乐章——土家族的三个传统舞蹈艺术	邹明星 吴胜延	重庆与世界	4期	1998
土家族的健身舞	郭玉芝	家庭医学	3期	1999
摆手歌舞誉神州——酉阳自治县搜集整理推广土家摆手舞纪实	冉光大 吴胜延	科技与经济画报	2期	2001
摆手舞	小舟	民族论坛	3期	2001
土家族的摆手舞	易继兴	湖北档案	10期	2001
土家族摆手舞	阎孝英	体育文化导刊	5期	2002
土家族"摆手舞"	黄钰财	中州今古	6期	2002
摆手舞：土家文化的奇葩	窦为龙	中国民族报		2002.5.24

续表二七

篇、书名	著(译)编者	出处	卷、期	年月日
舞蹈中的祭礼——论土家族"摆手舞"的文化内涵	丁世忠	宜宾学院学报	2期	2003
浅析土家摆手舞的民族特色	邹明星	涪陵师范学院学报	6期	2003
酉阳土家摆手舞	邹明星	西南师范大学出版社		2003
史诗《摆手歌》的民族学价值——土家"摆手"研究之一	巫瑞书	湖南大学学报（社科）	5期	2003
土家族摆手舞中的原始文化意象	陈东	湖南农业大学学报（社科）	2期	2004
鄂渝黔边民族娱乐体育土家摆手舞	阎孝英	湖北民族学院学报（哲社）	2期	2004
土家族摆手舞源考	袁革	社会科学家	3期	2004
摆手舞与土家族的民族情绪情感	戴岳	民族艺术研究	3期	2004
土家摆手舞	阮居平	校园歌声	3期	2004
三峡库区古代巴人体育与现代土家族传统体育关系的研究	杨爱华	北京体育大学学报	3期	2004
土家族舞蹈的分类及其艺术特征——土家族民间舞蹈研究之一	陈廷亮 安静峰	中南民族大学学报（人文）	4期	2004
湘、鄂、渝、黔边界"摆手"活动的文化学价值——土家"摆手"研究之四	巫瑞书	湖北民族学院学报（哲社）	4期	2004
民族艺苑的奇葩：土家摆手舞	唐荣沛	旅游纵览	10期	2004
土家摆手舞	阮居平 韩贵森	校园歌声	1期	2005
是"舍把"，不是"社巴"——给土家"摆手节"正名	叶德书	湖北民族学院学报（哲社）	2期	2005
土家族摆手舞研究	张伟权	湖北民族学院学报（哲社）	3期	2005
"摆手舞"与土家族生命本体力量的展示	屈杰 刘景慧	怀化学院学报	3期	2005
土家摆手舞	唐荣沛	档案时空（史料）	3期	2005
论土家族摆手舞的文化特征及其健身价值	袁革	重庆社会科学	4期	2005
土家族摆手舞的文化意蕴	宋仕平	周口师范学院学报	6期	2005
湘、鄂、黔、渝相邻地区土家族"舍巴日"——摆手舞活动研究	张涛 曹丹	北京体育大学学报	11期	2005
土家族的"华尔兹"——摆手舞	杨犁民	中国艺术报		2005.4.29
土家族摆手舞	小新	人民长江报		2005.7.16
土家族地区巫舞略考	简兆麟	吉首大学学报（社科）	2期	1988

续表二八

篇、书名	著(译)编者	出处	卷、期	年月日
试论屈原《天问》对三峡土家族"盘歌"的影响	鲜于煌	重庆师范大学学报（哲社）	2期	2005
土家族舞蹈审美意识的传承性与变异性	陈廷亮 谭婷	北京舞蹈学院学报	4期	2005
三峡库区少数民族传统体育特点的研究	杨爱华等	北京体育大学学报	3期	2002
三峡库区古代巴人体育与现代土家族传统体育关系的研究	杨爱华	北京体育大学学报	3期	2004
三峡库区民族传统体育与原始宗教	陈恩等	北京体育大学学报	12期	2005
古风悠悠芦笙舞	颜林	巴蜀史志	4期	2000
万盛苗族歌舞	昭伦	风景名胜	1期	1997
铜梁龙灯——欣赏·制作	王星富	四川美术出版社		1987
中国龙文化与龙舞艺术研讨会论文集——重庆·中国铜梁龙灯艺术节	中国铜梁龙灯艺术节组委会	重庆出版社		2000
西南地区氐羌族群民间舞蹈文化比较研究	纪兰慰	中央民族大学学报（哲社）	2期	1994
汗水浇开的羊角花	陈红	中国民族	9期	1980
羌族锅庄	黄银善	音乐探索	4期	1986
羌族萨郎的主体型和相互之关系	姜祥仲	中国音乐	3期	1990
岷江河畔沙朗舞	陈晓华	草地	1期	1995
绿野探踪：岷山羌、藏族舞蹈采风录	蒋亚雄	上海音乐出版社		1990
在天的那边——欢歌劲舞话古羌·夸耳环舞	巫允明	博览群书	11期	2002
论羌族民间舞蹈的多元文化特征及其社会功能	秀花 刘伟	西南民族大学学报（人文）	11期	2003
羌族舞蹈的田野考察分析报告	熊妍	黄钟	增刊	2004
小议羌族文化与舞蹈	杜娟	朔方	8期	2005
锅庄风俗调查记	佚名	蒙藏周报	13期	1930
边地珍闻——康藏及缠回的交际舞		西陲宣化	1卷3期	1936
略谈藏族舞蹈	旺泽	阿坝报		1982.3.27
论康巴藏族舞蹈的文化内涵	傅修林	艺研动态	1期	1988
四川藏族舞蹈概说	林堃	艺研动态	1期	1988
阿坝州安多藏区舞蹈的源流及其风格的演变	马成富	西藏艺术研究	3期	1988
剖析藏族民间舞蹈动律的"颤份儿"风格特征	彭措	康巴文苑	1期	1990

续表二九

篇、书名	著(译)编者	出处	卷、期	年月日
"锅庄"舞种名称考释	张康林	西藏艺术研究	3期	1990
藏族的锅庄与羌族的沙朗	冷 铸	人民日报（海外）		1991.3.13
从康巴祭祀舞看民间舞的发展	龚建康	西藏艺术研究	3期	1992
浅谈四川藏区的"谐"	李学琴	西南民族学院学报（哲社）	5期	1994
康巴舞韵有声有色	刘忠寿	康巴文苑	2期	1995
独具特色的民间锅庄"跺体卓"	冯安平	西藏艺术研究	3期	1995
优美的阿坝藏族锅庄舞	曾诗安	西南民兵	1期	1996
四川藏区"跳锅庄"的发展演变	周 瑾	中国藏学	4期	2002
"藏羌锅庄"是阿坝的一张文化名片	庄春辉	西藏艺术研究	2期	2005
四土锅庄简介	阿 六	岷山报		1980.11.29
四土锅庄	古萍玉	舞蹈	2期	1981
藏族"四土"锅庄音乐	昌英忠	音乐世界	8期	1981
嘉戎"锅庄"浅谈	格西门措 斯达斯佳	西藏艺术研究	3期	1988
嘉戎藏族（五屯部）（婚礼舞蹈）	杨香花	西藏艺术研究	3期	1988
漫谈嘉绒藏族宗教文化中的祭祀舞蹈	阿让切	四川民族史志	1期	1989
说说嘉绒锅庄	多尔吉	中国西藏	2期	1993
嘉绒藏区的弓箭舞	彭洪文 拉尔吾加	中国西藏	2期	1994
风韵独特的嘉绒锅庄音乐	马成富	西藏艺术研究	3期	1994
嘉绒藏族"锅庄"与羌族"锅庄"关系初探	徐学书	西藏艺术研究	3期	1994
也谈嘉绒锅庄	张昌富	西藏艺术研究	1期	1996
嘉戎锅庄歌词探析	黄银善	音乐探索	2期	1998
论嘉绒黑水铠甲舞的传统与风格	杨曦帆	北京舞蹈学院学报	1期	2001
论四川嘉绒藏区铠甲舞的藏传佛教文化背景	杨曦帆	西藏研究	3期	2001
大九寨国际旅游区嘉绒锅庄源流及故里探秘	马成富	西藏艺术研究	4期	2004
一枝独秀——嘉绒锅庄	马成富	中国西藏	5期	2004
浅谈嘉绒地区五屯与四土锅庄的差异	杨碧嫦	西藏艺术研究	4期	2005
圈舞奇葩 嘉绒锅庄	梦 子	中国西藏	6期	2005
摩梭锅庄舞——"打跳"	章虹宇	民族艺术	4期	1987

续表三〇

篇、书名	著(译)编者	出处	卷、期	年月日
岚安锅庄和"九仙灯"	陶勇	康巴文苑	1期	1991
巴底锅庄及服饰	桑根	康巴文苑	1期	1991
得荣的锅庄和九步舞	陶勇	西藏艺术研究	4期	1992
永远的新龙锅庄	徐康玉	中国西藏	4期	2000
巴塘弦子舞	阳春	民族团结	7期	1962
巴塘弦子	益西嘉措等	四川民族出版社		1981
欢乐的弦子	益西嘉措	贡嘎山（藏文）	2期	1991
谈巴塘弦子	志玛央宗	康巴文苑	1期	1992
巴塘——弦子的故乡	张央	康巴文苑	1期	1992
巴塘弦子试论	梅俊怀 孟仁源	康巴文苑	1期	1995
巴塘弦子	彭涛 洛桑	四川民族出版社		2004
甘孜踢踏	吴明全	四川音乐	8期	1982
在甘孜踢踏舞的故乡	廉正祥	龙门阵	3期	1985
谈甘孜踢踏	志玛青中	康巴文苑	1期	1990
谈九龙藏舞	土登桑珠	康巴文苑	2期	1991
古舞探索——白马藏族的"咒马"	蒋亚雄	舞蹈论丛	1期	1983
白马人的面具舞	扎嘎	历史知识	2期	1984
南坪"白马藏人""十二相"祭祀舞探索——兼论南坪"白马藏人"的族源	徐学书	西藏艺术研究	3期	1988
"曹盖""十二相"辨析	于一	四川文物	4期	1992
白马藏族"十二相"考略	于一	西南民族学院学报（哲社）	6期	1992
跳曹盖——一种古老的傩文化形态	李鉴踪	西藏民族学院学报（社科）	1期	1993
白马藏人的跳曹盖习俗研究	李鉴踪	天府新论	2期	1994
白马藏人的面具舞——池哥昼	王国基	丝绸之路	6期	1995
且歌且舞白马人	刘陈平	科技与经济画报	2期	1997
白马藏族的面具舞习俗	格桑卓玛	西藏民俗	2期	1998
白马人的曹盖舞	青城	今日四川	3期	1998
白马"阿甘绍"熊猫舞	格珠德央	民族	2期	2000
白马山寨的"池哥"舞	李天社	人与生物圈	4期	2001
甘肃文县白马氏人的"池哥昼"	王国基	傩苑——中国梵净山傩文化研讨会论文集		2003

续表三一

篇、书名	著(译)编者	出处	卷、期	年月日
白马人傩祭舞蹈三目神面具之源	王国基	阿坝师范高等专科学校学报	2期	2005
凉山彝族锅庄舞产生、发展初探	李柱	民族艺术	4期	1990
凉山彝族民间舞蹈与民俗	马林英	贵州民族研究	1期	1991
凉山彝族传统民间歌舞	罗曲	西南民族学院学报（哲社）	1期	2001
浅谈凉山彝族舞蹈	巴莫布哈 邹野	凉山大学学报	3期	2003
凉山彝族民间歌舞述略	利布	凉山大学学报	4期	2003
凉山彝族丧事舞蹈研究	朴永光	民族艺术	1期	2004
从郫县石棺图像看汉代的戏剧艺术	何直刚	大舞台	2期	1992
唐代能有杂剧吗	任二北	四川大学学报（社科）	2期	1956
隋唐五代的四川戏剧初探	邓运佳	四川大学学报（哲社）	1期	1982
四川与变文	陆永峰	四川大学学报（哲社）	3期	2001
宋代杂剧艺术形式的物态遗存——四川大足石窟"六师外道"群像考	修海林	音乐研究	2期	1993
四川地方戏曲选1-3辑	四川省戏曲研究所	四川人民出版社		1960
四川地方戏曲选4辑	四川省戏曲研究所	四川人民出版社		1962
四川戏曲资料汇编：四川戏曲史料	中国戏曲志四川卷编辑部、成都市川剧志编辑部	编者刊		1986
四川戏曲资料汇编：四川戏业史料	中国戏曲志四川卷编辑部、成都市川剧志编辑部	编者刊		1986
四川戏曲资料汇编：川剧常识	中国戏曲志四川编辑部	编者刊		1987
四川戏曲志资料 三：四川灯戏·四川傩戏	《中国戏曲志·四川卷》编辑部	编者刊		1987
四川省外来戏曲剧种资料汇编——四川艺术集成丛书·戏曲部分（三）	四川省艺术集成·志办公室、中国戏曲志·四川卷编辑部	编者刊		1989
中国戏曲志·四川卷：宜宾地区戏曲志	宜宾地区文化局	编者刊		1988
中国戏曲志·四川卷：内江地区戏曲志	内江志办	巴蜀书社		1991

续表三二

篇、书名	著(译)编者	出处	卷、期	年月日
丰富多彩的造型艺术——四川部分地区的面具调查	段 明	戏曲研究	46辑	1993
中国戏曲志·四川卷	中国戏曲志编辑委员会、《中国戏曲志·四川卷》编辑委员会	编者刊		1995
南充专区戏剧选	中共南充地委宣传部、南充专区文教局	编者刊		1960
成都戏史探究	戴德源	四川戏剧	3期	1989
成都戏曲史略	戴德源	戏曲研究	43卷	1992
抗战中的成都戏曲界	戴德源	四川戏剧	5期	1991
四川戏曲演出场所变迁考略	杜建华 丘 慧	戏曲艺术	3期	1996
信仰民俗与戏剧、藏戏	于 一	西藏艺术研究	3期	1997
宗教仪式剧与四川戏曲的发展	杜建华	两岸戏曲回顾与展望研讨会论文集	卷Ⅰ	2000
		巴蜀史志	1期	2000
巴渝戏剧舞乐	张永安	重庆出版社		2004
谈四川戏	周 文	文艺阵线	1卷4期	1938
论四川戏	郑沙梅	川康建设	1卷4期	1944
川剧序论	阎金谔	文通书局		1947
谈谈川剧	何 洛	工商导报		1952.12.23
介绍川剧	马 仪	长江日报		1953.1.16
川剧浅谈	席明真	工商导报		1953.1.25－1953.1.28
川剧杂感	陈白尘	戏剧报	11期	1957
川剧的奇光异彩在吸引着我	裴 然	陕西戏剧	8期	1959
从"川戏"的命名说起	彭其年	四川日报		1961.5.14
川戏		成都晚报		1965.9.10
谈川剧	默 凤	四川文献	76期	1968
川剧起源	蔡启国	四川文献	91、92期	1970
川剧发展与影响	蔡启国	四川文献	98期	1970
谈川戏——兼勖中兴川剧社诸君	觉 夫	四川文献	99期	1970

续表三三

篇、书名	著（译）编者	出处	卷、期	年月日
川剧的起源发展和特色	罗才荣	四川文献	104 期	1971
川剧之源流及其演化	扬琏	四川文献	127 – 129 期	1973
川剧	雪樵	人民戏剧	5 期	1978
李调元与川剧	谭韶华	戏剧艺术	2 期	1979
川剧与清代中叶的农民起义	蒋维明	社会科学研究	3 期	1979
巴蜀歌舞伴义旗——清代川湖陕白莲教起义军中的川剧班	蒋维明	戏曲研究	3 辑	1980
明代的川剧	王利器	学林漫录初集		1980
		川剧艺术	2 期	1981
略谈川戏	张秀熟	川剧艺术	1 期	1980
清嘉庆年间的四川戏	蒋维明	川剧艺术	1 期	1980
酬神赛会与川剧的兴起	蒋维明	川剧艺术	3 期	1980
浅说川剧	惠风	四川青年	2 期	1980
川剧揽胜	陈国福	四川人民出版社		1986
川剧常识——四川戏曲资料汇编	中国戏曲志四川卷编辑部	编者刊		1987
川剧词典	胡度等	中国戏剧出版社		1987
川剧之最	源流	四川戏剧	3 期	1988
苦文化的贫困——论川剧味儿及其文化意蕴	余虹 吴兴明	四川戏剧	4 期	1989
乐文化的天性——也说川剧味儿及其文化意蕴	陈庄	四川戏剧	4 期	1989
川剧史研究述评——川剧源流辨析	钟韬	四川戏剧	5 期	1989
川剧决不是"非人间性"的艺术——读《苦文化的贫困》一文有感	夏阳	四川戏剧	1 期	1990
漫话光绪年间川剧与滇剧的同化及异化	罗远书	四川戏剧	2 期	1990
评《苦文化的贫困》的"味儿"	凌臻远	四川戏剧	3 期	1990
忆抗战时期成都三益公川剧艺员军训连	李笑非	四川戏剧	3 期	1990
川剧在戏剧艺术中的地位	邓运佳	戏曲研究	32 辑	1990
片论"抗战川剧"	郭履刚	戏曲研究	32 辑	1990
自贡盐业与川剧	肖士雄	盐业史研究	2 期	1991

续表三四

篇、书名	著(译)编者	出处	卷、期	年月日
为振兴川剧干实事——序《中国川剧通史》	李 致	四川戏剧	6期	1992
川剧志	中国戏曲志四川卷编辑部	文化艺术出版社		1992
《中国川剧通史》序言	李 致	戏曲艺术	1期	1993
漫评《川剧志》	何 冶	四川戏剧	3期	1993
关于"川剧志"编撰中的一些问题——与《漫评〈川剧志〉》作者商榷	于 一	四川戏剧	3期	1993
片论"抗战川剧"	郭履刚	戏曲研究	32辑	
民俗与戏剧——首届川剧学国际研讨会论文选集	四川省川剧学学会	西南师范大学出版社		1993
中国川剧通史	邓运佳	四川大学出版社		1993
清末民初成都城市文化与川剧	孙晓芬	文史杂志	1期	1994
四川方言与川剧	杨 梅	文史杂志	5期	1994
川剧与川剧人物画	刘道平	前进论坛	11、12期	1995
清代川剧与四川民俗	蒋维明	成都大学学报(社科)	1期	1996
川剧		中国电视戏曲	4期	1996
一代风流尽 梨园寄深情——李调元与他的戏剧活动	蒋维明	四川戏剧	1期	1989
笑对青山曲未终——李调元的戏剧活动	傅正深	四川戏剧	5期	1996
少几分盲目 多几分睿智——川剧备忘录	陈国福	四川戏剧	6期	1996
安民《川剧史》跋	严 肃	四川戏剧	6期	1996
晚清川剧改良活动概述	蒋维明	成都大学学报(社科)	1期	1997
清代川剧艺术和自贡盐业	李太平	文史杂志	1期	1997
耕耘者的奉献——序《川剧文化丛书》	李 致	四川戏剧	3期	1997
天府奇葩——川剧	陈培仲	戏曲艺术	3期	1997
天府奇葩——川剧	吴晓飞	中外文化交流	5期	1997
川剧形成于现代	周企旭	四川戏剧	6期	1997
川剧文化丛书：川剧简史	安 民	天地出版社		1997
川剧文化丛书：川剧高腔曲谱	文国栋	天地出版社		1997
川剧文化丛书：川剧表演身段教程	陈国礼	天地出版社		1997

续表三五

篇、书名	著(译)编者	出处	卷、期	年月日
川剧文化丛书：寻找新的文化坐标	杜建华	天地出版社		1997
川剧文化丛书：戏曲表导演知识谈	陈国礼	天地出版社		1997
川剧文化丛书：戏谭	何光表	天地出版社		1997
川剧文化丛书：川目连艺术论	王定欧	天地出版社		1997
川剧文化丛书：川剧，走向新世纪	唐思敏	天地出版社		1997
川剧源流谈	邓经武	文史杂志	2期	1998
《寻找新的文化坐标》序	席明真	四川戏剧	4期	1998
川剧：百年史闪回	李祥林	今日四川	4期	1999
川剧艺术的思维方式	廖全京	四川戏剧	6期	1999
川剧之光·上册：斑斓岁月	李远强 黄光新	巴蜀书社		2000
川剧之光·下册：一世戏缘	陈国强	巴蜀书社		2000
川剧百年掠影	鄢然	四川戏剧	1期	2001
川剧百年的形成与发展	周企旭	四川戏剧	3期	2001
川剧	胡海霞	文史知识	7期	2001
解读川剧	李贵华	重庆日报		2001.3.20
川剧艺术·中华梨园一枝花	邓运佳	四川人民出版社		2001
老两口谈戏——川剧	刘乃崇 蒋健兰	中国戏剧出版社		2001
天府之花——川剧	冬青 琥珀	Women of China	3期	2001
川剧基础研究的动向特点	周企旭	四川戏剧	5期	2002
重庆抗战时期的川剧改良活动	李祎	四川戏剧	6期	2002
川剧百年	杜建华	四川政协报		2002.8.15
川剧的黄昏	陈锦	中国民族博览	Z1期	2003
川剧母体的入川与流变——《川剧百年史》第二章第一、二节	四川省川剧艺术研究院	四川戏剧	4期	2003
戏曲诸腔的川化衍变——《川剧百年史》第二章第三节	四川省川剧艺术研究院	四川戏剧	6期	2003
川剧剧种的孕育与形成——《川剧百年史》第三章	四川省川剧艺术研究院	四川戏剧	2期	2004
形成川剧的力量因素——《川剧百年史》第三章第二节（上）	四川省川剧艺术研究院	四川戏剧	4期	2004
川剧文学叙事的方式、立场和风格	李祥林	成都大学学报（社科）	1期	2004

续表三六

篇、书名	著(译)编者	出处	卷、期	年月日
川剧形成于20世纪初诞生于现代	周企旭	中华文化论坛	4期	2004
戏曲奇葩	谭晓钟	四川党的建设（城市）	9期	2004
川剧中与吃相关的龙门阵	淡然居士	四川烹饪高等专科学校学报	2期	2005
川剧——天府苑花	廖天麟	中国文化报		2005.3.8
别妻出征（抗战川剧）	秦光银	青年文化促进会		
骂贼（抗战川剧）	秦光银	青年文化促进会		
武陵花（抗战川剧）	秦光银	青年文化促进会		
枪毙李服膺（新排川剧）	成章	中国文化建设协会四川分会编辑部		1939
川剧选粹（1—35辑）	罗迺予	新新新闻报馆		1942—1944
蜀剧苑1辑	冉炯叔	蜀剧苑出版社		1943
崖山恨（新编川剧）	赵循伯	正中书局		1943
川剧大观（5—9集）	川汉出版研究社	编者刊		1947—1949
正气歌本事（新编川剧）	赵循伯	中华书局		1947
川剧：秋江		剧本	10、11期	1952
		四川人民出版社		1953
		北京宝文堂		1955
		上海文化出版社		1956
		中国戏剧出版社		1959
五台会兄（川剧）		剧本	10、11期	1952
柳荫记（川剧）		剧本	12期	1952
		作家出版社		1954
		北京宝文堂书店		1955
		四川人民出版社		1956
		中国戏剧出版社		1960
反徐州（川剧·梆子腔）	范光翔 郑福盛	剧本	5期	1953
翠香记（川剧）		剧本	7期	1953
		四川人民出版社		1954
川剧（1—12)	重庆市戏曲曲艺改进会	重庆人民出版社		1954
川剧剧目鉴定演出优秀剧本集1—3集	成都川剧剧目鉴定委员会	编者刊		1955

续表三七

篇、书名	著(译)编者	出处	卷、期	年月日
川剧剧目鉴定演出剧本选 1-11 集	四川省川剧剧目鉴定委员会	编者刊		1955-1958
川剧丛刊 1-19 辑	川剧丛刊编辑委员会	重庆人民出版社		1955-1958
川剧 1-88 辑	重庆市戏曲工作委员会	重庆人民出版社		1955-1959
(川剧) 彩楼记	中国戏剧家协会	作家出版社		1955
(川剧) 玉簪记	中国戏剧家协会周企何等	作家出版社		1955
		中国戏剧出版社		1959
川剧弹戏：萝卜园	成都川剧剧目鉴定委员会	四川人民出版社		1956
(川剧) 槐荫记	重庆市文化局戏曲工作委员会	重庆人民出版社		1956
(川剧) 窃符救赵	赵循伯	重庆人民出版社		1957
川剧：谭记儿	关汉卿原著，李明璋改编	重庆人民出版社		1957
		中国戏剧出版社		1960
		四川人民出版社		1979
川剧：临江宴	刘荣深	四川人民出版社		1958
川剧：孙膑装疯	蒋俊甫	四川人民出版社		1958
川剧传统剧本汇编 1-33 集	川剧传统剧本汇编编辑室	四川人民出版社		1958-1963
(川剧) 芙奴传	四川省川剧剧目鉴定委员会改编	中国戏剧出版社		1959
		四川人民出版社		1979
川剧：焚香记	周慕莲	北京宝文堂书店		1959
(川剧高腔) 闹齐庭	赵循伯	北京宝文堂书店		1959
川剧：墙头马上	罗祥勋	重庆人民出版社		1959
川剧丛书：牛布衣	锺曦改编	四川人民出版社		1959
川剧丛书：金琬钗（弹戏）	林伯晋整理	四川人民出版社		1959
川剧：镔铁剑	重庆市戏曲工作委员会藏本	四川人民出版社		1959
川剧：寇准背靴	蒋俊甫	四川人民出版社		1959
川剧：宜娘	重庆市戏曲工作委员会	四川人民出版社		1959
川剧：八珍汤	佘明君等	四川人民出版社		1959

续表三八

篇、书名	著(译)编者	出处	卷、期	年月日
川剧：凤仪亭	川剧传统剧本汇编编辑室	四川人民出版社		1959
胡琴：高关摘印	川剧传统剧本汇编编辑室	四川人民出版社		1959
川剧高腔：岳母刺字	成都市川剧团	四川人民出版社		1959
川剧高腔：白狐裘	重庆市戏曲工作委员会	四川人民出版社		1959
川剧：赵盼儿	关汉卿	四川人民出版社		1959
川剧：水泼大红袍	范光翔	四川人民出版社		1959
川剧：打面缸	范光翔	四川人民出版社		1959
川剧：柜中缘	吴伯祺	四川人民出版社		1959
川剧弹戏：乔老爷奇遇	四川省川剧剧目鉴定委员会、重庆市川剧院剧目组	中国戏剧出版社		1959
		四川人民出版社		1979
川剧喜剧集	中国戏剧出版社编辑部	中国戏剧出版社		1960
黄吉安剧本选	四川省戏曲研究所	四川人民出版社		1960
川剧：雪拥蓝关	张德成	四川人民出版社		1960
川剧高腔：闯关认夫	四川省戏曲研究所	四川人民出版社		1960
川剧选集	重庆市戏曲工作委员会	重庆人民出版社		1961
川剧选集 第二集	重庆市戏曲工作委员会	重庆人民出版社		1962
川剧演出剧本选1-9	重庆市戏曲工作委员会	重庆人民出版社		1962
川剧：李逵绣花	朱禾等	四川人民出版社		1962
川剧灯戏：双推磨	四川省戏曲研究所	四川人民出版社		1962
川剧高腔：渡蓝关	四川省川剧研究室音乐组	四川人民出版社		1962
川剧胡琴：长生殿	薛义安等	四川人民出版社		1962
川剧高腔：摘红梅	四川省川剧院研究室	四川人民出版社		1962
川剧弹戏：做文章	四川省川剧院音乐组	四川人民出版社		1962

续表三九

篇、书名	著(译)编者	出处	卷、期	年月日
川剧高腔：碧波红莲	四川省川剧联合演出团	四川人民出版社		1962
传统川剧：借亲配	四川省川剧剧目鉴定委员会	四川人民出版社		1962
川剧高腔：刁窗	四川省戏研究所	四川人民出版社		1963
川剧高腔：和亲记	李明璋	四川人民出版社		1963
川剧选——问病逼宫	影士辑	四川文献	84 期	1969
川剧选——马房放奎	影士辑	四川文献	85 期	1969
马房放奎	蜀侠选辑	四川文献	124 期	1972
川剧选——五台会兄	影士辑	四川文献	86 期	1969
川剧选——阳告	影士辑	四川文献	87 期	1969
川剧选——盘真认母	影士辑	四川文献	88 期	1969
黄金窖（川剧高腔）	蔡启国选辑	四川文献	93 期	1970
三尽忠（川剧胡琴）	蔡启国选辑	四川文献	95、96 期	1970
孝女坊（川剧高腔）	蔡启国选辑	四川文献	97 期	1970
柴市殉节（川剧胡琴）	蔡启国选辑	四川文献	98 期	1970
成仁取义（川剧胡琴）	蔡启国选辑	四川文献	100 期	1970
江油关	川剧选辑	四川文献	109 期	1971
假投降	川剧选辑	四川文献	111 期	1971
古城会	罗迺予辑	四川文献	105 期	1971
山伯访友	罗迺予选辑	四川文献	115 期	1972
长生殿	天籁本	四川文献	116 期	1972
九华宫	蜀侠辑	四川文献	117 期	1972
伍申路会	蜀侠选辑	四川文献	118 期	1972
霸王别姬（川剧，贾培之本）	蜀侠选辑	四川文献	119 期	1972
花月亭（川剧高腔）	蜀侠选辑	四川文献	121 期	1972
柳荫记（传统川剧）	刘成基等	四川人民出版社		1979
御河桥（传统川剧）	成都市川剧院1978 年演出本	四川人民出版社		1979
穆桂英（传统川剧）	四川省川剧剧目鉴定委员会、成都市川剧院	四川人民出版社		1979
焚香记（传统川剧）	席明真 李明璋	四川人民出版社		1979

续表四〇

篇、书名	著(译)编者	出处	卷、期	年月日
谭记儿（传统川剧）	李明璋改编	四川人民出版社		1979
铡美案	原重庆群众川剧团编导组	四川人民出版社		1979
川剧资料传统剧目（1）－（10）	四川省川剧艺术研究所	编者刊		1979－1980
传统川剧折子戏选1－8辑	四川省川剧艺术研究所	四川人民出版社		1979－1983
川剧传统喜剧选（上）（下）	四川省川剧艺术研究所	四川人民出版社		1982
川剧传统剧目选编1－4集	四川省川剧艺术研究院	编者刊		1983
狐仙恨（川剧·高腔）	徐公堤	四川戏剧	3期	1988
蒙顶茶仙（民间神话故事川剧）	陈鹰 周崇理	四川戏剧	5期	1988
生死姻缘（古装川剧）	傅正深	四川戏剧	6期	1988
川剧剧目选考	四川省艺术集成·志办公室——中国戏曲志·四川卷编辑部	四川民族出版社		1989
清风亭（传统川剧）	王开华	四川戏剧	1期	1992
目连之母（川剧弹戏·高腔·灯调）	徐棻	四川戏剧	4期	1993
目连救母（第五本）	王恩方	四川戏剧	5期	1995
打花鼓（川剧灯戏）	刘又积	四川戏剧	2期	1997
关王庙（川剧·西皮）	萧熙凤	四川戏剧	5期	2003
川剧传统剧目选集1－6集	重庆市艺术研究所	贵州人民出版社		2004
川剧传统剧目目录	四川省文化局戏曲研究室	编者刊		1962
四川省川剧剧目的发掘整理工作	李刚等	戏剧报	8期	1956
川剧木刻唱本的历史价值	刘功荣	戏曲研究	32辑	1990
高树与《思子轩传奇》——川剧剧目钩沉	童祥铭	四川戏剧	4期	1992
川剧剧目现状及整合发展论	钟韬	四川戏剧	5期	1996
川剧剧目撷编	何德君 段明	西南师范大学出版社		1997

续表四一

篇、书名	著(译)编者	出处	卷、期	年月日
共性、个性与地方性略说——《成都市志·川剧志》的剧目记述	刘双江	四川戏剧	1期	1998
川剧剧目概说	周企旭	四川戏剧	4期	1998
川剧剧目辞典	四川省川剧艺术研究院等	四川辞书出版社		1999
致力于川剧艺术文化底蕴的开掘——《川剧剧目辞典》编后	王定欧	中国戏剧	5期	2001
川剧异名现象浅析	文谨	四川戏剧	1期	2001
苏轼戏汇考——《文苑人物戏汇考》摘刊之一	冬尼	川剧艺术	1期	1981
传统川剧中的三国戏	永康 田文	社会科学研究	4期	1983
怨歌一曲唱新谱 倩魂千载绕余音——川剧王魁戏源流	戴德源	成都大学学报（社科）	2期	1983
近代川剧舞台上的王魁戏	戴德源	戏曲研究	9辑	1983
"调情"戏的出路——川剧《戏仪》整理体会	筱舫	戏剧报	2期	1985
辛亥革命后川剧"时事戏"的勃兴	冬尼	戏曲艺术	2期	1985
川剧名戏欣赏	隆学义	重庆出版社		1986
时代创时装 群体塑群像——川剧时装戏浅探	吴晓飞	四川戏剧	4期	1988
名通质变 创意造言——川剧中王魁戏嬗变的描述	钟韬	戏曲艺术	1期	1989
川剧现代戏的历史演进	周企旭	四川戏剧	6期	1990
川剧的白蛇与貂蝉	祝崧	四川戏剧	3期	2004
试论川剧鬼戏的怪诞美及其现实主义精神	周子瑜	四川师范学院学报（哲社）	2期	1992
川剧传统折子戏乡土味探微	刘兴明	四川戏剧	3期	1992
川剧三国戏三题	李晓苓	四川戏剧	5期	1994
川剧三国戏谈片	李晓苓	文史杂志	6期	1994
川剧聊斋戏剧目论	杜建华	艺术百家	3期	1995
清末民初四川的禁烟戏	杜建华	戏剧	1期	1998
川戏鬼喜剧初探	唐思敏	戏曲艺术	1期	1998
川剧水浒戏古今谈	杜建华	戏曲艺术	3期	1998

续表四二

篇、书名	著(译)编者	出处	卷、期	年月日
艺术创造的积累与升华——从聊斋故事、清传奇到川剧《碧波红莲》源流辨析	杜建华	蒲松龄研究	2期	2002
川剧聊斋戏——聊斋文化的一个分支	杜建华	四川戏剧	3期	2002
川剧现代戏的历史经验	廖全京	四川戏剧	5期	2002
晚清以来川剧聊斋戏的勃兴	杜建华	四川戏剧	6期	2002
《聊斋志异》转化为戏曲的十种方式——以传统川剧为例	杜建华	戏剧	1期	2003
《聊斋志异》的川剧改编	杜建华	戏曲研究	62辑	2003
川剧聊斋戏的思想蕴涵	杜建华	四川戏剧	4期	2003
《聊斋志异》与川剧聊斋戏	杜建华	四川文艺出版社		2004
川剧三国戏汇编	李德书 熊晓明	四川绵阳市三国演义学会、绵阳市涪城区文化体局		2004
《川剧三国戏汇编》前言	李德书	四川戏剧	4期	2005
歌剧"梁山伯与祝英台"——谈越剧"梁山伯与祝英台"、川剧"柳荫记"	艾青	人民文学	2期	1953
坏在骨子里——谈川剧"柴市节"中的留梦炎	王朝闻	新观察	7期	1954
川剧"请长年"的遭遇	马凉谷	戏剧报	9期	1956
一出震撼人心的独角戏——介绍川剧"周仁献嫂"及袁玉堃同志的表演	张郁	戏剧报	3期	1957
川剧作家赵熙及其"情探"	冬尼	戏剧论丛	4期	1957
秀了一出好戏——川剧"打红台"和彰海青演的肖方	林艺	戏剧报	6期	1957
川剧《别洞观景》学习一得	吴琛	上海戏剧	1期	1959
再看川剧《秋江》	欧阳予倩	戏剧报	8期	1959
看川剧《打神告庙》	刘乃崇	戏剧报	9期	1959
别具风格的川剧《白蛇传》	卫明	戏剧报	19期	1959
江山如画,一时多少豪杰——评川剧《和亲记》	文萍	戏剧报	10期	1962
《香罗帕》是一出好喜剧	夏衍	剧本	4期	1961
川剧《燕燕》中的三个形象	郦青云	戏剧报	1期	1963
诗情画意 境界宽广——谈川剧《投庄遇美》	丘扬	戏剧报	2期	1963

续表四三

篇、书名	著(译)编者	出处	卷、期	年月日
金石可开山可颓——喜看川剧《夫妻桥》	唐振常	上海戏剧	5期	1963
探隐发微——川剧《议剑》表演札记	李文杰	戏剧报	8期	1963
凿璞见玉 磨砺生光——略谈川剧《芙奴传》中贾瞎子的形象	颜长珂	戏剧报	11期	1963
从其他谈到川剧《情探》的编剧技巧	沙梅	上海戏剧	5期	1980
继承、出新点滴谈——从川剧《拉郎配》谈起	夏阳	人民戏剧	9期	1980
试论川剧"白蛇传"	李振玉	川剧艺术	1期	1982
谈"点状元"的人物塑造	叶春凯	川剧艺术	1期	1982
别洞观景	钟子勤等	四川音乐	7期	1983
川剧《情探》的悲剧美	杜朝光	西南师范大学学报（社科）	4期	1987
关于川剧《活捉王魁》的表演	易征祥	中国戏剧	9期	1988
继承发展的优异成果——简记川剧《白蛇传》	张郁	戏曲艺术	1期	1988
整理传统戏与"围魏救赵"	齐剑	四川戏剧	4期	1988
温故而知新——川剧《情探》音乐探讨	钟善祥	音乐探索	1期	1989
纵传横播 源深流广——谈川剧《情探》	于一 刘兴明	戏曲艺术	2期	1989
论川剧《白蛇传》的审美价值	张守清	四川戏剧	5期	1989
击节讴歌唤情归——排演川剧《醉战雍州》之我见	晓艇	中国戏剧	3期	1990
川剧《红梅阁》唱词赏析	张珂	四川戏剧	3期	1990
《情探》留文考	戴德源	戏曲研究	32辑	1990
飞鸿千里话《断桥》	曾祥明	戏曲研究	32辑	1990
从旧戏题材中探求新意——谈《郗氏箭》的探索	吴晓飞	四川戏剧	3期	1991
《活捉子都》的技术布局	夏庭光	四川戏剧	4期	1991
试论川剧《情探》的改编成就	杨桦	乐山师专学报（社科）	4期	1991
死"广告"变活警察	钟韬	四川戏剧	6期	1991
《书馆悲逢》唱腔选段	周大祥	四川戏剧	1期	1992
十八般兵器一起上	天其	四川戏剧	5期	1992

续表四四

篇、书名	著(译)编者	出处	卷、期	年月日
美丑关系论——川剧《情探》、《迎贤店》新释	方 吟	四川戏剧	3 期	1993
老树新花 千古绝唱——评笑非与曾荣华合演的川剧《漂母饭信》	徐公堤	中国戏剧	11 期	1993
川剧旧本《红梅阁》与明末传奇剧本《红梅记》之比较	周子瑜	西南民族学院学报（哲社）	2 期	1994
真情力量透阴阳——川剧《情孽缘》观后	唐思敏	四川戏剧	5 期	1995
传统川剧《杀子报》中的"三追"	邓学莲	四川戏剧	1 期	1996
名家谈《情探》	李晓苓	戏曲艺术	2 期	1996
魏益新与川剧魏派名剧《店房责任》	小 元	四川戏剧	3 期	1997
跨世纪的《夫妻桥》	陈国福	中国戏剧	3 期	1997
试评川剧《夫妻桥》	蒋维明	成都大学学报（社科）	4 期	1997
公冶长识鸟音	戴德源	四川戏剧	4 期	1997
看川剧《玉堂春》	李枝华	四川戏剧	4 期	1997
富有魔幻色彩的艺术思维——川剧《飞云剑》中陈仓老鬼的舞台造型	胡明克 杨泽新	四川戏剧	6 期	1997
《柳荫记》悲剧情感与它的崇高美——从张嘉芳和崔光丽的演出谈起	赵素春	四川戏剧	6 期	1997
意趣巧寓荒诞中——川剧《拿虎》赏析	杨泽新	四川戏剧	1 期	1999
忠义耀古今 单刀盖世功——欣赏魏派川剧《临江宴》	席小元	四川戏剧	2 期	1999
周企何与川剧《秋江》	周建伟	四川戏剧	5 期	1999
川剧《情探》作者另有其人	李兴辉	四川戏剧	2 期	2001
志趣相投珠联璧合——《哭杨锐》及其题跋	王晓渝	四川戏剧	4 期	2002
科诨非"小道"——简论《柳荫记》中的喜剧元素	张家恕	四川戏剧	6 期	2003
川剧"花目连"辨析	王 跃	四川戏剧	3 期	1990
兼容百艺 独创一格——试谈川剧目连戏的艺术特色	杜建华	戏曲艺术	3 期	1990
试论川剧目连戏的思想蕴涵及其文化价值	杜建华	四川戏剧	4 期	1990
四川目连戏资料论文集	重庆市川剧研究所	编者刊		1990

续表四五

篇、书名	著(译)编者	出处	卷、期	年月日
四川目连戏剧本初探	胡天成	四川戏剧	1 期	1991
记川剧《目连传》的鉴定演出	王跃	四川戏剧	2 期	1991
旧戏新探：川剧继承革新的新尝试——兼论成都市两届"旧戏新探"研究演出	钟韬	四川戏剧	3 期	1991
一种独特而珍贵的川剧目连戏演出本	杜建华	四川戏剧	4 期	1991
《目连救母》剧本简析	宫平	四川戏剧	5 期	1991
曲同功异 妙在戏中	林溪	四川戏剧	6 期	1991
川剧目连戏神事活动管窥	黄伟瑜	四川戏剧	2 期	1992
四川目连戏剧本的流变及特色	杜建华	戏剧艺术	3 期	1992
背叛之风：人性的启悟——谈川西北本《目连救母》第五本的人性内涵	宋辉	四川戏剧	3 期	1992
巴蜀传统文化与四川目连戏的演变——试析四川目连戏的独特剧目及其成因	杜建华	四川戏剧	4 期	1992
故园六十二年前——宜宾搬目连盛况	严树培	四川戏剧	5 期	1992
论近代四川目连戏剧文化大潮	方吟	四川戏剧	5 期	1993
三台县马壕戏与搬目连	邓亚曾	四川戏剧	3 期	1992
绵阳与目连戏	李德书	四川戏剧	1 期	1993
宗教祭祀与民俗风情的艺术载体——论川剧目连戏	胡邦炜	四川戏剧	2 期	1993
川剧目连戏艺术创造动因二议	唐永啸	四川戏剧	3 期	1993
论川剧目连戏演出的规制和习俗	杜建华	文艺研究	4 期	1993
巴蜀文化奇观——《目连戏与巴蜀文化》序	严肃	四川戏剧	4 期	1993
巴蜀目连戏剧文化概论	林建华	文化艺术出版社		1993
目连戏与巴蜀文化	四川戏剧编辑部	四川戏剧	增刊	1993
川剧目连戏绵阳资料集——九三·中国四川目连戏国际学术研讨会	绵阳市文化局文艺创作办公室	编者刊		1993
目连故里话目连	谢德安	射洪县青堤顶顶庙、射洪县青堤文化站		1993
传统川剧《目连传》导演札记	熊正堃	四川戏剧	1 期	1994
整旧与翻新——喜看两种川目连	陈培仲	戏曲艺术	1 期	1994
悲壮美、人情美、民俗美——曲六乙先生谈川目连		戏曲艺术	1 期	1994

续表四六

篇、书名	著(译)编者	出处	卷、期	年月日
川戏目连传中的文艺观点述评	周子瑜	四川师范学院学报（哲社）	2期	1994
绵阳与目连戏——93中国四川目连戏国际学术研讨会资料汇编	绵阳市文化局创办	编者刊		1994
试析四川目连戏的平民意识（上）（下）	王定欧	戏曲艺术	1、2期	1995
试析四川目连戏的演进法则	王定欧	戏曲研究	52辑	1995
试论四川目连戏的开发价值	王定欧	民族艺术	2期	1995
四川目连传说与目连戏	王定欧	艺术百家	3期	1995
试析四川目连戏的形态特征	王定欧	戏剧	4期	1995
旧重庆目连骡揭秘	欧阳平	红岩春秋	4期	1997
川剧理论研究与川剧剧种学的建立	吴乾浩	四川戏剧	4期	1988
也谈建立川剧剧种学	胡天成	四川戏剧	1	1990
欲穷千里目 更上一层楼——川剧剧种学研究初探	邓运佳	四川戏剧	2期	1990
广采博纳 批判继承——再谈建立川剧剧种学	陈国福	四川戏剧	3期	1990
试说川剧剧种学的建构	钟韬	四川戏剧	5期	1990
川剧学构筑散谈	于晗	四川戏剧	1期	1991
川剧学与川剧研究三题	周企旭	四川戏剧	4期	1991
站在戏剧学的肩上看川剧学	高师大	四川戏剧	5期	1991
论川剧剧种艺术的本质特征	方吟	四川戏剧	1期	1992
剧目创作与川剧剧种的发展	杜建华	戏曲研究	1期	2001
川剧资阳河流派初探	张有年	四川日报		1962.9.9
川剧"资阳河"流派	萧士雄	四川日报		1979.2.11
浅谈川剧的形成与流派	谭韶华	社会科学研究	4期	1979
"流"而不"派"川剧之幸	羽军	四川戏剧	4期	1988
流而不派与派而不流	萧赛	四川戏剧	4期	1988
川剧流派艺术刍议	欧阳文	四川戏剧	5期	1988
流派繁衍春花发	刘兴明	四川戏剧	5期	1988
评红论紫正当春——漫谈川剧艺术的流派	徐公堤	四川戏剧	6期	1988
呼唤川剧流派	王为相	四川戏剧	6期	1988
从傅三乾谈川剧流派	香圃	四川戏剧	6期	1988
论川剧资阳河流派	张仕论	四川戏剧	5期	1989

续表四七

篇、书名	著(译)编者	出处	卷、期	年月日
川剧的"四大河道"	刘兴明	戏曲研究	32辑	1990
川剧流派试说	唐思敏	戏曲研究	32辑	1990
青神川剧	青神县政协文史委、青神县文化体育局	编者刊		2002
川剧艺术研究 第一集	重庆市戏曲工作委员会	重庆人民出版社		1958
川剧艺术研究 第二集	重庆市戏曲工作委员会	重庆人民出版社		1961
川剧艺术研究 第三集	重庆市戏曲工作委员会	重庆人民出版社		1963
川剧艺术研究 第四集	《川剧艺术研究》编辑组	四川人民出版社		1984
川剧艺术研究 第五集	重庆市川剧艺术研究所	重庆出版社		1985
川剧艺术研究 第六集	重庆市川剧艺术研究所	重庆出版社		1988
谈川剧舞台人物的创造	《四川文学》编辑部	四川人民出版社		1962
"百家"谈艺——简介"川剧艺诀释义"		成都晚报		1963.3.2
川剧艺诀释义	胡度	文汇报		1962.6.12 - 1962.7.6
		重庆人民出版社		1963
		上海文艺出版社		1980
川剧喝班	蔡启国	四川文献	117、118期	1972
川剧规矩	蔡启国	四川文献	119 - 121期	1972
川剧坐统指	蔡启国	四川文献	124期	1972
试谈川剧喜剧的特点	周子瑜	南充师院学报（哲社）	1期	1979
论川剧传统剧中的悲剧	苏鸿昌	川剧艺术	4期	1980
谈川剧连台本的发展和革新	田文等	川剧艺术	4期	1980
川剧艺术浅谈：天府之花	陈国福	重庆出版社		1983
略谈川剧喜剧审美效果的多样性	周子瑜	天府新论	1期	1986
川剧现状与理论研究的思考	雁翔	川剧艺术	3期	1986
川剧艺术基本特征初探	于一	戏曲研究	20辑	1986

续表四八

篇、书名	著(译)编者	出处	卷、期	年月日
研究川剧 大有可为	李 致	四川戏剧	6期	1988
川剧艺术概论	邓运佳	四川省社会科学院出版社		1988
川剧传统表现手法三则	邓运佳	四川戏剧	1期	1989
川剧舞台上的"二人转"	曾祥明	四川戏剧	3期	1989
川剧传统导演手法三例	夏庭光	戏曲艺术	1期	1990
川剧表现手法例析	管 健	四川戏剧	2期	1990
浅谈建立川剧舞美学	段 明	四川戏剧	6期	1990
川剧传统导演手法举隅	夏庭光	戏曲研究	32辑	1990
探求川剧艺术的基本规律	张 庚	四川戏剧	1期	1991
对川剧表演理论体系构建的思考	杨泽新	四川戏剧	2期	1991
川剧表演艺术结构和大雅大俗的艺术风格	方 吟	四川戏剧	3期	1991
按图索骥——编书余记	李远强	戏曲艺术	3期	1991
《晋省记》中的川剧评论	蒋维明	四川戏剧	6期	1991
川剧心理学及其表现心理探索	唐永啸	四川戏剧	6期	1991
川剧表演技法撷英	杜建华 李远强	四川文艺出版社		1991
论川剧剧种艺术的本质特征	方 吟	四川戏剧	1期	1992
浪漫主义与现实主义的巧妙结合——谈川剧的表演艺术	席明真	四川戏剧	2期	1992
川剧价值论探讨	张守清	四川戏剧	3期	1992
川剧艺术形象谱	胡 度 何 冶	上海文艺出版社		1992
简论川剧艺术中的"趣"	丁 松	戏曲研究	43辑	1992
川剧艺术管窥	唐思敏	四川人民出版社		1993
川剧表现心理的"数"意识	唐永啸	四川戏剧	4期	1996
川剧表演艺术志	张松琴	《中国戏曲志·四川卷》编辑部		1996
川剧表现心理的内化与外化	唐永啸	戏曲艺术	2期	1997
川剧艺术的历史延伸力	里 沙	四川戏剧	2期	1997
川剧喜剧情节形态概说	唐思敏	四川戏剧	2期	1998
京剧与川剧的用韵浅说	胡 科	四川戏剧	2期	1999
川剧的美学本性与特征	周企旭	四川戏剧	3期	1999
川剧艺术导论	严福昌	四川戏剧	4期	1999

续表四九

篇、书名	著(译)编者	出处	卷、期	年月日
川剧艺术的思维方式	廖全京	四川戏剧	6期	1999
试论川剧舞台上的李白形象	李德书 唐永啸	四川戏剧	2期	2000
川剧研究百年史略	王定欧	戏曲艺术	4期	2000
从符码化舞台时空看川剧的审美特色	李祥林	成都大学学报（社科）	1期	2001
川戏中的魁星形象	蒋维明	四川文物	3期	2002
川剧艺术资料的挖掘与馆藏实践	林琳 秦晞	四川戏剧	2期	2002
生命复活与女性崇拜——一个文学母题的跨文化解读	李祥林	东方丛刊	4辑	2002
川剧基础研究的动向特点	周企旭	四川戏剧	5期	2002
《川剧表现手法大观》序	谢晋	四川戏剧	5期	2002
空里传神（上）（下）——川剧舞台美学语汇试释	王小遂	中国戏剧	10、11期	2002
川剧的艺术风貌	余小武	中国旅游报		2002.2.4
川剧表现手法通览	四川省川剧艺术研究院	四川文艺出版社		2002
川剧艺术导论	严福昌	巴蜀史志	1期	2004
川剧角色类型与行当类型我见	管健	四川戏剧	4期	1994
川剧角色行当辨	周企旭	戏曲艺术	1期	1996
川剧旦角表演艺术（附身段图解）	阳友鹤	中国戏剧出版社		1959
川戏的旦角	阳友鹤	成都日报		1961.5.17
川戏的旦角——泼辣旦	阳友鹤	成都日报		1961.6.4
川戏的旦角——闺门旦	阳友鹤	成都日报		1961.9.8，1961.9.25
川戏的旦角——奴旦	阳友鹤	成都日报		1961.10.30，1961.11.3
川戏的旦角——花旦	阳友鹤	成都日报		1962.6.13
谈川剧泼辣旦和《铁笼山》的杜后形象	阳友鹤 刘双江	戏曲艺术	1期	1983
川剧"鬼魂旦"表演风格浅议	刘兴明	四川戏剧	2期	1991
为了美的创造——《川剧旦角身韵》序	许倩云	四川戏剧	5期	1999
川剧旦角身韵	余琛	四川美术出版社		1999
漫谈川剧小生	曾荣华	成都晚报		1961.7.7

续表五〇

篇、书名	著（译）编者	出处	卷、期	年月日
漫谈川剧小生——褶子运用举隅	曾荣华	成都晚报		1961.8.13
漫谈川剧小生——扇子	曾荣华	成都晚报		1961.11.7
漫谈川剧小生——飘带种种	曾荣华	成都晚报		1962.7.18，1962.7.19
站如亭亭玉树，行如风送落叶——川剧文生的站、坐、行	曾荣华	川剧艺术	1期	1982
物各有主　貌贵相宜——谈川剧小生的靴网及其使用	曾荣华 戴德源	戏曲艺术	1期	1984
袁玉堃舞台艺术	袁玉堃讲述	四川文艺出版社		1986
川剧小生"魏派"传人魏益新	小　元	四川戏剧	1期	1996
川剧小生泰斗袁玉堃	杨泽新	戏曲艺术	1期	1998
浅谈川剧文生的表演艺术	肖德美	四川戏剧	5期	2001
川剧名丑李文杰	杨烈光	文史资料选辑	3辑	1960
川剧丑角一知	刘国基	成都晚报		1961.8.6，1961.12.1，1961.12.15，1962.5.3
川剧丑角	陈国福	龙门阵	1辑	1981
漫说川剧"土地丑"	戴德源 刘又积	四川戏剧	5期	1989
川剧丑角造型例话	戴　戈 刘又积	四川戏剧	1期	1991
川剧丑角扇子功技法与运用	刘又积	四川戏剧	4期	1992
川剧丑行马鞭程式与运用	刘又积	四川戏剧	1期	1993
川剧丑角的褶子和褶子功	刘又积 戴德源	四川戏剧	3期	1993
谈川剧"武丑"和"武丑戏"的归属	曾祥明	四川戏剧	5期	1994
川剧丑角笑的哲学	唐永啸	戏曲研究	53辑	1996
川剧丑角周派与刘派的表演特色	宋小林	四川戏剧	1期	1999
川剧老丑浅论	何光表	四川戏剧	1期	1999
唐云峰与川剧娃娃丑	林　琳	四川戏剧	1期	1999
东西南北　话川丑		四川戏剧	2期	1999
从川剧表演中的"女身法"说起	李祥林	文史杂志	3期	1999
谈川剧矮子丑	李笑非	中国戏剧	3期	1999
川剧丑角的主体精神	周企旭	四川戏剧	6期	1999

续表五一

篇、书名	著(译)编者	出处	卷、期	年月日
琐议一代传人与川丑艺术的发展	杨泽新	四川戏剧	2、5期	2000
川丑的特点与分类（上）（下）	李笑非	中国戏剧	7、8期	2003
我怎样学武生	俞鉴	川剧艺术	2期	1981
川剧武生的"四子功"	夏庭光	四川戏剧	3期	1990
彭大王的川剧武生练嗓法	夏庭光	四川戏剧	2期	1992
川剧花脸的喜剧因素	何光表	四川戏剧	3期	1988
川剧花脸的唱法亟须改造	何光表	戏剧报	5期	1988
川剧脸谱选	四川省戏曲研究所	上海文艺出版社		1963
浅谈川剧脸谱	龚思泉	四川戏剧	6期	1990
从川剧"变脸"艺术扯开去	李东	学习与研究	1期	1990
汉字书法与川剧脸谱	龚思泉 江大有	四川戏剧	1期	1991
浅谈川剧脸谱色彩	赵映同	四川戏剧	6期	1991
脸谱的象征性与川剧学研究	余文通	四川戏剧	4期	1992
川剧艺术形象谱	胡度等	上海文艺出版社		1992
异曲同工鸳鸯脸	严树培	四川戏剧	1期	1992
川剧十殿冥王（阎罗）脸谱及穿戴	龚思全	四川戏剧	2期	1993
郝墨庄绘脸谱条幅	蒋维明	四川文物	5期	1999
迷人的古典美——川剧的脸谱艺术	戴德源	四川戏剧	5期	2000
古拙诡谲的川剧脸谱	龚思全	前进论坛	1期	2003
"托"得严紧——川剧学习札记	丘扬	戏剧报	8期	1959
红花绿叶，相得益彰——谈川剧中的配角	席明真	四川文学	12期	1961
川剧舞台调度程式简论	李笑非	四川戏剧	1期	1992
川剧奇葩	王露	四川戏剧	2期	1992
浅谈川剧摆场	叶中元	四川戏剧	2期	1992
浅谈川剧指法、指语	廖家惠	四川戏剧	1期	1993
谈川剧翎子的佩戴	叶忠元	四川戏剧	1期	1993
论川剧舞台美术的特征	汤翔	四川戏剧	5期	1993
川剧"一字指"在《拷红》中的运用	朱国玲	四川戏剧	1期	1994
川剧导演的特殊性及艺术手法	钟韬	四川戏剧	4期	1994

续表五二

篇、书名	著(译)编者	出处	卷、期	年月日
从《白蛇传》看"一桌二椅"的变化及其作用	徐 亮	四川戏剧	1 期	1996
川剧三绝	王太吉	东方艺术	4 期	1999
也谈川剧三绝	程 悦	东方艺术	1 期	2000
"变脸"种种	熊正堃	戏曲研究	32 辑	1990
川剧"变脸王"	陈国福	今日四川	3 期	1997
变脸	文 武	安徽消防	10 期	1997
相随心变——我与川剧变脸	彭登怀	四川戏剧	3 期	1999
变脸	陆士华	群言	2 期	1999
川剧变脸王秘密何在	孙 恕	对外大传播	4 期	1999
变脸	正 言	观察与思考	6 期	1999
从"专技专用"到泛滥失准——谈川剧"变脸"	蜀宗仁	四川戏剧	1 期	2000
话说变脸	钱兆鸿	戏剧之家	4 期	2000
也谈"变脸"能外传吗？	钱兆鸿	四川戏剧	4 期	2000
川剧"变脸"谈	唐思敏	中国戏剧	6 期	2000
破解"变脸"三式	陈光涌 唐 治	中国西部	3 期	2001
我与川剧变脸	彭登怀	中国戏剧	2 期	2003
川剧不仅是变脸	唐思敏	中国艺术报		2003.9.12
神奇的川剧变脸	萧源锦	巴蜀史志	1 期	2004
变脸大师	章继刚	四川统一战线	5 期	2004
川剧"变脸"的百年秘密	雨 林	四川日报		2004.7.9
川剧"变脸"的联想	樊作礼	四川统一战线	2 期	2005
川剧腔调	蔡启国	四川文献	93 期	1970
			95、96 期	1970
川剧唱句与唱法	蔡启国	四川文献	103 期	1971
特色鲜明、各具流派——谈川剧旦角流派唱腔	冯光钰	川剧艺术	1 期	1980
秦腔对于川剧的影响	何光表	当代戏剧	8 期	1985
改进唱法 精进唱功——谈川剧演唱技艺的继承与发展	何绍成	四川戏剧	5 期	1988
川剧唱腔艺术的境界、时代感及其嬗变	杨明洪	戏曲艺术	1 期	1990

续表五三

篇、书名	著(译)编者	出处	卷、期	年月日
论"耍板"——兼谈川剧声腔与语言的关系	方吟	四川戏剧	1 期	1990
谈川剧唱腔和伴奏的当代意识	裴寿勋 张永安	四川戏剧	5 期	1990
试论曲牌在川剧中的审美意蕴	杨泽新	四川戏剧	6 期	1992
川剧声腔试说	唐思敏	戏曲艺术	1 期	1997
唱腔流派风格与地域文化特色——兼谈川剧唱腔巴渝风	张安平	四川戏剧	3 期	1998
戏曲诸腔的入川与流变	周企旭	戏曲研究	64 辑	2004
川剧高腔曲牌（第一集）	四川省川剧院研究室音乐组	四川人民出版社		1956
川剧高腔曲牌（第一集）——川剧音乐丛书	四川省戏曲研究所音乐组	四川人民出版社		1959
川剧高腔曲牌（第二集）	四川省川剧院研究室音乐组	四川人民出版社		1959
论川剧高腔音乐	沙梅	音乐研究	2 期	1958
论川剧高腔音乐（续）	沙梅	音乐研究	3 期	1958
对《论川剧高腔音乐》的几点意见	王川	音乐研究	6 期	1958
谈川剧高腔的伴奏问题	吴声	人民音乐	10 期	1960
成都讨论川剧唱腔艺术问题	敖遂	人民音乐	11 期	1961
川剧高腔点滴	宋立本	光明日报		1962.5.15
川剧高腔略考	潭先志	成都晚报		1963.1.12
川剧高腔曲牌	彭文元	四川省川剧艺术研究所		1979
川剧高腔曲牌〔梭梭岗〕简介	杨为 何国经	四川音乐	7 期	1983
川剧高腔的板式	彭潮溢	四川音乐	12 期	1983
略论川剧高腔曲牌音乐中的转调问题	钟善祥	音乐探索	1 期	1983
川剧高腔音乐结构的重新认识	钟善祥	音乐探索	4 期	1986
川剧高腔的传统理论与帮腔	萧士雄	戏曲研究	20 辑	1986
论"通用腔"——川剧高腔曲牌音乐统一风格要素之一	蒲亨建	四川戏剧	1 期	1988
对川剧高腔音乐综合性的再认识	张永安	四川戏剧	2 期	1988
明确调式 校正误谱——从川剧高腔曲牌角调式谈起	李天鑫	四川戏剧	4 期	1988
川剧高腔曲牌音乐基本风格——浅论区域音列控制与整体风格规范	蒲亨建	四川戏剧	4 期	1988

续表五四

篇、书名	著（译）编者	出处	卷、期	年月日
"通用腔"质疑	彭涓	四川戏剧	5期	1988
川剧高腔曲牌词格	谢伯淳	合川县戏剧协会		1988
川剧高腔的"帮打唱"	路应昆	戏曲研究	31辑	1989
川剧高腔音乐散论	钟善祥	四川人民出版社		1989
川剧高腔调式终止原则析	甘远成	四川戏剧	2期	1990
关于川剧高腔的"钻句"	彭潮溢	四川戏剧	4期	1990
川剧高腔唱腔设计的几种组合形式	蒋立芳	四川戏剧	5期	1991
川剧高腔［江头桂］类曲牌宫调研究	李成渝	音乐探索	1期	1991
高腔曲牌琐议	胡为孝	四川戏剧	2期	1991
川剧高腔不源弋阳考（上）（下）	邓运佳	戏曲艺术	3、4期	1991
浅谈传统高腔曲牌分类口诀	张仕伦	四川戏剧	3期	1991
答《"通用腔"质疑》	蒲亨建	四川戏剧	3期	1991
川剧高腔音乐宫调逻辑探	曾晓鸣	四川戏剧	4期	1991
川剧高腔伴奏的形成以及对帮打唱的影响	武卫民	四川戏剧	2期	1992
川剧高腔曲牌中的"摘句组合"	蒋立芳	黄钟	3期	1992
徒歌，一种音乐文化的象征——关于高腔伴奏改革的思考	张凯	四川戏剧	3期	1992
传统川剧高腔记谱中节奏及调性的处理	张仕伦	四川戏剧	5期	1992
简化川剧高腔曲牌的理论与实践之我见	蒲亨建	音乐探索	3期	1993
高腔曲牌简化小议	胡为孝	四川戏剧	4期	1993
再谈高腔曲牌曲格的简化	邓修身	四川戏剧	4期	1993
再谈"梭梭岗"类曲牌的调式问题	钟善祥	四川戏剧	2期	1993
传统川剧高腔音乐和谐美的哲学基因	张永安	四川戏剧	6期	1993
《川剧高腔曲牌》分类的疑惑	甘远成	四川戏剧	1期	1994
宫调及其调高、调式——川剧高腔音乐初探	钟善祥	四川戏剧	6期	1994
川剧高腔曲谱	文国栋	天地出版社		1997
川剧高腔与民间戏曲音乐关系的思考	张永安	四川戏剧	6期	1998
高腔与川剧音乐	路应昆	人民音乐出版社		2001

续表五五

篇、书名	著(译)编者	出处	卷、期	年月日
试论湖南高腔对川剧高腔的影响	杜建华	艺海	4期	2003
川剧高腔的创新发展	李青燕	四川戏剧	5期	2003
川剧高腔来源新探	杜建华	戏曲研究	64辑	2004
川剧胡琴、弹戏及昆腔规格的探讨	四川省第二届戏曲演员练习会	编者刊		1958
川昆形成诸因及剧目略考	冬 尼	四川戏剧	3期	1988
昆腔入川年代初考	蒲亨建	四川戏剧	2期	1989
昆剧入川及其流播记略	刘昌锦	戏曲研究	32辑	1990
昆词与川昆	刘天拯	四川戏剧	3期	1993
昆曲之花,盛开巴蜀大地	于 一	艺术百家	3期	1994
川昆艺术特色探微	刘兴明	四川戏剧	3期	1994
昆曲入川及其闻人轶事考	戴德源	四川戏剧	4期	1994
四川也有昆曲	陈国福	四川戏剧	1期	2002
四川的昆曲	陈国福	中国文化报		2002.6.18
昆曲·俞振飞·川剧	唐思敏	上海戏剧	11期	2002
略论川昆的艺术价值	文 谨	四川戏剧	5期	2003
川剧胡琴、弹戏唱腔(附剧本)1、2集	四川省川剧艺术研究所	编者刊		1980
川剧弹戏曲牌	重庆市戏曲工作委员会	重庆人民出版社		1961
川剧弹戏之源与变	蒋学琼	音乐探索	2期	1988
川剧胡琴访谱(初稿)	刘烈光等	四川省川剧实验学校		1957
川剧胡琴曲牌	重庆市戏曲工作委员会	重庆人民出版社		1961
川剧胡琴曲牌(二簧部分)——川剧音乐丛书	四川川剧院研究室音乐组	四川人民出版社		1962
川剧胡琴《二进宫》腔谱(一)—(三)	王贵昌 王起久	四川戏剧	1-3期	1991
川剧演员谈川剧音乐		人民音乐	5期	1959
川剧音乐丛书1-9辑	卢莺史	泸州市川剧团		1979
川剧音乐的民族文化传统	田大文	四川戏剧	5期	1995
川剧音乐探微	彭潮溢	四川省音乐家协会理论创作委员会		1997
川剧传统音乐的科学剖析	沙 梅 季 峰等			1997

续表五六

篇、书名	著(译)编者	出处	卷、期	年月日
川剧音乐改革三题	彭潮溢	四川戏剧	5期	2003
川剧笛子曲牌——川剧音乐丛书	四川省戏曲研究所音乐组	四川人民出版社		1959
川剧音乐中的笛子伴奏	向晓东	四川戏剧	2期	2003
川剧唢呐曲牌（第一集）——川剧音乐丛书	四川省戏曲研究所音乐组	四川人民出版社		1960
漫谈川剧锣鼓	景明	成都日报		1956.9.24
川剧锣鼓	蔡启国	四川文献	97期	1970
大巷子锣鼓	陈除	龙门阵	9期	1982
四川民俗与川剧打击乐	钟善祥	四川戏剧	5期	1988
谈川剧打击乐现状与重构	裴寿勋 张永安	四川戏剧	3期	1989
川剧锣鼓改革刍议	谢伯淳	四川戏剧	3期	1989
浅谈川剧鼓师的职能和修养	左俊臣	四川戏剧	2期	1991
打击乐：川剧存在的生命	王德富	四川戏剧	6期	1992
常用川剧锣鼓谱及演奏提示	钟开志	四川戏剧	3－6期	1993
			1期	1994
川剧锣鼓研究	沙梅	音乐研究	2期	1996
川剧锣鼓牌子的曲式结构	彭瑜	音乐探索	4期	2004
川剧"鼓王"王官福	唐思敏	中国戏剧	9期	2005
女帮腔的由来	徐文耀	川剧艺术	1期	1980
有声无形的特殊"角色"——介绍川剧帮腔艺术	米谜 王永昌	戏剧创作	6期	1983
川剧帮腔的十大功能	钟善祥	戏曲研究	32辑	1990
川剧的帮腔美	黄文锡	上海戏剧	2期	1993
歌唱技巧在川剧帮腔中的运用	刘永馨	四川戏剧	5期	1993
川剧韵辙及作表	蔡启国	四川文献	104期	1971
川剧隐语	蔡启国	四川文献	106期	1971
川剧习语	蔡启国	四川文献	108－116期	1971.8－1972.4
川剧特技——刻画人物的特殊语言	唐思敏	戏剧报	9期	1983
谐音：喜剧因子	杜建华	戏曲研究	32辑	1990
谈川剧讲白艺术——我在《哭桃园》中饰演张飞的语言处理	陈明威	四川戏剧	3期	1991

续表五七

篇、书名	著(译)编者	出处	卷、期	年月日
打杂师的"旁白"	钟 韬	四川戏剧	4期	1991
从"臭"字说起	吉 龙	四川戏剧	4期	1991
论川剧语音研究——兼谈我国艺术语音研究中的问题	方 吟	四川戏剧	5期	1992
四川话≠"川语系"	刘德斋	中国语文	2期	1997
诗品·人品·戏品——论黄吉安诗作与黄本戏（上）（下）	王定欧	戏曲艺术	3、4期	1996
歧见异说难定评——川剧作家黄吉安籍贯问题琐议	陈德忠	四川戏剧	2期	1999
黄吉安戏剧思想及川剧作品考略	杜建华	巴蜀史志	6期	2002
走进黄吉安——写在川剧作家黄吉安逝世80周年之际	唐思敏	巴蜀史志	4期	2003
		四川戏剧	3期	2004
吃透人生好写戏——纪念川剧作家黄吉安逝世80周年	唐思敏	中国戏剧	4期	2005
川剧现代戏创作的历史丰碑——论刘怀叙的川剧时装戏	王定欧	中华戏曲	2期	1996
刘怀叙笔下的女性试析	田步山	四川戏剧	2期	1996
谈魏长生	屈守元	四川师院学报（社科）	1期	1979
勇于创新的人——纪念杰出的秦腔艺人魏长生	张醒民	陕西戏剧	1期	1980
魏长生续谈	屈守元	四川师院学报（社科）	3期	1980
魏长生事迹新探	谭韶华	川剧艺术	2期	1980
乾隆末年秦腔在北京	周育德	陕西戏剧	6期	1981
为戏曲界辟一新纪元的天才——纪念魏长生逝世一百八十周年	焦文彬	当代戏剧	7期	1982
论魏长生	孟繁树	戏剧艺术	3期	1985
魏长生系秦腔表演艺术家辩	孟繁树	当代戏剧	7期	1985
魏长生论	周传家	戏曲研究	21辑	1986
魏长生不是秦腔演员	温余波	戏曲研究	21辑	1986
魏长生唱秦腔质疑（上）（下）	何光表	戏曲艺术	2、3期	1988
魏长生与花雅之争	林香娥	戏曲艺术	1期	2004
蜀伶陈银考	陈德忠	四川戏剧	3期	1989
川剧建设	蔡启国	四川文献	99期	1970
川剧组织	蔡启国	四川文献	100期	1970

续表五八

篇、书名	著(译)编者	出处	卷、期	年月日
川剧学徒与科班	蔡启国	四川文献	101期	1971
川剧人才养成之过程	蔡启国	四川文献	122期	1972
易胆大的班子	四川人民出版社	四川人民出版社		1980
燕春班非"艳"春班及其它	文涛	四川戏剧	3期	1990
戏曲改良与三庆会	戴德源	四川戏剧	5期	1990
江风、江声剧社始末	孙仁良	四川戏剧	4期	1991
川剧艺术表演团体布局结构剖析	文妍	四川戏剧	1期	1992
梨园风骚"三庆会"	易征祥 古草	戏曲艺术	3期	1993
《辞海》"三庆会"条一疑	李祥林	戏曲艺术	3期	1993
旧时川戏班班牌之秘	欧阳平	红岩春秋	2期	1997
清末四川境内戏班特点	郭勇	四川戏剧	3期	1998
《川剧群星》序	张秀熟	四川戏剧	4期	1988
川剧群星	谭韶华	巴蜀书社		1988
川剧伶人轶事	夏庭光	四川戏剧	5期	1989
川剧"圣人"康芷林	刘宗林 傅伯林	成都风物	4辑	1982
川剧"圣人"康子林	巴仁	戏曲艺术	4期	1997
戏圣康子林	岱峻	四川政协报		2002.8.15
曹俊臣川剧生涯 上、下（根据李侠林提供材料整理）	陈少池	四川戏剧	1、2期	1990
记"活裴生"周世禄	丁艾	四川戏剧	5期	1990
川剧名净谢国祥轶事	谢荣煌	四川戏剧	6期	1991
漫忆当年雪艳琴	严树培	四川戏剧	3期	1993
青莲与仕莲首次粉墨演《情探》	邓学莲	四川戏剧	3期	1994
抗战时期的川剧大师张德成	夏庭光	四川戏剧	6期	1997
风尘绝响——川剧一代名优天籁生平	王健	四川戏剧	5期	1998
民国戏"状元"薛月秋	陈永乐	文史杂志	5期	2004
魂系乡音——蔡启国先生与台湾天府川剧团	姜本中	四川戏剧	6期	1989
台湾的川剧和蔡启国先生	胥蕴萍	戏曲艺术	3期	1993
"玩友"在川剧发展中的作用	谭绍华	川剧艺术	2期	1982

续表五九

篇、书名	著(译)编者	出处	卷、期	年月日
川剧玩友——振兴川剧不可忽视的力量	于映时	四川戏剧	2期	1990
戏瘾与戏迷	曾祥明	四川戏剧	3期	1990
玩友对川剧唱腔改革的贡献	曾祥裕 钟稚如	四川戏剧	4期	1990
应是〔滩簧〕非"汤黄"	谢伯淳	四川戏剧	6期	1990
玩友中的"超人"——黄氏弟兄艺术点滴	胡为孝	四川戏剧	6期	1990
辛亥四川名人与川剧	蒋维明	四川戏剧	5期	1991
想起了"洗沙（革冤）兜"	戴德源	四川戏剧	6期	1991
川剧玩友的良师武进堂轶事	孙仁良	四川戏剧	6期	1991
阳翰笙与川剧	陈国福	戏曲艺术	4期	1993
阳翰笙与川剧	凌受勋	四川戏剧	6期	1993
忆翰老	李笑非	四川戏剧	6期	2003
田汉与川剧	路边草	四川戏剧	5期	1998
田汉对川剧改革的贡献	杜建平	艺海	1期	2000
曹禺剧作与川剧	文谨	四川戏剧	6期	2001
慧眼识珠共辉煌——从老舍先生改编川剧《拉郎配》说起	路边草	四川戏剧	4期	1999
川剧戏园小史	徐正唯	风景名胜	9期	1998
老成都川戏院回眸	徐伯荣	巴蜀史志	4期	2002
闲话《武家坡》——兼谈陈彦衡评此剧的得失以及继承与革新	许思言	戏曲艺术	4期	1984
陈彦衡轶谱纪事	戴德源	四川戏剧	2期	1988
谭鑫培与陈彦衡	徐凌霄	中国音乐	4期	1993
从陈彦衡想到的陈富年	纪申	世纪	4期	2000
谈川东民间小戏	蒋莹	四川戏剧	3期	1992
巴渝民俗戏剧	段明	傩苑——中国梵净山傩文化研讨会论文集		2003
夹江县发掘流传山区多年的民间戏"唐灯"		四川日报		1979.8.21
且说"灯戏"	谭绍华	川剧艺术	4期	1980
梁山调腔系论证	刘正维	音乐研究	1期	1983
川北灯戏选集（参加四川省第三轮川剧会演苍溪县川剧团演出本）	南充地区文化局	编者刊		1984

续表六〇

篇、书名	著(译)编者	出处	卷、期	年月日
新近演出的几出川北灯戏的特点	王 化	南充师院学报（哲社）	1期	1985
苍溪灯戏	陈正鹏等	四川省苍溪县文化馆		1985
川北灯戏的梁山调	彭 涓	音乐探索	4期	1986
川北灯戏	四川省川剧艺术研究院、南充地区文化局	四川文艺出版社		1986
态度超然 异趣盎然——喜看岳池县川剧团演出川北灯戏	陈国福	四川戏剧	2期	1988
豁然间轮廓渐渐清晰起来——川北灯戏观感	余大洪	中国戏剧	7期	1988
四川灯戏溯源	于 一	戏曲研究	29辑	1989
喜乐神·坝坝戏·丑扮灯——川北灯戏艺术浅析	汪 洋	戏曲研究	32辑	1990
艺苑奇葩——梁山灯戏	苏明星 李向东	文化艺术出版社		1990
浅谈川北灯戏的表演艺术	王应舜	四川戏剧	2期	1991
一朵具有乡土特色的小花——序《梁山灯戏》	严 肃	四川戏剧	2期	1991
川北灯戏艺术发展的历程与展望	王 化	四川戏剧	2期	1993
川北庆坛与目连戏	杜建华	四川戏剧	2期	1993
川北灯戏成熟于明代考	肖善生	四川戏剧	1期	1994
四川灯戏辨析	于 一	四川戏剧	3期	2000
读《四川灯戏辨析》的辨析	杜建华	四川戏剧	1期	2001
抢救"梁山灯戏"	魏晓东	重庆日报		2001.10.8
夫妻与灯官（川北灯戏）	彭碧珠 肖善生	四川戏剧	5期	2002
重庆梁山灯戏今生多难	刘文新 夏显虎	中国消费者报		2002.5.14
岳池灯戏	金青禾 蒲定国	巴蜀史志	1期	2003
灯官审灯（川北灯戏）	解 铃	四川戏剧	5期	2003
百看不厌的川北灯戏	冉云明	四川日报		2003.11.14
绵阳与灯戏	李德书	四川戏剧	2期	2004
川北灯戏的民间特色及开发价值	一 帆	四川戏剧	2期	2004
川北灯戏：黄昏一唱到天明	冉云明	中国西部	3期	2004
试谈四川灯戏及相关问题	李祥林	巴蜀史志	4期	2004

续表六一

篇、书名	著(译)编者	出处	卷、期	年月日
四川灯戏的现状、历史及保护对策	周企旭	四川戏剧	1期	2005
从川北灯戏谈巴蜀地方戏保护与发展	张嘉	四川戏剧	3期	2005
川北灯戏的剧种属性与发展潜力——辨析几个认识误区	王定欧	四川戏剧	4期	2005
简谈广元射箭提阳戏	罗虹	四川戏剧	2期	1991
浑金璞玉 别有源流——梓潼阳戏《目连僧游六殿》剧本初探	陈德忠	四川戏剧	6期	1991
梓潼阳戏	黄道德 于一	中国戏曲志·四川卷编辑部等		1991
论民间多神教傩堂孕育世俗阳戏琴腔	宋运超	星海音乐学院学报	2期	1992
巴蜀面具艺术——巴蜀文化瑰宝系列之二	《中国戏曲志·四川卷》编辑部、绵阳市文化局	成都出版社		1992
梓潼戏探源	刘诗仁	民族艺术研究	2期	1993
两种梓潼戏是否同源	顾峰	民族艺术研究	4期	1993
四川江北县的端公和端公戏	王跃	戏曲研究	47辑	1993
江北县阳戏还阴戏中的目连戏《梅花》四坛	王跃	四川戏剧	4期	1993
四川省酉阳土家族苗族自治县双河区小冈乡兴隆村面具阳戏	段明	民俗曲艺丛书	1辑	1993
四川省江北县舒家乡上新村陶宅的汉族"祭财神"仪式	王跃	民俗曲艺丛书	1辑	1993
江北县复盛乡协睦村四社谌宅的"庆坛"祭仪调查	王跃	民俗曲艺丛书	1辑	1993
川北傩的形态之一——耍傩傩	吕子房	四川戏剧	1期	1994
四川傩戏表演初探	张松	四川戏剧	6期	1994
四川省重庆市巴县接龙区汉族的接龙阳戏——接龙端公戏之一	胡天成	民俗曲艺丛书	2辑	1994
四川省接龙阳戏接龙端公戏之二：接龙庆坛	胡天成	民俗曲艺丛书	4辑	1995
四川省接龙阳戏接龙端公戏之三：接龙延生	胡天成	民俗曲艺丛书	4辑	1995
四川省梓潼县马鸣乡红寨村一带的梓潼阳戏	于一等	民俗曲艺丛书	2辑	1994
四川省芦山县清源乡芦山庆坛田野调查报告	于一	民俗曲艺丛书	3辑	1995

续表六二

篇、书名	著(译)编者	出处	卷、期	年月日
试说巴蜀面具艺术	严福昌	四川戏剧	1期	1995
黔江看傩戏	叶 农 陈 锦	中国西部	2期	1995
川北剑阁傩戏与道教	蔡运生	中国道教	4期	1995
成都巫傩文化	赵 冰	成都市文化局		1995
四川傩面具面面观	于 一	四川戏剧	2期	1996
五彩斑斓的傩戏世界——于一新著《巴蜀傩戏》序	曲六乙	四川戏剧	5期	1996
四川省重庆巴县双河口乡钟维成家五天佛教请荐祭祀仪式	胡天成	民俗曲艺丛书	5辑	1996
四川省江北县舒家乡龙岗村刘宅的还阳戏	王 跃	民俗曲艺丛书	5辑	1996
巴蜀傩戏	于 一	大众文艺出版社		1996
巴蜀傩戏中的少数民族神祇	李绍明	云南社会科学	6期	1997
民间祭礼与仪式戏剧	胡天成	贵州民族出版社		1999
接龙诀罡秘谱汇编	胡天成等	南天书局有限公司		1999
巴蜀傩文化研究的宏篇巨著——《民间祭礼与仪式戏剧》座谈会发言录	鄢 嫣	四川戏剧	5期	2000
接龙丧戏——重庆市巴县接龙乡刘家山合作社杨贵馨五天佛教丧葬仪式之调查	胡天成	民俗曲艺丛书	8辑	2000
文化积累的意义——《四川傩戏志》前言	严福昌	四川戏剧	1期	2001
傩魂	曲六乙	四川戏剧	3期	2001
傩戏与"无形文化财产"——《四川傩戏志》代序	曲六乙	四川戏剧	2期	2002
三星堆·傩仪·戏剧	白 剑	四川戏剧	2期	2002
浅谈巴蜀傩戏的演剧特征及文化意蕴	何 燕	四川戏剧	6期	2003
接龙端公法事科仪本汇编	胡天成	新文丰出版公司		2003
四川傩戏志	严福昌	四川文艺出版社		2004
川北阆中 傩戏探"根"	陈 勇	西部时报		2005.3.1
试谈四川的木偶戏、灯影戏和曲艺剧	张海平	四川日报		1953.1.31
巴蜀曲苑	传奇文学杂志社	编者刊		1985
中国曲艺音乐集成（四川卷）——甘孜藏族自治州资料卷	甘孜州文化局艺术集成办公室	编者刊		1991

续表六三

篇、书名	著(译)编者	出处	卷、期	年月日
中国曲艺志 德阳市卷（资料卷）	中国曲艺志德阳市卷编委会	编者刊		1993
中国曲艺音乐集成：四川卷	《中国曲艺音乐集成·四川卷》编辑委员会	中国ISBN中心		1994
中国曲艺音乐集成·四川卷（汉族部分）勘误辨析	林 青	音乐探索	2期	1997
凉山曲艺	凉山州曲艺家协会	编者刊		2004
四川曲剧：困难与希望同在——四川民间戏剧现状及保护发展调研报告之三	沙 地	四川戏剧	4期	2005
杂谈四川的洋琴	车 辐	风土杂志	2卷5期	1949
四川扬琴音乐	中国音乐家协会成都分会	四川人民出版社		1959
四川扬琴的演变	黄如初等	人民日报		1961.12.24
谈谈四川扬琴	李华飞 李德才	工商导报		1954.8.30
扬琴与川剧	蒋俊甫	成都晚报		1962.12.13
四川扬琴音乐介绍	成都市群众艺术馆	编者刊		1964
扬琴资料	四川音乐学院民乐系	四川音乐学院		1973
声情并茂的四川扬琴	严 肃	四川音乐	12期	1979
四川扬琴音乐简谈	冯光钰	群众文艺	4期	1981
扬琴今昔	童韵樵	群众文艺	4期	1981
四川扬琴器乐曲牌	潘广德	中国音乐	2期	1986
四川扬琴"德派"唱腔润腔手法	刘时燕	音乐探索	2期	1988
四川扬琴传统唱本选（注释本）	中国曲艺家协会四川分会	四川文艺出版社		1988
浅析四川扬琴音乐"大调一字腔"	张 正	音乐探索	4期	1990
四川扬琴宫调研究	李成渝	中央音乐学院学报	2期	1991
		中国音乐学	1期	1992
曲艺音乐革新的探索——析"四川扬琴"《浣花夫人保成都》	肖常纬	音乐探索	4期	1991
四川扬琴流派	徐平心	中国音乐	1期	1992

续表六四

篇、书名	著(译)编者	出处	卷、期	年月日
论曲艺音乐推陈出新中之腔句解放——四川扬琴《秋江》赏析	宋运超	音乐探索	4期	1992
四川扬琴演奏形式之流变考	代茹	音乐探索	1期	2002
传统扬琴艺术中的四川扬琴流派	黄河 刘艮	演艺设备与科技	5期	2005
四川竹琴 第一集	重庆市人民政府文化局	编者刊		1954
竹琴三国志选	胡度	中国曲艺出版社		1986
竹琴的发源地当是四川	屈小强	文史杂志	6期	1992
竹琴一响，四座皆惊——回族竹琴泰斗贾树三	哈培钰	民族艺林	1期	1994
四川曲艺中的《三国演义》曲目漫谈	一文	四川戏剧	4期	2004
四川清音	重庆市人民政府文化局	编者刊		1953
四川清音	沙子铨 吴声	重庆人民出版社		1957
小小猪儿有了妈（四川清音）	梁上泉	人民文学	2期	1960
四川清音传统节目选	解君恺	四川音乐学院		1962
琵琶的传说（四川清音弹唱）	竹亦青	诗刊	11期	1963
曲艺训练班·四川清音教材	成都市群众艺术馆	编者刊		1963
四川清音	王华德 李成渝	四川日报		1978.10.8
婉约多姿的四川清音	车荣德	四川音乐	9期	1979
四川清音琵琶伴奏	韩淑德等	四川音乐学院民乐系琵琶教研组		1979
四川清音传统曲牌汇编——曲艺参考材料之一	刘洛仁等	四川省群众艺术馆		1982
梳妆台	何玉秀	四川音乐	2期	1983
《梳妆台》——四川清音的民歌小调曲牌	孟由	四川音乐	2期	1983
数花	何玉秀	四川音乐	5期	1983
四川清音小调的"数花"	陈明	四川音乐	5期	1983
四川清音小调曲牌汇编	邓碧霞等	重庆曲艺家协会、重庆市曲艺团		1984
四川清音研究之一、之二——四川清音与明清小曲、四川清音与曲牌结构	肖常纬	西南师范大学音乐系		1986

续表六五

篇、书名	著(译)编者	出处	卷、期	年月日
对四川清音音乐的类别和体制的再认识	钟善祥	音乐探索	2期	1987
谈"哈哈腔"	马光华	四川戏剧	3期	1988
四川清音的曲牌结构	肖常纬	音乐探索	3期	1989
清音与"月琴"	张智蓉	音乐世界	8期	1990
谈四川金钱板	老 沈	工商导报		1954.11.2
四川的"金钱板"	刘述之	曲艺研究	6期	1957
四川金钱板	王均裕	四川日报		1978.12.10
最后的金钱板	罗紫鸿	中国西部	4期	2003
成都的评书	老 沈	成都日报		1956.11.14
"评书"史话	白 非	成都日报		1961.4.13
四川评书	兰 亭	四川日报		1962.3.25
《水浒》评讲（四川评书）		四川师范学院学报（社科）	4期	1975
身带三宝 无人可敌	鄢定高 周少稷	成都风物	5辑	1983
四川口技的起源及其它	罗俊林	四川日报		1961.8.16
四川口技的艺术特点	罗俊林	四川日报		1961.8.23
曾炳昆和四川口技	罗俊林	四川日报		1961.9.6
四川口技简介	奇 霜	四川日报		1961.9.9
双灵牌（四川相书艺人曾炳昆传本）	曾小昆 宏 波	人民文学	3期	1962
骗总爷——四川传统相书选	罗俊林 肖 斧	四川人民出版社		1980
从口技到口戏——读书札记	江玉祥	中华文化论坛	4期	2003
川北大木偶	老 沈	工商导报		1955.2.12
介绍四川的几种木偶形式	老 沈	工商导报		1955.3.25
四川的木偶戏	老 沈	四川日报		1962.4.15
川北大木偶艺术	吴应学	重庆出版社		1989
傀儡艺术的冠冕	严 肃	四川戏剧	4期	1990
川东木偶戏搬目连片论	蒋 莹	四川戏剧	3期	1991
木偶戏音乐现状初探	何明孝	四川戏剧	6期	1991
四川木偶戏古今谈	文 谨	四川戏剧	1期	1994

续表六六

篇、书名	著(译)编者	出处	卷、期	年月日
生机勃发的四川木偶戏——四川民间戏剧现状调查报告之一	四川民间戏剧现状与保护发展课题组	四川戏剧	6期	2004
成都的被单戏	老沈	成都日报		1961.4.12
四川被单戏	老沈	四川日报		1961.9.10
成都被单戏	老沈	成都日报		1979.4.12
川北的"渭南影子"	老沈	工商导报		1955.3.24
四川皮影戏	老沈	四川日报		1961.11.22
四川皮影简介	郭长林	美术	3期	1963
浅谈川北皮影艺术	吴映学	四川戏剧	2期	1989
四川皮影戏的民俗功能	江玉祥	文史杂志	6期	1989
巴东皮影戏与土家审美情趣	王新勇	湖北民族学院学报（社科）	4期	1991
川北皮影戏	四川省南充地区文化局	编者刊		
艺苑奇葩——川北皮影戏	王应舜	四川戏剧	4期	1991
果然皮里有春秋——成都灯影戏溯考	戴德源	四川戏剧	5期	1992
清代四川皮影戏中的"十殿"戏	江玉祥	四川戏剧	2期	1994
四川的皮影戏	袁瑞春	文史杂志	6期	2000
四川皮影戏	江玉祥	文史知识	7期	2001
华大博物馆与皮影戏艺术	江玉祥	四川文物	4期	2004
亟待抢救的民间艺术瑰宝：四川皮影戏——四川民间戏剧现状调查报告之二	四川民间戏剧现状与保护发展课题组	四川戏剧	3期	2005
土家族艺术明珠土戏	李绍明	四川戏剧	1期	1994
巴文化三题	山磊	戏剧之家	3期	1999
蒲殿俊与近代戏剧改革	林顿	文史杂志	3期	1987
试论蒲殿俊对中国现代戏剧发展的贡献	何一立	四川师范大学学报（社科）	4期	1988
中国早期的话剧倡导者曾孝谷先生二三事	王善生 秦彤	文史杂志	3期	1986
曾孝谷与四川话剧的提起	高志华	四川大学学报（哲社）	增刊	2004
回忆抗战时期重庆的戏剧斗争	阳翰笙	戏剧报	11、12期	1961
一次难忘的演出——忆重庆戏剧界为救亡抗日的募捐演出	钱辛波	新闻研究资料	3辑	1980
抗战时期重庆的话剧活动	赵铭彝	红岩	4期	1980

续表六七

篇、书名	著(译)编者	出处	卷、期	年月日
空前繁荣的1942年重庆话剧演出	石 曼	四川日报		1980.5.14
第一届戏剧节纪盛	石 曼	社会科学研究	1期	1982
抗战时期重庆雾季公演剧目一览表（1941年11月－1945年10月）	石 曼	抗战文艺研究	5、6期	1983
补《抗战时期重庆雾季公演剧目一览表》	石 曼	抗战文艺研究	3辑	1986
抗日战争时期大后方话剧活动大事记	陈美英	抗战文艺研究	5、6期	1983
抗战初期重庆剧运简忆	李华飞	社会科学研究	1期	1982
从现代戏剧学会到重庆中国剧社	屈 楚等	戏剧报	10期	1983
抗战时期重庆公演剧目部分说明书及演戏员名单	石 曼	抗战文艺研究	1期	1985
往事如烟——忆抗战时期重庆话剧舞台二三事	王 戎	龙门阵	5辑	1985
难忘的"雾季戏剧"——忆抗战期间重庆戏剧运动	刘厚生	人民日报		1985.8.9
抗战八年重庆演戏有多少	薛 白	重庆晚报		1985.9.12
重庆的戏剧节和雾季公演	石 曼	重庆晚报		1985.10.22
募捐公演	陈 义	重庆晚报		1985.11.29
重庆抗战剧坛——雾季艺术节资料丛书之一	重庆戏剧家协会、《重庆剧讯》	编者刊		1985
抗战时期大后方话剧书目一览表（1937－1946）	石 曼	抗战文艺研究	1期	1988
抗日战争时期的四川话剧运动	孙晓芬	四川大学出版社		1989
文明戏在重庆的兴衰	欧阳平	红岩春秋	1期	1990
重庆抗战剧风云录	潘子农	红岩春秋	3期	1990
1908－1945的中国舞台美术——从春柳社到雾重庆的舞台美术	李 畅	舞台美	2期	1991
周恩来与重庆雾季公演	石 曼	新文化史料	2期	1994
多场次四川方言话剧 蜀都旧事	陈泽远	四川戏剧	3期	1994
关于抗战时期历史剧的思考	蔡 震	郭沫若学刊	4期	1994
重庆抗战戏剧略论	胡 度等	重庆教育学院学报	3期	1995
难忘的重庆抗战话剧	王 伟	红岩	5期	1995
序《重庆抗战剧坛纪事》	阳翰笙	红岩	5期	1995
繁花似锦的重庆抗战剧坛	石 曼	红岩	5期	1995
抗日战争中的重庆话剧	石 曼	中国戏剧	8期	1995

续表六八

篇、书名	著(译)编者	出处	卷、期	年月日
重庆抗战剧坛纪事：1937年7月－1946年6月	石 曼	中国戏剧出版社		1995
陪都重庆的现实剧与历史剧	郝明工	重庆师范大学学报（哲社）	4期	2005
始于怒吼——抗战期间的重庆戏剧	王鸣剑	上海戏剧	10期	2005
中国现代戏剧的黄金时代——抗战时期重庆的戏剧运动与创作	王鸣剑	重庆社会科学	11期	2005
白杨和中华剧艺社	马宣伟	人民戏剧	9期	1981
国泰上演的第一个话剧	黄中模	重庆日报		1980.8.10
国泰大戏院的抗战戏剧演出活动	石 曼	抗日战争研究	3期	1994
国泰大戏院买空卖空的抗战戏剧演出活动	石 曼	抗日战争研究	3期	1994
关于成都摩登戏社	陈 新	戏剧与电影	2期	1981
"抗战剧团"在成都	周 彦	抗战文艺研究	1辑	1981
关于四川省立剧校巡回演出剧队的回忆	周 彦	抗战文艺研究	2期	1982
重庆抗战剧运中的中电剧团	潘子农	龙门阵	1辑	1985
"七七少年剧团"在重庆	朱 虹	重庆青运史研究资料	3期	1985
孩子剧团	孩子剧团团史编辑组	四川少年儿童出版社		1981
血泊奇花（1—3）——孩子剧团史	史 述	抗战文艺研究	6期	1983
			2-4期	1984
抗日战争中的孩子剧团	徐兴旺	西南师范学院学报（哲社）	3期	1985
孩子剧团及其在重庆的主要活动	俞青史	重庆青运史研究资料	3期	1985
关于孩子剧团的党的领导关系和周恩来同志的重要教导	吴新稼	重庆青运史研究资料	3、4期	1986
忆孩子剧团在四川云阳县	林向北	重庆青运史研究资料	3、4期	1986
我们不去重庆卫戍司令部——评孩子剧团在重庆的合法斗争	许翰如	重庆青运史研究资料	3、4期	1986
孩子剧团宣言		重庆青运史研究资料	3、4期	1986
创作孩子剧团团歌的前前后后	郭映艇	重庆青运史研究资料	3、4期	1986
孩子剧团的旗帜长放光芒	张光年	重庆青运史研究资料	3、4期	1986
忆孩子剧团成长的几个片断	许翰如	重庆青运史研究资料	3、4期	1986
传播抗日火种——记孩子剧团发动组织少年儿童的工作	罗立韵	重庆青运史研究资料	3、4期	1986
孩子剧团的戏剧工作	奚里德	重庆青运史研究资料	3、4期	1986

续表六九

篇、书名	著(译)编者	出处	卷、期	年月日
孩子剧团的歌咏活动	胡 杰	重庆青运史研究资料	3、4 期	1986
孩子剧团的舞蹈活动	李佩兰	重庆青运史研究资料	3、4 期	1986
孩子剧团的美术活动	周令模	重庆青运史研究资料	3、4 期	1986
孩子剧团的教育工作	陈 模	重庆青运史研究资料	3、4 期	1986
孩子剧团在教育思想上给人们的启示	胡晓风	重庆青运史研究资料	3、4 期	1986
孩子剧团撤出政治部前后的情况	胡晓风	重庆青运史研究资料	3、4 期	1986
儿童剧《尧尧大王》演出前后——记孩子剧团集体撤离政治部的斗争	许翰如	重庆青运史研究资料	3、4 期	1986
孩子剧团大事记	吴新稼等	重庆青运史研究资料	3、4 期	1986
孩子剧团成员名录		重庆青运史研究资料	3、4 期	1986
儿童剧艺忆当年	石凌鹤	重庆青运史研究资料	3、4 期	1986
抗战血泊中的一朵小花——张莺谈孩子剧团的诞生		重庆日报		1987.7.4
孩子剧团二三事	石 曼	重庆晚报		1987.9.24
孩子们站起来——孩子剧团回忆录	孩子剧团团史资料征集编辑委员会	少年儿童出版社		1989
抗日烽火中诞生的孩子剧团	许翰如	上海文化史志通讯	12 期	1991
孩子剧团史料汇编：在战火纷飞的年代	孩子剧团史料编辑委员会	编者刊		1996
孩子剧团抗战儿童戏剧佳作选	陈 模 曹大庆	少年儿童出版社		1995
奇花更艳——孩子剧团成立 60 周年纪念文集 1937-1997	纪念孩子剧团成立 60 周年编委会	编者刊		1997
大海浪花——回忆孩子剧团的战斗生活	许翰如	北京图书馆出版社		1998
孩子剧团在武胜	刁锡浦	红岩春秋	4 期	2005
抗日战争时期的孩子剧团——谨以此文纪念中国人民抗日战争胜利 60 周年	王肇槐	文史春秋	9 期	2005
孩子剧团唱过的歌——纪念抗日战争胜利六十周年	袁崇杰 尹晓星	音乐教育与创作杂志社		2005
怒吼剧社街村演剧队"六七战地工作团"前线活动的情况	周德光	重庆党史研究资料	7 期	1985
抗战胜利前入川的演剧九队	蓝 涛	四川党史研究资料	9 期	1985

续表七〇

篇、书名	著(译)编者	出处	卷、期	年月日
影人剧团在重庆	石曼	重庆晚报		1987.7.7
上海影人剧团的入川及演变（上）（下）——陈白尘亲历断忆录	陈虹	新文化史料	1、2期	1995
记住他们的奉献——重庆市文救会演剧队在抗战初期的活动	陈志坚	群众文化学报	1期	1988
国立剧专在四川的抗日救亡活动	康世明	四川戏剧	2期	1994
吴雪和抗战演出队	金青禾	红岩春秋	4期	1995
		巴蜀史志	2期	2005
兴华救亡歌咏话剧社	叶自明等	四川档案	3期	2005
赵丹在重庆的演剧活动	石曼	重庆日报		1980.10.21
阿丹在重庆	范国华	重庆日报		1980.10.26
赵丹在胜利之夜	蓝天霞	重庆晚报		1985.8.15
沈扬、谢添、蓝马、黄宗江——忆"雾都四丑"	殷野	戏剧论丛	3期	1982
抗日战争时期的四大名旦	孙晓芬	四川文物	2期	1990
影星白杨与重庆	石曼	红岩春秋	1期	1993
陪都星云录	重庆市文史研究馆	上海书店		1994
陪都《假凤虚凰》事件	欧阳平	红岩春秋	6期	1997
抗战戏剧运动中的南通籍艺术家们	姚亚影	江海纵横	6期	1998
雾都剧坛风云录——话剧四大名旦及其他	石曼	重庆出版社		2001
难忘的8年	张瑞芳	上海政协报		1985.9.6
"历史自有公论"——评郭沫若同志四十年代的历史剧	李鸿然	华中师院学报（哲社）	3期	1978
历史真实与艺术真实的统一——试论郭沫若历史剧的"反秦"问题	张毓茂	文学评论	6期	1978
围绕郭沫若同志历史剧创作与演出的斗争	方仁念 王训昭	徐州师范学院学报	4期	1979
郭沫若悲剧创作的历史地位	陈瘦竹	文史哲	1期	1984
戏剧冲突的民族化——论郭沫若历史悲剧的冲突	韩立群	东岳论丛	3期	1984
谈谈郭沫若历史悲剧的人民立场	彭涉晗	江西大学哲学社会科学学报	3期	1984
郭沫若在重庆时期的历史剧创作	廖全京	抗战文艺研究	4期	1984

续表七一

篇、书名	著(译)编者	出处	卷、期	年月日
史剧 历史 现实——郭沫若历史悲剧理论综述	文 初	西北民族学院学报（哲社）	1期	1985
郭沫若的抗战历史剧对我国悲剧文学的重大发展	全 荃	思想战线	2期	1985
郭沫若历史悲剧理论的本质特征	吴向北	重庆师院学报（哲社）	3期	1985
论郭沫若抗战时期历史剧主题的结构层次	蔡 震	天津师大学报	4期	1986
历史的废墟与艺术的王国——四十年代郭沫若历史剧的文化意识	周海波	郭沫若学刊	1期	1988
论郭沫若抗战时期历史剧的悲剧艺术特色	朱鸿召	郭沫若学刊	4期	1989
试论郭沫若战国史剧的楚文化蕴涵及表现	陈方竞	东疆学刊	4期	1990
郭沫若抗战史剧女性形象两题	刘 畅	郭沫若学刊	4期	1992
略论郭沫若抗战时期的历史剧创作	周德仓	西藏大学学报	3期	1995
发人民之声 伸正义之气——抗战时期郭沫若的历史剧	吴 雨	党史博采	9期	1995
从文化学的视角对郭沫若抗战史剧的思考	郑守江	郭沫若学刊	1期	1996
郭沫若抗战时期历史剧的文化意义	陈晓春	郭沫若学刊	3期	1996
在历史与现实的交汇点上——论郭沫若40年代的历史剧	陈国恩	贵州社会科学	4期	1999
"泛我"的本质力量的对象化——"泛神论"与郭沫若抗战史剧	何思玉	四川戏剧	4期	2003
论郭沫若抗战时期历史剧的创作理念与风格	宋嘉扬	重庆师范大学学报（哲社）	6期	2004
抗战时期郭沫若史剧创作情感论	宋嘉扬	重庆师范大学学报（哲社）	6期	2005
郭沫若抗战时期历史剧的宣传作用	李 媛	重庆社会科学	7期	2005
民族解放战争语境中的郭沫若历史剧创作	周海波	文化与抗战——郭沫若与中国知识分子在民族解放战争中的文化选择		2005
论抗战时期郭沫若历史剧的情感因素	宋嘉扬	文化与抗战——郭沫若与中国知识分子在民族解放战争中的文化选择		2005
论郭沫若文化身份的嬗变——从《女神》到《屈原》	魏红珊	文化与抗战——郭沫若与中国知识分子在民族解放战争中的文化选择		2005
三个叛逆的女性	郭沫若	光华书局		1926

续表七二

篇、书名	著(译)编者	出处	卷、期	年月日
妇女解放思想的艺术体现——评郭沫若的历史剧《三个叛逆的女性》	谢中征	华南师院学报（哲社）	3期	1979
叛逆女性的赞歌——郭沫若早期历史剧初探	伍夫楹	语文教学通讯	11期	1982
点燃"中国女性革命的火炬"——析郭沫若早期历史剧《三个叛逆的女性》	李若兰	杭州师院学报（社科）	1期	1987
关于《三个叛逆的女性》的评价问题	卜庆华	娄底师专学报（社科）	3期	1988
从《三个叛逆的女性》看郭沫若历史剧创作的特点	隋晓会	渭南师范学院学报	3期	2002
论郭沫若早期史剧的人权主题	陈鉴昌	西南民族学院学报（哲社）	9期	2000
郭沫若早期史剧的表现主义特色	陈鉴昌	社会科学研究	4期	2001
从《三个叛逆的女性》分析郭沫若历史剧创作理论的形成	史家斌	河北广播电视大学学报	4期	2004
试论《三个叛逆的女性》中的传统与反传统	侯 芳	郭沫若学刊	2期	2005
屈原	郭沫若	群益出版社		1944
		人民文学出版社		1952
		中国戏剧出版社		1953
		外文出版社（英文）		1978
		中国青年出版社、中国少年儿童出版社		1995
试论郭沫若的历史剧《屈原》	李逸涛	华中师院学报（哲社）	3期	1978
浅谈郭沫若的历史剧《屈原》	章晓葱	安徽大学学报	3期	1978
我参加《屈原》演出的一点回忆	白 杨	红岩	1期	1979
雷电的光辉——历史剧《屈原》首次演出前后	黄中模	红岩	1期	1979
田汉赞《屈原》的两首诗	黄中模	重庆日报		1979.5.10
《屈原》在重庆上演时的一场斗争	黄中模	重庆日报		1979.6.10
郭老断笔写《屈原》	黄中模	重庆日报		1980.6.15
郭沫若的历史剧《屈原》	范业本	东北师大学报	5期	1982
冲破阴霾的生命之火——忆40年前《屈原》在渝首演	石 曼	四川日报		1982.4.4
一曲壮美的战歌——读郭沫若史剧《屈原》中的《雷电颂》	俞越龙	语文学刊	4期	1983

续表七三

篇、书名	著(译)编者	出处	卷、期	年月日
《雷电颂》艺术探胜	黄 敏 楚 河	中学语文	10期	1983
读郭沫若历史剧《屈原》手稿	刘 烜	读书	1期	1984
论历史剧《屈原》	阮文涛	齐鲁艺苑		1984
《屈原》及其他——郭沫若二三事	尚 丁	龙门阵	2期	1985
郭沫若以《屈原》为代表的抗战剧	史承钧	政工学刊	5期	1985
从《屈原》看郭沫若抗战时期的历史剧创作	张学植	电大文科园地	6期	1985
郭老的50寿辰和《屈原》	张逸生等	重庆晚报		1985.10.24
《屈原》研究	曾健戎 王大明	重庆出版社		1985
我演婵娟	张瑞芳	重庆晚报		1985.9.17
郭沫若的屈原研究及其剧作中的屈原形象	谷辅林	湖南师范大学社会科学学报	2期	1986
戏剧宝库的明珠——论郭沫若历史剧《屈原》	左全安	贵阳师专学报（社科）	2期	1986
历史人物与艺术形象——浅谈《屈原》的"失事求似"的创作原则	王 华	昭通师专学报	4期	1986
《屈原》简论	张 田	郭沫若史学研讨会论文集		1986
殚精竭虑改《屈原》	蔡佑芬	四川文物	2期	1987
《屈原》与《李尔王》美学品格比较	孟长勇	郭沫若学刊	2期	1989
"实事求是"与"失事求似"——郭沫若对屈原的研究与塑造	杨胜宽	郭沫若学刊	4期	1990
《屈原》与《哈姆莱特》	邓 莉	郭沫若学刊	1期	1991
郭沫若第一次修改《屈原》考析	曾健戎	郭沫若学刊	1期	1992
《屈原》与《关汉卿》之比较	韩日新	艺术百家	2期	1992
鲜亮而厚重的蟠桃——从《屈原》简谈郭沫若史剧创作的革命浪漫主义特色	疾 鹰	新乡师专学报（社科）	3期	1994
《屈原》与抗战	邹水旺	江西师范大学学报（哲社）	3期	1995
抗战话剧史上的丰碑——陈鲤庭忆《屈原》在重庆的演出	丁景唐 马积先	新文化史料	3期	1996
史剧《屈原》：民族文化遗产的瑰宝	陈龙泉	郭沫若学刊	4期	1996
从史剧《屈原》看郭沫若史剧理论的特色	鲍云峰	昭乌达蒙族师专学报（哲社）	4期	1996

续表七四

篇、书名	著(译)编者	出处	卷、期	年月日
浅论郭沫若《屈原》的审美价值	欧阳庆 刘笃诚	郭沫若学刊	4期	1997
浅谈郭沫若历史剧《屈原》的语言艺术	陈向平	常州工业技术学院学报	3期	2000
郭沫若史剧中屈原的年龄问题	钱玉趾	文史杂志	1期	2001
从《湘累》到《屈原》看郭沫若历史剧的时代特征	岳庆君	佳木斯教育学院学报	2期	2003
论历史剧《屈原》中"雷电颂"的表现主义	朱世民 魏敏	聊城大学学报（社科）	4期	2004
论《屈原》的生命意蕴	熊泽文 谭晓雯	宜宾学院学报	2期	2005
郭沫若历史剧《屈原》与楚文化	何玉兰	郭沫若学刊	2期	2005
以主人公情绪发展为线索的剧情结构——也谈郭沫若《屈原》的结构特点	郭运恒	河南机电高等专科学校学报	3期	2005
郭沫若《屈原》分析	李艳	语文教学与研究	29期	2005
孔雀胆	郭沫若	群益出版社		1946
		新文艺出版社		1954
		人民文学出版社		1979
"孔雀胆"诗话	顾峰	思想战线	1期	1980
"让明天清早呈现出一片干净的世界"——读郭沫若历史剧《孔雀胆》	高国平	河南师大学报（社科）	3期	1980
《孔雀胆》悲剧种种	陈思清 黄惠清	中央民族学院学报	1期	1982
浅谈《孔雀胆》的得失	黄惠清 陈思清	云南社会科学	3期	1982
《孔雀胆》的人物、主题及其它	董建华	黄石师院学报（哲社）	3期	1982
《孔雀胆》主题辨析	田本相 杨景辉	晋阳学刊	4期	1982
《孔雀胆》的背景、主题和人物	吴天霖	东北师大学报	5期	1982
关于《孔雀胆》的主题思想	箭鸣	文学评论	6期	1983
《孔雀胆》不能和《屈原》等并论——向陈瘦竹先生请教	王晓祥	枣庄师专学报	1期	1984
郭沫若在话剧《孔雀胆》里介绍福建武夷茶的传统冲法与斟法	曾谓	茶叶	1期	1984
《孔雀胆》二题	高云雷	求是学刊	3期	1984

续表七五

篇、书名	著(译)编者	出处	卷、期	年月日
《孔雀胆》在昆明演出补正	雨 辰	郭沫若研究	1辑	1985
《孔雀胆》研究中不同观点综述	傅正乾	人文杂志	2期	1986
《孔雀胆》简论	张 田	人文杂志	2期	1986
《孔雀胆》的成败得失	蔡 震	人文杂志	2期	1986
《孔雀胆》的主要得失新议	鲁 歌 马 征	云南民族学院学报	4期	1986
《孔雀胆》主题及其涵义探究	鲁 歌	西北大学学报（哲社）	4期	1986
《孔雀胆》评价问题	翁植耘	郭沫若学刊	1期	1987
郭沫若同志与历史剧《孔雀胆》	马 华	大理师专学报（社科）	2期	1987
重评《孔雀胆》	罗炯光	郑州大学学报（哲社）	4期	1989
		中国现代文学研究丛刊	3期	1990
《孔雀胆》与《哀格蒙特》的比较研究	傅正乾	"我的郭沫若观"学术讨论会论文集		1989
未了之情——郭沫若《孔雀胆》剧旨辨异	王文英	天津师大学报（社科）	1期	1990
论《孔雀胆》的悲剧性	赵 櫓	郭沫若学刊	3期	1991
试论《孔雀胆》的主题及段功的立场	李金堂	大连大学学报	2期	1992
《孔雀胆》与《哈姆莱特》	张直心	外国文学研究	4期	1992
论《孔雀胆》的宗教意蕴	王本朝	曲靖师专学报	2期	1993
《孔雀胆》悲剧性主题阐释	王本朝	郭沫若学刊	3期	1994
《孔雀胆》主题的积极意义	李向阳	郭沫若学刊	3期	1995
《孔雀胆》中的阿盖公主诗考释	王敬骝	中央民族大学学报	5期	1995
文化意蕴互阐：《孔雀胆》与《哈姆莱特》	张直心	郭沫若学刊	1期	1997
论《孔雀胆》的创新	邓经武	郭沫若学刊	2期	1998
历史剧的审美本事和功能——也谈郭老《孔雀胆》	陈果卿	郭沫若学刊	3期	1998
自我感情历程的艺术化反映——对于《孔雀胆》的新阐释	何思玉	郭沫若学刊	4期	1999
《阿褴公主》与《孔雀胆》对比阅读——兼谈施蛰存和郭沫若的文学恩怨	王学振	郭沫若学刊	3期	2002
		沙洋师范高等专科学校学报	4期	2002
《孔雀胆》《奥赛罗》爱情真理比较	陈鉴昌	西南民族学院学报（哲社）	增刊4	2002
休闲与功利：现代文学的两种不同倾向——以《阿褴公主》、《孔雀胆》为例	王学振	重庆师院学报（哲社）	1期	2003

续表七六

篇、书名	著(译)编者	出处	卷、期	年月日
《孔雀胆》与《安提戈涅》	孟丽娟	郭沫若学刊	1期	2004
论郭沫若历史剧《孔雀胆》的主题	任亚凡	辽宁工程技术大学学报(社科)	3期	2004
《孔雀胆》和《奥赛罗》戏剧性比较	陈鉴昌	西华大学学报（哲社）	4期	2004
通济桥与《孔雀胆》	吴光范	云南日报		2004.5.3
《孔雀胆》与段功墓	张楠	云南经济日报		2004.6.24
棠棣之花	郭沫若	群益出版社		1946
		中国印书馆		1949
		新文艺出版社		1954
		人民文学出版社		1980
俄顷即无疆　月轮永不灭——郭老逝世周年，敬读《棠棣之花》	刘元树	安徽大学学报	2期	1979
"血淋淋的纪念品"——读郭沫若历史剧《棠棣之花》	高国平	学习与探索	6期	1981
《棠棣之花》综论——郭沫若历史剧研读札记之一	彭阜民	山西大学学报（哲社）	3期	1982
《棠棣之花》——走向成熟的标志	田本相 杨景辉	辽宁师院学报	4期	1982
历史剧《棠棣之花》的创作经过和版本源流初探	卢正言	上海师范大学学报（哲社）	4期	1982
《棠棣之花》的创作过程与郭沫若思想和艺术的发展道路	周靖波	黄石师院学报（哲社）	4期	1984
对《棠棣之花》的最初评论	波	郭沫若研究	1辑	1985
话说春姑	谷庄	郭沫若研究	1辑	1985
《棠棣之花》是郭沫若系列历史悲剧的发端	伍加伦	南充师院学报（哲社）	4期	1985
《棠棣之花》汇校本	王锦厚校	湖南人民出版社		1985
《棠棣之花》的艺术分析	马征	社会科学研究	6期	1986
谈《棠棣之花》的几处败笔	马征 李放	天府新论	5期	1986
探索与思考——记话剧《棠棣之花》绵亘二十二年	萧凌 邵华	郭沫若研究	3辑	1987
《棠棣之花》法译本序言	埃·罗布莱斯等	郭沫若史学研究学术讨论会论文集		1992
周恩来与《棠棣之花》	石曼	剧本	7期	1998

续表七七

篇、书名	著（译）编者	出处	卷、期	年月日
从《棠棣之花》看郭沫若创作主旨的转变兼及日本影响	曹丹丹	重庆社会科学	8期	2005
虎符	郭沫若	群益出版社		1946
		新文艺出版社		1954
		中国戏剧出版社		1957
郭沫若的历史剧《虎符》	康 林	东北师大学报	5期	1982
试谈《虎符》的结构艺术	谷辅林 马 华	东北师大学报	5期	1982
从《虎符》与《信陵君列传》看郭沫若对古典文学的继承与革新	康 林 范淑兰	上海社会科学院学术季刊	2期	1986
论《虎符》的伦理主题	陈永志	湖南师范大学社会科学学报	5期	1987
《虎符》研究的又一重要资料——收到郭老回信的前前后后	刘勋华	西北第二民族学院学报（哲社）	4期	1992
《虎符》——话剧民族化的探索	梅 阡	中国戏剧	8期	1992
在戏剧冲突中塑造大写的人——《虎符》中如姬形象的人学思想蕴含	武凤珍	延安大学学报（社科）	3期	1999
南冠草	郭沫若	群益出版社		1946
		新文艺出版社		1954
		上海文化出版社		1956
		人民文学出版社		1979
《南冠草》简论	张 田	人文杂志	3期	1985
筑·虎符及其它	马清福	戏剧创作	6期	1984
高渐离	郭沫若	人民文学出版社		1979
论《高渐离》——郭沫若抗战时期历史剧创作初论之一	蒋 潇	唐都学刊	1期	1986
《高渐离》得失论	王 耘 王大敏	郭沫若学刊	1期	1988
谈《高渐离》	欧阳山尊			1993
阳翰笙抗战时期剧作的美学风貌	廖全京	社会科学研究	3期	1984
抗战时期阳翰笙剧作演出一览	石 曼	抗战文艺研究	1期	1987
为民族解放呐喊——抗战中阳翰笙戏剧创作活动小议	刘兴明	宜宾师专学报	1期	1988
豪雄多于惨戚 振奋大于颓丧——试论阳翰笙剧作中的悲剧结局	徐志福	宜宾师专学报	2期	1991

续表七八

篇、书名	著(译)编者	出处	卷、期	年月日
影片《塞上风云》的摄制历程——兼怀应云卫同志	黎莉莉	电影艺术	5期	1980
塞上风云 际会名城	申辰	民族艺术	1期	1987
《草莽英雄》写作前后——阳翰笙日记摘抄	潘光武	中国现代文学研究丛刊	4期	1983
通俗形象的语言 浓郁的乡土气息——试论阳翰笙《草莽英雄》中的方言艺术		宜宾师专学报	2期	1991
论《草莽英雄》的构思和创作	凌受勋	宜宾师专学报	3期	1991
历史的启示——《天国春秋》观后	罗荪	戏剧报	5期	1983
石缝里长出的艺术花朵——三、四十年代郭沫若、阳翰笙、阿英史剧比较	韩日新	艺术百家	2期	1993
异曲同工 各呈其妙——郭沫若、阳翰笙历史剧创作思想比析	徐志福	西华大学学报（哲社）	3期	2005
评陈铨剧作的"浪漫精神"	刘安章	重庆师范学院学报（哲社）	3期	1981
《野玫瑰》败阵记——重庆剧坛忆目	石曼	戏剧与电影	11期	1982
重评陈铨及其话剧《野玫瑰》——与文天行《重评陈铨抗战时期的文学创作》商榷	石砣	戏剧报	11期	1987
陈铨《野玫瑰》浅议	万安伦	中国现代文学研究丛刊	4期	1998
《野玫瑰》论争试探	李岚	中山大学研究生学刊（社科）	1期	2000
		中山大学学报论丛	3期	2000
忆雾重庆话剧舞台的两台《阿Q正传》	殷野	人民戏剧	3期	1982
回忆《上海屋檐下》在成都	任耕	抗战文艺研究	3期	1982
记"胜过号"在成都的演出	周彦	抗战文艺研究	3期	1982
秧歌剧在重庆	邹国	重庆日报		1982.5.23
秧歌剧在重庆	田苗	新文化史料	2期	1994
《风雪夜归人》在重庆	石曼	重庆日报		1983.1.1
抗战时期《家》在成渝的演出	诸葛平凡	重庆日报		1985.5.10
评《家》的演出	杨甦	重庆日报		1985.5.21
《保卫芦沟桥》——记重庆演出的第一个救亡话剧	石曼	重庆晚报		1985.7.7
我在重庆学演老太太	吴茵	重庆晚报		1985.9.20

续表七九

篇、书名	著(译)编者	出处	卷、期	年月日
蜕变	曹 禺	文化生活出版社		1941
		四川人民出版社		1984
		人民文学出版社		1994
《蜕变》首演的风波	诸葛平凡	重庆晚报		1985.10.29
《蜕变》四十年代在重庆	石 曼	戏剧报	4 期	1987
《蜕变》的风风雨雨	石 曼	重庆日报		1988.8.4
《蜕变》的首演及其它	张耀查	新文学史料	1 期	1999
《最后一针》在山城	高明镜	重庆日报		1988.2.4
《清明前后》在重庆——纪念茅盾先生诞辰100周年	石 曼	剧本	9 期	1996
影人入川记	陈白尘	戏剧与电影	8 期	1980
昆仑电影公司的前身是诞生于四川重庆的	周伯勋	戏剧与电影	4 期	1981
抗日战争中在四川病逝和遇难的剧人影人	孙晓芬	四川文物	4 期	1985
抗战电影在重庆	陆 翰	重庆日报		1985.10.25
《陪都新闻》故事简介	山 石	重庆晚报		1988.3.4
近代重庆电影	范国华	重庆社会科学	4 期	1990
陪都影剧院史话	罗泰其	重庆地方志	6 期	1991
抗日战争时期的重庆电影	重庆市文化局电影处	重庆出版社		1991
抗战时期的重庆电影制片概况	张 虹	重庆地方志	5、6 期	1992
抗战时期重庆电影运动管见	肖体元	重庆师范学院学报（哲社）	3 期	1993
唯一电影院史话	刘蜀仪	重庆文史资料	41 辑	1994
重庆电影纪事（1905-1992）	颜 钿	重庆市电影发行放映公司		1995
旧重庆的影剧场	欧阳平	红岩春秋	2 期	1997
抗战电影（四川）纪事	杨泽平	巴蜀史志	2 期	2005
重庆抗战时期的电影艺术	汪太伟	重庆社会科学	4 期	2005
抗战胜利后的成都电影	杨乾森	龙门阵	12 期	2005
四川，抗战电影大后方		四川日报		2005.9.2
回忆"厉家班"	厉慧森	中国京剧	2 期	1995
抗战中的"厉家班"	厉慧森	红岩春秋	3 期	1995

续表八〇

篇、书名	著(译)编者	出处	卷、期	年月日
戏贯南北 文武融通——纪念重庆市京剧团建团40周年暨厉家班成立60周年	李晓苓 薛玉林	中国京剧	5期	1996
话说京剧厉家班	陈宛茵	红岩春秋	2期	1997
漫谈京剧厉家班	陈宛茵	世纪	2期	1998
京韵传奇:"厉家班"与"厉门五虎"	白显斋	戏剧之家	4期	1999
中国有个厉家班——重庆市京剧团巡礼	张 华	重庆与世界	5期	1999
京剧厉家班史	刘沪生等	北京图书馆出版社		1999
羌族"释比戏"考述	于 一 罗永康	四川戏剧	5期	2001
羌族释比戏和花灯戏的源流沿革及艺术特色	马成富 郭 娅	西南民族大学学报（人文）	9期	2001
羌族宗教与释比戏	毕玉玲	戏曲艺术	4期	2002
藏戏在巴安	蒋永和	康导月刊	5卷1期	1943
西康の歌舞伎芝居について	任乃强（長尾欣二）	蒙古	9卷2号	1943
康藏戏剧的本事	庚 年	艺文杂志	2卷5期	1944
藏戏简介	怀 梅	甘孜报		1980.2.12
谈谈藏戏改革	丁 人	甘孜报		1981.9.26
藏戏的源流及其在四川藏区的演变	葛 艾	新草地	3、4期	1981
藏戏系统、剧种、流派划分一览		艺研动态	4期	1987
四川南北藏戏史略	葛 艾	艺研动态	1期	1988
康巴藏戏的渊源及其艺术特色	张世勋	艺研动态	1期	1988
漫谈四川藏戏	于 一	四川民族史志	3期	1988
割官头（四川藏戏）	蓝文品	四川戏剧	4期	1988
四川藏戏概述	于 一	西南民族学院学报（哲社）	6期	1990
藏剧在四川的重要发展——《四川藏戏》序	曲六乙	四川戏剧	6期	1990
四川藏戏	四川省民族事务委员会	四川民族出版社		1990
康巴藏戏的美学特征	张 央	四川戏剧	6期	1994
康区藏戏	王达军	中国西部	4期	1995
浅谈嘉莫查娃绒地方藏剧	科乐柯·若拉 赞拉·阿旺措成	西藏艺术研究	2期	1990

续表八一

篇、书名	著(译)编者	出处	卷、期	年月日
嘉绒藏戏及其特色	张昌富	西藏艺术研究	2期	1990
再谈嘉绒藏戏	张昌富	西藏艺术研究	3期	1990
嘉绒藏戏发展沿革	华尔丹（张昌富）	西藏艺术研究	2期	1992
我国藏戏系统中的嘉绒藏戏	科乐柯·若拉	西藏艺术研究	4期	1992
古朴、奇特、别具一格的嘉绒藏戏表演艺术	张松琴	西藏艺术研究	2期	1993
嘉绒藏戏	桑弋	民族	3期	1993
四川省嘉绒地区藏戏问题研讨会资料汇编	四川省民族事务委员会、中国戏曲志·四川卷编辑部	编者刊		1993
嘉绒藏戏的历史渊源及艺术特征	赞拉·阿旺措成 张绵英	四川戏剧	1期	1994
试析嘉绒传统藏戏《格东特青》	张昌富	西藏艺术研究	1期	1994
嘉绒地区的傩文化	张昌富	西藏艺术研究	3期	1994
略论嘉绒藏戏	李绍明	四川戏剧	6期	1994
再论嘉戎藏戏的存在	赞拉·阿旺措成 张绵英	西藏艺术研究	1期	1995
浅谈嘉绒传统藏戏中的小剧目	张昌富	西藏艺术研究	3期	1995
嘉绒藏戏面具	张昌富	西藏艺术研究	4期	1995
试论四川嘉绒藏戏唱腔及器乐	唐滨	四川戏剧	3期	1997
嘉绒地区的傩戏	张昌富	西藏艺术研究	4期	1999
二百多年前名扬京城的番中傩戏与当今的嘉绒藏戏渊源考	马成富	西藏艺术研究	3期	2000
嘉绒藏戏——戏曲百花苑中的活化石	马成富	阿坝师范高等专科学校学报	2期	2002
嘉绒藏戏与傩文化研究	马成富	西藏艺术研究	4期	2003
嘉绒藏戏探秘	马成富	四川藏学研究	8辑	2004
德格藏戏音乐	卢光	中国音乐	3期	1988
藏族艺苑中的奇花——四川德格藏戏	张松琴	四川戏剧	2期	1994
《格萨尔》史诗的藏戏文化	郭晋渊	西藏研究	4期	1991
藏戏格萨尔	刘乾坤	西藏旅游	4期	2002
活在藏戏里的格萨尔王	扎西次仁	中国西部	5期	2002
亟待抢救的四川安多藏戏剧种	马成富	西藏艺术研究	1期	1999

续表八二

篇、书名	著(译)编者	出处	卷、期	年月日
大九寨国际旅游区神秘的安多藏戏艺术	马成富	西藏艺术研究	1期	2005
丹巴艺苑旧事	陈学义	康巴文苑	1期	1993
康巴藏族曲艺概述	张康林	西藏艺术研究	3期	1994
藏族奇特的曲艺表演形式——百汪曲种	马成富	西藏艺术研究	3期	1998

第九章

教育文化

篇、书名	著(译)编者	出处	卷、期	年月日
四川古代教育人物	王淡芳等	四川教育出版社		1987
四川教育史稿	熊明安等	四川教育出版社		1993
四川回族教育的历史与现状	马尚林 罗凉昭	西南民族学院学报（哲社）	5期	1994
三峡地区教育历史与现状的思考	阚军 蓝勇	三峡学刊	4期	1995
四川少数民族传统文化与教育	关荣华	四川大学出版社		1997
略论重庆土家族教育的历史特点	谭再琼	贵州民族研究	3期	2001
试说汉以前的四川教育	屈小强	巴蜀史志	6期	2004
文翁石室考略	林思进	斯文	3卷2期	1943
一所世界上古老的学府——成都"文翁石室"	陶嘉	教师报		1957.8.2
讲学图——汉代画像砖介绍	沈仲常	成都晚报		1961.6.18
文翁、石室	何方	成都日报		1979.8.23
文翁治蜀考论	何汝泉	西南师范学院学报（哲社）	4期	1980
最早的学府	一卉	旅游天府	3期	1981
关于文翁化蜀的几个问题	蒋梦鸿 魏人	四川师院学报（社科）	4期	1983
		社会科学研究	6期	1984
成都最早的学堂——文翁石室	黄剑华	四川文物	创刊号	1984
文翁石室	李复华等	四川日报		1984.9.1
文翁石室的办学特色及其对后世的影响	徐敦忠	四川师范大学学报（社科）	5期	1986
		教育研究	9期	1995
地方公办学校的始祖——文翁	赵代忠	安徽省委党校学报	1期	1990
文翁学宫在东汉的兴废——兼辨《周公礼殿记》的时代	陈煦	成都大学学报（社科）	3期	1992
文翁对中国古代教育制度建设的贡献	王鑫义	安徽大学学报（哲社）	4期	1994
文翁化俗	欧阳小桃	教师博览	11期	1997
开蜀地教化之风的文翁	黄泽平	文史杂志	5期	1999
官办教育第一人——西汉教育家文翁略考	徐大珍 奚明	滁州师专学报	1期	2001
但见文翁能化俗——试谈文翁"诱进"蜀地的背景与措施	徐贤柱	合肥教育学院学报	3期	2001
文翁以教治蜀	张大陶	党的建设	3期	2002
周公礼殿——历史名人纪念堂	周九香	文史杂志	2期	2003

续表一

篇、书名	著(译)编者	出处	卷、期	年月日
文翁兴学的历史地位与现实意义	查有梁	巴蜀史志	3期	2005
文翁：倡教兴学，郡国之先	婕妤	资源与人居环境	3期	2005
文翁化蜀与儒学传播	房锐	中华文化论坛	4期	2005
解读何武	李万霖	成都教育学院学报	2期	2003
从几方画像砖看四川汉代教育	袁曙光	文物天地	1期	1985
蜀汉教育与文化	李兆成	成都大学学报（社科）	3期	1986
诸葛亮与蜀汉教育	黄胜华	文史杂志	1期	1999
唐代地方书院考	邓洪波	教育评论	2期	1990
白岩书院与下川东文风	李寰	四川文献	3期	1962
宋代四川地区的州县学	葛绍欧	台湾师大历史学报	12期	1984
		宋史研究集	18辑	1998
鹤山书院考	陈少林 程忠仁	成都文物	2期	1986
宋代四川孔庙的设置及兴盛原因	周原孙	四川文物	5期	1990
宋代书院与宋代蜀学	胡昭曦	四川大学学报（哲社）	1期	2001
宋代鹤山书院考	熊瑜	文史	54辑	2001
宋代阆中陈氏的家庭教育	张少成	文史杂志	1期	2002
宋代重庆的学术文化与教育	吴洪成	重庆师范大学学报（哲社）	1期	2003
渝东南民族地区明清官学教育与科举考试	李良品	西南民族大学学报（人文）	1期	2003
清代四川书院略论	王纲	清史研究	1期	1991
张之洞与四川教育	曹成建 彭久松	四川师范大学学报（社科）	2期	1997
张之洞与四川教育		重庆教育学院学报	4期	1997
清代四川书院的教学和组织管理述论	刘秀兰	西南民族学院学报（哲社）	增刊	1998
清朝四川两个贪赃枉法的学政	李朝政	巴蜀史志	2期	2002
书院制度在巴蜀	朱小农	文史杂志	4期	1999
四川书院史	胡昭曦	巴蜀书社		2000
《四川书院史》人名辨误一例	李胜	四川大学学报（哲社）	4期	2002
四川书院的藏书事业	胡昭曦	四川图书馆学报	1期	2000
四川书院的发展与改制	胡昭曦	中华文化论坛	3期	2000
张之洞与尊经书院	黄新宪	教育评论	3期	1989
王闿运掌教尊经、船山两书院考	杨布生	湖南科技大学学报（社科）	4期	1990

续表二

篇、书名	著(译)编者	出处	卷、期	年月日
试论尊经书院与四川士林风气的变化	何一民	四川师范大学学报（社科）	1期	1991
尊经书院：四川大学的前身 1875—1903	苏云峰	郭廷以先生百岁冥诞纪念史学论文集		2005
绵竹县紫岩书院	雷晓光	四川文物	3期	1988
率先在地方乡镇学校倡导教育维新的《新修天台书院序》	左启	文史杂志	2期	1999
丹泉书院 造福桑梓	李元川	重庆晚报		1999.2.28
《锦江书院纪略》——一部稀见的书院志	胡昭曦	四川文物	5期	2000
《蜀秀集》跋	屈守元	文史杂志	5期	1996
近代四川书院教育与蜀学人才培养	胡昭曦	巴蜀史志	5期	2004
富顺文庙	陈凡	四川文物	2期	1984
川南古城 富顺文庙	曹弘等	风景名胜	7期	1999
SOS：富顺文庙紧急呼救	欧阳美书	四川政协报		2000.12.16
富顺文庙精巧绝妙	曹弘等	四川统一战线	11期	2001
富顺文庙"裸体童人"之谜	刘丙文 醉舟	新西部	1期	2002
富顺文庙有"五绝"	兰宁宁	人民日报（海外）		2003.12.9
富顺文庙	富顺文庙编委会	编者刊		2004
清代渠县文庙	王建纬	四川文物	3期	1986
资中文庙	杨祖垲	四川文物	3期	1989
由孔子塑像想到的……	陈传年	上海档案工作	6期	1992
资中文庙：孔夫子站着——故乡忆昔之一	康式昭	四川戏剧	5期	2003
康熙和资中文庙——故乡忆昔之二	康式昭	四川戏剧	6期	2003
浅谈资中孔庙的保护与利用	李建初	四川文物	2期	2004
资中孔子文庙		人民日报（海外）		2004.1.5
资中文庙——孔子像立而不坐	林江 王兵	中国民族报		2004.3.19
蜀中奇葩 资中文庙	林江 王兵	中国文化报		2004.4.26
崇宏壮丽的德阳孔庙	汪道衍	成都晚报		1983.7.7
德阳孔庙甲西南	裴先章 詹述权	旅游天府	2期	1985
德阳市清代文庙	张志武	四川文物	6期	1990

续表三

篇、书名	著(译)编者	出处	卷、期	年月日
德阳孔庙		四川省德阳市博物馆		1993
中国第三大孔庙在德阳	潘 锐	春秋	3 期	1996
试论德阳文庙的开放与保护利用	李 芸	四川文物	1 期	2002
德阳孔庙审美谈隅	林升乐	四川建筑	3 期	2002
四川德阳文庙调查	孙颖卓 田 林	文物春秋	5 期	2004
透过建筑审视文化——德阳孔庙文化探析	林 岭	四川建筑	1 期	2005
浅析德阳文庙现存格局之成因	李 芸	四川文物	4 期	2005
射洪文庙	刘先万	四川文物	3 期	1992
岳池文庙建置初考	岳文宣	四川文物	5 期	1994
乐山文庙	胡方平	四川文物	5 期	1995
广汉文庙	敖天照 敖兴全	四川文物	1 期	1996
成都府文庙大成殿外景	罗缋沅	巴蜀史志	5 期	2002
犍为文庙雕刻独放异彩	李传君	四川日报		2004.4.19
犍为文庙——第六批全国重点文物保护单位推荐材料	四川省文物局	编者刊		2004
独具特色的犍为文庙	邓承铭	巴蜀史志	2 期	2005
广安文庙调查纪要	刘 敏	四川文物	5 期	2005
阆中清代试院考棚	刘文刚	四川文物	2 期	1989
阆中的川北道贡院	萧源锦	巴蜀史志	1 期	2003
历经沧桑的阆中考棚	贾登荣 张 枥	四川统一战线	5 期	2004
神秘的阆中清代考棚	冉云明	四川党的建设（城市）	9 期	2005
青神清代考棚与《重修考棚序》碑记	鲁树泉	四川文物	3 期	1991
蜀中废科举、办新学的纪事碑——《成都府贡院废号记》	谢 凌	四川文物	3 期	2005
四川教育百年	谭晓钟	四川党的建设（城市）	8 期	2004
省城学务详志		广益丛报	111 号	1906.7.11
成都各学校之情形		广益丛报	103 号	1906.4.23
华阳县乡绅禀设国文专修学堂一案		四川教育官报	乙酉 8 册	1909
华阳县详复遵办学务整顿条款一案		四川教育官报	庚戌 7 册	1910

续表四

篇、书名	著(译)编者	出处	卷、期	年月日
本署司札双流县据省视学调查学务情形文		四川教育官报	乙酉11册	1909
本署司札新津县据川中区省视学报告学务情形文		四川教育官报	乙酉12册	1910
新津简易学塾成立		广益丛报	255号	1910.12.31
川东道张振之观察饬查各属学务札		广益丛报	87号	1905.10.27
川东学务		广益丛报	167号	1908.4.29
省视学张习查报川东各属学务情形文并批		广益丛报	188号	1908.11.23
本司札綦江县据川东区省视学报告学务情形文		四川教育官报	庚戌9册	1910
本司札荣昌县据川东区省视学转详该县视学员沥陈学务情形文		四川教育官报	庚戌9册	1910
本司札南川县据川东区省视学报告学务情形文		四川教育官报	庚戌12册	1910
本司札酉阳州据川东区省视学报告学务情形文		四川教育官报	庚戌12册	1910
重庆学界纪闻		直隶教育杂志	1年4期	1905
重庆学务汇记		秦陇报	1号	1907.8.26
总督部堂批巴县呈详拟学堂办法恳请核示一案		四川学报	丙午10册	1906
江北厅整顿劝学一案		四川教育官报	戊申1册	1908
江北自治研究所开校		广益丛报	215号	1909.10.23
巫山开学		广益丛报	79号	1905.8.10
汉州学界		广益丛报	107号	1906.6.1
南邑公学略志		广益丛报	108号	1906.6.11
简州学界		广益丛报	108号	1906.6.11
阆中学堂详志		广益丛报	108号	1906.6.11
阆中学教详志		广益丛报	130号	1907.4.12
绵竹兴学		广益丛报	118号	1906.10.7
达县学务汇志		广益丛报	136号	1907.6.10
夔州之教育热		蜀报	9期	1910.12.16
呜呼万县学界之腐败		鹃声	1年1期	1905
璧山县详办理城乡各学堂情形一案		四川教育官报	乙酉2册	1909
江津兴学		蜀学报	9册	1898

续表五

篇、书名	著(译)编者	出处	卷、期	年月日
江津县学务之一斑		广益丛报	140号	1907.7.19
江津县详陈学务情形请示饬遵一案		四川教育官报	丁未11册	1907
峨眉县详学务改良办法一案		四川教育官报	戊申1册	1908
峨眉县详筹办理教育各情形钞录章程请示一案		四川教育官报	庚申5册	1910
大足县详劝学所改良办法各项一案		四川教育官报	戊申1册	1908
本署司札资州据省视学奉查学务情形文		四川教育官报	乙酉10册	1909
资阳县详条举学务大概情形一案		四川教育官报	乙酉5册	1909
本署司札资阳县据省视学查报学务情形文		四川教育官报	乙酉11册	1909
隆昌县视学详学务情形一案		四川教育官报	庚戌8册	1910
广安学务汇志		广益丛报	109号	1906.6.21
广安学务再志		广益丛报	114号	1906.6.11
广安学务汇志		广益丛报	168号	1908.5.9
本署司札广安州据省视学详办理该州学务文		四川教育官报	乙酉9册	1909
潼学大兴		广益丛报	138号	1907.6.30
长寿学务汇志		广益丛报	160号	1908.1.13
本署司札安岳县据省视学报告该县学务情形文		四川教育官报	乙酉9册	1909
安岳县禀整顿学务情形一案		四川教育官报	戊申1册	1908
本署司札乐至县据省视学报告该县学务情形文		四川教育官报	乙酉9册	1909
乐至学务		广益丛报	93-94号	1905.12.21
盐亭开学		广益丛报	110号	1906.7.1
西充县详据劝学所视学报告城乡学堂情形一案		四川教育官报	庚戌3册	1910
富顺县视学禀县中学务规定办法一案		四川教育官报	庚戌3册	1910
开县视学条陈学务情形一案		四川教育官报	庚戌5册	1910
本司札名山县据上川南区省视学报告学务情形文		四川教育官报	庚戌10册	1910
本署司札蒲江县据上川南区省视学查明学务据实禀详文		四川教育官报	乙酉12册	1910

续表六

篇、书名	著(译)编者	出处	卷、期	年月日
本司札彭水县据视学报告学务情形文		四川教育官报	庚戌10册	1910
下川南区省视学详查泸州学务情形一案		四川教育官报	庚戌5册	1910
本司札合江县据下川南区省视学报告学务情形文		四川教育官报	庚戌12册	1910
本署司札江安县据省视学查复该县学务情形文		四川教育官报	乙酉9册	1909.10
本司札永宁县据下川南区省视学报告学务情形文		四川教育官报	庚戌12册	1910
叙永凌学续闻		广益丛报	116号	1906.9.8
总督部堂批叙永厅详办理学堂情形一案		四川学报	丙午2册	1906
筠连县教育会长廖鸿畴等禀详陈学务一案		四川教育官报	庚戌3册	1910
筠连学务		广益丛报	123号	1906.12.15
古蔺学堂近闻		广益丛报	137号	1907.6.20
宜宾县详遵札整顿学务一案		四川教育官报	庚戌8册	1910
古宋县禀开办劝学所各情形一案		四川教育官报	乙酉4册	1909
清末民初的四川军事学堂	怀襄	四川文献	32期	1965
第一所近代学校	潘文	旅游天府	3期	1982
清末四川师范教育的发生和发展概述	王笛	四川师院学报(社科)	2期	1984
清末"新政"与四川近代教育的兴起	王笛	四川大学学报(哲社)	2期	1985
近代留欧美学生与四川教育现代化	何瑞明	中华文化论坛	2期	2003
近代日本教习对四川文化教育的影响	蓝勇	中华文化论坛	2期	2004
近代日本对于四川文化教育的影响初探	蓝勇 阚军	中华文化论坛 巴蜀史志	3期 5期	2004 2004
锡良与近代四川教育	李绍先 陈渝	文史杂志	3期	2004
清末民初四川女子教育——以女子学堂(校)为中心	林林	四川师范大学学报(社科)	增刊	2005
四川学政吴奏陈筹款派生出洋游学折	吴有陞	政艺通报	壬寅17期	1902.10.16
四川派赴美国游学学生		东方杂志	1卷4期	1904

续表七

篇、书名	著(译)编者	出处	卷、期	年月日
四川游学日本诸生调查表		四川学报	9册	1905
又看游学		广益丛报	60、61号	1905.1.5
夫妇游学		广益丛报	79号	1905.8.10
四川试用知县盛延龄自费赴东游历呈批		学部官报		1906.12.6
游历东洋		广益丛报	109号	1906.6.21
蜀省改派留学监督		广益丛报	128号	1907.1.28
各省改给官费日本留学生一览表		四川教育官报	戊申1册	1908
干员出洋		广益丛报	178号	1908.8.16
留东学界之奇闻		广益丛报	223号	1910.1.10
请补官费之留学生		广益丛报	196号	1909.3.21
川鄂派遣出洋学生办法		(商务)教育杂志	4卷11号	1913.2.10
清末四川留日学生述概	王笛	四川大学学报(哲社)	3期	1987
从《四川》看二十世纪初川籍留日学生的爱国思想	康大寿	四川师范学院学报(哲社)	2期	1995
从郭沫若《少年时代》看二十世纪初留日风潮	陈俐	郭沫若学刊	2期	2005
四川青年学生与留法勤工俭学	张至皋	社会科学研究	4期	1981
略谈四川的留法勤工俭学运动	赵毅	重庆史学	1期	1983
江津青年赴法勤工俭学	共青团江津县委	重庆青运史研究资料	2期	1985
四川留法勤工俭学运动初探	侯德础	四川师范大学学报(社科)	5期	1989
留法勤工俭学中的四川青年	侯德础	文史杂志	5期	1989
留法勤工俭学运动在重庆	吴艾生	四川文物	4期	1991
四川留法勤工俭学运动	中共四川省委党史工作委员会	四川大学出版社		1993
四川青年与留法勤工俭学运动	栗民	西南交通大学学报(社科)	3期	2002
四川留法勤工俭学生与旅欧党团组织	田雪梅 鲜于浩	四川师范大学学报(社科)	4期	2003
近代四川留欧生与中国革命	何瑞明	巴蜀史志	5期	2004
留法勤工俭学运动实录	国务院新闻办公室	五洲传播出版社		2005
探索真理之路——陈毅年谱简编(1901.8-1928.5)	张映波	扬州师院学报(社科)	4期	1986
陈毅与留法勤工俭学	沈建中	上海党史与党建	8期	2001

续表八

篇、书名	著(译)编者	出处	卷、期	年月日
陈毅组织争夺里昂中法大学始末	施春生	党史博采	10期	2001
留法勤工俭学时期的李立三与陈毅同志	张会敏 谢炜	档案天地	增刊	2001
四川最早留法的女学生	彭崇琏	文史杂志	2期	1994
吴玉章与留法勤工俭学	程文	延安大学学报（社科）	2期	1991
吴玉章与留法勤工俭学运动	余明	自贡师专学报	3期	1992
"油印博士"邓小平的留法生涯	任贵祥 丁卫平	党史纵览	5期	1994
邓小平的旅法岁月	陈淇 徐德红	党的文献	3期	1995
邓小平为旅欧勤工俭学出谋划策	单晓华	党史博采	7期	1995
走出夔门	达生	红岩春秋	3期	1997
邓小平闪光的留学生涯		神州学人	4期	1997
论留法勤工俭学对邓小平生平和思想的影响	高正礼	安徽教育学院学报	5期	2002
留法勤工俭学运动与中国共产党人世界眼光的培养——以周恩来、邓小平为例	李庆刚	理论探讨	1期	2004
恩来小平相知法兰西	康宁	觉悟	3期	2004
留法勤工俭学运动与邓小平	胡瑛	文史杂志	4期	2004
法兰西：邓小平革命生涯的光辉起点	曹松豪	当代世界	8期	2004
周恩来与邓小平旅法的共同岁月	施春生等	中华魂	3期	2005
邓小平留法勤工俭学	吴天明	上海集邮	10期	2005
邓小平的旅欧经历和革命实践——浅谈邓小平共产主义理想、信念的选择和确立	吴芳	纪念邓小平同志诞辰100周年论文集		2005
教育部委托李文熙视察四川省学务报告		教育公报	3卷6期	1916
四川南充教育会长秦树凤君（蜀峯）函述提倡职业教育情形		教育与职业	10期	1921
四川省立各校经费一览表		教育杂志	18卷3期	1926
四川成都公学之惨遭兵祸		教育杂志	18卷3期	1926
四川私立各校及其他教育事业补助费一览表		教育杂志	18卷11期	1926
中国教育学会四川分会报告	中国教育学会四川分会	编者刊		1933

续表九

篇、书名	著(译)编者	出处	卷、期	年月日
四川省现行教育法规汇编	四川省教育厅	编者刊		1936
民初之四川教育	怀襄	四川文献	20期	1964
民初四川教育发展述论	何一民	四川师范大学学报（社科）	1期	1990
民国时期地方政府的助学贷款——1919—1939年四川自费留学贷费政策探析	凌兴珍	社会科学研究	4期	2005
四川省教育近况	四川省教育厅	四川省立教育科学馆		1939
四川教育	郭有守	四川省政府教育厅		1940
四川省国民教育实施概况	四川省教育厅	编者刊		1941
成都市教育概况和亟待解决的问题	江开第	教育视导通讯	5、6期	1941
抗战以来四川省教育	郭有守	教育杂志	31卷7期	1941
四川省的社会教育	赖兴儒等	教育与民众	10卷6期	1941
成都市国民教育近况	编者	教育视导报	21期	1942
四川省各县市国民教育调查及统计	薛鸿志	商务印书馆		1942
抗战时期之四川教育	四川省教育厅	编者刊		1945
五年（1941－1945）来的四川省国民教育	黄兢面	教育通讯（复刊）	3卷1期	1947
抗战初期之四川教育	怀襄	四川文献	21期	1964
抗战时期的重庆教育初探	艾新全	重庆社会科学	增刊	1985
抗战时期战区大专院校内迁重庆概述	孙晓渝	重庆地方志	3、4期	1987
陪都时期重庆文化教育事业的发展	唐润明	重庆地方志	1期	1992
抗日战争时期内迁学校与四川社会学的发展	赵喜顺	新时代论坛	2期	1995
抗战时期重庆的教育	李定开	重庆出版社		1995
抗战时期的重庆教育	薛新力	渝州大学学报（哲社）	1期	1997
几位民主人士在渝的教育实践	罗传勋	重庆社会主义学院学报	1期	2002
"国家"的地方意义：20世纪20年代成都两所大学对"国立"名分与实利的竞争	王东杰	社会科学研究	5期	2004
四川文教之进步	蒋益民	民友	1卷6期	1947
二十六年与十年	罗家惠	四川日报		1959.9.16
川陕革命根据地的文教事业	李蓉	文史杂志	5期	1996
试析川陕苏区教育事业的历史特点	张学林	文史杂志	3期	2003

续表一〇

篇、书名	著(译)编者	出处	卷、期	年月日
四川高等学堂的前身	梁玉文	成都日报		1980.1.7
中华学府志·四川卷	中华学府志编辑委员会	中共中央党校出版社		1998
四川高等教育一瞥	张 鹏	教育视导通讯	29－32期	1941.12－1942.1
成都八大学鸟瞰	刘 灏	教育杂志	30卷10期	1940
建国前四川的高等林业教育及迁川院校的高等林业教育	林鸿荣	中国农史	3期	1987
抗战到解放前后重庆的高等艺术学校概览	徐 宪	重庆地方志	5期	1987
试论抗战期间内迁重庆的高等院校	常云平	西南师范大学学报（哲社）	6期	1997
论抗战时期医学高校的迁川	黄 茂 曾瑞炎	抗日战争研究	1期	2005
抗战时期迁渝高等院校的考证	张成明 张国镛	抗日战争研究	1期	2005
私立华西协和大学一览	私立华西协和大学	编者刊		1928
University Beginnings：A Story of the West China Union University	J. Beech	Journal of the West China Border Research Society	Vol. 6	1933—1934
教会的华西大学	田 思	知识与生活	32期	1948
"华西"的医药研究与学术刊物简述	华西医科大学校史研究室等	四川医学院学报	3期	1985
华西医科大学简介	华西医科大学校办	中国高等医学教育	3期	1988
华西医科大学校史（1910－1985）	华西医科大学校史编委会	四川教育出版社		1990
忆华西大学广益学舍	缪 钺	成都晚报		1991.12.28
华西协合大学的发展历程及主要特色	陶 嘉	江西教育科研	5期	1993
从《华西医科大学校史》谈中国近现代高等教育发展的特点	熊明安 赵 正	四川师范学院学报（哲社）	6期	1993
华西协合大学医牙学院的发展历程及主要特色	姚 波 刘军平	教育评论	5期	1994
从神学教育看华西坝"教会堡垒"的演变——民国时期的华西协合大学及附属学校	郭 勇	社会科学研究	2期	1997
张凌高与华西协合大学	秦和平	华中师范大学学报（哲社）	3期	1997
华西协合大学老校门调查	张丽萍	四川文物	5期	1997

续表一一

篇、书名	著(译)编者	出处	卷、期	年月日
华西坝教会大学的学生团契	肖高林	文史杂志	6期	2003
从华西协合大学看中国文化在教会学校中的地位	张丽萍 郭勇	历史档案	1期	2004
四川大学华西医院		中华养生保健	2期	2004
抗战时期成都华西坝的港澳学子	张丽萍 郭勇	文史杂志	3期	2004
教会大学在中国：华西协合大学——相思华西坝	张丽萍等	河北教育出版社		2004
程芝轩与华西协合大学	白兆渝	文史杂志	4期	2005
抗日时期的华西医院	邓黎	当代医学	10期	2005
华西坝往事（连载）	王跃 雷文景	四川省情	10期	2005
华西坝往事（连载二）	王跃 雷文景	四川省情	11期	2005
现代医学最早进入成都的据点	王跃 雷文景	四川省情	12期	2005
国立成都大学一览	国立成都大学	编者刊		1929
张澜在成都大学	张利源	人物	3期	1985
张澜与国立成都大学	王安平	四川师范学院学报（哲社）	6期	1992
张澜创办成都大学	张德鹏	民国春秋	6期	1995
张澜先生办成都大学	罗宗文	文史杂志	6期	1999
张澜任成都大学校长期间的教育理论与实践	王安平 王雪峰	文史杂志	5期	2001
20世纪"成都大学"与国家命运的沉浮起落	谭平等	成都大学学报（社科）	3期	2002
成都师大之易长潮		教育杂志	21卷4期	1929
国立成都师范大学概览	国立成都师范大学	编者刊		1930
顾颉刚先生在四川	王煦华	文史杂志	4期	1986
国立四川大学一览	国立四川大学秘书处	国立四川大学秘书处出版科		1935
国立四川大学一览	国立四川大学	编者刊		1936
四川大学近貌	李仲玉	中国青年	3卷5期	1940
国立四川大学简况	国立四川大学出版组	编者刊		1942
国立四川大学	陶鼎辉	读书通讯	158期	1948

续表一二

篇、书名	著(译)编者	出处	卷、期	年月日
川大的罢教与尊师	楚石	群众	3卷15期	1949
"川大"旧址何处寻	闻真	成都日报		1980.12.17
四川大学一校长八年的回忆	黄季陆	黄季陆先生论学论政文集		1986
中国著名高校丛书：四川大学	四川大学校长办公室	浙江大学出版社		1999
四川大学在近现代史上的特殊地位和贡献	饶用虞	四川党史	2期	2000
1931年，在当年的贡院成立国立四川大学	罗绩沅	巴蜀史志	2期	2002
民国高等教育中的国家——四川大学国立化进程（1925－1939）	王东杰	中国社会科学	3期	2004
国家与学术的地方互动——四川大学国立化进程（1925－1939）	王东杰	三联书店		2005
四川省立重庆大学一览	重庆大学秘书处	重庆大学出版社		1935
回忆重庆新闻学院	葛思恩	新闻研究资料	4期	1981
开创初期之重庆大学	治平	四川文献	44期	1966
重庆大学校史（上册）1929.10－1949.11	重庆大学校史编写组	重庆大学出版社		1984
重庆大学诞生在市中区菜园坝	伍子玉	重庆市中区史志	创刊号	1985
重庆大学——重庆大学建校七十周年纪念1929－1999	重庆大学	编者刊		1999
成都私立成华大学请愿经过报告书	成华大学请愿团	编者刊		1948
重庆社会大学	汪文凤	人民教育	1期	1979
一朵傲霜的红花——记重庆社会大学	汪文凤	文汇报		1979.3.26
革命青年的摇篮——回忆解放前的山城社会大学	陈向宇	重庆日报		1979.12.9
重庆社会大学的战斗历程	育才学校、社会大学校史研究会	四川现代革命史研究资料	2期	1981
陶行知和社会大学	夏德清	教育研究与实验	1期	1982
社会大学的实践	四川育才学校、社会大学校史研究会	陶行知纪念文集		1982
陶行知与重庆社会大学	夏德清	成人教育	2期	1983
回忆重庆社会大学	杨乔	文史资料选辑	90辑	1983

续表一三

篇、书名	著(译)编者	出处	卷、期	年月日
重庆社会大学大事纪略	育才学校、社会大学校史研究会	重庆青运史研究资料	1 期	1984
陶行知创办的重庆社会大学	周洪宇	历史知识	3 期	1984
社会大学简介	周西平	重庆党史研究资料	7 期	1984
社会大学转入地下以后	李延伦	重庆党史研究资料	7 期	1984
社大支部后期组织及活动简况	卢光特	重庆党史研究资料	7 期	1984
邓照明同志谈社会大学地下党	曾 康	重庆党史研究资料	7 期	1984
大后方青年运动参考资料——重庆社会大学	重庆社会大学育才学校校史研究会	重庆出版社		1984
关于社会大学的回忆	宣谛之	行之研究	1 期	1986
陶行知关于社会大学的思想和实践	郭齐家 王文宝	高等师范教育研究	1 期	1991
陶行知的社会大学教育思想	荆世华	教育理论与实践	6 期	1993
重庆社会大学校史（1946.1.15－1947.3.1）	重庆社会大学校务委员会、重庆社会大学校史研究会	编者刊		2004
西南师范大学史稿	西南师范大学校史编辑组	西南师范大学出版社		1990
西南师范大学校史	《西南师范大学校史》编修组	西南师范大学出版社		2000
西南联合大学叙永分校建校五十周年纪念集 1940—1944	张闻博等	西南联大叙永分校		1993
西南联大在叙永	杨文浩 周世华	四川日报		2000.12.15
四川省立第四师范学校一览	四川省立第四师范学校校长办公室	四川省立第四师范学校事务处		1933
四川省立成都女子师范学校一览	四川省立成都女子师范学校	编者刊		1938
国立重庆师范学校过去现在与未来——立校五周年纪念册	国立重庆师范学校	编者刊		1943
川东共立师范学校一览	川东共立师范学校	编者刊		1933
川南师范校史资料选辑	泸州师范学校校史资料编写组	编者刊		1981

续表一四

篇、书名	著(译)编者	出处	卷、期	年月日
泸州师范（川南师范）校史 1901-1949	泸州师范学校校史资料编写组	编者刊		1991
三台师范校志 1945-1998	三台师范校志编纂委员会	编者刊		1990
四川省剑阁师范学校五十五周年校庆专刊	剑阁师范学校	编者刊		1991
四川师范大学校史	杜心华	成都出版社		1992
四川师范学院院史 1946-1996	王治权 佘正松	西南师范大学出版社		1996
四川师范大学校史	李成良	四川人民出版社		2002
忆成都高师	姜亮夫	学术集林	2卷	1994
四川美术学院校史（1938-1989）	刘昭全	四川美术学院		1990
重庆工业管理学院校史（1940-1995）	重庆工业管理学院	编者刊		1995
女大学生作抗战后援——记在川办学的金陵女子文理学院	裘曼如	民国春秋	2期	1996
东北大学在三台	邹开歧	四川党史	4期	1997
重庆时期的复旦大学新闻系	徐培汀 丁淦林	重庆与世界	4期	2000
抗战时期崛起于重庆的复旦大学"复新社"	吴阳红 李文平	重庆社会科学	5期	2005
川东师范学堂与西南师范学院的组建	许增纮 潘洵	西南师范大学学报（人文）	3期	2005
安岳师范学校校志（1908-1986）	安岳师范校志编写组	编者刊		1987
四川省安岳师范学校校志	龙伍泉	四川省安岳师范学校		1995
一支坚强的战斗队——记渝女师"六一社"和"新青社"	张亚冰	重庆青运史研究资料	3期	1988
南川师范教育史	金俊华			1996
重庆市南川师范学校		重庆与世界	3期	1999
隆昌师范校志 1932-1992	隆昌师范校志编写组	编者刊		1992
四川省重庆第一师范学校九十周年校庆纪念册（1906-1996）	重庆一师校庆筹委会	编者刊		1996
学高为师 身正为范——重庆市第一师范学校纪略	陈洁	重庆与世界	1期	1997

续表一五

篇、书名	著(译)编者	出处	卷、期	年月日
历史悠久的重庆市云阳师范学校	金 岩 吴 波	重庆与世界	4期	1998
师苑明珠耀忠州——记忠县师范学校	金 岩 吴 波	重庆与世界	4期	1998
宜宾师范学校校志1939-1999	宜宾师范学校校志编写组	编者刊		1999
四川省绵阳师范学校简志（1940-2000）	刘良慧	地方志办公室		2000
四川省遂宁师范学校校志（1914-2004）	四川省遂宁师范学校校志编委会	四川省遂宁师范学校		2004
江津师范教育史（1904-2004）	江津县教育委员会	编者刊		2004
民国时期的基督教师范教育——基于以四川为中心的考察	凌兴珍	四川师范大学学报（社科）	6期	2005
四川省职业学校概况	四川省政府教育厅	编者刊		1936
建国前四川初、中等林业教育的兴起和演变	林鸿荣	中国农史	2期	1987
民国时期四川畜牧兽医教育概况	朱 堂	中国农史	3期	1989
抗战时期重庆职业教育	张泽等	高等教育研究	2期	1990
抗日战争时期重庆职业教育的发展	王 强	重庆地方志	4期	1992
重庆市职业学校百年回眸	欧阳昭华			2000
重庆总商会职业学校五年概况报告书	重庆总商会职业学校	编者刊		1920
四川农业专门学校学生调查团调查录（国内篇）	四川农业专门学校学生调查团	编者刊		1923
四川省立重庆高级工业职业学校一览	四川省立重庆高级工业职业学校	编者刊		1936
四川省立成都高级工业职业学校一览	四川省立成都高级工业职业学校	编者刊		1940
国立中央工业专科职业学校一览	国立中央工业专科职业学校出版委员会	编者刊		1941
国立四川造纸印刷科职业学校三年来之概况	国立四川造纸印刷科职业学校	编者刊		1943

续表一六

篇、书名	著(译)编者	出处	卷、期	年月日
国立中央技艺专科学校一览	国立中央技艺专科学校教务处出版组	编者刊		1945
国立中央技艺专科学校概况	国立中央技艺专科学校	编者刊		1947
重庆大公职业学校一览	重庆大公职业学校	编者刊		1945
私立都江实用职业学校报告书	私立都江实用职业学校	编者刊		1945
也忆蜀中艺专	李 菁	重庆晚报		1987.2.20
成都铁路局教育志（1901-1990）	成都铁路局教育志编纂委员会	编者刊		1993
重庆药剂学校校志 1948-1996	重庆药剂学校	编者刊		1996
江安与国立剧专	谢增寿	中华文化论坛	1期	2004
流亡中的戏剧家摇篮——从南京到江安的国立剧专研究	谢增寿 张祐元	天地出版社		2005
四川社教概况（廿五年至廿七年）	四川省政府教育厅	编者刊		1939
四川省社会教育实施——四川省教育厅参加全国社会教育会议纪念刊	四川省政府教育厅	编者刊		1942
回忆育才学校音乐组	陈贻鑫	人民音乐	3期	1958
回忆人民教育家陶行知——从育才学校音乐组谈起	李 凌	人民教育	9期	1979
育才音乐组——新音乐运动杂忆之七	李 凌	四川音乐	10期	1979
一所民主抗日的学校——育才学校概况	徐仲林 李定开	西南师范学院学报（哲社）	1期	1980
育才学校的实践——纪念陶行知先生诞辰90周年	张达扬	重庆师院学报（社科）	4期	1981
回忆育才学校	江 荻	教育研究	11期	1981
育才学校简介	育才学校、社会大学校史研究会	四川现代革命史研究资料	12期	1981
忆育才，念陶师	炼 虹	重庆日报		1981.7.19
蒋管区的一所新型学校——育才学校	四川省陶行知教育思想研究会	陶行知纪念文集		1982
贺绿汀老师在育才学校音乐组	陈贻鑫等	音乐艺术	4期	1983
育才学校简介	张再为	重庆党史研究资料	7期	1984

续表一七

篇、书名	著(译)编者	出处	卷、期	年月日
育才学校初创时期党支部的活动	林琼	重庆党史研究资料	7期	1984
育才学校建校初期党组织的部分情况	冯兰瑞	重庆党史研究资料	7期	1984
忆陶行知在育才	陆诒	群言	1期	1985
育彼英才——陶行知和育才学校在重庆	张再为等	重庆出版社		1984
育才学校的体育活动	胡国吾	体育文史	5期	1991
陶行知对育才学校的管理成功的尝试	胡淑云	中小学管理	5期	1993
陶行知音乐教育思想及其育才学校的创办	贾洪进	艺苑（音乐）	1期	1994
陶行知与育才学校	毕汝钦	今日四川	2期	1994
陶行知育才学校的办学特色	陈韶峰	江苏教育学院学报（社科）	4期	1994
逸少斋——育才学校生活散记	俞华	中国陶行知研究基金会会讯	8期	1994
金华山上的"育才分校"	朱世兴	四川党史	2期	1996
相濡以沫在"育才"——记抗战时期陶行知先生与共产党人的友谊	邬蓉桦	文史杂志	5期	1997
陶行知与他创办的育才学校音乐组	齐易 邱艳平	人民音乐	8期	1997
满腔赤诚助"育才"	楼绍芳	重庆日报		1998.3.2
黄开富与育才学校	王荣成	川东学刊	3期	1998
陶行知在育才学校的美育实践述评	李日仙	山西大学师范学院学报（哲社）	4期	1998
陶行知先生的终生追随者——缅怀育才学校良师挚友庞曾漱	鲁凤	中国陶行知研究基金会会讯	4、5期	1998
陶行知教育思想与育才办学经验	李任	重庆教育学院学报	1期	2001
我为陶行知的育才学校募捐（上）（下）	陈根度 张经济	世纪	3、4期	2002
"山那边啊好地方……"——遥忆重庆育才学校	杨武能	红岩	1期	2003
陶行知居渝期间的教育思想研究	唐智松	邢台职业技术学院学报	4期	2003
为新中国培育音乐天才——周恩来等一组题词和育才学校音乐组	唐维华	红岩春秋	1期	2004
《手脑相长歌》的缘由及原意——为育才学校65周年纪念	胡晓风	爱满天下	1期	2005
为"育才"筹划捐款	朱德君	世纪	6期	2005
民生职工教育简介	马昌铭	企业管理	9期	1983

续表一八

篇、书名	著(译)编者	出处	卷、期	年月日
设在船上的重庆第一个商船学校	里 塔	重庆日报		1983.1.2
乡建校史研究会通讯	中国乡村建设学院校史研究会	编者刊	1-10期	1985-1990
乡建学院女同志参加革命活动的情况	何国英	重庆党史研究资料	4期	1986
中国乡村建设学院在北碚	重庆市北碚区地方志编委会等	西南师范大学出版社		1992
浅析川陕苏区的彭杨学校	章江心	四川文物	5期	2003
四川省廿年度至廿三年度中学概况	四川省政府教育厅	编者刊		1934
四川省中等学校第一届至第十一届会考统计	四川省政府教育厅	编者刊		1941
绿荫深处动干戈	唐 山	文明	1期	1981
没有炮声的战场——少城公园的"六腊战争"	金 戈	成都风物	3辑	1981
旧中学剪影	范珂生	龙门阵	11辑	1982
旧成都私立中学点滴	朱寄尧	龙门阵	6辑	1984
建中要览	四川私立建国中学校	编者刊		1930
四川重庆私立南渝中学成立纪念	南渝中学	编者刊		1936
周恩来同志在重庆南开中学	肖国良等	重庆师范学院学报(哲社)	2期	1980
记南渝中学		天津文史资料选辑	24辑	1983
"南渝"与"蜀光"		天津文史资料选辑	24辑	1983
重庆南开校史资料(一)	南开校友会重庆分会	编者刊		1984
南开今昔	仲 云	重庆日报		1984.7.15
重庆南开中学建校五十周年纪念专辑(1936-1986)	重庆市南开中学、南开校友会重庆分会	编者刊		1986
怀张伯苓校长,忆南渝中学	李定一	重庆地方志	5期	1987
学习喻传鉴先生的教育思想和实践	南开校友会重庆分会	重庆日报		1988.3.28
战火中的南开儿女	重庆南开中学校友会	编者刊		1988
喻公今犹在	喻传鉴先生纪念文集编辑组	天津教育出版社		1989
喻传鉴诞辰110周年纪念文集	南开中学校友会等	编者刊		1989

续表一九

篇、书名	著(译)编者	出处	卷、期	年月日
重庆南开中学大事记第一集（1936－1949）	陈为群等	编者刊		1993
重庆南开中学建校六十周年纪念专辑（1936－1996）	重庆南开中学	编者刊		1996
重庆南开中学编年史1936－1949（初稿）	李岚	编者刊		1998
重庆南开中学建校六十五周年专辑（1936－2001）	重庆南开中学校友会	编者刊		2001
抗日战争时期张伯苓和喻传鉴在重庆南开中学的教育实践和思想	李小鹰	重庆工业高等专科学校学报	4期	2003
沙坪岁月——重庆南开校园回忆录	刘鹤守	中国文联出版社		2003
英才沃土——重庆南开中学		红岩春秋	3期	2004
那不是一群小"精神贵族"么——《沙坪岁月——重庆南开校园回忆录》评述	刘鹤守	博览群书	5期	2004
曾经拥有过的教育资源——从《沙坪岁月》谈起	肖雪慧	教师之友	6期	2004
《沙坪岁月》启示录——抗战时期重庆南开中学点滴	李冰封	科学咨询	11期	2004
		社会科学论坛	1期	2005
教育的传统资源——《沙坪岁月》的启示	李冰封	炎黄春秋	1期	2005
"沙坪岁月"与公民教育	张耀杰	山西文学	4期	2005
重庆南开中学校史的订正——对南开学校和重庆南开中学抗战期间校史若干误导的订正文献汇编	重庆南开中学校友会	编者刊		2005
情系南开七十春	重庆南开中学一九四二级	编者刊		2005
国立第六中学概况	国立第六中学	编者刊		1941
国立第十六中学概览	国立第十六中学	编者刊		1942
铭贤学校概况	铭贤学校	编者刊		1944
旅川临时中学概况	江苏省立旅川临时中学	编者刊		1944
回忆重庆私立蜀都中学	万秉涛	重庆现代革命史资料	9期	1981
蜀都中学党史资料汇编	中共重庆市江北区委、沙坪坝区委党史工作委员会	编者刊		1987
罗清同志读重庆清华中学	赵海沧	重庆现代革命史资料	9期	1981

续表二〇

篇、书名	著(译)编者	出处	卷、期	年月日
重庆清华中学五十周年校庆特刊 1938－1988	重庆清华中学	编者刊		1988
重庆清华中学六十周年纪念集 1938－1998	黄太林	重庆清华中学		1998
重庆清华中学六十周年校庆特刊 1938－1998	重庆清华中学校庆委员会	编者刊		1998
重庆清华中学		科学咨询（教科）	1期	2001
水木清华 源远流长——重庆清华中学育人历史研究文集	重庆清华育人历史研究课题组	西南师范大学出版社		2002
一个地下红色据点的成长——记亚洲中学、民建中学的战斗历程	吴宇同等	重庆现代革命史资料	9期	1981
莲华（志达）中学和北区工委	黄友凡	重庆现代革命史资料	9期	1981
第四中学创校五十五周年纪念册	四中校友会	编者刊		1981
解放前重庆市一中在中共地下党领导下的秘密外围组织简况		重庆青运史研究资料	3期	1984
四·二一火炬——重庆一中建校六十年特辑	重庆一中校刊编辑室	编者刊		1991
营山中学校校史（1925－1985）	营山中学校校史编写组	编者刊		1985
峨眉二中校志 1928－1985	四川省峨眉第二中学《校志》编写组	编者刊		1985
聚奎一百一十五周年纪念特刊	江津县聚奎中学	编者刊		1985
安岳中学志	安岳中学校志编写组	安岳中学		1985
纪念册——四川省安岳中学建校80周年 1913－1993	安岳中学建校80周年纪念筹备委员会	编者刊		1993
文德女子中学史料选	谢守平	重庆市档案馆		1986
叙永一中	叙永一中建校八十五周年筹备委员会	编者刊		1987
精益中学史料选	谢守平	重庆市档案馆		1988
石室校志	成都石室中学	编者刊		1989
源远流长的巴蜀古校——石室中学	李捷三	中小学管理	10期	1994
李约瑟与四川石室中学	查有梁	中华文化论坛	1期	1996
		教育研究	6期	1996

续表二一

篇、书名	著(译)编者	出处	卷、期	年月日
文翁石室与郭沫若	余若	郭沫若学刊	3期	1997
石室风云回眸	李镇西	人民教育	6期	2003
重庆公学的61天——陶行知支持萧楚女的立案斗争	管文虎	重庆青运史研究资料	5期	1984
彭县中学志	彭县中学志编写组	四川省彭县中学		1983
彭州中学志	《四川省彭州中学志》编写领导小组	编者刊		2001
校志——重庆市巴县中学建校75周年	重庆市巴县中学	编者刊		2001
重庆市巴县中学		科学咨询（教科）	1期	2002
纪念册：四川省垫江中学校（1906-1986）	四川省垫江中学校	编者刊		1986
巴蜀学校的历史回顾	艾西由	重庆市中区史志	1期	1986
1947年以后地下党、"六一社"在巴蜀中学的组织及其活动	刘家树	重庆青运史研究资料	2期	1986
重庆巴蜀中学校史1933-2003	重庆巴蜀中学校史编纂委员会	编者刊		2003
叙永一中——四川省叙永第一中学校建校八十五周年纪念特刊（1902-1985）	庆祝叙永一中建校八十五周年筹备委员会、永川英山学校	编者刊		1987
简阳中学校志（1906-1985）	简阳中学校志编辑室	编者刊		1987
简阳中学九十周年校庆纪念册（1899-1989）	简阳中学校庆筹委会	编者刊		1989
大竹中学志1918-1988	大竹中学志编写组	编者刊		1988
岳池县中学志1906-1997	杨德银等	岳池中学		1988
岳池一中志1942-1990	黄锡全	岳池一中		1991
仁寿一中校志	仁寿县一中校校志编写组	编者刊		1990
永川中山公学办学始末记	彭万钧等	重庆地方志	6期	1991
四川省重庆第六中学校志（原求精学校）	陆志轩	编者刊		1991
开江中学志1920-1990	四川省开江中学校志编写组	四川省开江中学		1991

续表二二

篇、书名	著(译)编者	出处	卷、期	年月日
阆中中学校庆社会纪念册（1922-1992）	阆中中学	编者刊		1992
英井中学校史	政协永川市委员会文史资料委员会、永川英山学校	编者刊		1993
富顺二中校志（1903-1993）	富顺二中校志编写组	编者刊		1993
四川省自贡市蜀光中学校史1924-1994	《蜀光校史》编辑室	四川省自贡市蜀光中学		1994
蜀光校史	蜀光中学校	四川人民出版社		2004
南部中学七十年	何吉先 陈中甫	南部中学		1994
泸县一中志	泸县一中	编者刊		1994
四川省江安中学校校志	四川省江安中学校校志编写领导小组	江安县地方志办公室		1994
酉阳第一中学校志1925-1995	酉阳一中学校志编委会	编者刊		1995
四川省秀山一中建校七十周年纪念册1925-1995	秀山一中建校七十周年（校庆纪念册）编辑组	秀山土家族苗族自治县教育委员会		1995
四川省富顺第一中学校校史	富顺一中校史编委会	编者刊		1995
四川省内江市第二中学（沱江中学）校志1925-1995	四川内江中学校志编委会	编者刊		1995
重庆一中校庆特刊1931-1996	滕志成	重庆一中		1996
风雨人生——解放战争时期重庆一中老校友回忆录	重庆第一中学校校友会	编者刊		2005
新都一中校史（1941-1996）	新都一中	编者刊		1996
涪陵市第五中学校校志1911-1996	袁永科	涪陵市第五中学校		1996
宜宾市四中校志（1915-1996）	宜宾市四中八十周年校庆筹备组	编者刊		1996
四川省万县市第一中学（原县中、省万中）校史1906-1996	四川省万县市第一中学	编者刊		1996
四川省渠县中学建校八十周年校庆专刊	四川省渠县中学校庆筹委会	编者刊		1996

续表二三

篇、书名	著(译)编者	出处	卷、期	年月日
渠县中学志（1917－1996）	四川省渠县中学志编辑部	编者刊		1997
南川道南学校志（1917－1997）	徐自新 余清西	南川道南学校校友会		1997
綦江中学校志1927－1997	綦江中学	编者刊		1997
丰都中学校志（1893－1998）	丰都中学校志编写组	编者刊		1997
重庆市开县中学	龚小平	经贸世界	2期	1998
重庆市求精中学校志（含重庆第六中学）1891－1998	重庆市求精中学校	编者刊		1998
四川省巴中中学志（1868－1998）	《四川省巴中中学志》编纂小组	编者刊		1998
岁月如歌竞春华——纪念彭水中学创建七十三周年	彭水中学	四川人民出版社		1998
璧山中学九十周年校庆纪念册	璧山中学	编者刊		1998
重庆市求精中学挂牌庆典暨107周年校庆特刊（1891－1998）	李世富	重庆求精中学		1998
重庆二十八中1929－1999	重庆二十八中	编者刊		1999
广元中学建校七十周年校史·名录（1929－1999）	四川省广元中学校庆筹备办公室	编者刊		1999
重庆市忠县中学校志1939－1999	重庆市忠县中学	编者刊		1999
剑阁中学志	四川省剑阁中学	编者刊		2000
石柱中学校校志（1910－2000）	石柱中学校志编委会	编者刊		2000
四川省泸县第二中学校史（1941－2001）	四川省泸县第二中学校史编写组	编者刊		2001
宜宾市一中校志1902－2001	宜宾市一中校志编辑室	编者刊		2001
璀璨的历程——宜宾市二中九十年校庆纪念	宜宾市二中	编者刊		2001
荣昌中学校志	重庆市荣昌中学	编者刊		2002
重庆市第十一中学校九十周年校庆纪念册	重庆市第十一中学校	编者刊		2002
大足二中志1947－2002	大足县第二中学校志编纂小组	编者刊		2003

续表二四

篇、书名	著(译)编者	出处	卷、期	年月日
四川省乐山第一中学校百年校史（1903-2003）	乐山一中百年校史编纂委员会	编者刊		2003
达州市高级中学校志·百年校庆1903-2003	达州市高级中学校	编者刊		2003
重庆市奉节中学校志1903-2003	奉节中学校志编纂小组	编者刊		2003
百年校庆	中江永兴学校	编者刊		2003
隆昌一中校志1903-2003	隆昌一中	编者刊		2003
濛阳中学校志	四川省彭州市濛阳中学	编者刊		2004
四川省江油市第一中学九十年校史（1914-2004）	江油一中校庆办公室	编者刊		2004
合川中学校志1904-2004	合川中学校志编纂办公室	合川中学		2004
四川省青川中学校校志（1943-2003）	四川省青川中学校、青川县地方志编纂委员会办公室	编者刊		2005
遂宁一中校志1905-2005	遂宁一中校志编纂委员会	编者刊		2005
重庆市大足中学志	重庆市大足中学	编者刊		2005
川小学教师登记数统计		四川月报	9卷4期	1936
四川初等教育之历史叙述	柯嘉兆	教育视导通讯	19、20期	1942
成都市小学教育概况	肖能昭	文化先锋	4卷2期	1944
投进小学生心灵的炸弹	张黎群	成都日报		1981.5.4
民国时期四川小学师资状况初探	曾崇碧	四川教育学院学报	1期	2003
20世纪30年代四川小学教师待遇状况	曾崇碧 王勇	西南交通大学学报（社科）	1期	2003
20世纪30年代四川小学教师薪资微薄及原因分析	曾崇碧	四川师范大学学报（社科）	2期	2004
涪陵实验小学校、农民教育馆实施报告	涪陵实验小学校、农民教育馆	编者刊		1932
重庆市市立第一小学半年来之经过	重庆市市立第一小学	编者刊		1937
南街小学志1917-1984	向滨兰	岳池县南街小学		1985

续表二五

篇、书名	著(译)编者	出处	卷、期	年月日
隆昌县响石小学校志1905－1985	隆昌县响石小学校	编者刊		1985
烈面镇小学志1914－1985	四川省武胜县烈面镇小学	编者刊		1985
树人小学建校五十周年纪念集	重庆市树人小学校庆筹委会等	编者刊		1988
杨度夫人与儒英小学	魏仲云	重庆晚报		1988.9.25
中江县实验小学校志（1903－2003）	中江县实验小学	编者刊		2003
定县平民教育考察记	毛应章	拔提书店		1933
平教会的实在贡献	蒋廷黻	天津大公报·星期论文		1934.5.13
我所认识的晏阳初	邹沧萍	重庆新华日报		1950.12.5
撕破改良主义外衣看晏阳初的真面目	甘泉	重庆新华日报		1950.12.28
中国现代反动教育思想资料选	华中师范学院教育系	编者刊		1962
晏阳初和抗日战争时期的平教会	赵冕	文史资料选辑	43辑	1964
晏阳初与平民教育	晏升东 孙怒潮	文史资料选辑	95辑	1984
月是故乡明——晏阳初博士二三事	胡力三	文史杂志	3期	1987
晏阳初早期的平民教育实验	庾国琼	教育研究与实验	4期	1987
中华平民教育促进会的定县平民教育实验	王志祥	教育研究与实验	1期	1988
开发"脑矿"使农民具有"四有"——晏阳初平民教育思想评介一二	肖垠	当代教育科学	3期	1988
他在战火中走上平民教育之路——《晏阳初——向愚昧贫穷开火的斗士》节选	约翰·赫尔塞（谭健华）	文史杂志	4期	1988
"定县实验"中的生计教育	宋恩荣	教育理论与实践	5期	1988
晏阳初与乡村教育运动	宋恩荣	教育研究	7期	1988
晏阳初教育思想研究 第一集	湖南省武冈师范学校	湖南教育出版社		1988
晏阳初教育思想研究 第二集	湖南省武冈师范学校	湖南教育出版社		1990
晏阳初教育思想研究 第三集	湖南省武冈师范学校	湖南教育出版社		1998

续表二六

篇、书名	著(译)编者	出处	卷、期	年月日
开展平民教育，使农民从愚昧中走出来	宋恩荣 杨春发	国际学术动态	1 期	1989
论晏阳初的平民教育思想与实践	何志汉	中国教育学刊	2 期	1989
晏阳初为创办农村建设育才院致孔祥熙函稿	沙兰芳	民国档案	4 期	1989
晏阳初请赞助在晋省开展平教运动致孔祥熙函稿	沙兰芳	民国档案	4 期	1989
有必要重新研究晏阳初的农村教育实验方法	肖垠	教育理论与实践	5 期	1989
晏阳初文集	宋恩荣	教育科学出版社		1989
晏阳初平民教育和乡村建设运动对当今农村教育的几点启示	张晓洪	教育理论与实践	2 期	1990
晏阳初与私立中国乡村建设学院	沙兰芳	南京史志	6 期	1990
免于愚昧无知的自由——晏阳初种种	朱健	读书	9 期	1990
To the People：James Yen and Village China	C. W. Hayford	Columbia University Press		1990
平民教育家晏阳初	四川省政协、巴中县政协文史资料委员会	四川大学出版社		1990
晏阳初与定县平民教育	李济东	河北教育出版社		1990
晏阳初文集	詹一之	四川教育出版社		1990
教育与社会发展——晏阳初思想国际学术研讨会论文集	宋恩荣	湖南教育出版社		1991
农村大教育观——晏阳初乡村教育思想探析	王道澍	安徽教育学院学报	4 期	1992
献身平民教育事业的晏阳初博士	张会军	乡镇论坛	6 期	1992
张澜与晏阳初教育思想比较	王晓华	西华师范大学学报（哲社）	6 期	1992
晏阳初全集	宋恩荣	湖南教育出版社		1992
晏阳初教育论著选	马秋帆 熊明安	人民教育出版社		1993
晏阳初平民教育思想述评	张良才 刘义江	齐鲁学刊	3 期	1994
平民教育的起点——晏阳初在法国华工中的教育活动	曾绍敏	社会科学研究	4 期	1994
晏阳初与"博士下乡"	程静英	高等函授学报（哲社）	6 期	1994
一项为和平与发展奠基工程——平民教育之父晏阳初评介	詹一之 李国音	四川教育出版社		1994

续表二七

篇、书名	著(译)编者	出处	卷、期	年月日
晏阳初教育思想研究——中国近现代教育家系列研究	宋恩荣 熊贤君	辽宁教育出版社		1994
浅论晏阳初的"平民教育"	梁严冰	历史教学问题	1期	1995
晏阳初"平民教育"的理论与实践	孙远方	滨州教育学院学报	1期	1995
晏阳初的科普思想和"定县实验"	周孟璞	四川师范大学学报（哲社）	1期	1995
试论晏阳初平民教育思想的特点	姜荣耀	四川师范大学学报（哲社）	1期	1995
评晏阳初及其平民教育派的理论和实践	杜菊辉	益阳师专学报	3期	1995
晏阳初先生生年考	晏鸿国	四川师范学院学报（哲社）	4期	1995
晏阳初民本政治观初探	卢建华	衡阳师范学院学报	1期	1996
晏阳初纪念文集	晏阳初纪念文集编辑委员会	重庆出版社		1996
评晏阳初"平教派"的理论与实践	张玉山	河南师范大学学报（哲社）	1期	1997
晏阳初的平民教育思想及其实践	申培轩	中国成人教育	1期	1998
晏阳初民本政治观探析	李文珊	四川教育学院学报	2期	1998
晏阳初对中国教育现代化与本土化的思考	宋恩荣	河北师范大学学报（教科）	2期	1998
晏阳初与民国时期的平民教育	孙 林	民国档案	3期	1998
论晏阳初的教育思想	赵碧玫	六盘水师范高等专科学校学报	4期	1999
评晏阳初《开发民力建设乡村》	费孝通	费孝通文集	5卷	1999
晏阳初教育思想研究有新进展	曾昭伟	湖南教育	6期	1999
晏阳初先生与中华平民教育促进会	郑体思	文史资料选辑	133辑	1999
晏阳初与平民教育运动	周春燕	镇江市高等专科学校学报	1期	2000
论晏阳初教育思想的时代意义	曾昭伟	湖南省社会主义学院学报	3期	2000
晏阳初的平民教育与中华民族凝聚力	文克成	湖南省社会主义学院学报	4期	2000
借鉴发扬晏阳初教育思想 为教育改革发展服务	陈白玉	湖南省社会主义学院学报	4期	2000
晏阳初及其平民教育与乡村建设	宋恩荣（镰田文彦）	日本农山渔村文化协会		2000
在社会调查与社会研究的实践中深化对晏阳初教育思想的认识	曹才力	湖南省社会主义学院学报	1期	2001
简论晏阳初的师德建设思想	刘欣森	湖南省社会主义学院学报	1期	2001
晏阳初平民教育实践对现代农民教育的启示	朱启臻	中国农业大学学报（社科）	3期	2001

续表二八

篇、书名	著(译)编者	出处	卷、期	年月日
晏阳初平民教育思想中的民主政治观	杨峥嵘	船山学刊	3期	2001
试析晏阳初乡村改造运动的理论特色	李文珊	学术论坛	4期	2001
晏阳初与平民教育运动	赛珍珠	天涯	5期	2001
论晏阳初的"四大教育"及其现实意义	史振厚	成人教育	11期	2001
晏阳初教育思想与当今乡村素质教育	黎才发	湖南教育	13期	2001
三人行：走向平民——我们该怎样评说平教运动与乡村建设运动	张海英等	北京日报		2001.11.5
晏阳初平民教育思想及其启示	张夫伟	中国成人教育	1期	2002
评晏阳初平教会乡村建设的实践和理论	张卫军	济宁师范专科学校学报	2期	2002
浅谈晏阳初平民教育理论中的民本思想	曹贱保	湖南省社会主义学院学报	2期	2002
晏阳初平民教育与乡村改造方法论初探	周逸先	高等师范教育研究	3期	2002
中华平民教育促进会扫盲运动的历史考察	徐秀丽	近代史研究	6期	2002
晏阳初与定县平民教育实验区	王宪政	光明日报		2002.3.23
晏阳初与平民戏剧	谢美生	大舞台	1期	2003
晏阳初的农民教学原则及其对农村职业教育的启示	杨建华	职教通讯	2期	2003
晏阳初及其平民教育和乡村建设运动的过去、现在与未来——评宋恩荣编著《晏阳初及其平民教育和乡村建设》	平野健一郎 于逢春	河北师范大学学报（教科）	6期	2003
晏阳初乡村教育改造思想与农村教育综合改革	张西方	洛阳师范学院学报	6期	2003
平民教育之父晏阳初	杨东平	教育科学论坛	7期	2003
告语人民（节选）——平民教育家晏阳初	赛珍珠	百姓	8期	2003
"世界平民教育之父"晏阳初	肖 梅	党史纵横	9期	2003
晏阳初的定县实验	鄢烈山	探索与求是	9、10期	2003
晏阳初与乡村改造运动	江登兴	党政论坛	11期	2003
晏阳初教育思想及其对当前农村扶贫工作的启示	陈发云	江西社会科学	12期	2003

续表二九

篇、书名	著(译)编者	出处	卷、期	年月日
告语人民	晏阳初 赛珍珠	广西师范大学出版社		2003
从晏阳初到温铁军	新望	中国改革（农村）	2期	2004
晏阳初：平民教育从中国到世界的历程	郑杭生	江苏社会科学	2期	2004
"晏阳初先生"回来了——农民技术培训及乡村建设之意义的讨论	欧阳敏	人民论坛	3期	2004
试论晏阳初的现代民本思想	李文珊	河南社会科学	4期	2004
略论晏阳初的平民教育思想及其现实启示	徐宁	西华大学学报（哲社）	4期	2004
论晏阳初乡建思想的科学性与民主性特征	王国宇	河南社会科学	4期	2004
晏阳初乡村改造思想形成的理论背景	史振厚	河南社会科学	4期	2004
晏阳初平民教育思想的民主政治观	肖华玉	陕西社会主义学院学报	4期	2004
农村人力资源开发的重要途径——试论晏阳初开发"脑矿"思想的现实意义	王继平	成人教育	5期	2004
晏阳初：与爱因斯坦齐名的中国基督徒	佚名	教师博览	9期	2004
平民教育之父晏阳初	刘华山	新西部	9期	2004
晏阳初的平民教育思想与当今农民教育改革	宋丽娜	中国职业技术教育	21期	2004
晏阳初乡村建设实践研究	四川省晏阳初研究会	编者刊		2004
晏阳初平民教育思想及其实践	张黎	职教论坛	1期	2005
晏阳初女子教育思想述评	张珍珍	邢台学院学报	1期	2005
晏阳初乡村改造与农村劳动力培训	史振厚	济宁师范专科学校学报	2期	2005
		经济论坛	10期	2005
论晏阳初乡村建设的方法论思想	王国宇	船山学刊	2期	2005
晏阳初的定县乡村平民教育实验述评	吴洪成	临沂师范学院学报	2期	2005
浅析晏阳初平民教育理论与现代民本思想	章潆	湖北大学成人教育学院学报	2期	2005
浅谈晏阳初平民教育思想对当代成人教育的借鉴意义	王青	西北成人教育学院学报	2期	2005

续表三〇

篇、书名	著(译)编者	出处	卷、期	年月日
晏阳初平民教育实践对当今成人教育的借鉴意义	王 青	河南职业技术师范学院学报（职教）	2 期	2005
定县模式——北碚模式：两种不同乡村建设模式的取舍	王金霞 赵丹心	河北师范大学学报（哲社）	3 期	2005
两种模式的比较——裴斯泰洛齐的贫民教育与晏阳初的平民教育	王小丁	河北大学学报（哲社）	3 期	2005
民、知识分子与爱——《晏阳初传》读书札记	杜智鑫	民主与科学	3 期	2005
试论晏阳初的文化观	张静芳	北京化工大学学报（社科）	4 期	2005
晏阳初及其所倡导的平民戏剧教育	王艳玲	剧作家	5 期	2005
中国"平民教育之父"——晏阳初	朱仕珍	北京教育（普教）	6 期	2005
晏阳初"定县实验"对当今农村教育改革的启示	王志刚 李江涛	甘肃农业	8 期	2005
评晏阳初的乡村教育思想	张惠娟	教育探索	8 期	2005
创新——晏阳初平民教育思想的主旋律	王小丁	教育理论与实践	18 期	2005
平民教育之父——晏阳初	博 仔	湖南教育	18 期	2005
民生职工教育简介	马昌铭	企业管理	9 期	1983
积极倡导职业教育的卢作孚	陈伟华	教育与职业	4 期	1990
略论卢作孚的教育理想与教育生涯	章红霞	重庆社会科学	3 期	2000
卢作孚教育思想及其实践活动述论	吴洪成 陈兴德	西南师范大学学报（人文）	5 期	2000
试论卢作孚教育思想与教育实践的特点	罗仕聪	重庆社会主义学院学报	3 期	2001
论卢作孚在中国近现代教育史上的地位	陈兴德 覃红霞	中华文化论坛	3 期	2003
一位爱国实业家的民众教育实践活动——卢作孚的三次民众教育实验阶段	谭超等	重庆职业技术学院学报	4 期	2003
民众教育旗手卢作孚	方 舟	教育与职业	34 期	2005
热心办教育，着意育新人——回忆先父甘绩镛兴办教育的几件事	甘懋邺	重庆市中区史志	1 期	1986
四川隆昌县穆民教育概况	苏德宣	突崛月刊	4 卷 5 期	1936
成都回民业余学校	澜	月华	10 卷 6 期	1938

续表三一

篇、书名	著(译)编者	出处	卷、期	年月日
西康康定伊斯兰两级小学办理之经过及其艰困	伊校同人	康藏前锋	3卷7期	1936
成都市私立清真女子小学校学生自治简章		清真世界	20期	1942
余海亭与成都"宝真堂"	马彦虎	回族研究	4期	1992
略述四川清真寺及其经堂教育	张泽洪	中国穆斯林	5期	1992
周级三与万县伊斯兰师范	马彦虎	回族研究	1期	1993
"留东清真教育会"三位四川籍会员事略	马彦虎	回族研究	1期	1994
四川回族教育的历史与现状	马尚林 罗凉昭	西南民族学院学报（哲社）	5期	1994
		民族研究文集		2000
本署司札茂州据省视学报告学务情形文	佚　名	四川教育官报	乙酉10册	1909
			乙酉11册	1909
懋功学界	佚　名	广益丛报	109号	1906.6.21
平武兴学	佚　名	广益丛报	79号	1905.8.10
四川省边地教育实施——四川省教育厅参加全国边疆教育会议纪念刊	四川省国民教育指导月刊	编者刊		1941
阿坝藏族羌族自治州文化教育大事纪略（藏汉文对照）	贾正才（李川龙）	阿坝州史志学会		1994
羌族民俗与羌族教育	蔡文君 杜学元	贵州民族研究	6期	2005
天全州禀督同视学整顿学务一案	佚　名	四川教育官报	乙酉9册	1909
天全学界	佚　名	广益丛报	159号	1908.1.30
四川藏文学堂章程	佚　名	四川学报	乙巳1册	1905
成都将军、总督部堂会批炉霍屯详设蒙小学堂垦地充费一案	佚　名	四川学报	乙巳1册	1905
前总督部堂锡奏开设藏文学堂片	锡　良	四川学报	丁未9册	1907
藏语学堂	佚　名	商务公报	35期	1907
巴塘粮务详报培修学堂工料物件等项支用藏圆数目一案	佚　名	四川学报	丁未11册	1907
川督咨送藏文学堂之章程	佚　名	直隶教育官报	丁未17期	1907
学部会奏遵议川滇边务大臣奏关外办学人员请奖折	佚　名	四川官报	32期	1911

续表三二

篇、书名	著(译)编者	出处	卷、期	年月日
川滇边务大臣报告边地兴学情况	佚 名	教育杂志	3年7期	1911
打箭炉学务聘人	佚 名	蜀报	6期	1910.11.2
赵尔丰治边时代的西康教育	梁瓯第	教育研究	99期	1941.11
清末川边兴学概况	王 笛	西藏研究	2期	1986
试论清末川边改土归流与兴办教育	朱解琳	青海民族学院学报	1期	1987
		西藏教育研究		1989
试论赵尔丰在经营川边中以兴学为先的思想	宋德扬	社会科学研究	6期	1988
清末川边藏区的文化教育	陈一石	藏族史论文集		1988
试论赵尔丰的川边兴学	宗德杨	四川教育学院学报	3期	1988
清代四川藏族的普通教育	杨 明	西南民族学院学报(人文)	4期	1988
赵尔丰川边兴学概述	何云华	四川民族史志	4期	1988
清末川边"兴学"述论	陈国勇	四川师范学院学报(哲社)	1期	1989
清末川边兴学概述	王 笛	西藏教育研究		1989
清末川边藏区教育的开发述评	张 炼	西南民族学院学报(人文)	2期	1992
赵尔丰与川边藏区近代教育之兴起	李绍先	文史杂志	3期	2003
康定教会学校大加扩充	佚 名	蒙藏周报	7期	1929
西康教育逐待振兴	佚 名	蒙藏周报	9期	1929
康定各级学校最后统计	佚 名	蒙藏周报	12期	1930
西藏地方教育建设计划——附西康青海藏民聚居地方教育建设计划		蒙藏周报	23、24期	1930
西康特区政务委员会呈军部转报组织康西特区教育会	佚 名	西康公报	15期	1931
西康教育概况	洛松吉村	蒙藏周报	56-58期	1931
西康的教育	佚 名	西北研究	5期	1932
西康教育改革之我见	刘相荣	康藏前锋	创刊号	1933
改革康藏教育计划大纲	响 玲	康藏前锋	创刊号	1933
看到中央对于蒙藏教育的设施	悉	康藏前锋	1卷3期	1933
蒙藏教育实施特别注意之所在	悉	康藏前锋	1卷4期	1933
筹设中央政治学校附设蒙藏学校西康分校之刍议	文 斗	康藏前锋	1卷4期	1933

续表三三

篇、书名	著(译)编者	出处	卷、期	年月日
怎样发展康藏教育	天	康藏前锋	1卷6、7期	1934
西康教育问题之先解	泰斗	康藏前锋	1卷6、7期	1934
西康教育实施之研究	春材	康藏前锋	1卷6、7期	1934
西康康定、泸定教育概况	德亮	康藏前锋	1卷6、7期	1934
实施蒙藏教育计划	先锋	康藏前锋	1卷6、7期	1934
宗教教育之讨究	腾蛟	康藏前锋	1卷6、7期	1934
西康教育之先决问题	佚名	蒙藏月报	1卷2期	1934
改进康藏教育之步骤与方法	严格里	康藏前锋	1卷9期	1934
如何实施西康之生产教育	仲康	康藏前锋	1卷9期	1934
西康教育之过去与将来	黄举安	开发西北	2卷2期	1934
康定即设康藏分校	佚名	蒙藏月报	1卷5期	1934
西康之回民教育	佚名	蒙藏月报	1卷5期	1934
泸定全县小学调查	佚名	蒙藏旬刊	97期	1935
西康泸定教育之概述及其危机	谏	康藏前锋	2卷4期	1934
			2卷5期	1935
应如何减少西康文盲	阳昌伯	康藏前锋	2卷8期	1935
西康三十年来教育兴替图	周应奎	康导月刊	1卷2期	1938
建设新西康应彻底改进关外教育	王政孚	康导月刊	1卷5期	1939
一年来之西康教育		康导月刊	1卷9期	1939
西康教育沿革	周应奎	康导月刊	1卷12期	1939
三十年来之西康教育	张敬熙	商务印书馆		1939
西康之教育	梁沅云	教育杂志	30卷2期	1940
西康省抗战教育之设施	韩孟钧	教育杂志	30卷4期	1940
西康区教育之今昔及其改进之意见	张为炯	康导月刊	2卷10期	1940
如何推进西康省的教育文化	贺国光	康导月刊	2卷10期	1940
西康教育之我见	李万华	康导月刊	2卷10期	1940

续表三四

篇、书名	著(译)编者	出处	卷、期	年月日
改进西康边民教育之管见	韩孟钧	康导月刊	2卷10期	1940
康人的生活教育	张之北	康导月刊	2卷10期	1940
抗战中的西康技专	韩少苏	康导月刊	2卷11期	1940
西康建省一年来之教育概况	西康省教育厅	编者刊		1940
国立西康技艺专科学校之创设与进展	国立西康技艺专科学校	编者刊		1940
西康教育的根本路线	李春材	康导月刊	3卷2、3期	1941
西康宁属边民的种类及文化教育	王一影	青年中国	2卷3期	1941
抗战以来西康之教育	韩孟钧	教育杂志	31卷7期	1941
民国以来西康边民教育	梁瓯第	边政公论	1卷7、8期	1942
喇嘛教育制度	李安宅	大学	2卷8期	1943
现阶段的西康边民教育	邓俊康	康导月刊	5卷5期	1943
一年来之西康教育	程其保	康导月刊	5卷10期	1944
西康省国民教育概况	苏自强	西康教育	1号	1946
西康中等教育之鸟瞰	蒋壁泽	西康教育	1号	1946
西康省教育统计	张淦	西康教育	1号	1946
清末和民国时期甘孜州教育简况	甘孜州教育志编写组	编者刊		1987
甘孜藏区学校教育开发史概述	林俊华	西藏研究	2期	1993
木里的寺院教育	徐彬	民族教育研究	2期	1993
四川藏传佛教格鲁派寺院教育概述	杨明	四川藏学研究	2辑	1994
康定中学建校六十周年专刊（1939-1999）	四川康定中学	编者刊		1999
宁远府学界琐谈	宁人	四川	1号	1908.1.5
宁远学务	佚名	广益丛报	139号	1907.7.9
西昌县详请移费助学一案	佚名	四川教育官报	乙酉5册	1909
雷波厅详劝学所章程并申报启用图记日期一案	佚名	四川教育官报	庚戌2册	1910
凉山倮㑩的社会及其教育	梁瓯第	中山学报	1卷3期	1942
四十年代西昌民族教育的回顾	伍柳村 张志英	文史杂志	2期	1992
四川省西昌市第二中学百年校庆纪念专辑	西昌市第二中学	编者刊		1994

续表三五

篇、书名	著(译)编者	出处	卷、期	年月日
西昌农业高等专科学校校史稿1939－1998	西昌农业高等专科学校校史编写组	编者刊		1998
一所抗战时期创建的高校：丰碑——西康技艺专科学校西昌校史研究	西康技艺专科学校西昌校史研究会	编者刊		2005
一所抗战时期创建的高校：丰碑（续集）——西康技艺专科学校西昌校史研究	西康技艺专科学校西昌校史研究会	编者刊		2005
凉山彝族社会传统教育与现代教育的发展研究	曲木铁西	民族出版社		2000
论彝族体育的社会价值和教育价值	庞锦荣	凉山大学学报	1期	2001
浅析凉山彝族毕摩文化对现代基础教育的影响	李焰川	凉山大学学报	3期	2001
彝族传统教育对现代教育的影响	徐 静 洛边木果	凉山大学学报	12期	2001
毕摩文化与彝族教育关系初探	卢万发	凉山大学学报	1期	2004
浅谈《玛木特依》与德育教育的关系	何维明	凉山大学学报	2期	2004
彝族教育经典《玛木特依》浅析	木乃热哈	凉山大学学报	4期	2004
摩梭人民间文学对其幼儿的教养作用	丁 湘	中央民族大学学报	6期	2003
泸沽湖摩梭人的传统教育	罗明军 蔡 葵	中南民族大学学报（人文）	增刊	2004

第十章 语言文字

一、巴蜀图语

篇、书名	著(译)编者	出处	卷、期	年月日
奥秘的"巴蜀图语"	岷 枫	成都日报		1980.8.14
新发现的巴蜀文字	沈 泽	旅游天府	3期	1981
新都战国墓出土铜印图像探源	沈仲常	江汉考古	2期	1982
巴蜀青铜器"手心纹"试解	陈宗祥	贵州民族研究	1期	1983
巴蜀铜器纹饰图录	刘 瑛	文物资料丛刊	7辑	1983
巴蜀兵器及其纹饰符号	刘 瑛	文物资料丛刊	7辑	1983
巴蜀符号初论	孙 华	四川文物	1期	1984
关于"巴蜀图语"的几点看法	李复华 王家祐	贵州民族研究	4期	1984
巴蜀文字论稿	彭静中	四川史学通讯	5期	1984
巴蜀文字之谜	胡大权	历史知识	1期	1987
巴蜀图像符号中所见螳螂为"猱"之图腾考	刘 弘	四川文物	4期	1987
古蜀地存在过拼音文字——成都百花潭战国墓出土的铜盉盖考	钱玉趾	四川文物	6期	1988
巴蜀文字的探讨	董其祥	西南师范大学学报（社科）	3期	1989
四川郫县出土铜戈铭文试释	唐远昭	成都文物	3期	1989
古蜀地存在过拼音文字再探——四川出土的几件铜器铭文考	钱玉趾	四川文物	6期	1989
古蜀文字是"蚕丝文字"吗——与钱玉趾先生商榷	刘志一	四川文物	6期	1989
古蜀地存在过拼音文字质疑——兼论巴蜀文字的性质	魏学峰	四川文物	6期	1989
钱玉趾破译"巴蜀符号"	冯先受	人民日报		1989.11.24
商周古文字和巴蜀文化研究的几个问题——四川省当代史学会一九九〇年学术研讨会观点择述	惠 宓	四川社会科学联合会通讯	1期	1991
巴蜀古文字的两系及其起源	段 渝	成都文物	3期	1991
岣嵝碑巴蜀文试析	冯广宏	四川文物	1期	1992
巴蜀符号琐谈	张 文	四川文物	2期	1992
巴蜀徽识研究	王仁湘	中国考古学会第七次年会论文集		1992
巴蜀古文字的两系及其起源	段 渝	考古与文物	1期	1993

续表一

篇、书名	著(译)编者	出处	卷、期	年月日
峋嵝碑之文确是古蜀文字	徐式文	四川文物	5 期	1993
古蜀人的语言与文字	钱玉趾	三星堆文化		1993
四川纵目人传说与殷代西南地名——揭开卜辞奇字之谜	饶宗颐	传统文化与现代化	2 期	1994
魂归太阳：神树、离鸟、灵舟——"巴蜀图语"船形符号试析	程地宇	三峡学刊	4 期	1994
巴蜀文字与古汉字渊源之证	冯广宏	成都文物	1 期	1995
从战国带铭铜戈看蜀文字的存在	梁文骏	四川文物	2 期	1995
巴蜀心手文探义	冯广宏	四川文物	5 期	1995
符号最多的巴蜀矛	李学勤	文物	8 期	1995
巴蜀文明圈"巴蜀文字の谜"	王仁湘	日中文化研究	7 号	1995
有珍奇符号的巴蜀铜戈	李学勤	中国文物世界	124 期	1995
峋嵝碑之谜	黄剑华	文史杂志	2 期	1996
什邡巴蜀印文考义	冯广宏 王家祐	四川文物	3 期	1996
记几方珍贵的巴蜀符号印	王人聪	故宫博物院院刊	4 期	1996
鱼的主题二重奏：生命的礼赞与祖灵的复活——释"巴蜀图语"符号"∑∑"	程地宇	三峡学刊	4 期	1996
巴蜀古文戈铭试读	冯广宏	四川文物	6 期	1996
古蜀国汉字蜀字并用小考	冯广宏	成都文物	1 期	1997
几个巴蜀文字的释读	冯广宏	成都文物	4 期	1997
"巴蜀图语"中罍尊的解释	杜逎松	中国文物报		1997.10.26
巴蜀双蝌蚪文考义	冯广宏	四川文物	4 期	1998
蒲江新出土巴蜀图语印章探索	龙 腾	四川文物	6 期	1999
巴蜀古文字的破译途径	冯广宏	文史杂志	2 期	2000
巴蜀铜印文字释读	冯广宏	成都文物	2 期	2000
甲骨文巴人首创说补证	张良皋	寻根	2 期	2001
商代文字来源缺失环节的域外觅踪——兼论三星堆器物刻符	何 崝	四川大学学报（哲社）	4 期	2001
心手文·鱼兔·颛顼	冯广宏	四川文物	4 期	2001
三星堆金杖七字试译	陈宗祥	凉山民族研究		2001

续表二

篇、书名	著(译)编者	出处	卷、期	年月日
古蜀心手文续探	冯广宏	成都文物	3期	2002
罗家坝遗址再现"巴蜀图语"	苑坚	中国矿业报		2003.7.8
青川战国墓出土漆器文字符号考辨——古蜀文字"成都"的发现与试析	钱玉趾	成都文物	1期	2004
巴蜀文字的期待（1-10）	冯广宏	文史杂志	1-6期	2004
			1-4期	2005
巴蜀文字探究和释读	冯广宏	成都理工大学学报（社科）	3期	2004
巴蜀文字的来源	何崝	成都文物	1期	2005
巴族文字的发现及文字特征	钱玉趾	三峡大学学报（人文）	2期	2005

二、扬雄《方言》

篇、书名	著(译)编者	出处	卷、期	年月日
方言考	崔骥	图书馆学季刊	6卷2期	1932
方言声类考叙例	王步洲	河南大学学报	1卷2期	1934
许氏说文所称别国殊语与扬子方言异同条证	李道中	文澜学报	2卷2期	1936
方言注疏证13卷	戴震	安徽丛书编印处		1936
方言声转说	蔡凤圻	说文月刊	2卷8期	1940
扬雄方言中有切音	沈兼士	经世日报读书周刊	41期	1947.5.29
郭璞注"方言"	淳穆	文物周刊	49期	1947
扬雄《方言》在中国语言学史上的地位	罗常培	光明日报		1950.10.22
读《方言》书后	杨树达	积微居小学述林	7卷	1954
扬雄和他的《方言》——中国语言学史话之一	周因梦	中国语文	5期	1956
方言校笺及通检	周祖谟校、吴晓铃编	科学出版社		1956
方言与尔雅的关系	濮之珍	学术月刊	12期	1957
书郭注《方言》后	王国维	观堂集林	5卷	1959

续表一

篇、书名	著(译)编者	出处	卷、期	年月日
The Chinese Dialects of Han Time According to Fang Yen	Paul L. M. Serruys	Monumenta Serica		Vol. XIX
Five Word Studies on Fang Yen. Part One: General Introduction	Paul L. M. Serruys	Monumenta Serica		Vol. XIX
Five Word Studies on Fang Yen. Part Two: First Word Study: Boats and Related Things	Paul L. M. Serruys	Monumenta Serica		Vol. XXI
Five Word Studies on Fang Yen. Part Three: Second Word Study: The Dialect Word for "Tiger"	Paul L. M. Serruys	Monumenta Serica		Vol. XXVI
《尔雅》、《方言》简析	殷孟伦	山东大学学报	2 期	1961
关于上古汉语鼻音尾的问题——《扬雄方言音辨》问题之一	黄 绮	河北大学学报（社科）	2 期	1962
论声母分合——《扬雄方言音辨》问题之一	黄 绮	河北大学学报（社科）	2 期	1962
论声母分合（续）——《扬雄方言音辨》问题之一	黄 绮	河北大学学报（社科）	1 期	1963
书周祖谟《方言校笺》后	胡芷藩	中国语文	5 期	1963
《方言》母题重见研究	濮之珍	中国语文	1 期	1966
H. Frankel Fang Yen IV, 5 and 31. Knee Covers and Apron	Paul L. M. Serruys	"中研院"历史语言研究所集刊	39 本下册	1969
方言考	丁介民	台湾中华书局		1969
郭璞尔雅注与方言注之比较	吴雅美	中国语文学报	3 期	1970
郭璞の音注について（上）——《方言》における反切上字	立石廣男	漢学研究	8 号	1971
郭璞の音注について（中）——《方言》における反切下字	立石廣男	漢学研究	9 号	1972
郭璞の音注について（下）——《方言》における直音注を中心に	立石廣男	漢学研究	13、14 号	1975
方言校释	马光宇	台湾商务印书馆		1971
揚雄方言の成立について	福田襄之介	東方学会創立二十五周年記念東方学論集		1972
扬雄所记先秦方言地理区	严耕望	新亚书院学术年刊	17 期	1975
慎言与妄言——扬雄と王充との"言語"観についての一考査	今浜通隆	中国古典研究	21 号	1976
扬雄《方言》是对《尔雅》的发展	赵振铎	社会科学研究	4 期	1979

续表二

篇、书名	著(译)编者	出处	卷、期	年月日
试论郭璞注释的成就	董志翘	江苏师院学报	4期	1980
郭璞训释中的"轻重""声转""语转"	董志翘	中国语文	6期	1980
方言笺疏	钱侗 钱绎	文海出版社		1980
汉语早期的构词法——以《尔雅》《方言》同郭注的对照为例	徐德庵	西南师院学报（哲社）	4期	1981
《方言》郭璞注的反切上字	陈亚川	中国语文	2期	1981
《方言》及其注本	黄典诚	辞书研究	3期	1982
辛勤编写《方言》的扬雄	苑育新	辞书研究	3期	1982
我国第一部方言词典《方言》		文史知识	4期	1982
方言	郭璞注	天津古籍书店		1982
《方言》郭璞注的反切下字	陈亚川	中国语文	6期	1983
郭璞《方言》注释中的"声转"和"语转"——兼与董志翘同志商榷	王平	山东师范大学学报（人文）	3期	1984
《方言》考原	马学良	罗常培纪念论文集		1984
方言笺疏	钱绎撰集	上海古籍出版社		1984
方言音释	丁惟汾	齐鲁书社		1985
《方言》中的少数民族语词试析	李敬忠	民族语文	3期	1987
戴震《方言疏证》中的"声转"和"语转"	王平	山东师范大学学报（人文）	1期	1988
扬雄的《方言》与历史比较语言学	傅鉴明	成都大学学报（社科）	3、4期	1988
《方言》"通语"再研究	冷玉龙	南充师院学报（哲社）	1期	1988
郭璞注中一些创新的术语	何志华	四川大学学报（哲社）	2期	1988
扬雄《方言》语转说探微	王一军	十堰大学学报	2期	1989
前汉方音区域考	林语堂	语言学论丛		1989
扬雄《方言》里的同源词	赵振铎	语言文字学术论文集——庆祝王力先生学术活动五十周年		1989
汉扬雄撰《方言》开拓了训诂新径	徐文炎	新疆大学学报（哲社）	2期	1990
读《方言》拾零	于皿	铁道师院学报	2期	1990
论扬雄《方言》中的几个问题	李恕豪	古汉语研究	3期	1990
《方言》宗《尔雅》说辨疑	阎玉山	古籍整理研究学刊	3期	1990
论卢文弨《重校方言》	华学诚	昭通师范高等专科学校学报	3期	1990

续表三

篇、书名	著(译)编者	出处	卷、期	年月日
试论《方言》名物的联类同名	刘宜善	语文学刊	4期	1990
《方言》总体结构及其对《尔雅》古今语的记述	李开	古汉语研究	4期	1990
扬雄的语言观及其《方言》的价值	康建常	殷都学刊	1期	1991
从中古训诂资料中反映出来的汉语早期构词法——以《尔雅》《方言》同郭注的对照为例	徐德庵	古代汉语论文集		1991
方言笺疏	钱绎撰集,李发舜、黄建中点校	中华书局		1991
扬雄《方言》中的秦晋方言	李恕豪	四川师范大学学报（社科）	1期	1992
《方言》研究三题	杨钢	古汉语研究	3期	1992
扬雄方言研究	刘君惠等	巴蜀书社		1992
《方言》体例发凡	杨钢	昭通师范高等专科学校学报	2期	1993
扬雄《方言》中的"东齐"考辨	汪启明	四川大学学报（哲社）	3期	1993
方言校笺	周祖谟	中华书局		1993
释"帔缕"	徐顺平	温州大学学报（自然）	2期	1994
《别字》即《方言》考	束景南	文史	39辑	1994
"方言"和《方言》	鲁国尧	鲁国尧自选集		1994
《方言·郭注》述例	吴庆峰	古汉语研究	1期	1995
注解《方言》札记	庞月光	北京教育学院学报	1期	1995
王国维《方言》研究述略	曹小云	镇江师专学报（社科）	3期	1995
《方言校笺》拾补	华学诚	扬州大学学报（人文）	4期	1995
《方言校笺》拾补（续）	华学诚	扬州大学学报（人文）	4期	1997
《方言》无"阿锡"	叶爱国	中国语文	1期	1996
两篇引扬雄《方言》文章中的问题	吴清河	民族语文	3期	1996
汉代人哭泣说	彭卫	寻根	3期	1996
《方言笺疏》同源词研究简析	刘川民	杭州师范学院学报	4期	1997
扬雄《方言》里面的外来词	赵振铎 黄峰	中华文化论坛	2期	1998
略论《方言笺疏》中的"声转"和"语转"	刘川民	杭州大学学报（哲社）	4期	1996
论《方言笺疏》在古音推求中存在的问题	刘川民	台州学院学报	1期	1998
读王念孙《方言疏证补》	刘君惠	古汉语论集	2辑	1998

续表四

篇、书名	著(译)编者	出处	卷、期	年月日
《方言》里的秦晋陇冀梁益方言	赵振铎 黄峰	四川大学学报（哲社）	3期	1998
从《方言》郭注看晋代方言的地域变迁	张全真	古汉语研究	4期	1998
中国语文传统的范式变革——论扬雄的《方言》	申小龙	中国海洋大学学报（社科）	4期	1998
汉代《方言》的经学超越与范式更新	申小龙	学术月刊	12期	1998
《方言》双音词探析	白兆麟	古籍整理研究学刊	2期	1999
《方言笺疏》校勘评议	刘川民	浙江大学学报（人文）	4期	1999
从编集史的角度剖析扬雄《方言》	远藤光晓	语苑撷英——庆祝唐作藩教授七十寿辰学术论文集		1999
从郭璞注看晋代的方言区划	李恕豪	天府新论	1期	2000
《方言》：开创中国方言之学的经典之作	李峰 靳爱红	洛阳师范学院学报	4期	2000
扬雄《方言》"奇字"考（上）——兼析《方言》"奇字"的表词特点	华学诚	钦州师范高等专科学校学报	4期	2000
扬雄《方言》"奇字"考（下）——兼析《方言》"奇字"的表词特点	华学诚	钦州师范高等专科学校学报	1期	2001
从《方言》所记地名看山东方言的分区	吴永焕	文史哲	6期	2000
漢代方言における言語境界線——揚雄《方言》による方言區画の再檢討	松江崇	言語類型論シンポジウム論文集——平成9—11年度科学研究費基盤（A）研究成果報告書第7分冊		2000
《方言》音义关系例释	赵和平	沙洋师范高等专科学校学报	1期	2001
《方言》中所见的一些晋南方言词琐谈	王临惠	山西师大学报（社科）	1期	2001
论《方言》对《尔雅》古今语的记述	陆华	南宁师范高等专科学校学报	3期	2001
中国古代方言学的建立与扬雄《方言》的地位和影响	邓文彬	西南民族学院学报（哲社）	4期	2001
论扬雄《方言》中南楚方言与楚方言的关系	陈立中	湘潭大学社会科学学报	5期	2001
扬雄《方言》"奇字"考——兼析《方言》"奇字"的表词特点	华学诚	中国文字研究	2辑	2001

续表五

篇、书名	著(译)编者	出处	卷、期	年月日
《方言》研究的历史鸟瞰	华学诚	汉语方言学史研究		2001
论《方言笺疏》中的"古同声"	王宝刚	淮阴师范学院学报（哲社）	1期	2002
西汉扬雄《方言》浅议	康素娟	陕西教育学院学报	2期	2002
从扬雄《方言》看汉代南岭地区的方言状况	陈立中	韶关学院学报	4期	2002
《方言笺疏》研究	刘川民	台海出版社		2002
周祖谟的《方言》观	冈本勋	中京大学文学部纪要	38卷2号	2003
《方言》与扬雄的语言思想	韩建立	长春大学学报	2期	2003
《广韵》所记"方言"词	刘红花	古汉语研究	2期	2003
由扬雄《方言》看泌阳话中古语的遗留	蔡晓	天中学刊	3期	2003
见于《方言》中的柳州方言词	黄革	广西右江民族师专学报	5期	2003
扬雄《方言》与方言地理学研究	李恕豪	巴蜀书社		2003
扬雄《方言》与现代关中话相关词汇之比较研究	李莉	中山大学研究生学刊（社科）	1期	2004
再论郭璞训释中的"声转、语转、语声转"	唐丽珍	苏州科技学院学报（社科）	1期	2004
《方言》的创作与扬雄的民族思想	郭君铭 彭澜	中华文化论坛	3期	2004
扬雄方言校释汇证	华学诚	中华书局		2004
《方言笺疏》因声求义研究	王宝刚	上海辞书出版社		2004
玄应《众经音义》引《方言》考	徐时仪	方言	1期	2005
从《方言》看《周易》部分方言语词与传统解经	赵振兴 顾丹霞	语言研究	2期	2005
从《方言》看《周易》古经中的方言词	陈灿 顾丹霞	湖州师范学院学报	3期	2005
释"难而雄也"	帅志嵩	乐山师范学院学报	3期	2005
扬雄《方言》全称语意辨	陈若愚	大理学院学报（社科）	4期	2005
扬雄《方言》与中古、近代汉语词语溯源二例	董志翘	语文研究	4期	2005
《方言》中的字与方言词	王彩琴	漳州师范学院学报（哲社）	4期	2005
钱绎《方言笺疏》的训诂特点	郭珑	学术论坛	6期	2005

三、四川方言

篇、书名	著(译)编者	出处	卷、期	年月日
茶字源于巴蜀语音	杜长烜	文史杂志	3期	1992
巴蜀语言的分化、融合与发展	崔荣昌	四川师范大学学报（社科）	1期	1997
《说文解字》与四川方言本字	杨梅	阿坝师专学报	1期	1994
《说文》中所见今四川方言词语考释	蒋宗福	汉语史研究集刊		2001
司马相如赋与四川方言	王启涛	四川师范大学学报（社科）	2期	2005
两汉西蜀方言的韵部音值	彭金祥	西华大学学报（哲社）	5期	2005
宋代苏轼等四川词人用韵考	鲁国尧	语言学论丛	8辑	1981
苏轼诗韵考	唐作藩	王力先生纪念论文集		1990
《益部方物略记》用韵与《广韵》音系的比较	黄尚军	重庆工商大学学报（社科）	1期	1993
史炤《资治通鉴释文》与宋代四川方音	李文泽	四川大学学报（哲社）	4期	2000
宋代四川诗人用韵及宋代通语音变若干问题	刘晓南 罗雪梅	四川大学学报（哲社）	6期	2004
宋代川籍诗人用韵中的歌豪通押新证	丁治民	语文研究	1期	2005
宋代潼川府路诗韵的阴入通押现象分析	钱毅	南华大学学报（社科）	4期	2005
宋代潼川诗韵中阳声韵尾的混押及其语音性质	钱毅	广西社会科学	11期	2005
简介几种明、清方言词典	陈炳迢	辞书研究	5期	1983
谈谈四川人编四川方言辞书	缪树晟等	辞书研究	4期	2002
李实蜀语订补	徐德庵	大学	2卷5期	1943
"蜀语"札记	徐德庵	国文月刊	57期	1947
《蜀语》——"断域为书"的方言词典	黎新第	辞书研究	5期	1987
《蜀语》成书年代考	傅定淼	辞书研究	5期	1987
四川古代方言词典：蜀语校注	李实著，黄仁寿、刘家和校注	巴蜀书社		1990
《蜀语》释要	刘廷武	川北教育学院学报	2期	1991

续表一

篇、书名	著(译)编者	出处	卷、期	年月日
《蜀语》声类之研究	坂井健一（王昌平）	川北教育学院学报	2期	1991
从《蜀语》看四川方言语汇的构成和来源	梁国均	川北教育学院学报	2期	1991
李实《蜀语》评述	蒋均涛	川北教育学院学报	2期	1991
《蜀语》散论	何承桂	川北教育学院学报	2期	1991
浅析《蜀语》中古今名称不同的词	刘川民	川北教育学院学报	2期	1991
李实的人格美	何旭光	川北教育学院学报	2期	1991
李实	祥	川北教育学院学报	2期	1991
《蜀语》词语的记录方式	甄尚灵 张一舟	方言	1期	1992
《蜀语》简论	纪国泰	成都师专学报（文科）	1期	1992
		西华大学学报（哲社）	4期	2005
生辉于吐属之外——就《蜀语》论方言与文学语言的关系	蒋均涛	川北教育学院学报	1期	1993
李实《蜀语》简论	蒋均涛	四川教育学院学报	1期	1994
《蜀语》音注材料分析	张一舟	语言研究	增刊	1994
《蜀语》所反映的明代四川方音的两个特征	黄尚军	方言	4期	1995
《蜀语》引《方言》考	刘川民	川北教育学院学报	1期	1996
李实学术研讨会文集	遂宁市文化局	语文出版社		1996
《蜀语校注》补证	张美兰	古籍整理研究学刊	2期	1997
《蜀语》——中国现存第一部断域方言词典	杜克华 陈 静	文史杂志	5期	2002
从《竹枝词》看清代"湖广填四川"后"四川话"的形成	黄权生	成都大学学报（社科）	4期	2004
《说文解字注》与四川的方言和名物——兼及以方言证古语的训诂方法	罗宪华 经本植	四川大学学报（哲社）	3期	1982
续方言新校补 方言别录 蜀方言	张慎仪著，张永言点校	四川人民出版社		1987
简论《续方言新校补》、《方言别录》和《蜀方言》	张永言	四川大学学报丛刊	22辑	1984
跻春台	刘省三	成文堂		1914
跻春台	刘省三著，张庆善整理	百花文艺出版社		1988

续表二

篇、书名	著(译)编者	出处	卷、期	年月日
古本小说集成：跻春台	省三子	上海古籍出版社		1990
跻春台	刘省三	天一出版社		1990
跻春台	刘省三编著，蔡敦勇校点	江苏古籍出版社		1993
从《跻春台》的校点看方言古籍整理	张一舟	方言	2期	1995
《跻春台》与四川中江话	张一舟	方言	3期	1998
《跻春台》的性质、特点、语言学价值及蔡校本校点再献疑	张一舟	西南民族学院学报（哲社）	1期	1999
跻春台	省三子编辑，金藏、常夜笛校点	群众出版社		1999
《跻春台》词语例释	李申 于立昌	南阳师范学院学报	1期	2002
《跻春台》口语词杂释	曹小云	安徽教育学院学报	4期	2003
《跻春台》婚嫁丧葬类方言词汇散记	邓章应	成都大学学报（社科）	2期	2004
《跻春台》词语散札	邓章应	西南民族大学学报（人文）	3期	2004
《跻春台》说"假哥"	邓章应	文史杂志	6期	2004
《跻春台》词语研究	曹小云	安徽大学出版社		2004
《跻春台》三种整理本勘误举例	蒋宗福	方言	1期	2005
《跻春台》婚嫁丧葬类方言词语续考	邓章应	西华大学学报（哲社）	3期	2005
《跻春台》蔡校本献疑	邓章应等	内江师范学院学报	3期	2005
《跻春台》校点商榷	别敏鸽 王秀丽	文山师范高等专科学校学报	3期	2005
《跻春台》讼事类词语浅释	邓章应	汉语史研究集刊	8辑	2005
《跻春台》江湖类词语浅释	邓章应	西南民族大学学报（人文）	11期	2005
蜀籁	唐枢 林皋	石印本		1930
		四川人民出版社		1962
《西蜀方言》与成都语音	甄尚灵	方言	3期	1988
现代四川方言中之古今	张维思	学思	1卷10期	1942
The Monosyllable in Szechuanese	N. C. Scott	Bulletin of School of Oriental and African Studies	VoL. XII, nos. 1	1947
四川方言词汇	毛西旁	语文知识	38-42期	1955

续表三

篇、书名	著(译)编者	出处	卷、期	年月日
"四川方言词汇"补	A. P	语文知识	43－45 期	1955.11－1956.1
四川方言中"儿化词"的音变	柴然之	语文知识	52 期	1956
四川人怎样学习普通话	李运益 苏运中	重庆人民出版社		1956
四川音韵常用字表	四川人民出版社	四川人民出版社		1958
A Note on Two Szechuanese Dialects	G. Malmqvist	Studia Serica, Bernhard Karlgren Dedicata. Sinological Studies Dedicated to B. Karlgren on His 70th Birthday		1959
四川方言声调分布	杨时逢	"中研院"史语所集刊外编	4 本上册	1960
四川方言音系（专号）	甄尚灵等	四川大学学报（社科）	3 期	1960
四川方言音系	四川方言调查工作指导组	编者刊		1960
四川已经完成方言调查编出方言音系	鲁 萍	文字改革	3 期	1961
读"四川方言音系"	沈子平	中国语文	9 期	1961
四川话的"阴咥丨"	曹德明	中国语文	1 期	1962
四川方言举隅	平 子	四川文献	35 期	1965
我也谈谈四川方言	千 车	四川文献	37 期	1965
四川方言声调分布	杨时逢	庆祝董作宾先生六十五岁论文集		1967
四川方言音韵特点及分区概说	杨时逢	"中研院"民研所集刊	29 期	1970
诗词曲中四川方言例释（一）	林昭德	西南师范学院学报（哲社）	1 期	1979
诗词曲中四川方言例释（二）	林昭德	西南师范学院学报（哲社）	1 期	1981
诗词曲词语杂释	林昭德	西南师范学院学报（哲社）	1 期	1980
		天津师院学报	5 期	1981
		西南师范学院学报（哲社）	1 期	1982
		西南师范学院学报（哲社）	3 期	1983
"诗词曲"词语拾零	林昭德	天津师院学报	3 期	1980
从古入声的演变谈根据四川方言辨认古入声字	郝锡炯	四川师院学报（社科）	3 期	1980
四川话的"安逸"	田懋勤	方言	4 期	1980
四川方言中的几个常用的词汇	杨时逢	"中研院"史语所集刊	53 本	1982

续表四

篇、书名	著(译)编者	出处	卷、期	年月日
四川方言与普通话	梁德曼	四川人民出版社		1982
四川话口语几个常用虚词的用法	张一舟	四川大学学报（哲社）	1 期	1983
四川方言代词初探——为第十五届国际汉藏语言学会议而作	甄尚灵	方言	1 期	1983
四川方言的鼻尾韵	甄尚灵	方言	4 期	1983
四川话的"倒"和"起"	田懋勤	西南民族学院学报（哲社）	4 期	1983
四川话流、蟹两摄读鼻音尾字的分析	李国正	中国语文	6 期	1984
四川的客家人和客方言岛	崔荣昌	龙门阵	6 期	1984
四川方言代词二事	甄尚灵	四川大学学报丛刊	22 辑	1984
四川方言语法初探	杨欣安	西南师范学院学报	增刊	1984
四川境内的湘方言	崔荣昌	"中研院"历史语言研究所		1984
四川方言调查报告	杨时逢	"中研院"历史语言研究所		1984
四川方言的形成	崔荣昌	方言	1 期	1985
关于四川方言的语音分区问题	郝锡炯 胡淑礼	四川大学学报（哲社）	2 期	1985
论永兴方言的送气浊声母	何大安	"中研院"史语所集刊	57 本 4 分册	1986
四川省西南官话以外的汉语方言	崔荣昌	方言	3 期	1986
四川境内的"老湖广话"	崔荣昌 李锡梅	方言	3 期	1986
编地方志中有关方言志的几个问题	崔荣昌	文史杂志	3 期	1986
西南官话的分区（稿）	黄雪贞	方言	4 期	1986
四川话儿化词问题初探	李国正	中国语文	5 期	1986
四川方言的类别	崔荣昌	文史杂志	1 期	1987
四川方言中保留的古语	罗韵希	南充师院学报（哲社）	2 期	1987
《四川方言词典》的释义	王文虎	辞书研究	5 期	1987
《四川方言词典》的收词和注音	周家筠	辞书研究	5 期	1987
《四川方言词典》条目的形体和编排	张一舟	辞书研究	5 期	1987
四川方言词典	王文虎等	四川人民出版社		1987
四川方言词语汇编	陈 群 张少成	成都市群众艺术馆		1987
四川话的几种句法结构	郑有仪	重庆师院学报（哲社）	2 期	1989

续表五

篇、书名	著(译)编者	出处	卷、期	年月日
谈谈方言词典释义问题	王文虎	四川大学学报（哲社）	4期	1989
四川境内的安徽话	崔荣昌	文史杂志	6期	1989
四川方言词语汇释	缪树晟	重庆出版社		1989
四川人学习日语发音的几个难点	王荣梅	日语学习与研究	3期	1990
客家人"谓母曰姐"	崔荣昌	文史杂志	3期	1991
四川方言与普通话口语词汇问题	石美珊	重庆师院学报（哲社）	3期	1992
四川话的"只有"和含"只有"的一种句法形式	聂敏熙	西南师范学院学报（哲社）	6期	1992
四川湘语记略	崔荣昌	方言	4期	1993
四川方言鉴赏偶得	王大纬	民主与科学	6期	1993
四川方言的被动式和"着"	李海霞	西南师范大学学报（哲社）	1期	1994
四川话部分词语本字考	黄尚军	川东学刊	3期	1994
四川口音普通话的语音特征	王文虎	四川大学学报（哲社）	3期	1994
关于几个四川方言词语的本字	曾德祥	成都师专学报	3期	1994
四川方言与川剧	杨 梅	文史杂志	5期	1994
四川方言研究述评	崔荣昌	中国语文	6期	1994
《暴风雨前》中的四川方言词初释	曾德祥	成都师专学报	1期	1995
四川的客家人和客家方言	李文泽	中国典籍与文化	1期	1995
关于四川方言的语音分区问题	郝锡炯	四川大学学报（哲社）	2期	1995
川人"老子"称谓的由来	李盛铨	文史杂志	3期	1996
《四川方言与巴蜀文化》序	张永言	文史杂志	6期	1996
四川方言与巴蜀文化	崔荣昌	四川大学出版社		1996
四川方言"窑裤"、"幺台"考——兼及方言对文化的传承保留作用	徐适端	西南师范学院学报（哲社）	1期	1997
巴蜀语言的分化、融合与发展	崔荣昌	四川师范大学学报（社科）	1期	1997
湖广移民对四川方言形成的影响	黄尚军	川东学刊	1期	1997
黄蜡丁·四川方言·民俗	眇 生	文史杂志	1期	1997
六十年来西南官话的调查与研究	李 蓝	方言	4期	1997
四川方言[cɕiaŋ cin]本字考	谭伦华	成都大学学报（社科）	1期	1998
四川方言音系与英语音系的初步比较研究	马川冬 谭伦华	四川师范学院学报（哲社）	3期	1998
四川话民俗词语举例	黄尚军	方言	4期	1998

续表六

篇、书名	著(译)编者	出处	卷、期	年月日
方言语词考释二则	查中林	四川师范学院学报（哲社）	2期	1999
四川方言区普通话学习中的声调问题	林 晔	西南师范学院学报（哲社）	3期	1999
母亲称谓词琐谈	李代祥	成都大学学报（社科）	1期	2000
四川方言中的"老几"、"几娘"	董志翘	方言	1期	2000
浅析部分四川方言词语的民俗语源	王松柏	达县师范高等专科学校学报	3期	2000
九十年代出版的四川方言论著	崔荣昌	成都大学学报（社科）	4期	2000
四川方言词义考释	宋子然	四川师范大学学报（社科）	6期	2000
四川话不能说属"北方语系"——评一篇新闻报道的用语	倪和乐	修辞学习	1期	2001
四川方言中的类成语短语分析	任志萍	乐山师范学院学报	2期	2001
四川方言词语杂释——兼及方言词语的文学记录	毛远明	乐山师范学院学报	2期	2001
四川方言的佛教语词拾零	王启涛	文史杂志	3期	2001
释四川方言词"老革"	毛远明	方言	3期	2001
简析汉字声母在四川方言中的歧异读音	兰玉英	西南民族学院学报（哲社）	7期	2001
说说四川话	张一舟	文史知识	7期	2001
四川方言词"乡坝佬"考释	鲜于煌	古汉语研究	3期	2002
释四川方言的一些例外字	兰玉英	北京化工大学学报（社科）	4期	2002
四川方言志语音编写中存在的问题	肖娅曼	西南民族学院学报（哲社）	增刊4	2002
四川方言词语考释	蒋宗福	巴蜀书社		2002
四川方言词和汉语同族词研究	查中林	巴蜀书社		2002
试论四川方言的"倒X不X/Y"结构	郑剑平	西昌师范高等专科学校学报	2期	2003
巴蜀方言词源举隅	胡继明	宜宾学院学报	2期	2003
四川方言"起"、"展"与词汇史研究	周俊勋	西南民族大学学报（人文）	3期	2003
浅析四川话中表示程度深的副词"少"	干红梅	四川师范大学学报（社科）	5期	2003
说说巴蜀方言中的吃	张老侃	四川烹饪	11期	2003
四川方言的三字格重叠式名词	杨月蓉	西南民族大学学报（人文）	12期	2003
川方言中的"雄起"一词探源	郑春汛	襄樊学院学报	1期	2004
四川方言中的"苏气"	张厉冰	文史杂志	2期	2004

续表七

篇、书名	著(译)编者	出处	卷、期	年月日
四川方言词义考释	杨小平	绵阳师范学院学报	3期	2004
四川方言与普通话副词关系探析	林晔	电子科技大学学报（社科）	3期	2004
从《竹枝词》看清代"湖广填四川"后"四川话"的形成	黄权生	成都大学学报（社科）	4期	2004
也说"假女"	邓章应	辞书研究	4期	2004
"盘"量词用法探究	邓帮云	乐山师范学院学报	7期	2004
四川方言中"不存在"的语用意义	王南冰	西华师范大学学报（哲社版）	1期	2005
试论四川方言的"V 都 Vp 了"结构	郑剑平	西昌学院学报（人文）	1期	2005
四川方言形容词古语遗存举隅	张俊之等	西昌学院学报（人文）	3期	2005
巴蜀方言中"虽遂"等字的读音及历史演变	周及徐	中华文化论坛	4期	2005
从普通话诊断看四川方言区的韵母难点——论普通话韵母 e [ɣ]、uo [uo] 在四川话中的对应	王蜀苏	西华大学学报（哲社）	4期	2005
四川客家话与亚文化圈研究	程世平 张雪山	成都大学学报（社科）	5期	2005
"麻辣"的四川方言	许智博	西部时报		2005.3.25
巴蜀方言浅说	张绍诚	巴蜀书社		2005
Western Mandarin of the Spoken Language of West China	A. Grainger	American Presbyterian Mission		1900
《西蜀方言》与成都语音	甄尚灵	方言	3期	1988
百年前的四川方言——《華英聯珠分類集成》与《西蜀方言》	千葉謙悟等	中国古籍文化研究所		2005
方言标音实例——成都音	毛坤	歌谣	55号	1924
蜀语	王煜	中央大学文艺丛刊	1卷1期	1933
蜀音论略	冯履	武汉大学四川同学会会刊	1卷2期	1934
趣味的秦蜀闽三地方音文言	刘铭恕	历史与考古	第二回	1937
成都儿童间的秘密语	刘念和	中国文化研究汇刊	4卷（下）	1944
华阳凉水井客家话记音（附表）	董同龢	"中研院"史语所集刊	19本	1948
凉水井客家话与成都方言的通用方言词及其分析	兰玉英 闵卫东	西南民族大学学报（人文）	3期	2004
《华阳凉水井客家话记音》译注献疑	兰玉英	四川师范大学学报（社科）	4期	2004
成都音系略记	杨时逢	"中研院"史语所集刊中国方言论文集	23本上册	1951

续表八

篇、书名	著(译)编者	出处	卷、期	年月日
成都语音的初步研究	甄尚灵	四川大学学报（社科）	1期	1958
蜀语与国语之比较研究	陈癸淼	台湾风物	13卷5期	1963
成都方言の聲調	遠藤光曉	均社論叢	13卷	1983
成都话的"得"	周家筠	四川大学学报（哲社）	1期	1983
成都话中的语气助词"得（在嘞）"	张清源	四川大学学报丛刊	22辑	1984
《广韵》音系和成都话	赵振铎	四川大学学报丛刊	22辑	1984
成都口语语法二则	周家筠	四川大学学报丛刊	22辑	1984
成都方言形容词的"级"	徐尚聪	贵州民族学院学报（社科）	1期	1985
成都市郊龙潭寺的客家话	黄雪贞	方言	2期	1986
成都话与普通话及各方言词汇的比较	沈文洁	华中师范大学学报（哲社）	2期	1986
西南官话名词和动词的重叠式（2）——成都方言名词的重叠式	梁德曼	方言	2期	1987
成都话名词重叠式研究	冷玉龙	南充师院学报（哲社）	2期	1987
对成都话叠音词音变规律的一点补充	冷玉龙	成都大学学报（社科）	4期	1987
《成都话方言词典》与词典学二三题	冷玉龙	辞书研究	5期	1987
成都话方言词典	罗韵希等	四川省社会科学院出版社		1987
论现代成都方言中的《广韵》影母字	李岗	西南师范大学学报（哲社）	1期	1988
社会语言学和成都话中的有关问题举隅	吴雨时	文史杂志	2期	1989
成都方言程度副词研究	罗韵希	四川师范学院学报（哲社）	2期	1990
蜀方言、麻城话与成都话	黄尚军	文史杂志	6期	1992
《成都方言词典》引论	梁德曼	方言	1期	1993
成都话中ABB式形容词的特点	杨绍林	川北教育学院学报	1期	1993
		方言	1期	1995
成都的新词语	杨梅	成都大学学报（社科）	3期	1994
成都话与普通话及各方言词汇的比较	沈文洁	华中师范大学学报（哲社）	2期	1996
四川官话入声现象的历史文化透视——论合江方言的形成与发展	杨波	西南师范大学学报（哲社）	5期	1997
从成都话看巴蜀方言的变化	张绍诚	文史杂志	5期	1997
论成都话"在"的趋向、位移用法——兼论普通话动词后"在"与"到"的性质	张清源	中国语文	6期	1997

续表九

篇、书名	著(译)编者	出处	卷、期	年月日
成都话音档	崔荣昌	上海教育出版社		1997
成都话的"V起来、V起去"和"V起xy"	张清源	方言	2期	1998
成都话例外字音析释	杨梅 崔荣昌	成都大学学报（社科）	4期	1998
成都方言词典	梁德曼 黄尚军	江苏教育出版社		1998
成都话含"疼"的一种句法形式	赵军梅	成都师专学报	3期	1999
关于成都话舌尖后音声母的调查	肖娅曼	四川大学学报（哲社）	6期	1999
普通话对成都话语音的影响	崔荣昌 宋伶俐	语文建设	6期	1999
成都话三音节词的连读变调	李文泽	汉语史研究集刊		1999
成都话量词的两个语法特点	张一舟	西南民族学院学报（哲社）	9期	2000
成都话数词的几个语法特点	张一舟	西南民族学院学报（哲社）	12期	2000
成都话"一+量词"的省略式使用情况考察	张一舟	方言	1期	2001
20世纪成都话音变研究——成都话在普通话影响下的语音变化及规律	周及徐	四川师范大学学报（社科）	4期	2001
成都话主观量范畴的特殊表达形式	张一舟	四川大学学报（哲社）	5期	2001
谈谈成都话表过去时段的副词"再"的共时特点和历史来源	张一舟	西南民族学院学报（哲社）	12期	2001
成都方言语法研究	张一舟等	巴蜀书社		2001
成都话与普通话儿化韵发音之比较——兼论普通话水平测试中儿化韵读音正误的判定	杨绍林	成都师专学报	1期	2002
成都方言中名词的加"子"和"儿化"	祝菘	文史杂志	3期	2002
成都话中的语气助词"在"	鲜丽霞	四川师范大学学报（社科）	4期	2002
成都方言词的隐实示虚	刘瑞明	成都大学学报（社科）	4期	2002
成都话警告式"是不是的！"	肖娅曼	西南民族学院学报（哲社）	5期	2002
成都话的BA式形容词	邓英树	西南民族学院学报（哲社）	10期	2002
再谈"采怪教"——方言词探源不妨从语法结构入手	郭莉莎	西南民族学院学报（哲社）	增刊3	2002
成都话中的"AP/VP+很了"句式	杨梅	成都大学学报（社科）	3期	2003
成都东山客家方言中"公、嬷"的语言解读和文化解读——成都话在普通话影响下的语音变化及规律	兰玉英	中华文化论坛	1期	2005

续表一〇

篇、书名	著(译)编者	出处	卷、期	年月日
成都人说普通话的语音问题及纠正对策	周思缔	成都理工大学学报（社科）	2期	2005
成都话动词重叠格式的句法和语义特征	杨玲	成都大学学报（社科）	2期	2005
成都话延长词重音现象研究	廖庆	德阳教育学院学报	3期	2005
成都东山客家方言中关于生命的民俗语言现象诠释	兰玉英	西华大学学报（哲社）	3期	2005
当代成都方言新词汇例释——兼论其造词心理与民间文化意蕴	杨文全 鲁科颖	西华师范大学学报（哲社）	5期	2005
成都平原土话	瘦谷	天涯	4期	2005
重庆方言	唐幼峰	重庆旅行指南社		1942
言子选辑	杨世才 文德铭	重庆指南编辑社		1942
"碚"字音读答问	丁声树	"中研院"史语所集刊	11本	1944
重庆人怎样学标准音	李运益 苏运中	重庆人民出版社		1956
重庆方言名词的重叠和儿化	范继淹	中国语文	12期	1962
重庆方言表动量的"下儿"和表时量的"下儿"	范继淹	中国语文	6期	1965
重庆方言举隅	青青	四川文献	161期	1976
重庆方言"下"字的分化	范继淹	方言	2期	1979
重庆方言中的"嘿"、"惨"、"只有恁个……了"	余纪	西南师范学院学报（哲社）	2期	1984
重庆方言既说啥人又说那个	巴人	中国语文	6期	1984
重庆方言中的几个语气词	彭永昭	重庆师院学报（哲社）	2期	1988
重庆方言的"倒"和"起"	喻遂生	方言	3期	1990
重庆话非名词词类的重叠形式	喻遂生	西南师范大学学报（人文）	3期	1990
重庆方言词汇概说	易忠	渝州大学学报（哲社）	3期	1992
重庆方言儿化音刍议	汪长学	西南师范大学学报（人文）	4期	1996
重庆方言词解	曾晓渝	西南师范大学出版社		1996
重庆方言志	翟时雨	西南师范大学出版社		1996
重庆方言的实词重叠及变调	刘永绥	重庆师院学报（哲社）	2期	1997
重庆话的XAA式	毛秀月	汉字文化	1期	1998
张老侃展言子	张老侃	重庆出版社		1998

续表一一

篇、书名	著(译)编者	出处	卷、期	年月日
巴蜀方言重庆话的语音特点	戴伟 周文德	重庆师专学报	1期	1999
巴县方言同音字汇	钟维克 郭飞鸣	渝州大学学报（社科）	4期	1999
重庆方言量词的语法特点	杨月蓉	渝州大学学报（社科）	2期	2000
重庆方言"很"与"囤囤"变读考	郝志伦	渝州大学学报（社科）	3期	2000
试析重庆方言的单音节语气词	刘红曦	重庆三峡学院学报	4期	2000
重庆话语气词的特点	彭锦维	西南民族学院学报（哲社）·语言学研究专辑		2001
四川平昌方言的亲属称谓	谭伦华	西南民族学院学报（哲社）·语言学研究专辑		2001
重庆方言区普通话障碍的克服	陈萍	涪陵师专学报	2期	2001
重庆话的儿尾	徐海英	重庆师专学报	3期	2001
论"渝普"	金小梅	西南师范大学学报（人文）	4期	2002
重庆方言的词缀"头"	苗春华	重庆三峡学院学报	6期	2002
谈重庆话的"倒"字用法	钟维克	西南民族大学学报（人文）	9期	2003
重庆方言助词"起"浅析	向莉	涪陵师范学院学报	4期	2003
重庆方言词义札记	王兴才	牡丹江师范学院学报（哲社）	5期	2003
重庆方言俚俗语研究	杨月蓉	中国文史出版社		2004
重庆方言与普通话疑问句的异同	李科凤	重庆交通学院学报（社科）	1期	2005
论重庆方言中的古入声字演变	金小梅	西南师范大学学报（社科）	3期	2005
重庆方言疑问句与普通话的差异	李科凤	重庆工商大学学报（社科）	3期	2005
重庆话的"杰好看"	李科凤	零陵学院学报	3期	2005
重庆方言音系研究	钟维克	重庆社会科学	6期	2005
重庆方言的"打"	李科凤	宜宾学院学报	9期	2005
重庆方言名词的叠音现象	刘红曦	重庆工商大学学报·西部论坛		2005
北京话和成都话、重庆话的儿化比较	郑有仪	重庆师范学院学报（哲社）	2期	1987
成都、重庆话在四川方言分区中的地位	翟时雨	西南师范大学学报（社科）	2期	1999
乐山语	刘学章	文哲学报	7卷3期	1943
四川犍乐方音和北京语音	田元	方言与普通话集刊	3本	1958

续表一二

篇、书名	著(译)编者	出处	卷、期	年月日
浅论郭沫若书面语言中的乐山口语现象	张明军	郭沫若学刊	1期	1998
郭沫若作品中的乐山口语举例		郭沫若学刊	1期	1998
乐山方言词典	韦一心	四川人民出版社		1998
乐山话中的一些句法和语用成分	赖先刚	乐山师范学院学报	4期	2000
乐山方言	赖先刚	巴蜀书社		2000
乐山人的气质与相应的方言语音因素	赖先刚	乐山师范学院学报	5期	2002
乐山话中的"dai～（13）"和"da～（42）"	任志萍	乐山师范学院学报	2期	2003
谈谈乐山方言语音的偏移	赖先刚	天府新论	6期	2004
四川省五通桥城区方言的儿尾	叶 南	西南民族大学学报（人文）	2期	2004
四川李庄方言略记	杨时逢	"中研院"史语所集刊	28本上册	1956
李庄方言记	杨时逢	"中研院"历史语言研究所		1987
四川官话入声现象的历史文化透视——论合江方言的形成与发展	杨 波	西南师范学院学报（哲社）	5期	1997
四川合江话韵母-n、-ŋ尾的来源	金 勇	宜宾学院学报	1期	2004
峨眉音系	陈绍龄 郝锡炯	四川大学学报（社科）	1期	1959
四川邛崃话里的后加成分"儿"和"儿子"	李 龄	中国语文	1期	1959
四川奉节方言分类词汇	彭 湃	方言与普通话集刊	7本	1959
奉节方言中的[x]与[f]	赖红宇	现代语文	4期	2004
自贡市的方言	毛一波	四川文献	32期	1965
自贡卷舌音源流	丁隆永	自贡师专学报	1期	1987
自贡话的重叠式构词	吕志新	自贡师专学报	4期	1989
自贡方言音系	萧玲玲	四川大学学报（哲社）	4期	1995
自贡话量词研究	陈家春 李 进	自贡师范高等专科学校学报	2期	2003
遂宁方言里的"有"和"没有"	甄尚灵	方言	3期	1981
遂宁方言形容词的生动形式	甄尚灵	方言	1期	1984
垫江话的连读变调	张一舟	四川大学学报丛刊	22辑	1984
剑阁摇铃话音系记略	杨升初	湘潭大学学报·语言文学论集		1985

续表一三

篇、书名	著（译）编者	出处	卷、期	年月日
金仙方音说略	王文海	西南民族学院学报（哲社）	1 期	1990
仁寿方言名词的重叠式	刘自力	方言	2 期	1987
仁寿话的语气词"哆"和"喔"	邓英树	四川师范大学学报（社科）	3 期	1996
四川乐至县"靖州腔"音系	崔荣昌	方言	1 期	1988
乐至话中"咯了"与普通话的对应关系	林晔	西南民族学院学报（哲社）	5 期	1999
四川达县"长沙话"记略	崔荣昌	方言	1 期	1989
方言接触与语言层次——以达县长沙话三类去声为例	何大安	"中研院"史语所集刊	61 本 4 分册	1990
达县大树乡方言"呱"的用法分析	廖强	达县师范高等专科学校学报	1 期	2003
四川省渡口市方言的现状和未来	梁德曼	方言	4 期	1985
攀枝花市城区现代汉语方音研究	彭德惠等	攀枝花大学学报	1 期	2002
攀枝花市城区现代汉语方言词汇研究	邹吉辉等	攀枝花大学学报	2 期	2002
攀枝花市农村县区现代汉语方言词汇研究	邹吉辉等	攀枝花大学学报	3 期	2002
攀枝花人讲普通话的语音训练方法	马莎	攀枝花学院学报	6 期	2002
攀枝花方言词形研究	彭德惠	攀枝花学院学报	1 期	2003
攀枝花方言词类考察	彭德惠	攀枝花学院学报	5 期	2003
攀枝花市现行汉语语音特点探析	彭德惠	西南民族大学学报（人文）	12 期	2003
攀枝花方言句类摭谈	何永斌	攀枝花学院学报	3 期	2004
论永兴方言的送气浊声母	何大安	"中研院"史语所集刊	57 本 4 分册	1986
从中兴话古全浊声母字的读音看全浊声母的演变	张一舟	四川大学学报（哲社）	1 期	1987
南充市方言记略——语音部分	江一	四川师范学院学报（哲社）	1 期	1989
从南充方言语音看古今音变的规律性	汪坤玉	四川师范学院学报（哲社）	1 期	1993
南充方言词语考释	杨小平	四川师范大学学报（哲社）	1 期	2001
西充方言中的安徽语音成分探源	王春林	四川三峡学院学报	4 期	2000
江津方言词尾"头"和方位词"高"	李锡梅	方言	1 期	1990
重庆江津方言音系研究	钟维克	渝州大学学报（社科）	2 期	2001
江津方言同音字汇	钟维克	方言	2 期	2002
从称谓语看文化——江津方言亲属称谓语略析	马宇 李琳	西安航空技术高等专科学校学报	6 期	2004
南坪话中的两种特殊句式	申向阳	阿坝师专学报	1 期	1992

续表一四

篇、书名	著(译)编者	出处	卷、期	年月日
九寨沟方言研究——语音部分	申向阳	阿坝师专学报	1期	2000
九寨沟方言研究——词汇语法部分	申向阳	阿坝师专学报	1期	2001
隆昌方言表示形容词程度的几种方法	李梅	内江师范学院学报	1期	1993
苍溪方言与普通话	高廉平	西南师范大学出版社		1993
苍溪方言中的"嗒"	李润生	乐山师范学院学报	6期	2001
		四川师范学院学报（哲社）	4期	2002
彭州话入声字分析	杨绍林	四川师范大学学报（社科）	4期	1994
四川彭州方言副词研究	杨绍林	西华大学学报（哲社）	2期	2005
彭州方言中形容词的生动形式	杨绍林	西南民族大学学报（社科）	6期	2005
彭州方言研究	杨绍林	巴蜀书社		2005
泸州方言本字考	李国正	语言研究	2期	1988
四川泸州方言研究	李国正	中华发展基金管理委员会		1997
四川省宜宾王场方言记略	左福光	方言	1期	1995
四川宜宾方言的被动句和处置句	左福光	方言	4期	2005
郫县方言表示形容词程度的几种方式	纪国泰	成都师专学报	3期	1995
郫县方言中的"湖广话"成分	纪国泰	成都师专学报	3期	1999
论四川郫县方音中的存古倾向	袁革	西华大学学报（哲社）	5期	2005
巴渠民间语言	陈元光			1998
四川营山县"安化腔"与其祖籍方言音系的对比研究	韩子京	重庆广播电视大学学报	4期	1999
重庆铜梁方言语音说略	刘红曦	渝州大学学报（社科）	1期	2000
武胜方言量词初探	唐瑛	阿坝师范高等专科学校学报	2期	2001
川北三县市方言语气词"的"	高廉平	四川师范学院学报（哲社）	1期	2002
川北方言"ABB"式叠字摹状与语义例释	武小军	西华大学学报（哲社）	6期	2005
四川石湾话和湖南温塘话声调比较——一种方言从原籍到移民地后的演变轨迹	韩子京	重庆师范大学学报（哲社）	2期	2000
四川岳池顾县话的音系	曾晓舸	四川师范学院学报（哲社）	2期	2000
四川岳池顾县话的词汇	曾晓舸	四川师范学院学报（哲社）	3期	2001
四川岳池顾县话的语法	曾晓舸	四川师范学院学报（哲社）	3期	2003
简阳方言的程度副词"多"、"少"、"多少"	周勤	乐山师范学院学报	5期	2001
西昌市黄联乡的客家话	李瑞禾	西昌师专学报（哲社）	4期	1996

续表一五

篇、书名	著(译)编者	出处	卷、期	年月日
四川西昌方言的现状及发展趋势	段 英	语文研究	3期	1998
从西昌方言词看其饮食文化	段 英	广东教育学院学报	5期	2000
四川黄联关客家话与梅县客家话的比较	段 英	汕头大学学报（人文）	4期	2002
试论西昌方言的"X把Y"格式	郑剑平	西昌师范高等专科学校学报	3期	2003
试论西昌方言的"X打X(/Y)+(L)"格式	郑剑平	西华师范学院学报（社科）	4期	2003
西昌方言语音	曹晋英	西南民族大学学报（社科）	1期	2004
凉山歇后语研究	郑剑平	西昌学院学报（人文）	3期	2004
四川（平昌）方言的连读变调	谭伦华	西南民族学院学报（哲社）·汉语言文学研究专刊		1998
镇龙方言儿尾	向道华	首都师范大学学报（社科）	4期	1998
论镇龙方言轻声与阴平、阳平合流	向道华	外交学院学报	3期	2000
镇龙方言尝试态助词"看"及相关问题	向道华	外交学院学报	3期	2002
南桐矿区方言音系	钟维克 王 欢	渝州大学学报（社科）	2期	2002
释忠县方言特征词"嘴"	张正霞	重庆教育学院学报	2期	2003
大邑方言音系	彭金祥	达县师范高等专科学校学报	6期	2004
开江话中"倒"和"起"的语法特征	陈 川	四川大学学报（哲社）	增刊	2004
三峡库区方言对英语学习的影响及对策	周化嫒	重庆科技学院学报（社科）	4期	2005
四川回族语言及其文化属性	马尚林	西南民族学院学报（哲社）	9期	2000
四川何时开始传播世界语	卢剑波	成都晚报		1962.9.27
绿星璀璨——记抗日战争期间重庆的世界语运动	李 任	重庆社会科学	4期	1995

四、少数民族语言文字

篇、书名	著(译)编者	出处	卷、期	年月日
Language Change in West China	J. H. Edgar	Journal of the West China Border Research Society	Vol. 6	1933–1934

续表一

篇、书名	著(译)编者	出处	卷、期	年月日
The Languages of Li Fan	闻宥	Journal of the West China Border Research Society	Vol. 6	1933–1934
川西民族走廊地区的语言	孙宏开	西南民族研究		1983
		Linguistics of the Tibeto-Burman Area	Vol. 13, nos. 1	1990
六江流域的民族语言及其系属分类——兼述嘉陵江上游、雅鲁藏布江流域的民族语言	孙宏开	民族学报	2期	1983
四川兄弟民族语言文字的使用及研究概述	唐韵	四川师范学院学报（哲社）	5期	1996
川西藏区的语言关系	黄布凡	中国藏学	3期	1988
木里多语社区	谢建猷	民族语文研究新探		1992
西南中国（川西民族走廊）地域の言語分布——レフアランス資料集	池田巧	日本国立民族学博物馆调查报告	39号	2003
黔江方言初探	汪增阳	涪陵师范学院学报	4期	2001
藏彝走廊的民族语言	刘辉强	"藏彝走廊历史文化"学术讨论会会议论文		2003
白狼慕汉诗歌本语略释	吴承仕	中大季刊	1卷2期	1926
东汉西南夷白狼慕汉歌诗本语译证	王静如	西夏研究	1集	1931
汉白狼王歌诗校考	董作宾	边疆半月刊		1937
白狼语汇订	丁骕	边政公论	1卷5、6期	1942
白狼歌新探	柯蔚南	清华学报	新12卷1、2期	1979
《白狼歌》研究述评	陈宗祥 邓文峰	西南师范学院学报（哲社）	4期	1979
《白狼歌》歌辞校勘	邓文峰 陈宗祥	西南师范学院学报（哲社）	1期	1981
《白狼歌》研究	马学良 戴庆厦	民族语文	5期	1982
"莋"语诗三篇及其译文	魏炯若	龙门阵	5辑	1982
后汉书·笮都夷传·白狼歌歌辞本语试解	邓文峰 陈宗祥	民族调查研究	1、2期	1985
《白狼歌》反映的古代天象与历法	陈宗祥	西南民族学院学报（社科）	2期	1986
《白狼歌》中的"倭让"考	马学良	中央民族学院学报·语言文学	增刊3	1986

续表二

篇、书名	著(译)编者	出处	卷、期	年月日
《白狼歌》第十一句"倭让龙洞"试解	陈宗祥 邓文峰	西南民族学院学报（社科）	1期	1987
"白狼歌"辨析	杨照辉	民族文学研究	1期	1987
《白狼歌》研究（一）	陈宗祥 邓文峰	四川人民出版社		1991
白狼歌新探	陈庆英	江河源文化研究	2期	1992
上古缅歌——《白狼歌》的全文解读	郑张尚芳	民族语文	1期	1993
上古缅歌——《白狼歌》的全文解读（续）	郑张尚芳	民族语文	2期	1993
白狼王远夷乐德歌新解	黄振华	宁夏大学学报（社科）	3期	1998
东汉《白狼歌》是越人歌谣	黄懿陆	广西民族研究	3期	2001
两千年前的"天书"被破译——壮族学者黄懿陆全译《白狼歌》	张信	光明日报		2001.5.8
壮族学者破译"天书"引起"地震"	李向龙	云南政协报		2004.1.14
《白狼歌诗》译注	和煜堂	云南人民出版社		2002
试析《白狼歌》作者		凉山藏学研究（4）		2003
白狼歌诗译解	罗起君	河池学院学报（哲社）	1期	2005
古僚人语词今证	张济民	民族语文	2期	1990
云南各夷族及其语言研究	台维斯（张君劢）	商务印书馆		1941
Vocabulary of the Ch'uan Miao	D. C. Graham	Journal of the West China Border Research Society	Vol. 10	1938
苗语川黔滇方言的指示词	张济民	贵州民族研究	4期	1987
黔滇川老苗文的创制及其历史作用	东人达	贵州民族研究	2期	2003
土家语概况	田德生	民族语文	4期	1982
"巴语"和土家语有亲缘关系吗	叶德书	贵州民族研究	4期	1986
土家语简志	田德生	民族出版社		1986
"賨"、"送"考	袁德洪	中央民族学院学报	3期	1990
土家语中"巴"音节刍议	张为权	贵州民族研究	4期	1990
近50年来土家语研究述评	谭志满	湖北民族学院学报（哲社）	1期	2004
论黑水羌语中之 Final Plo-Sives	闻宥	中国文化研究所集刊	1卷1期	1940
川西羌语之初步分析	闻宥	中国文化研究所集刊	2卷1—4期	1941

续表三

篇、书名	著(译)编者	出处	卷、期	年月日
汶川瓦寺组羌语音系	闻宥	中国文化研究汇刊	3卷1-4期	1943
汶川萝蔔寨羌语音系	闻宥 傅懋勣	中国文化研究所集刊	3卷1-4期	1943
理番语二枯羌语音系	闻宥	中国文化研究所集刊	4卷上	1944
羌语方言中若干字音之来源	闻宥	中国文化研究所集刊	6卷	1947
记西昌羌语的元音	闻宥	中国文化研究所集刊	8卷	1948
An Abridged Ch'iang Vocabulary	闻宥	Studia Serica	Vol. IX, part I	1950
汶川羌语词汇简编（附拉丁化文字初稿）	闻宥	中国文化研究汇刊	10卷	1951
羌语概况	孙宏开	中国语文	12期	1962
羌族の歴史とその言語——シナチベット語の源流	藤堂明保	日本中国学会报	17集	1965
A Comparative Study of the Southern Ch'iang Dialects	Chang, Kun	Monumenta Serica	Vol. 26	1967
羌语动词的趋向范畴	孙宏开	民族语文	1期	1981
羌语中的藏语借词	刘光坤	民族语文	3期	1981
羌语简志	孙宏开	民族出版社		1981
羌语支属问题初探	孙宏开	民族语文研究文集		1982
Qiang Monosyllabization: A Third Phase in the Cycle	Benedict, Paul K.	Linguistics of the Tibeto-Burman Area	Vol. 7, nos. 2	1983
羌语辅音韵尾研究	刘光坤	民族语文	4期	1984
试论"邛笼"文化与羌语支语言	孙宏开	民族研究	2期	1986
羌语中的长辅音	刘光坤	民族语文	4期	1986
论羌语代词的"格"	刘光坤	民族语文	4期	1987
羌语语音演变中排斥鼻音的趋势	黄布凡	民族语文	5期	1987
论羌族双语制——兼谈汉语对羌语的影响	孙宏开	民族语文	4期	1988
藏缅语族中的羌语支试析	刘光坤	西南民族学院学报（哲社）	3期	1989
从词汇比较看西夏语与藏缅语族羌语支的关系	孙宏开	民族语文	2期	1991
中国少数民族语言音档：羌语荣红话	中国社会科学院民族研究所语言研究室	编者刊		1993
羌语形容词研究	黄成龙	语言研究	2期	1994

续表四

篇、书名	著(译)编者	出处	卷、期	年月日
羌语音位系统分析刍议	黄成龙	民族语文	1期	1995
羌语音档	黄成龙	中国少数民族语言音档		1996
羌语动词的前缀	黄成龙	民族语文	2期	1997
羌语复辅音研究	刘光坤	民族语文	4期	1997
羌缅语群刍议	李永燧	民族语文	1期	1998
论羌语声调的产生和发展	刘光坤	民族语文	2期	1998
羌语的音节弱化现象	黄成龙	民族语文	3期	1998
麻窝羌语研究	刘光坤	四川民族出版社		1998
论羌语动词的人称范畴	刘光坤	民族语文	1期	1999
道光《石泉县志》中的羌语词	聂鸿音	民族语文	1期	2000
羌语的体范畴	黄布凡	民族语文	2期	2000
藏缅语族羌语支语言及语言学研讨会述评	孙宏开	当代语言学	2期	2000
羌语的存在动词	黄成龙	民族语文	4期	2000
汉文史籍中的西羌语和党项语	聂鸿音	语言研究	4期	2000
论藏缅语族中的羌语支语言	孙宏开	语言暨语言学	2卷1期	2001
论羌语语法中的否定形式	李山 周发成	民族语文	1期	2002
羌语构词词缀的某些特征	黄布凡	民族语文	6期	2002
羌语名词短语的词序	黄成龙	民族语文	2期	2003
Issues in Mawo Qiang Phonology	孙天星	Journal of Taiwanese Languages and Literature	Vol. 1, No. 1	2003
羌族词典	《羌族词典》编委会	巴蜀书社		2004
羌语的名量词	黄成龙	民族语文	5期	2005
简论羌语格助词	周发成	第38届国际汉藏语会议论文提要		2005
Aktionsart and Aspects in Qiang	Huang Chenglong	Proceedings of the 2005 International Conference & Courses on Role and Reference Grammar		2005
On Tibetan Transcriptions of Sihia Words	S. N. Wolfenden	Journal of the Royal Asiatic Society		1931
论四川羌语及犴药语与西夏语	王静如	西夏研究	2辑	1933
木雅语概况	黄布凡	民族语文	3期	1985

续表五

篇、书名	著（译）编者	出处	卷、期	年月日
关于木雅语和西夏语的词汇比较	林英津	宁夏大学学报（社科）	4期	1996
木雅语语音结构的几个问题	池田巧	内陆アジア言語の研究	13号	1998
木雅语资料：狮子与兔子的故事	林英津	首届西夏学国际学术会议论文集		1998
ムニヤ（木雅）語の再発見と存亡	池田巧	ことばと社会	2号	1999
木雅语助词的语法功能兼论作格特征	池田巧	第38届国际汉藏语会议论文提要		2005
论所谓南语	闻宥	民族语文	1期	1981
南语——选自《敦煌南语文本简介》	陶玛士（玉文华、杨元芳）	西藏研究	4期	1992
敦煌古藏文拼写的南语卷文的释读问题	陈宗祥 王建民	中国藏学	3期	1994
敦煌古藏文拼写的"南语"手卷的名称问题	宝洋 王建民	四川藏学研究	2辑	1994
敦煌古藏文拼写的"南语"手卷的有关地名考释	陈宗祥	四川藏学研究	4辑	1997
南语：汉藏民族语言走廊的一种古语言	陶玛士（杨元芳、玉文华）	丽江普米文化研究室		2003
新言語トス語の性格と系統	西田龙雄	東方学会創立二十五周年記念東方論集		1972
多続語の研究——新語トス語の構造と系統	西田龙雄	松香堂		1973
西夏语与多续语研究	西田龙雄（顾鉴深等）	宁夏社会科学	试刊号	1981
一部罕见的象形文历书——耳苏人的原始文字	刘尧汉等	中国历史博物馆馆刊		1981
尔苏（多续）话简介	孙宏开	语言研究	2期	1982
尔苏沙巴图画文字	孙宏开	民族语文	6期	1982
尔苏语概况	刘辉强	民族研究论文选	1辑	1983
试论尔苏沙巴文字的性质	孙宏开	中国民族古文字研究	2辑	1993
耳苏人的图画巫经	宋兆麟	东南文化	10期	2003
		中国书画	12期	2004
尔苏语言文字与尔苏人的族群认同	巫达	中央民族大学学报	6期	2005
尔苏话语序类型考察	宋伶俐	第38届国际汉藏语会议论文提要		2005

续表六

篇、书名	著(译)编者	出处	卷、期	年月日
十六世紀における西康省チベット語天全方言について——漢語・チベット語単語集いわゆる丙種本《西番館訳語》の研究	西田竜雄	研究紀要（京都大学文学部）	7卷	1963
西番館訳語の研究——チベット言語学序説	西田竜雄	松香堂		1970
"华夷译语"调查记	冯 蒸	文物	2期	1981
西番译语考辨	孙宏开	中国民族史研究		1989
《西番译语》再考	孙宏开	中国语文研究	1期	2002
《西番译语》藏文前加字的对音	孙伯君	中国民族古文字研究	4辑	1994
从《西番译语》看藏语安多方言辅音韵尾的演化	孙伯君	民族语文	6期	1997
藏语概况	中科院民研所少数民族语言研究室藏语小组	中国语文	6期	1963
藏族的语言和文字	瞿霭堂	中国藏学	3期	1992
藏语方言的研究方法	瞿霭堂 金效静	西南民族学院学报（哲社）	3期	1981
藏语方言的研究方法	德 沙	庆祝建校三十周年学术论文集（西南民族学院）		1981
藏语卫藏方言与康方言、安多方言词汇比较研究	胡书津等	西南民族学院学报（哲社）	1期	1999
藏语方言概论	格桑居冕 格桑央京	民族出版社		2002
藏语语音学的研究	闻 宥	中国文化研究所集刊	7卷	1948
Kham PhonoLogy	P. S. Ray	Journal of American Oriental Society	LXXXV. 3	1965
川西藏区的语言关系	黄布凡	中国藏学	3期	1988
自然地理、土司辖区、外国语言及康方言次方言	德泰·多尔吉	藏语文研究	创刊号	1991
四川省境内的藏语方言知多少	拉 措	西北民族大学学报（哲社）	2期	1993
阿坝文史丛书：藏语言研究论文选（藏文）	尕让他	阿坝州史志学会		1995
藏语巴塘话的语音分析	格桑居冕	民族语文	2期	1985
巴塘藏语动词屈折形态的分析	巴桑卓玛	民族语文	5期	1990
试析巴塘藏语中的几个结构助词——兼谈人称代词的音变现象	马月华	青海民族学院学报	4期	1994

续表七

篇、书名	著(译)编者	出处	卷、期	年月日
阿坝藏语语音中的几个问题	孙宏开 王贤海	民族语文	2期	1987
谈安多藏语方言若尔盖话的一种特殊语言现象	孙天星	西藏研究会讯	3期	1987
丹巴藏族的"地脚话"——语言考察散记	马月华	康定民族师专学报		1987
尔龚语的复辅音和声调	刘辉强	民族论丛	7辑	1989
Consonantal Clusters of Tibetan Loanwords in Stau	Stephens. S. Wang	Monumenta Serica	Vol. 29	1970-1971
川西藏区的革什咱话	多尔吉	西南民族学院学报·民族语言文学专辑		1988
道孚县民族语言调查	刘辉强	四川民族史志	3期	1989
道孚语语音和动词形态变化	黄布凡	民族语文	5期	1990
道孚藏语双塞音声母的声学性质	孔江平	语言研究	2期	1991
道孚藏语双擦音声母的声学分析	孔江平	民族语文	3期	1991
川西北藏区格什扎话语系分析	德泰·多尔吉	西南民族学院学报·藏语文研究专辑		1992
		云南民族语文	1期	1995
格什扎话复辅音研究	多尔吉	中国藏学	4期	1994
道孚语格什扎话研究	多尔吉	中国藏学出版社		1998
浅谈藏语松潘话	泽登孝	西南民族学院学报·藏语文研究专辑		1992
藏语松潘话的音系和语音的历史变化	华侃 尕藏他	中国藏学	2期	1997
业隆话概况	尹蔚彬	民族语文	6期	2000
观音桥话语属问题研究	黄布凡	语言暨语言学	2卷1期	2001
业隆话动词的时、体系统	尹蔚彬	民族语文	5期	2002
业隆话动词的人称和数范畴	尹蔚彬	第38届国际汉藏语会议论文提要		2005
扎巴语概况	陆绍尊	民族语文	2期	1985
扎坝语概况	黄布凡	中央民族学院学报	4期	1990
雅江"倒话"的混合特征	意西微萨·阿错	民族语文	5期	2002
拉坞戎语概况	黄布凡	民族语文	3期	2003
Phonological Profile of Zhongu-A New Tibetan Dialect of Northern Sichuan	孙天心	语言暨语言学	4卷4期	2003

续表八

篇、书名	著(译)编者	出处	卷、期	年月日
求吉藏语的语音特征	孙天心	民族语文	6期	2003
嘉戎语中动词之方向前置及其羌语中之类似	闻宥	中国文化研究所集刊	3卷1-4期	1943
论嘉戎语动词之人称尾词	闻宥	中国文化研究汇刊	4卷下	1944
嘉戎语甘堡话汉语借词反映在音位系统中的一致情况	谭克让	民族语言调查通讯	11期	1957
嘉戎语梭磨话的语音和形态	金鹏等	语言研究	2期	1957
嘉戎语梭磨话的语音和形态（续）	金鹏等	语言研究	3期	1958
rGyarong Historica Phonology	Chang, Kun、Betty Sheft Chang	"中研院"历史语言研究所集刊	46本3分册	1975
A Historical Study rGyalrong Initial and Pretixes	Nagano, Yasuhiko	Linguistics of the Tibeto-Burman Area	Vol. 4, nos. 2	1979
A Historical Study rGyalrong Rhymes	Nagano, Yasuhiko	Linguistics of the Tibeto-Burman Area	Vol. 5, nos. 1	1979
嘉绒语略述	赞拉阿旺	西藏研究（藏文）	1期	1983
嘉戎语构词法的研究	林向荣	民族语文	3期	1983
嘉戎语动词的人称范畴	瞿霭堂	民族语文	4期	1983
试论嘉戎语与道孚语的关系	李范文	西夏研究论集		1983
嘉戎语概况	瞿霭堂	民族语文	2期	1984
ギャロン語の方向接辞	長野泰彦	人类学季刊	15卷3号	1984
ギャロン語の動作の様態を示す接辞	長野泰彦	日本国立民族学博物館研究報告	9卷4号	1984
ギャロン語の能格性	長野泰彦	日本国立民族学博物館研究報告	10卷3号	1984
藏语擦音韵尾的演变	谭克让	民族语文	4期	1985
嘉戎语与藏语的若干语法差异	林向荣	中国民族语言论文集		1986
嘉戎語動詞句における接辞の統辞意味論的分析	長野泰彦	チベットの社会と文化		1986
嘉戎语马尔康卓克基话音系	林向荣	语言研究	2期	1988
关于嘉戎语的声调问题	林向荣	中央民族学院学报	5期	1989
从藏文字的渊源探讨象雄为嘉绒藏区	晏春元	西藏研究	3期	1990
嘉戎语的方言——方言划分和语言识别	瞿霭堂	民族语文	4期	1990
嘉戎语的方言（续）——方言划分和语言识别	瞿霭堂	民族语文	5期	1990
嘉戎语马尔康话中的藏语借词	林向荣	民族语文	5期	1990

续表九

篇、书名	著(译)编者	出处	卷、期	年月日
嘉戎语梭磨话有没有声调	戴庆厦 严木初	语言研究	2期	1991
		纪念王力先生九十诞辰文集		1992
嘉戎话面貌观	赞拉·阿旺 王建民	西南民族大学学报（人文）	3期	1991
嘉戎语中的汉语借词	林向荣	阿坝师专学报	13期	1991
《嘉戎语研究》序	马学衣	阿坝师专学报	1期	1992
浅谈嘉绒语词缀	严木初	阿坝师专学报	1期	1992
嘉绒语的演变轨迹	林向荣	阿坝师专学报	1期	1992
嘉绒语助词的形式及其用法	林向荣	中央民族学院学报	2期	1992
浅述嘉戎语的连续音变	严木初	阿坝师专学报	2期	1992
On the Status of Tones in the Suomo Dialect of rGyalrong	Dai QingXia Yan muchu	Linguistics of the Tibeto-Burman Area	Vol. 15, nos. 2	1992
嘉莫绒藏语浅析	赞拉·阿旺次诚	中国藏学（藏文）	4期	1992
试析嘉戎话的前缀与安多话的词后缀	王建民	西南民族学院学报·藏语文研究专辑		1992
嘉戎语马尔康话的形容词	林向荣	阿坝师专学报	2期	1993
嘉绒语前缀 ta-te-ka-ke 语法作用	黄良荣	民族语文	3期	1993
嘉戎语研究	林向荣	四川民族出版社		1993
嘉戎语中的古词与古代藏文读音辨考	嘎玛次仁	中国藏学（藏文）	1期	1994
嘉戎语梭磨话的声调	戴庆厦 严木初	藏缅语新论		1994
Nominal Morphology in Caodeng rGyalrong	孙天心	"中研院"历史语言研究所集刊	69本 1分册	1998
试论嘉戎藏语中的古藏语	赞拉·阿旺措成	中国藏学	2期	1999
Parallelisms in the Verb Morphology of Sidaba rGyalrong and Guanyinqiao in rGyalrongic	孙天心	语言暨语言学	1卷1期	2000
Stem Alternations in Puxi Verb Inflection: Toward Validating the rGyalrongic Subgroup in Qiangic	孙天心	语言暨语言学	1卷2期	2000
嘉戎語の基本構造	長野泰彦	日本国立民族学博物館研究報告	26卷1号	2001
草登嘉戎语与"认同等第"相关的语法现象	孙天心 石丹罗	语言暨语言学	3卷1期	2002

续表一〇

篇、书名	著(译)编者	出处	卷、期	年月日
A Dimension Missed: East and west in Situ rGyalrong Orientation-marking	林幼菁	语言暨语言学	3卷1期	2002
汉嘉戎词典	黄良荣 孙宏开	民族出版社		2002
嘉戎语、藏语及上古汉语的-s后缀	向柏霖	民族语文	1期	2003
茶堡嘉绒语大藏话的趋向前缀与动词词干的变化	林幼菁 罗尔武	民族语文	4期	2003
Tense and aspect morphology in the ZhuokejirGyalrong verb	林幼菁	Cahiers de Linguistique-Asie Orientale	Vol. 32, nos. 2	2003
茶堡话的重叠形式	向柏霖 陈珍	民族语文	4期	2004
草登嘉戎语的状貌词	孙天星 石丹罗	民族语文	5期	2004
嘉绒语梭磨话前缀研究	严木初	中央民族大学学报（哲社）	6期	2004
嘉绒地区藏文运用考略	阿旺措成	四川藏学研究	8辑	2004
Verb-stem Variations in Showu rGyalrong	孙天星	Studies on Sino-Tibetan Languages: Papers in Honor of Professor Hwang-Cherng Gong on His Seventieth Birthday		2004
嘉绒语组语言的高音：两个个案研究	孙天星	语言研究	1期	2005
试论嘉戎语中 sɑ 的语法功能及形式	严木初	阿坝师范高等专科学校学报	1期	2005
试论嘉戎语梭磨话的后缀	严木初	西南民族大学学报（人文）	3期	2005
白馬訳語の研究——白馬語の構造と系統	西田竜雄 孫宏開	松香堂		1990
南坪话中的两种特殊句式	申向阳	阿坝师专学报	1期	1992
白马话和藏语（上）（下）	张济川	民族语文	2、3期	1994
白马话支属问题研究	黄布凡 张明慧	中国藏学	2期	1995
Particularités Phonetiqués du Baima	Zhang Jichuan	Cahier de Linguistique-Asie Orientale	26：1	1997
白马语是藏语的一个方言或土语吗	孙宏开	语言科学	1期	2003
倮㑩语言文字之初步研究	黄济众	西康青年	2卷11期	1942
凉山彝语语音与文字	张余蓉 赵洪泽	四川民族出版社		1986
语言文字与凉山彝族的文化认同	巫达	中国彝学	2辑	2004

续表一一

篇、书名	著(译)编者	出处	卷、期	年月日
Phoneticotes on a Lolo Dialect and Consonant L	S. M. Shirokogoroff	中研院历史语言研究所集刊	1本2分册	1930
倮儸译语考	闻宥	中国文化研究所集刊	1卷1期	1940
倮儸訳語の研究——口口語の構造と系統	西田竜雄	松香堂		
倮儸语的研究	杨启劲	新宁远	1卷10、11期	1941
从文献上所见的西南夷语	游国恩	旅行杂志	17卷3期	1943
记西昌夷语的元音	闻宥	中国文化研究汇刊	8卷	1948
谈保罗字典	闻宥	康藏研究	17期	1948
凉山彝语的使动范畴	陈士林等	中国语文	8、9期	1962
		彝族语言文字论文选		1988
彝语概况	陈士林	中国语文	4期	1963
凉山彝语人称代词的几个问题	李民	中央民族学院学报	3期	1978
		彝族语言文字论文选		1988
浅谈凉山彝语的偏正词组	张余蓉	庆祝建校三十周年学术论文集（西南民族学院）		1981
彝语支语言的清浊声母	戴庆厦	中央民族学院学报	2期	1981
凉山彝语会话六百句	李民 马明	四川民族出版社		1981
凉山彝语动词、形容词的重叠	李民	中央民族学院学报	2期	1982
凉山彝语名词的特点	英树人	西南民族学院学报（哲社）	3期	1982
凉山彝语量词的变调	李民	西南民族学院学报（哲社）	4期	1982
凉山彝语语法	李民 马明	四川民族出版社		1982
凉山彝语语音概论	李民 马明	四川民族出版社		1983
凉山彝语的主动句和被动句	李民	西南民族学院学报（哲社）	1期	1984
凉山彝语骈丽词	李民	中央民族学院学报	2期	1984
试论凉山彝语词头 a-	朱建新	民族语文	6期	1984
浅谈凉山彝语六种修辞方式	赵洪泽	西南民族学院学报（哲社）	1期	1985
彝语简志	陈士林等	民族出版社		1985
彝语 mo21 "女"词义演变初探（凉山）	王天佐	民族语文	1期	1986
简论凉山彝语附加式构词法	朱建新	民族语文	2期	1986

续表一二

篇、书名	著(译)编者	出处	卷、期	年月日
凉山彝语四音词词素意义的搭配	陈 康	中国民族语言论文集		1986
凉山彝语名词构词初探	李 民	中央民族学院学报·语言文学增刊		1986
凉山彝语声调的语法作用	朱建新	西南民族学院少数民族语言文学系		1986
凉山彝族奴隶社会姓氏词的词源结构与等级分化	朱文旭	民族语文	1期	1987
凉山彝语语法	李 明 马 明	四川民族出版社		1987
四川西南部彝族使用汉语的历史和现状	汪坤玉 梁德曼	南充师院学报（哲社）	1期	1988
凉山彝族亲属称谓的语义分析和词源结构研究	苏连科	民族语文	2期	1988
凉山彝语单句类型分析	张余蓉	彝语研究		1988
析凉山彝语结构助词"苏"	张余蓉	西南民族学院学报·民族语言专辑		1988
对凉山彝语虚词"ta33、mu33、mu33ta33"的探讨	赵洪泽 潘正云	西南民族学院学报·民族语言专辑		1988
凉山彝语的泛指和特指	陈士林	民族语文	2期	1989
凉山彝语复辅音声母探源	朱文旭	民族语文	3期	1989
析彝语北部方言词组结构关系	张余蓉	彝语研究		1989
谈四音格词语的结构兼及凉山彝族的源流问题	谢志礼 苏连科	西南民族学院学报（哲社）	1期	1990
现代凉山彝语词的扩充途径试析	阿成阿布	西南民族学院学报（哲社）	3期	1990
凉山彝语体态语的社会职能	马林英	贵州民族研究	3期	1990
凉山彝语的语言风格略论	贾银忠 安群英	西南民族学院学报（哲社）	4期	1990
现代凉山彝语音译词规范初探	潘正云	西南民族学院学报（哲社）	4期	1990
彝语四音格词典		四川民族出版社		1990
彝语义诺话的撮唇音和长重音	戴庆厦 曲木·铁喜	中央民族学院学报	2期	1991
凉山彝语描摹词问题初探	马兴国	民族语文	3期	1991
彝语北部方言数量结构音变分析	苏连科	西南民族学院学报（哲社）	3期	1991
凉山彝语非语言交际习俗	马林英	贵州民族研究	4期	1991
凉山彝语的形态探析	巫 达	彝语研究		1991

续表一三

篇、书名	著(译)编者	出处	卷、期	年月日
彝语义诺话的语音系统	戴庆厦 曲木铁西	彝语研究		1991
凉山彝语新词述语的补充和规范	陈士林	中国少数民族语言文字使用和发展问题		1991
凉山彝语修辞学基础	贾银忠	贵州民族出版社		1991
黔滇川彝语比较研究	丁椿寿	贵州民族出版社		1991
凉山彝语亲属称谓的序数词素及其民族学意义	瓦尔亚达	中央民族学院学报	1 期	1992
楚辞"兮"字说	陈士林	民族语文	4 期	1992
凉山彝语及其文化因素	朱文旭	民族语文	6 期	1992
彝语义诺话动物名词的语义分析	戴庆厦 曲木铁西	民族语言研究新探		1992
彝语义诺话植物名词的语义分析	曲木铁西	语言研究	2 期	1993
彝语支语言颜色词试析	戴庆厦 胡素华	语言研究	2 期	1993
凉山彝语形容词词缀分析	木乃热哈	中央民族大学学报	1 期	1994
彝语田坝话的特点及形成原因	木乃热哈	民族语文	6 期	1994
凉山彝语骈丽词调规探讨	巫 达	民族语文	2 期	1995
论大理白语和凉山彝语的异同	杨应新	白族学研究	5 期	1995
现代凉山彝语语法	张余蓉 蔡 奎	中央民族大学出版社		1995
凉山彝语句子的语气及表达方式	陈 康	民族语文	2 期	1996
凉山彝语模糊状词初探	朱文旭	凉山民族研究		1996
凉山彝语的时间词	朱文旭	中国民族语言论丛（一）		1996
凉山彝语拟声词研究	贾银忠	西南民族学院学报（哲社）·中华彝学增刊		1996
凉山彝语田坝土语古音拾零	巫 达	凉山民族研究		1996
彝汉四音格词典	陈士林等	四川民族出版社		1996
彝语义诺话颜色词的语义分析	曲木铁西	中央民族大学学报	2 期	1997
凉山彝语的 hi33 和 bo21	胡素华	中央民族大学研究生学报	4 期	1997
凉山彝语中的汉语借词	朱文旭	民族语文	4 期	1997
凉山彝语的实词虚化例析	戴庆厦 胡素华	中央民族大学研究生学报	5 期	1997
浅析凉山彝语与日语中的动词特性	杨 玲	西南民族学院学报（哲社）	6 期	1997
凉山彝语 xo21mo21 本义考	朱文旭	中国彝学		1997

续表一四

篇、书名	著(译)编者	出处	卷、期	年月日
彝语大词典	马黑木呷	四川民族出版社		1997
凉山彝语的体词状语助词——兼论彝语语词类中有无介词类问题	戴庆厦 胡素华	语言研究	1期	1998
彝语ta33的多功能性	戴庆厦 胡素华	民族语文	2期	1998
略论彝语方言的划分	王成有	中央民族大学学报	6期	1998
彝语语法（诺苏话）	陈康 巫达	中央民族大学出版社		1998
凉山彝语语素的结合	木乃热哈	西南民族学院学报（哲社）	增刊3	1999
彝语古汉语借词的一种形式	朱文旭	民族语文	6期	1999
凉山彝语结构助词su33	胡素华	中国语言学新拓展		1999
凉山彝语语气助词"su33"的功能	小门典夫	西南民族学院学报（哲社）	2期	2000
凉山彝语非血缘亲属称谓试析	巴且日火	民族语文	5期	2000
凉山彝语声调的语法作用	朱建新	西南民族学院学报（哲社）	7期	2000
凉山彝家：文化变迁与双语教育	林耀华	中国民族	12期	2001
凉山彝语的性质形容词和状态形容词	小门典夫	民族语文	4期	2002
凉山彝语ABAB式形容词研究	朱文旭等	中央民族大学学报	6期	2002
凉山彝语的被动句	小门典夫	语言研究	4期	2003
彝语指示代词ko～（33）的语法化历程	胡素华	中央民族大学学报	5期	2003
凉山彝语的话题结构——兼论话题与语序的关系	胡素华	民族语文	3期	2004
论凉山彝语特殊修辞方式	贾银忠	西南民族大学学报（人文）	9期	2004
彝语与彝族历史文化个例辨析	张克蒂 洛边木果	凉山彝族文化艺术研究		2004
凉山彝语句法中si21和su33有关问题	朱文旭	中国民族语言文学研究论集		2004
浅谈凉山彝语的语法化现象	唐黎明	民族语文	1期	2005
凉山彝语被动义的表达方式	胡素华	语言研究	4期	2005
凉山彝语类别量词的特点	胡素华 沙志军	中央民族大学学报	4期	2005
彝语水田话概况	朱文旭 张静	民族语文	4期	2005
凉山彝语的差比句	胡素华	民族语文	5期	2005

续表一五

篇、书名	著（译）编者	出处	卷、期	年月日
凉山彝语中的避讳	陈国光	民族语文	6期	2005
论凉山彝语的"名+（数）+量+结构"su33	刘鸿勇 巫达	汉藏语系量词研究		2005
彝语方言学	朱文旭	中央民族大学出版社		2005
西南边区的特种文字	江应梁	边政公论	4卷1期	1945
西南边民文字概论	葛毅卿	学艺	17卷3期	1947
㑩㑩文的起源及其内容一般	杨成志	中山大学语史所周刊	125-128期	1930
罗罗文法概要	杨成志	语言文学专刊	1卷1期	1936
再论㑩㑩文数字	闻宥	大公报·图书副刊	115期	1936.1.30
读"爨文丛刻"——兼论㑩文之起源	闻宥	大公报·图书副刊	150、151期	1936.10.1, 1936.10.8
㑩㑩文字之初步研究	柯象峰	金陵学报	8卷1-2期	1938
倮㑩的文字	李永宽	新宁远	1卷4-5期	1941
夷文概述	钱梦超	益世报·边疆研究周刊	19期	1941.4.3
㑩㑩文字的研究	庄学本	说文月刊	3卷2、3期	1941
川滇黔㑩文之比较	闻宥	中国文化研究汇刊	7卷	1947
倮㑩的语文	王成圣	边疆通讯	5卷5期	1948
彝汉词典	中央民族学院语文系第五教研组师生	编者刊		1960
漫话"老彝文"	尤中	云南日报		1962.12.20
彝文常用字表	凉山州委、州政府	编者刊		1964
试论彝族文字的起源和发展	余宏模	凉山彝族奴隶制研究	1期	1978
彝汉词汇	四川省民委彝语文工作组、凉山州语委	编者刊		1978
彝文检字法	四川省民委彝语文工作组、凉山州语委	四川民族出版社		1978
彝文	李民	民族语文	4期	1979

续表一六

篇、书名	著(译)编者	出处	卷、期	年月日
汉彝词典	四川省民族事务委员会彝语文工作组	编者刊		1979
略谈彝文	李　民	凉山彝族奴隶制研究	1期	1980
彝文"以诺"印章跋语	邓子琴	凉山彝族奴隶制研究	1期	1980
彝文	贺　华	思想战线	2期	1980
彝文和彝文经书	马学良	民族语文	1期	1981
论彝文的类型及其超方言问题	丁椿寿	贵州民族研究	1期	1981
彝文的起源和发展	武自立	凉山彝族奴隶制研究	1期	1981
试论彝族文字的形成和类型——兼与陈士林同志商榷	席克定	贵州民族研究	3期	1981
彝文源流试论	肖家成等	云南社会科学	3期	1982
浅谈彝文类型争议和抢救民族文化遗产	夷吉·木哈	贵州民族研究	3期	1982
彝文纵横谈	姚昌道	民族文化	3期	1984
试论彝文的起源、类型和造字法原则问题	陈士林	罗常培纪念文集		1984
		毕摩文化论		1993
滇川黔桂彝汉基本词汇对照词典	中央民院彝族历史文献编译室、中央民院彝族历史文献班	编者刊		1984
试论彝文"书同文"问题	马学良	中央民族学院学报	1期	1986
再论彝文"书同文"问题——兼论彝文的性质	马学良	中央民族学院学报	2期	1986
论古彝文与现行规范彝文的使用	丁椿寿	贵州民族研究	4期	1988
训诂札记	陈士林	彝族语言文字论文选		1988
试论彝文的起源、类型和造字法原则问题	陈士林	彝族语言文字论文选		1988
试论彝族文字的起源和发展	余宏模	彝族语言文字论文选		1988
川滇黔倮文之比较	闻　宥	彝族语言文字论文选		1988
彝文和彝文经书	马学良	彝族语言文字论文选		1988
论川滇黔桂彝族文字	果吉·宁哈	民族出版社		1988
彝文非仿汉字论	丁椿寿	贵州民族研究	4期	1989
汉彝词典	汉彝词典编译委员会	四川民族出版社		1989
彝汉文渊源之争述略	朱建新	西南民族学院学报（哲社）	1期	1990

续表一七

篇、书名	著(译)编者	出处	卷、期	年月日
汉彝成语词典	四川省民委彝语文工作组	四川民族出版社		1990
彝汉字典	四川省民委彝语文工作组	四川民族出版社		1990
彝文字典	朱建新 潘正云	四川民族出版社		1990
树枝文字——彝文的起源	张纯德	思想战线	4期	1991
滇川黔彝文文字比较研究之浅见	李生福	彝族文化		1991
传统彝文	武自立	中国少数民族文字		1991
论彝文造字法	黄建明	中国民族古文字研究	3辑	1991
彝文访古录追记	马学良	贵州民族研究	1期	1992
谈汉彝姓氏翻译书写形式的规范	张余蓉	民族语文	3期	1992
彝文类型浅议	朱文旭	文字比较散论		1993
论彝汉语文的同源关系	陈英	彝语文集		1993
彝文源流试论	肖家成等	毕摩文化论		1993
漫谈彝族文字、典籍及其他	李生福	民族团结	3期	1994
彝文产生在什么时候——《彝汉字典》序	李乔	楚雄师专学报	1期	1996
彝文的历史发展和四川规范彝文	马尔子	中国民族古文字研究	4辑	1996
彝文与彝族历史文献	丁椿寿	贵州文史丛刊	5期	1996
彝文文字类型	胡素华	中国彝学	1辑	1997
彝文与彝族骨卜裂纹的关系探微	俄比解放	考古与文物	4期	1997
西安半坡遗址出土的陶文与彝族文字的渊源关系试探	伍精忠 沈伍己	彝缅语研究		1997
		民族研究文集		2000
彝文造字法新探	朱建新	西南民族学院学报（哲社）	3期	1999
浅谈彝族文字类型	巴且日火	凉山大学学报	4期	2000
表意文字还是表音文字——对古彝文文字的类型识别	哈妮娜·瓦斯蕾丝卡（李平凡）	西南民族学院学报（哲社）	7期	2000
论古彝文在世界文字上的地位	火补射日	凉山大学学报	1期	2001
浅析彝族文字的造字规律	张启仁	云南民族语文	1、2期	2001
关于彝族文字称谓	黄建明	民族语文	2期	2001
古彝文及其造字规律新探	李生福	贵州民族研究	2期	2001
彝族文字渊源新探	马史火	凉山大学学报	12期	2001

续表一八

篇、书名	著（译）编者	出处	卷、期	年月日
用诺苏文字破译十二地支	马海日古	凉山大学学报	12期	2001
古彝文：人类文字"活化石"	田明书	四川日报		2001.3.29
滇川黔桂彝文字典	滇川黔桂彝文协作组	云南民族出版社		2001
彝文形态结构方式简析	李家祥	凉山大学学报	3期	2002
族群的观念与彝族的文字——中国彝族精英之族群性研究	李永祥	彝族古文献与传统医药开发国际学术研讨会论文集		2002
彝与夷、羌——从彝文考察彝族与古羌人的关系	朱琚元	彝族古文献与传统医药开发国际学术研讨会论文集		2002
彝族古文字的符号特征与发展规律浅析	巴且日火	彝族古文献与传统医药开发国际学术研讨会论文集		2002
试论彝文异体字的成因	施选	彝族古文献与传统医药开发国际学术研讨会论文集		2002
彝文的历史发展和四川规范彝文	马尔子	彝族古文献与传统医药开发国际学术研讨会论文集		2002
彝文的语言学研究价值	朱文旭	彝族古文献与传统医药开发国际学术研讨会论文集		2002
古老而神秘的彝文	朱勇钢 邓海椿	四川日报		2003.12.5
煌煌彝文	朱琚元等	云南民族出版社		2003
彝文文字学	黄建明	民族出版社		2003
彝语方言八种	王成有	远方出版社		2003
彝语方言比较研究	王成有	四川民族出版社		2003
论彝族文字的社会性和群众性	李生福	中国彝学	2辑	2004
探析彝汉数目数字之历史渊源	罗阿依 马啸	西昌学院学报（人文）	3期	2004
四川凉山彝族甲骨简牍皮书古籍考略	熊克江 黄承宗	四川图书馆学报	2期	2004
彝文中的借汉字研究	朱文旭 马娟	中国民族古文字研究会第七次学术研讨会论文集		2004
考古发掘出土古夷（彝）文综述（提纲）	刘志一	中国民族古文字研究会第七次学术研讨会论文集		2004
彝文到底始于何时	李方清	湖北日报		2005.12.29
彝文的源流	孔祥卿	民族出版社		2005
读方编么些文字典甲种	董作宾	中国文化研究所集刊	1卷2期	1940
么些标音文字字典	李霖灿	中央博物院筹备处编委会		1945

续表一九

篇、书名	著(译)编者	出处	卷、期	年月日
"摩些"与"纳木依"语源考	和即仁	民族语文	5期	1991
纳木依语支属研究	拉玛兹偓	民族语文	1期	1994
锣锅底纳木依语	刘辉强	语言研究	2期	1996
		民族研究文集		2000
西暦1900年に記録されたナムイ語の語彙——H. R. Davies 著 Yun-Nan 所載の西南中国の民族語彙研究1	池田巧	東方学報	72册	2000
纳日人的刻划符号	宋兆麟	凉山彝族奴隶制研究	1期	1981
纳西语简志	和即仁 姜竹仪	民族出版社		1985
纳西语在藏缅语言中的地位	盖兴之 姜竹仪	民族语文	1期	1990
从纳西语的紧松元音对立看汉藏语系语音发展轨迹	杨焕典	民族语文	1期	1991
摩梭人的词汇看人类概念的发展	沙毓英	心理学报	3期	1996
摩梭人的象形文字	宋兆麟	东南文化	4期	2003

第十一章 传媒文化

一、印刷与版本、索引

篇、书名	著(译)编者	出处	卷、期	年月日
中国雕版源流考	留菴	商务印书馆		1918
中国印刷术发明述略	戴闻达（张荫麟）	学衡	58期	1926
中国印刷术沿革史略	贺圣鼐	东方杂志	25卷18号	1928
中国印刷起源	藤田丰八（杨维新）	图书馆学季刊	5卷1、2期	1931
			6卷2期	1932
中国雕版源流考	孙毓修	商务印书馆		1930
中国印刷术源流史	卡德（刘麟生）	商务印书馆		1931
中国印刷术之发明及其西传	邓嗣禹	图书评论	2卷11期	1934
评"中国印刷术之发明及其西传"	张德昌	新月	4卷6期	1933
中国雕版印刷术发轫考	蒋元卿	安大季刊	1卷2期	1936
谈中国雕版印刷之起源	包工	艺文印刷月刊	2卷10期	1940
中国印刷术考	铭	艺文印刷月刊	2卷11期	1940
印刷术的始原	安子篤	艺文印刷月刊	3卷1期	1940
中国印刷术的发明和它的西传	卡特（吴泽炎）	商务印书馆		1957
中国印刷术的发明及其影响	张秀民	人民出版社		1958
中国雕版印本的主要发源地	时洲	成都晚报		1964.7.10
中国雕版印制发明年代辨误	吉敦谕	历史教学	4期	1979
中国雕版印刷术的起源	张厥伟	四川图书馆学报	4期	1981
也谈中国雕版印刷术的起源	张厥伟	图书馆学研究	10-12期	1981
关于我国古代印刷术的探源问题	王鹏翥	华中师院学报（哲社）	6期	1982
论佛教对雕版印刷术的影响	潘猛补	法音	6期	1982
中国印刷史	张秀民	上海人民出版社		1989
雕版印刷源流	上海新四军历史研究会印刷印钞分会	印刷工业出版社		1990
雕版印刷起源问题新论	章宏伟	东南文化	4期	1994
唐代雕版术之兴起	钱穆	责善半月刊	2卷17期	1941

续表一

篇、书名	著（译）编者	出处	卷、期	年月日
记唐印本陀罗尼经咒的发现	冯汉骥	文物参考资料	5期	1957
现存国内最早的一件印刷品	张勋燎	成都晚报		1961.12.20
保存在我国的最早的印刷品	省历	四川日报		1962.5.8
《陀罗尼经咒》——我国现存最早的雕版印刷品	史占扬	四川日报		1979.5.27
一九四四年成都东郊出土梵文《不空羂索秘密陀罗尼呪》木刻印本跋	田宜超	四川图书馆学报	1期	1993
四川在印刷术上的贡献	兰桐	成都晚报		1962.5.16
成都雕版印刷漫话	西禾	历史知识	1期	1980
成都——雕版印刷术的发祥地之一	西禾	成都日报		1980.4.7
我国最早印刷的地图	丁门	成都日报		1980.3.13
唐代后期的印刷	李书华	清华学报	2卷2期	1961
略谈唐代的版刻	群明	人民日报		1961.7.18
对《略谈唐代的版刻》一文的几点意见	林子清	人民日报		1961.9.8
"模勒"与版刻考	杨绳信	西北大学学报（哲社）	2期	1981
唐·五代の彫印	石田義光	集刊東洋学	10号	1963
唐五代时期雕版印刷手工业的发展	宿白	文物	5期	1981
唐宋时期四川雕版印刷考述	杨荣新	文博	2期	2003
中国雕版印刷术之全盛时期	（向达）	图书馆学季刊	5卷3、4期	1931
南宋的雕版印刷	宿白	文物	1期	1962
南宋眉山的雕版印刷	何幼安	成都晚报		1964.6.20
试论宋代雕版印刷事业的发展及其原因	唐有勤	南充师院学报（哲社）	1期	1985
宋代眉山雕版印刷概说	吴梁红	文史杂志	1期	2004
中国古今刻书地の变迁	长沢规矩也	史学雜誌	48编7号	1937
		書誌学	15卷5号	1940
我国书籍雕版刻印的萌芽阶段——唐、五代时期	刘俊熙	上海大学学报（社科）	4期	2001
古代四川刻书考（1）——唐末五代四川刻书考略	周骏富	台大图书馆学刊	3期	1976
古代四川刻书考（2）——两宋时代四川刻书考略 目次	周骏富	台大图书馆学刊	4期	1985
唐宋蜀刻本简述	顾廷龙	四川图书馆学报	3期	1979

续表二

篇、书名	著(译)编者	出处	卷、期	年月日
唐宋蜀刻版本述略	刘少泉	四川大学学报（哲社）	4期	1989
唐代刊书考——附唐本摄影四帧	向 达	中央大学国学图书馆	第一年刊	1928
唐代刻书考略	李致忠	宁夏图书馆通讯	1期	1980
最早自刻诗集的是唐末蜀人陈咏	翁同文	蒋慰堂先生九秩荣庆论文集		1997
唐五代时期四川地区的刻书事业	潘美月	王叔岷先生八十寿庆论文集		1993
五代刻书考略	李致忠	宁夏图书馆通讯	3期	1980
五代十国刻书述考	蔡晓初	江西教育学院学报（社科）	1期	1993
近人引述毋昭裔刻书事订补	翁同文	大陆杂志	37卷9期	1968
古代家刻本先驱毋昭裔刻书事略考	马明霞	图书与情报	2期	2004
南宋（1127-1279年）刻书地域考	张秀民	图书馆	3期	1961
宋刻书漫谈	冀叔英	光明日报		1964.1.11
宋代长江流域的雕版印刷业	庄华峰	光明日报		2000.4.14
宋藏蜀版异本考（附图）	吕 徵	图书月刊	2卷8期	1943
北宋蜀本	封思毅	四川文献	177期	1970
两宋蜀刻的特色	潘美月	图书馆馆刊	9卷2期	1976
宋代蜀本纸品辨	张其中	四川图书馆学报	2期	1989
略论南宋眉山刻本	胡惠芬	江苏图书馆学报	1期	1990
宋代四川印刷的特色	潘美月	中国图书文史论集——钱存训先生八十荣庆纪念		1991
宋代蜀刻本		古籍整理研究学刊	4期	1994
眉山木刻大字本	徐启文	中国文物报		1994.1.30
宋代四川刻书知见录	曹 之	四川图书馆学报	1期	1998
宋蜀刻本"古人注"补校	冯璧如	图书集刊	1期	1942
馆藏明蜀刻本"史通"初校记	张蕴华	图书集刊	1期	1942
南宋蜀本《南华真经》校记	王叔岷	中研院历史语言研究所集刊	20本上册	1948
		宋史研究集	1辑	1958
宋蜀刻南华真经	潘美月	故宫文物月刊	27期	1986
北宋开宝藏《大般若经》初印本的发现	林虑山	现代佛学	2期	1961
北宋蜀刻《大藏经》	何幼安	成都晚报		1963.3.4
世界上刻印最早的一部《大藏经》	胡文和	历史知识	4期	1982
重印宋蜀本太平御览序	王云五	东方杂志副刊	1卷7期	1968

续表三

篇、书名	著(译)编者	出处	卷、期	年月日
台二版宋蜀本太平御览序	王云五	东方杂志复刊	8卷3期	1974
蜀刻唐六十家集考	市原亨吉	東方學報（京都）	41册	1970
宋蜀刻十卷本《张承吉文集》	李致忠	社会科学战线	创刊号	1978
"眉山七史"的始末	许肇鼎	四川图书馆学报	2期	1980
宋刻珍本《诗集传》	萧新棋	古籍整理出版情况简报	7期	1985
北宋蜀刻小字本册府元龟	潘美月	故宫文物月刊	30期	1986
宋代蜀刻《经进详注韩文》与《百家注柳文》	陈杏珍	文献	1期	1992
宋蜀刻唐人集见闻	罗伟国	浙江学刊	3期	1992
宋蜀刻本《唐六十家集》考辨	程有庆	文献	1期	1994
宋蜀刻本唐人集述评	顾美华	东南文化	3期	1994
宋蜀刻本唐人集		东南文化	3期	1994
整理敦煌本、宋蜀刻本《王绩集》的新收获——《王绩研究》评述	刘瑞明	敦煌研究	3期	1998
宋蜀刻本《陆宣公文集》考	赵望秦	古籍研究	3期	2001
		四川文物	2期	2002
宋蜀刻本《张说之文集》流传考	朱玉麒	文献	2期	2002
南宋蜀刻十二行本《昌黎先生文集》考述	刘真伦	唐代文学研究	10辑	2004
略谈陆深蜀刻《史通》本鉴定	毛俊仪	四川图书馆学报	2期	1985
明末农民起义政权对文学革命的措施	鲁深	光明日报		1961.6.4
明末农民起义政权刻书考——附鲁深的信和潘景郑的复信		光明日报		1961.8.19
明末农民政权所刻书《华岳全集》的版本问题	鲁深	光明日报		1961.9.16
关于《华岳全集》的一点看法	朱偰	光明日报		1962.3.6
谈张献忠时期的一部蜀刻书	李承祥	重庆师范学院学报（哲社）	2期	1981
清光绪年蜀刻算书	严敦杰	图书季刊	2卷7期	1943
尊经书院刻版印书原委	许肇鼎	四川图书馆学报	1期	1981
四川官书局考略	张其中	四川图书馆学报	5期	1989
清代四川的印书业	王纲	中国社会经济史研究	4期	1991
概述四川尊经书院的刻书	黄海明	四川大学学报（哲社）	4期	1992
严氏父子著述考	黄友锋	四川图书馆学报	4期	1994

续表四

篇、书名	著（译）编者	出处	卷、期	年月日
周达三与成都志古堂刻书	张其中	四川图书馆学报	6期	1994
严氏镐乐堂刻书考	黄友锋	四川图书馆学报	4期	1998
基督教在中国西南的出版机构——华英书局	陈建明	宗教学研究	4期	2002
四川之印刷业	黄鸿铨	四川月报	4卷1期	1924
乐山市印刷业概况及其发展 1910－1956 年	王大荣	乐山地区印刷厂		1983
德格印经院概况		四川月报	9卷6期	1932
藏族文化宝库——德格印经院	何国涛 高文	四川日报		1979.8.12
藏族文化宝库——德格印经院		成都日报		1979.11.29
雪山下的文化宝库——德格印经院	龚伯勋	民族团结	3期	1979
德格印书院	汤池安	世界宗教研究	2期	1980
德格印经院		人民日报		1981.3.13
藏族的文化宝库	严毓祖	旅游天府	2期	1981
藏族文化宝库——德格印经院	邓珠拉姆	新草地	3、4期	1981
德格印经院（藏文）		四川民族出版社		1981
藏族文化宝库——德格吉祥聚慧经院	严毓祖	民族文化	6期	1982
神奇的藏族文化宝库——游德格印经院	龚伯勋	龙门阵	5辑	1982
德格印经院		四川人民出版社		1982
金碧辉煌 藏书丰富——德格印经院	连陆史	民生报		1983.4.19
德格印经院	刘国龙	西藏科技报		1983.7.16
德格印经院小记	康庆良 莫树吉	西藏日报		1986.3.30
德格印经院经版史料收藏记	王坚	四川档案	1期	1986
德格印经院概述	杨健吾	四川民族史志	3期	1987
德格印经院概述	谷川	西藏研究	4期	1987
德格印经院	蔡应才	世界图书	7期	1987
藏族文化宝库德格印经院	杜永彬	菩提	61期	1991
德格印经院藏文典籍的印刷与出版	索文清	中央民族大学学报（哲社）	4期	1992
浅谈德格印经院及其印版	噶玛降村	康定民族师专学报	1期	1994
		西藏研究	4期	1994
德格印经院今昔	戴作民	中国出版	3期	1994

续表五

篇、书名	著(译)编者	出处	卷、期	年月日
德格印经院目录大全（一）——文集类细目（藏文）	德格印经院	中国藏学出版社		1994
藏族木刻印刷的发祥地——德格印经院	吴 军	中国西藏	2期	1996
德格印经院及其木刻档案	陈代荣	四川档案	1期	1998
探访藏文化中心：德格印经院	那剑卿	佛教文化	1期	2000
探访德格印经院	那剑卿	中国西藏	2期	2000
德格印经院	杨嘉铭	四川人民出版社		2000
德格印经院藏版细目（藏汉对照）	嘎玛降称等	民族出版社		2003
藏汉对照德格印经院藏版总目录（藏汉对照）	嘎玛降村	四川民族出版社		2004
德格藏纸传统制作工艺调查	张建世	西藏研究	2期	2005
走进德格印经院（上）		北京规划建设	3期	2005
走进德格印经院（下）		北京规划建设	4期	2005
德格巴宫——德格印经院藏版目录大全（藏文）	德格印经院、甘孜州编译局	四川民族出版社		2005
四川省在清理废纸中发现珍贵革命文献及宋明版本书籍		文物参考资料	1期	1954
跋万历本《山海经释义》	夏定域	禹贡	4卷1期	1935
论元代曹善手抄本《山海经》	周士琦	中国历史文献研究集刊	1辑	1980
《山海经》的流传与重要古本考评	金荣权	安庆师院社会科学学报	4期	1996
明·蒋應鎬畫『山海經』——明刊本と和刻本	朽尾武	成城國文學論集	29卷	2004
揚雄《方言》の宋刊本とその影印·抄寫·翻刻	佐藤進	宋刊四种影印集成——平成9-11年度科学研究费基盤（A）研究成果报告書	第2分册	1998
扬雄《法言》的版本与流传	张 兵	古籍整理研究学刊	4期	2004
新疆新出土的晋人写本《三国志》残卷	郭沫若	文物	8期	1972
论南宋建本《三国志》及其涵芬楼影印本	程远芬	山东教育学院学报	1期	1996
吐鲁番、敦煌发现的《三国志》写本残卷	片山章雄、（季忠平）	文教资料	3期	2000
三朝本《三国志》版本略谈	舒和新	古籍整理研究学刊	4期	2002
华阳国志版本考略	朱士嘉	燕京大学图书馆报	70、71期	1934

续表六

篇、书名	著(译)编者	出处	卷、期	年月日
跋志古堂影刻题襟馆本"华阳国志"	张白珩	图书集刊	5期	1943
華陽國志の版本について	久村因	纪要（名古屋大学教养部）	17辑	1973
台湾·故宫博物院所藏の日本钞本《華陽國志》について	谷口房男	東洋大学東洋史研究报告	1号	1982
《华阳国志》汉魏丛书本述略	赵俊芳	古籍整理研究学刊	6期	1986
《华阳国志》版本集说——兼谈云南省图书馆所藏版本	吕淑梅	云南师范大学学报（哲社）	6期	1997
《华阳国志》刻本	袁汉学	湖北档案	11期	2003
敦煌本故陈子昂集残卷研究	吴其昱	香港中文大学五十周年纪念论文集	2集	1966
陈子昂集版本考述	岳珍	四川图书馆学报	3期	1989
敦煌本《故陈子昂集》补说	张锡厚	敦煌学辑刊	2期	1994
"李太白集"版本叙录	詹锳	国立浙江大学文学院集刊	3集	1943
北宋刻本《李太白文集》	李致忠	光明日报		1978.1.15
谈日本影印的宋本《李太白文集》	朱金城	学林漫录初集		1980
宋甲本宋乙本《李太白文集》为同一本版	杨桦	天津师大学报（社科）	5期	1983
《瑶台风露》——新发现的李白五古精选精批手抄本	王定璋	天府新论	3期	1985
关于乐史本《李翰林集》	房日晰	天府新论	2期	1986
题名《李翰林集》的三种不同版本	詹锳	文献	2期	1987
《分类补注李太白诗》及其不同版本	詹锳 杨庆华	河北大学学报（哲社）	4期	1987
诗仙歌辞归故里——北宋刻本《李太白文集》影印简介	影文	成都晚报		1987.6.22
宋蜀本《李太白文集》的特点及其优越性	詹锳	文学遗产	3期	1988
宋本《李太白文集》三题	房日晰	西北大学学报（哲社）	1期	1989
《写本东坡源流》简介	洪瑀钦	第三届中国域外汉籍国际学术会议论文集		1989
《瑶台风露》的文物价值与文学意义	王定璋	四川文物	1期	1993
日本学者芳村弘道《分类补注李太白诗》研究述要	刘崇德	古籍整理出版情况简报	272期	1993
元版《分类补注李太白诗》与萧士赟	芳村弘道（詹福瑞）	河北大学学报（哲社）	2期	1993

续表七

篇、书名	著(译)编者	出处	卷、期	年月日
李白诗歌的传承及版本论考	铃木修次（朱光宝）	天府新论	4期	1998
李华《故翰林学士李君墓志并序》辨伪——兼说陈振孙家藏本《李翰林集》编刻时间与地点	李子龙	唐代文学研究	10辑	2004
校宋残本草堂诗笺跋	傅增湘	图书馆季刊	1卷3期	1926
南宋刻本《草堂先生杜工部诗集》评介	杨铭庆	草堂	创刊号	1981
南宋刻本《杜工部草堂诗笺》评价	钟大全	草堂	2期	1981
关于上海博物馆藏南宋刻本《杜工部草堂诗笺》残册	陶喻之	杜甫研究学刊	4期	2005
明本薛涛诗跋	傅增湘	清华周刊	24卷6期	1925
韦庄《浣花集》版本源流及补遗考述	曹丽芳	文献	2期	2003
论《花间集》的版本	饶宗颐	东方	1期	1959
跋南宋绍兴十八年刻本花间集	陈炳良	东方	2号	1959
跋《花间集》明万历来行学写刻袖珍本	李一氓	光明日报		1984.10.9
毛本《花间集》来源管见	罗争鸣	古籍整理研究学刊	5期	2001
毛本《花间集》来源续证	罗争鸣	文献	3期	2001
《蜀梼杌》的史料价值与版本源流	樊一	四川文物	3期	2000
是清"省园"藏板，还是宋活字本——为缪艺风著录宋活字本《帝学》及有关问题辨证	熊克	四川师范学院学报（哲社）	1期	1990
缪艺风旧藏宋活字本范祖禹《帝学》辨证	熊克	四川文物	2期	1990
宋刊唐鉴校记	刘文兴	中法大学月刊	3卷2、3期	1933
读宋刻十二卷本《唐鉴》书后	瞿凤起	文物	1期	1962
宋刻珍本《唐鉴》	徐小蛮	文物	7期	1981
《唐鉴》版本述略	佘彦焱	上海博物馆集刊		2000
《类编老苏大全文集》初探	刘尚荣	社会科学战线	1期	1983
宋刻本《嘉祐集》		中国典籍与文化	2期	1992
四库全书《嘉祐集》试校	崔在赫	中国语文学论集	27辑	2004
四库全书《嘉祐集》校勘	崔在赫	中国语文学论集	27辑	2004

续表八

篇、书名	著(译)编者	出处	卷、期	年月日
明嘉靖本"东坡寓惠录"跋	朱 偰	文史杂志	2卷7、8期	1942
苏东坡著述版本考（上）	王景鸿	书目季刊	4卷2期	1969
苏东坡著述版本考（下）	王景鸿	书目季刊	4卷3期	1970
蘇東坡書簡の伝来と東坡集諸本の系譜について	村上哲見	中国文学报	27册	1977
关于苏轼书简版本的一点资料	孔凡礼	文学评论	6期	1981
苏轼著作在宋代的编集、注释和刊刻	田国良	图书馆	2期	1986
两院足本《东坡集》初探	吉井和夫	神田喜一郎博士追悼中国学论集		1987
苏轼词集版本综述		词学	4辑	1986
苏轼著作版本论丛	刘尚荣	巴蜀书社		1988
《东坡词》版本源流略论	白汝斌	黄河科技大学学报	4期	1999
苏诗版本源流考述	刘尚荣	文史	61辑	2002
北京图书馆入藏宋刻苏辙《诗集传》	李致忠	文献	2期	1990
苏辙《老子解》版本述略	李 进	古籍整理研究学刊	1期	1999
苏辙《古史》版刻考述	桑海风	宋代文化研究	9辑	2000
苏辙《诗集传》的成书及版本考	李冬梅	乐山师范学院学报	2期	2002
宋板《类编增广颍滨先生大全文集》读后	李伟国	古籍整理研究学刊	2期	1991
关于麻沙本《类编增广颍滨先生大全文集》	朱 刚	文学遗产	4期	2004
宋刊本魏了翁"周易集义"跋	叶德禄	文苑	3辑	1940
		宋史研究集	1辑	1958
今存魏了翁《鹤山集》版本源流及其他	陈 新	文教资料	4、5期	1995
鲁迅收藏的两部魏了翁著作	腾 公	成都文物	1期	2002
《续资治通鉴长编》版本著录考略	裴汝诚	文史	12辑	1981
《续资治通鉴长编》版本沿革及其史料价值	顾吉辰 俞如云	西北师大学报（社科）	3期	1983
《续资治通鉴长编人名索引》正误	徐德明	河南大学学报（哲社）	4期	1988
日本《续资治通鉴长编语汇索引》评介——兼论索引的编制	陈智超	中国史研究动态	9期	1989
今七朝本《续资治通鉴长编》探源	燕永成	古籍整理研究学刊	5期	1994

续表九

篇、书名	著(译)编者	出处	卷、期	年月日
宋刻《续资治通鉴长编》影印本序	陈智超	中国史研究动态	11期	1995
四库全书《证类本草》版本的讨论	刘大培等	中国药学杂志	10期	1993
《证类本草》引用《本草拾遗》版本异同考	关 怀	基层中药杂志	2期	1999
王灼《碧鸡漫志》版本考	岳 珍	文献	1期	1999
嘉靖本丹铅总录二十七卷	王立中	学风	6卷2期	1936
杂著秘笈丛刊——叙录升庵外集	刘兆祐	书目季刊	6卷1期	1971
明正德《四川志》版本小识	陈修纮	广东图书馆学刊	2期	1981
明正德《四川志》现存孤本版刻年代辨疑	陈修纮	中山大学学报（哲社）	3期	1982
记四川大学珍藏的一册明嘉靖抄本《永乐大典》	陈德富	历史知识	5期	1982
红海寻踪录二则——关于《红楼梦》早期抄本在四川的流传	胡邦炜	历史知识	4期	1982
《女神》版本杂谈	罗雪松	玉林师专学报	4期	1994
「女神」の版本について	横打理奈	東洋大学中国哲学文学科紀要	7号	1999
巴金《家》的版本变迁	龚明德	南充师院学报（哲社）	2期	1985
巴金著作早期版本	秦 杰	博览群书	11期	2005
艾芜《文学手册》的版本	龚明德	新文学史料	4期	2002
善本传奇十种提要	郑 骞	燕京学报	24期	1938
锦城访书小识	谢国桢	社会科学研究	5期	1979
蜀中善本小记	何金文	四川图书馆学报	3、4期	1981
我省古籍善本书浅识	朱美兰	四川图书馆学报	专刊之三	1981
四川省古籍善本书联合目录	四川省中心图书馆委员会办公室	四川辞书出版社		1989
四川省高校图书馆古籍善本联合目录	四川省高校图书情报工作委员会	四川大学出版社		1994
格萨尔王传的格萨口述版本	D. Lorjmer	民俗学	42卷	1931
西藏史诗《格萨尔王传》的新版本	白玛次仁（史秀英）	民族文学译丛（一）		1983
关于藏文《格萨尔王传》的分章本	王沂暖	西北民族研究	1期	1988
史诗《格萨尔王传》抄本、刻本溯源	杨恩洪	民间文学论坛	6期	1987

续表一〇

篇、书名	著(译)编者	出处	卷、期	年月日
《格萨尔》分章本简介	古 今 古正熙	西藏研究	1 期	1990
试论《格萨尔》诸多分部本产生的原因	何天慧	西北民族学院学报	4 期	1990
藏文《格萨尔》分部本浅议	何天慧	兰州大学学报	4 期	1990
对众多《格萨尔》分章本的比较研究	古正熙 古 今	青海社会科学	3 期	1991
格萨尔版本研究（藏文）	曼秀·仁青道吉	甘肃民族出版社		2002
四川研究资料简目	袁 著	西南边疆	4 期	1939
四川省地方资料索引	重庆市图书馆	编者刊		1958
四川地方史论文资料目录索引 第一辑	西南师范大学历史系四川地方史教研室	编者刊		1984
四川文物考古文献目录	四川省文物考古研究所	编者刊		1986
成都地方史论著索引	成都市社会科学院研究所历史研究室	编者刊		1983
成都地方志篇目索引（正编）	成都市社会科学院研究所历史研究室	编者刊		1983
抗战期间重庆版文艺期刊篇名索引——重庆市图书馆馆藏部分	重庆市图书馆	编者刊		1984
重庆地方史论著目录（1978-1988）	孟广涵	重庆出版社		1989
重庆地方史论著目录（1989-1998）	孟广涵	重庆市地方史研究会		1999
三峡文化研究资料目录索引	阮荣华	武汉出版社		2002
川剧传统剧目目录	四川省文化局戏曲研究室	编者刊		1962
长江流域重庆至巫山段水文地震历史资料提要索引（附嘉陵江）1、2 辑	重庆市图书馆	编者刊		1973
蜀道及石门石刻研究论著论文目录索引	陕西汉中市博物馆、汉中市蜀道及石门石刻研究会	文博	2 期	1994
1949 年以前"藏彝走廊"研究论文索引		藏学学刊		2005

续表——

篇、书名	著(译)编者	出处	卷、期	年月日
三国志索引	孔昭明	台湾大通书局		1973
三国志索引	黄福銮	现代教育研究社		1973
三国志地名索引	王天良	中华书局		1980
三国志人名索引	高秀芳 杨济安	中华书局		1980
華陽國志人名索引稿	谷口房男	アジア・アフリカ文化研究所研究年報	1973年度	1974
有关李白研究资料索引（1949-1958）		中国科学院图书馆通讯	10期	1958
李白关系文献目录		中国古典研究	16号	1969
李白歌词有索引京都大学已编成		中国青年报		1957.4.12
蘇軾研究文献目錄	吉井和夫	書論	20号	1982
苏轼著述、版本及馆藏	朱传誉	天一出版社		1982
韩国主要图书馆所藏东坡著述书帖古本目录	岭南中国语文学会编辑部	中国语文学	9辑	1985
有关苏东坡的文献目录及资料出处	林语堂（陈英姬）	中国语文学	11辑	1986
有关苏东坡的文献目录补遗	陈英姬	中国语文学	11辑	1986
苏词索引	岭南学院	编者刊		1992
东坡词索引	仇永明	华东师范大学出版社		1993
杨慎研究论著目录	林庆彰 贾顺先	图书馆馆刊新	24卷1期	1991
康藏问题论文索引	峻德	康藏前锋	2卷9期	1935
康藏问题论文索引	姜仲明	康藏前锋	2卷10、11期	1935
			3卷2、4期	1935
康藏论文索引	北京图书馆舆图部	禹贡	6卷12期	1937
民元以来边疆问题论文索引——康藏部分	高迈	边疆	3卷11、12期	1937
关于康区藏族论著索引及文献辑录的历史考索	赵心愚 秦和平	中国藏学	4期	2003
格萨尔研究资料目录	西南民族学院图书馆文献情报室	编者刊		1989

二、出版与图书、博物馆

篇、书名	著(译)编者	出处	卷、期	年月日
四川广播电视发展简况	陆 原	新闻研究资料	4期	1987
四川近代报刊三十家	何承朴	四川人民出版社		1989
四川报刊集览（上册1897－1930）	王绿萍 程祺	成都科技大学出版社		1993
四川报业大事记（一八九七——一九九五）	四川省报业志编辑部	四川人民出版社		1996
四川期刊发展史略	徐登明	新闻界	1期	1997
清末民初之成都新闻事业	治 平	四川文献	41、42期	1966
成都报刊史料专辑1－22辑	成都晚报报刊志编辑室	编者刊		1985－1994
"百年《蜀报》回眸"史实辨正	向纯武	文史杂志	2期	2000
清末成都报刊的发展：1898－1911	龙 伟	四川大学学报（哲社）	增刊	2004
重庆第一个新闻馆	游仲文	重庆日报		1980.4.6
纵观民国时期本市晚报	黄贤虞	重庆地方志	5期	1987
重庆报史资料1－20辑	重庆日报新闻研究所（重庆新闻志编辑部）	编者刊		1988－1995
重庆出版纪实第一辑——出版界名人、学者、老前辈的回忆录	重庆出版纪实编纂委员会	重庆出版社		1988
旧中国重庆通讯社一览表	黄贤虞	新闻研究资料	2期	1990
20世纪初叶重庆以报业为主的社会传播文化	郝明工	三峡学刊	4期	1995
近代重庆报业史研究现状综述	姚 瑾	贵州文史丛刊	2期	2005
晚清重庆报业发展述评	徐文永	宜宾学院学报	5期	2005
四川第一家报刊	绣 蜀	历史知识	3期	1980
四川的第一张报纸——渝报	友 忠	重庆日报		1980.8.24
四川第一家近代报刊——渝报	何承朴	新闻研究资料	2期	1983
论《渝报》	周 勇	社会科学研究	6期	1983
川西鼓吹变法维新的号角——《蜀学报》	何承朴	四川大学学报（哲社）	3期	1982
试论戊戌年四川维新派的喉舌《蜀学报》	凌兴珍	高校编辑出版工作论集		1999
宋育仁 四川报业第一人	曹德权	自贡日报		2005.5.1

续表一

篇、书名	著(译)编者	出处	卷、期	年月日
宋育仁 成都办报第一人	张 杰	成都日报		2005.10.24
广益丛报和重庆日报简介	朱 苏	新闻研究资料	5期	1983
卞小吾和四川第一家日报——《重庆日报》	姚福申	重庆日报		1981.10.3
卞小吾创办的《重庆日报》	顾 实	重庆晚报		1988.1.7
毁家纾难作报人——记四川第一家日报创始人卞小吾	蒋晓丽	新闻界	2期	1991
清末重庆杰出报人卞小吾事迹考述	徐文永	渝西学院学报（社科）	2期	2005
四川最早一份宣传自然科学的报纸——《算学报》及其主编	何承朴	新闻界	4期	1985
成都报人的先驱——傅樵村	高成祥	新闻研究资料	4期	1987
重庆最早的广告报	魏仲云	重庆晚报		1987.4.30
陈岳安与华阳书报流通处	魏 峡	文史杂志	6期	1990
"四川"杂志		四川日报		1961.10.13
《四川杂志》的反帝爱国思想	隗瀛涛等	社会科学研究	6期	1980
西南半壁警钟——《四川杂志》	陶 宁	成都日报		1981.9.7
吴玉章与《四川》杂志	余 琦	文史杂志	4期	1991
激进的报人 宁静的学者——吴虞与四川报业	官国雄	传媒	3期	2001
周恩来、董必武同志领导我们夺取商务日报		新闻研究资料	1期	1980
抗战前夕的呐喊——在《商务日报》	温田丰	新闻研究资料	1期	1982
商务日报的回忆	熊明宣	新闻研究资料	5期	1983
抗战时期的《商务日报》	徐淡庐	重庆党史研究资料	11、12期	1984
较场口事件中的《商务日报》	刘火子	新闻研究资料	3期	1986
董必武指挥我们占领《商务日报》	杨培新	炎黄春秋	2期	1995
啊，我的《商务》战友	张 彦	红岩春秋	4期	1996
抗战前重庆近代报业情况研究——以《商务日报》为例	王立新	重庆交通学院学报（社科）	4期	2005
可贵的经验——读抗战前的重庆《商务日报》	姚 瑾	新闻导刊	6期	2005
《华西教会新闻》述评	周蜀蓉 龙 伟	宗教学研究	1期	2004
有关《华西教会新闻》出版时间与地点的考证	龙 伟	中华文化论坛	2期	2004

续表二

篇、书名	著(译)编者	出处	卷、期	年月日
关于华英书局与《华西传教新闻》	龙 伟	文史杂志	6期	2004
辛亥革命时期的四川报刊	何一民	四川文物	4期	1991
辛亥革命前后的四川新闻事业	王绿萍	新闻大学	2期	1995
五十年前成都的白话文报纸	祝 超	成都晚报		1961.9.10
《四川保路同志会报告》简介	何一民	历史教学	1期	1983
四川保路运动时期的重要报纸——西顾报	戴执礼	四川文物	4期	1984
四川的出版界的杂谈	曾蜀鹃	中国新书月刊	1卷12期	1931
湘川滇黔桂粤闽等七省报纸与通讯社调查表		报学季刊	1卷3期	1935
民初成都五光十色的政党报纸	何承朴	新闻研究资料	4期	1987
民国初年四川报业的发展	彭红碧	成都纺专学报	4期	2004
民国初年四川报业发展考略	冯俊峰 彭红碧	新闻界	4期	2005
民国初年的《四川国学杂志》	雷 玲	文史杂志	5期	2001
1919年以前的成都报刊	孙少荆	川报增刊		1919.1.1
"五四"时期成都的进步刊物	石 湍	成都日报		1981.5.4
四川五四时期的进步刊物	谢 凌	四川文物	3期	1989
五四运动前后的四川期刊	徐登明	新闻界	4期	1999
成都的早期进步刊物——《四川学生潮》	成都市档案馆等	成都现代革命史资料	13辑	1982
"五四"后成都的《半月》	王绿萍	新闻研究资料	4期	1987
巴金与《半月》		新闻研究资料	4期	1987
李劼人在五四时期的报人生涯	曾小敏	文史杂志	3期	2001
回忆从大革命到抗战时期的新蜀报	周钦岳	新闻研究资料	1期	1981
肖楚女在新蜀报	郝 谦	新闻研究资料	1期	1981
读周钦岳同志文章的意见	韦 孚 陈理源	新闻研究资料	2期	1983
《新蜀报》副刊《蜀道》目录	关琦希	抗战文艺研究	1期	1984
关于《新蜀报》的回忆	萨空了	新闻研究资料	3期	1985
周钦岳与《新蜀报》	肖鸣锵	新闻研究资料	4期	1987
笔枪舌剑意纵横——萧楚女在《新蜀报》	李畅培	新闻研究资料	4期	1987

续表三

篇、书名	著(译)编者	出处	卷、期	年月日
字挟风雷 声成金石——肖楚女在四川的报人生涯	蒋晓丽	新闻界	3期	1991
传播马克思主义的一面旗帜——《新蜀报》	李华飞	文史杂志	3期	1991
抗日统一战线话语下的文学空间——重庆《新蜀报》副刊《蜀道》研究	孙倩	中国现代文学研究丛刊	6期	2005
王右木同志创立的《人声报》	成都市档案馆等	成都现代革命史资料	13辑	1982
《人声报》与王右木	沈果正	四川文物	2期	1986
《爝光》！《爝光》！——简介1925年我党在重庆出版的一种刊物	刘世杰	重庆日报		1983.5.13
唤民觉醒的洪钟——早期进步县报《萼山钟》	李明荣	新闻界	6期	1987
唤民觉醒的洪钟——万源县《萼山钟》报记略	李明荣	新闻研究资料	4期	1987
成都《新新闻》始末亲历	陈祖武	新闻研究资料	5期	1982
达县地区革命报刊的兴起	李明荣	新闻研究资料	2期	1986
排难创新的写照 不胜不休的记实——介绍川陕革命根据地的报纸	张之华	新闻研究资料	3期	1981
川陕革命根据地的报刊	沈果正	新闻研究资料	4期	1987
川陕苏区报刊资料选编	刘昌福 叶绪惠	四川省社会科学院出版社		1987
川陕苏区出版工作探析	王明渊	四川文物	3期	1990
川人的呐喊——1937至1938年创刊的四川抗日报刊简介	吴策	四川档案	3期	2005
成都《大声周刊》简介	向前	历史知识	4期	1980
抗日战争前后成都的《大声周刊》	成都科技大学党史组	四川大学学报（哲社）	2期	1981
忆大声周刊编辑人车耀先烈士	彭文龙	新闻研究资料	4期	1987
《大声周刊》曾转载毛泽东的文章	车毅英	文史杂志	6期	1993
车耀先与《大声》周刊——纪念车耀先同志牺牲五十周年	任远	四川党史	5期	1996
		炎黄春秋	4期	1997
车耀先与大声周刊——车耀先"一波四折"办《大声》史料集	知大 任远	中共四川省大邑县委党史研究室		1996
《大声》周刊介绍	赵可	抗日战争研究	3期	1997
我为《大声周刊》办理立案证书	黄开富	四川统一战线	10期	2005

续表四

篇、书名	著(译)编者	出处	卷、期	年月日
抗日战争时期的四川报界	左东枢	新闻研究资料	4期	1987
抗日战争时期的四川期刊	徐登明	新闻界	5期	2005
抗战时期成都报界笑料	陈泽昆	龙门阵	4辑	1981
扬鞭回看烽火路——山城新闻话旧	杨钟岫	新闻研究资料	1期	1980
民主运动中一支小小的突击队——记重庆杂志界联谊会	尚丁	新闻研究资料	5期	1981
围绕在化龙桥周围——漫忆抗战时期重庆的新闻工作	冯克熙	新闻研究资料	4期	1983
抗日战争时期的重庆新闻界	罗承烈	源流	3期	1984
抗战期间重庆版文艺期刊篇名索引	重庆市图书馆	编者刊		1984
关于战时书报供应所的情况	熊宇忠	重庆党史研究资料	4、5期	1985
关于抗日时期重庆各报"联合版"的追忆	陈孝直	扬州文史资料	4辑	1985
抗日战争时期重庆报纸一览	曾健戎	新闻研究资料	4期	1987
抗战期间重庆的美术刊物	许志浩	编辑学刊	2期	1988
时在抗战 地在重庆 新闻界的一起"国际间谍案"	邵嘉陵	新闻记者	5期	1991
抗战时国民政府的涉外新闻统制政策与驻渝外国记者活动述略	黄友良	重庆地方志	5期	1991
抗战时期重庆的新闻界	重庆日报社	重庆出版社		1995
外国记者在战时重庆的报道活动记略	张功臣	现代传播	6期	1996
抗战时期重庆的新闻出版事业	薛新力	渝州大学学报（哲社）	1期	1998
抗战时期"陪都"重庆的报业竞争及其启示	王炬	新闻导刊	3期	2005
		今传媒	9期	2005
最后一期报——回忆重庆《新华日报》	曹葆铭	新闻业务	4期	1963
《新华日报》发行战线的反封锁斗争——铭记周恩来同志的关怀和教导	于刚 郑新如	新闻研究资料	1期	1979
《新华日报》为老舍说话	范国华	社会科学战线	3期	1979
《新华日报》的回忆	石西民等	四川人民出版社		1979
我和新华日报	张友渔	新闻研究资料	3期	1980
峥嵘岁月——新华日报生活的回忆	石西民	新闻研究资料	3期	1980
熊瑾玎同志与新华日报	于刚等	新闻研究资料	3期	1980

续表五

篇、书名	著(译)编者	出处	卷、期	年月日
从国民党档案看对《新华日报》的迫害	陈业劭	新闻研究资料	3期	1980
		南方局党史资料	4期	1987
报纸必须满足群众多方面的需要——重庆新华日报的《社会服务》栏	杨润时	新闻研究资料	4期	1980
《新华日报》的历史地位及其特点	熊复	新闻研究资料	4期	1981
王炽森同志谈为《新华日报》办纸厂的情况	牟之先	重庆现代革命史资料	6期	1981
关于《新华日报》成都分馆的工作情况	杨继予	四川现代革命史研究资料	7辑	1981
《新华日报》副刊的沿革	关世申	抗战文艺研究	1期	1982
暴露黑暗，申抒民意——《新华日报》的社会新闻	杨润时	新闻研究资料	1期	1982
"新华副刊"在文艺战线上的斗争	徐光宵	新闻研究资料	3期	1982
"新华副刊"的探索	关世申	新闻研究资料	3期	1982
"围封旧恨横眉对，重振新华屈指期"——重庆《新华日报》胜利返延安始末记	于刚	重庆党史研究资料	5期	1982
范剑涯同志回忆《新华日报》	邓菱	重庆党史研究资料	11期	1982
潘梓年同志谈《新华日报》	石西民等	重庆党史研究资料	11期	1982
新华女报人——记原《新华日报》部分女战士	杨挺	妇女生活	2期	1983
新华日报与重庆爱国抗暴学生运动	田伯萍	新闻研究资料	3期	1983
《新华日报》的创刊及其被迫害	万林	武汉春秋	4期	1983
和《新华日报》同志一起战斗的日子	姚江屏	新闻研究资料	4期	1983
重庆《新华日报》初期片断	鄞中铁	新闻研究资料	5期	1983
徐光宵在《新华日报》副刊上的论战	王美芝	新闻研究资料	5期	1983
抗日民族统一战线时期的《新华日报》概况	徐迈进	重庆党史研究资料	8期	1983
开办广安纸厂，保证《新华日报》用纸	苏芸	四川党史研究资料	11期	1983
《新华日报》的回忆（续集）	石西民等	四川人民出版社		1983
永存的历史记录——重庆《新华日报》对"较场口事件"报道始末	刘式琮	新闻界	1期	1985

续表六

篇、书名	著(译)编者	出处	卷、期	年月日
白头记者话当年——重庆《新华日报》及其他	夏衍	新闻研究资料	3期	1985
华蓥山发现《新华日报》纸厂遗址		新闻界	2期	1985
		四川文物	4期	1985
组织报丁报童突破反动派对发行《新华日报》的封锁	左明德	重庆党史研究资料	9期	1985
抗日民主运动与《新华日报》	王斌	重庆史学	1期	1986
回忆《新华日报》的撤退	吴本清	四川党史研究资料	6期	1986
初进《新华日报》	钟纪民	四川党史研究资料	6期	1986
《〈新华日报〉的回忆》史实考订	张涛	新闻研究资料	1期	1987
《新华日报》在抗战中的伟大功绩	林曦等	重庆社会科学	1期	1987
《新华日报》一九四四年——一九四六年支持民族工商界争取民主的斗争	巴春生	曲靖师专学报	2期	1987
《新华日报》印刷遗址——高峰寺	魏仲云	重庆党史研究资料	3期	1987
中统特务破坏新华日报成都分馆的拙劣招数		新闻研究资料	4期	1987
回忆《新华日报》北碚发行站	左明德	新闻研究资料	4期	1987
为胜利自豪——忆《新华日报》	许涤新	群言	11期	1987
白色恐怖下的《新华日报》	黄立人等	重庆出版社		1987
《新华日报》50年	《新华日报》《群众》周刊史学会重庆分会	编者刊		1987
新华日报史1938—1947（上册）	韩辛茹	中国展望出版社		1987
		重庆出版社		1990
于右任曾为《新华日报》题报头		重庆晚报		1987.4.16
《新华日报》回忆片断	吴克坚	四川党史研究资料	1期	1988
我和《新华日报》——为《新华日报》创刊50周年而作	程途	重庆日报		1988.3.8
蒋介石与《新华日报》	谷莺等	红岩春秋	1期	1990
对《新华日报》一组挽联的校订	陈理源	新闻研究资料	1期	1990
《新华日报》档案史料		新闻研究资料	4期	1990
《新华日报》在图书出版发行工作中的反封锁斗争	左明德	重庆社会科学	5期	1990

续表七

篇、书名	著(译)编者	出处	卷、期	年月日
蒋介石对《新华日报》的态度和方针述论	谢增寿	四川师范学院学报（哲社）	1期	1991
《新华日报》与四川地方实力派	唐学锋	四川党史月刊	2期	1991
抗战时期的宗教问题与《新华日报》的对策初探	小龙	重庆党史研究资料	4期	1991
论《新华日报》对青年学生的引导	赵毅 杨尚秋	西南师范大学学报（人文）	增刊	1991
《新华日报》揭露"皖南事变"消息内幕	陆诒	联合时报		1991.5.10
重庆《新华日报》的排印效率	边	新闻研究资料	2期	1992
《新华日报》关于皖南事变的宣传斗争	石史	新闻研究资料	2期	1992
论《新华日报》在动员华侨抗日救国中的作用	杨安等	华中师范大学学报（哲社）	2期	1992
《新华日报》广告刍议	左明德	重庆社会科学	2期	1992
40年代《新华日报》和《大公报》3次论战	穆欣	中共党史研究	1期	1993
论《新华日报》后期杂文	林彦	重庆社会科学	1期	1993
《新华日报》与大后方抗战文化	王泓	学术论坛	3期	1993
新华之光——《新华日报》《群众》周刊史学术研讨论文集	重庆、成都《新华日报》《群众》周刊史学会	重庆出版社		1993
《新华日报》与广安纸厂	金福生	重庆党史研究资料	1期	1994
《新华日报》与抗战后的工人运动	黄淑君	西南师范大学学报（哲社）	1期	1994
论《新华日报》对敦促国民党贯彻《抗日建国纲领》的业绩	杨淑珍	西南师范大学学报（哲社）	1期	1994
《新华日报》与《甲申三百年祭》	廖永祥	郭沫若学刊	2期	1994
《新华日报》与妇女解放	曾小勇	西南师范大学学报（哲社）	3期	1994
《新华日报》与国统区妇女争取和平民主的斗争	苟翠屏	西南师范大学学报（哲社）	3期	1994
国民党政府迫害新华日报档案探略	陈陵	学海	4期	1994
皖南事变和《新华日报》	郑春燕	新闻记者	8期	1994
"新华军"——《新华日报》	姚江屏	人民政协报		1994.1.27
新华日报纪事	廖永祥	四川大学出版社		1994
黑暗中的灯塔——抗日战争时的《新华日报》	卢再彬	新华日报		1995.9.12

续表八

篇、书名	著(译)编者	出处	卷、期	年月日
抗日民族统一战线的号角——战斗在国统区的《新华日报》	黄淑君等	重庆出版社		1995
顶着风浪前进的《新华日报》歌乐山发行站	卢 杰	新文化史料	1 期	1996
1938—1947：《新华日报》在国统区的抗争	张 霖	党史文汇	3 期	1996
《新华日报》与大后方团结抗战	张新华	探索	4 期	1996
《新华日报》成都营业分处档案史料选	张际法 张慕常	民国档案	1 期	1997
回忆《新华日报》在重庆的革命活动	张志凡	史志文汇	3、4 期	1997
从平静中透视血与火的艰苦奋斗——《新华日报》的诞生及其从武汉向重庆的迁移	唐正艺	党史纵横	12 期	1997
血与火的艰苦奋斗历程——纪念《新华日报》创刊60周年	唐正艺	党史博采	1 期	1998
新华日报史——新编	重庆市、四川省《新华日报》暨《群众》周刊史学会	重庆出版社		1998
论《新华日报》唤起民众支援抗战的历史功绩	赵 毅 杨尚秋	吉首大学学报（社科）	3 期	1999
中国新闻史上光辉的一页——抢印解放前最后一期重庆《新华日报》记实	吴家华	新文化史料	6 期	1999
地下党员思想教育的公开园地——重庆《新华日报》"团结"专页述略	杜 翔	新文化史料	2 期	2000
血与火的斗争——《新华日报》营业部纪实	左明德	重庆出版社		2000
《新华日报》与抗日民族统一战线	沈和江	石家庄师范专科学校学报	3 期	2002
论《新华日报》的抗日宣传	唐正芒	湘潭大学社会科学学报	5 期	2002
论《新华日报》的历史功绩	秦文志	重庆广播电视大学学报	4 期	2003
《新华日报》开辟《友声》专栏的来历	程 虹	红岩春秋	6 期	2004
简析《新华日报》抗战通讯的选题	孙坤明	华夏文化	4 期	2005
浅析抗战时期《新华日报》的"群众路线"	彭 鹏	军事记者	12 期	2005
《中国学生导报》漫忆	范泰枢	重庆日报		1979.12.24

续表九

篇、书名	著(译)编者	出处	卷、期	年月日
国统区学生运动的号角——《中国学生导报》	立言	新闻研究资料	4期	1982
关于《中国学生导报》	邬鸣飞	新闻大学	4期	1982
《中国学生导报》在文德女中	孔庆伦	重庆青运史研究资料	5期	1984
中国学生导报社的组织及活动情况		重庆青运史研究资料	3期	1985
《中国学生导报》和重庆复旦大学自治会	管震湘	重庆青运史研究资料	4、5期	1985
回忆《中国学生导报》筹办初期的一次聚会	吴让能	重庆青运史研究资料	4、5期	1985
关于《中国学生导报》地下版	邓平	重庆青运史研究资料	4、5期	1985
《中国学生导报》和《挺进报》并肩战斗的一段历史	吴子见	重庆青运史研究资料	4、5期	1985
《中国学生导报》在中央大学活动的几个片断	周科君	重庆青运史研究资料	4、5期	1985
忆中国学生导报社在江苏医学院	陈宁庆等	重庆青运史研究资料	4、5期	1985
忆重庆中华大学的中国学生导报社社员的活动	沙鸥等	重庆青运史研究资料	4、5期	1985
渝女中"中导社"小组在斗争中成长	郭禄天	重庆青运史研究资料	4、5期	1985
《中国学生导报》活动情况	王展	重庆党史研究资料	6期	1985
关于《中国学生导报》	苏子休	四川党史研究资料	2期	1986
南方局领导下的《中国学生导报》	东方旭	文史月刊	12期	2003
较场口事件在世界日报内部引起的一场争论	陈云阁	新闻研究资料	3期	1981
重庆世界日报记实	陈云阁	新闻研究资料	4期	1981
《世界日报》兴衰史	张友鸾等	重庆出版社		1982
黎明前重庆《新民报》的"改组"	何鸿钧	新闻研究资料	5期	1981
成都《新民报》记略	赵纯继	新闻研究资料	5期	1982
重庆《新民报》的延安通讯	陈理源	新闻研究资料	5期	1983
《新民报》五烈士	陈理源	新闻研究资料	4期	1987
《新民报》春秋	陈铭德等	重庆出版社		1987
《新民报》的一对地下党员夫妻	何鸿钧	红岩春秋	6期	2002
成都《新民报》记略	赵纯继	新闻研究资料	5期	1982
从《出师表》到《天府》	吴亦兰 韩诜厚	新闻研究资料	2期	1984

续表一〇

篇、书名	著(译)编者	出处	卷、期	年月日
虎口余生的重庆《新民报》	刘正华	红岩春秋	1期	1991
《新民报》在重庆	黄久恒	重庆地方志	6期	1991
难忘的岁月——回忆"国新社"重庆办事处	于 友	新闻研究资料	5期	1981
重庆读书生活出版社回忆散记	袁伯康	贵州文史丛刊	3期	1982
回忆《民主报》	冯克熙	重庆党史研究资料	5期	1982
《战时学生旬刊》的点滴	蒋汇泽	成都现代革命史资料	11期	1982
《民众时报》	刘传本	成都现代革命史资料	11期	1982
《活路》杂志与大众文化社	田 苗	重庆日报		1982.7.13
《时事新刊》的战斗历程	唐会昌	新闻研究资料	1期	1983
我和川中晨报	傅旦歌	新闻研究资料	4期	1983
回顾《积极报》	傅德辉	重庆青运史研究资料	3期	1984
忆《透视》	刘承才等	重庆青运史研究资料	3期	1984
《益世报》内党的组织活动	程 途	重庆党史研究资料	8期	1984
关于《科学与生活》、《彷徨》、《人物杂志》三个外围刊物的史实	蒋一苇	重庆党史研究资料	8期	1984
郭沫若题诗中的《华西晚报》	李畅培	四川文物	2期	1985
"人识华西有烛龙"	李畅培	新闻研究资料	3期	1985
早岁那知世事艰——记在成都《华西晚报》的经历	黎澍	新闻研究资料	5期	1985
田一平谈《华西晚报》的七个春秋	高成祥 雷兴敏	新闻研究资料	4期	1987
赊出来的报刊		新闻研究资料	4期	1987
陈白尘和《华西晚报》	车 辐	文史杂志	6期	1994
黎澍与《华西晚报》	李一南	文史杂志	4期	1996
田一平和《华西晚报》	陈 寰	红岩春秋	3期	2000
"振笔争民主"的华西报界	赵锡骅	红岩春秋	2期	2003
我知道的"中导社"的一次统战工作	张熏华	重庆青运史研究资料	4、5期	1985
《突击报》始末纪要	徐明松	重庆党史研究资料	6期	1985
关于《反攻》创刊经过的回忆	辛 涛	重庆党史研究资料	6期	1985
南方局青年组领导的《大学新闻》	童式一	重庆党史研究资料	6期	1985
抗战期中的《中国电影》	范国华	重庆日报		1986.5.12
回忆《四川妇女杂志》	杨蕴等	重庆党史研究资料	3期	1987

续表一一

篇、书名	著(译)编者	出处	卷、期	年月日
陈养山同志回忆新四川通讯社	林向北等	重庆党史研究资料	4 期	1987
《儿童生活报》琐忆	揭祥麟	重庆晚报		1987.6.2－1987.6.7
《儿童生活报》党组织的活动	揭祥麟	重庆党史研究资料	2 期	1988
关于重庆中央社的一些回忆	葛思恩	新闻研究资料	1 期	1990
抗战时期重庆的进步刊物——《读书月报》简述	唐 诚	重庆党史研究资料	2 期	1990
荣县抗战初期的流火社与《流火》	唐维华	四川文物	3 期	1990
奔流的抗战之火——《流火》月刊研究	刘石夷 邓经武	内江师范学院学报	3 期	1991
复社余风在——重庆正风出版社创业记	蒋虹丁	民国春秋	3 期	1991
《七月》、《希望》——重庆抗战文化史上的双璧	肖永生	重庆地方志	6 期	1991
鲜为人知的重庆新华社	陈 文	四川党史	3 期	1993
《小朋友》在重庆——陈伯吹40年代在渝主持《小朋友》杂志复刊	彭斯远	重庆社会科学	2 期	1994
民国时期全国仅有的一家社办《合作日报》——记资中县《合作日报》创办前后	周品全 王槐川	中国供销合作经济	6 期	1994
《自由导报》在重庆创办的前前后后	张林冬	统一战线	12 期	1995
抗战期间的重庆《大公报》	张玉芳	文史精华	1 期	1998
抗战时期《四川日报》始末	毛幼熙	巴蜀史志	6 期	2002
《郭沫若与群益出版社》序言	郭沫若纪念馆	出版史料	4 期	2005
郭沫若与群益出版社	季 闻	中华读书报		2005.12.7
郭沫若与群益出版社	吉少甫	百家出版社		2005
成都的报纸	梵 平	文萃	37 期	1946
忆"挺进报"和"挺进报"的战友	吴子见	新闻战线	12 期	1959
祠堂街88号	耀 东	成都日报		1980.4.28
陈然与《挺进报》	蒋一苇	人物	2、3 辑	1980
《挺进报》	刘镕铸	贵州文史丛刊	2 期	1981
敌人是怎样破坏挺进报的	林 彦	贵州文史丛刊	2 期	1981
蒋一苇同志谈《挺进报》	石 化	重庆现代革命史资料	1 期	1982
关于重庆地下党被破坏事件和《挺进报》	李维嘉	重庆党史研究资料	11 期	1982

续表一二

篇、书名	著(译)编者	出处	卷、期	年月日
对《挺进报》一些历史事实的补充和某些问题的分析	吴子见	重庆党史研究资料	11期	1982
访原《挺进报》主编蒋一苇	金践之	重庆日报		1982.11.27
挺进报纪事	林彦	四川人民出版社		1982
彭咏梧同志领导建立的《挺进报》收音站	陈为通等	重庆党史研究资料	5期	1985
《挺进报》事件的前前后后	俞史	红岩春秋	增刊	1989
关于《挺进报》	杨益言	语文学习	12期	1991
复刊后的《挺进报》	唐祖美	重庆党史研究资料	3期	1993
堡垒从内部攻破——《挺进报》遭破坏的经过	何天才等	重庆党史研究资料	3期	1993
《挺进报》诞生始末	吕雪棠	北京政协	1期	1994
陈然与《挺进报》		语文世界	3期	1996
传送明灯的使者——记《挺进报》的传递者向成义	翟纪	共产党员	2期	1997
《挺进报》事件始末和深刻教训	孙丹年	福建党史月刊	5期	1997
挺进报	文履平	群众出版社		1997
《挺进报》与《反攻》纪事	林彦	重庆出版社		1997
风雨《挺进报》	董夏民	中国人才	1-4期	1998
我与《挺进报》	蒋一苇	纵横	7期	2001
《挺进报》事件	孙曙	人民公安	4期	2002
《红岩》中的史实讹误		湖南文史	4期	2004
《XNCR》——成都的挺进报	王堤生	成都日报		1981.2.16
《XNCR》在成都	马识途	四川日报		1981.6.28
一张地下报纸——XNCR	马识途	新闻界	1期	1995
成都社会日报概况	左东枢	新闻研究资料	4期	1983
《华美书屋》——刘振美烈士创办文艺出版社	欧应开	重庆党史研究资料	1期	1991
在党的影响下创办的《工商导报》	高成祥	新闻研究资料	2期	1993
真诚的和平期盼，鲜明的拥蒋立场——简论重庆谈判期间的《大公报》	吴廷俊	新闻学探索与争鸣	3期	1996
评重庆谈判期间《大公报》的立场	吴廷俊	华中理工大学学报（社科）	4期	1996
重庆谈判期间《大公报》评析	吴廷俊	新闻大学	1期	1997

续表一三

篇、书名	著(译)编者	出处	卷、期	年月日
解放前的自贡报纸	孙遐龄 傅旦歌	新闻研究资料	4期	1983
一九四九以前四川大学师生的报刊活动	黎永泰	四川大学学报（哲社）	4期	1985
解放前成都的新闻界团体	西堂	新闻研究资料	4期	1987
解放前成都的几种工人报刊	张爱和	新闻研究资料	4期	1987
路漫漫其修远	冯克熙	重庆出版社		1998
报童的故事	刘兵等	重庆出版社		1983
挣扎在社会底层的报贩		新闻研究资料	4期	1987
研究西部开发的珍贵文献——《华西边疆研究学会杂志》	周蜀蓉	中华文化论坛	1期	2003
西康的报业	大濂	新闻战线	1卷4期	1941
《毛牛》与《百灵鸟》——《西康日报》的两个副刊	戴廷耀	新闻研究资料	2期	1986
康区第一张报纸始于何时	许茂德	四川民族史志	1期	1989
我所知道的《新康报》	赵乐群	新闻与传播研究	3期	1986
藏学报刊汇志	西绕江措	中国西藏	4期	1998
藏学报刊汇志（续一）	西绕江措	中国西藏	5期	1998
藏学报刊汇志（续二）	西绕江措	中国西藏	6期	1998
三四十年代西康省宁属地区期刊（彝族）之述略	周晓晴	西南民族学院学报（哲社）	6期	1999
三四十年代西康地区期刊（藏族部分）之述略	周晓晴	西南民族学院学报（哲社）	2期	2000
三四十年代西康地区期刊之述略		中国西藏	3期	2000
（康区）"藏学报刊汇志补"之补	秦和平	民族史研究		2003
藏学报刊汇志	徐丽华	中国藏学出版社		2003
四川藏书家资料汇辑	范凤书	四川图书馆学报	6期	1985
宋代四川藏书考述	吴天墀	四川文物	3期	1984
宋代民间藏书与地方文化发展之关系——以四川地区为例	邹重华	中华文化研究所学报		1993
晁公武与宋代四川图书业	祝尚书	中国典籍与文化	1期	1995
宋代乐山私家藏书与地方文化发展探微	王黎	图书馆理论与实践	2期	2002
四川书院的藏书事业	胡昭曦	四川图书馆学报	1期	2000
杨慎与图书编撰学	郭伟玲	四川图书馆学报	4期	2005

续表一四

篇、书名	著(译)编者	出处	卷、期	年月日
李调元父子万卷楼藏书始末	文守仁	四川文献	51期	1966
李调元和他的"万卷楼"	李 林	图书馆学研究	1期	1984
李调元和"万卷楼"藏书	黄海明	图书馆论坛	6期	2000
续藏书纪事诗	吴则虞	四川图书馆学报	4期	1979
成都刘氏所藏写本"聊斋志异记"	林名均	人世间	22期	1935
严氏藏书，川中奇珍	张学君	文史杂志	3期	1992
劫灰红羊忆旧藏	李 寰	四川文献	52期	1966
成都大观堂	江 苇	成都日报		1980.1.31
傅增湘	黄 裳	读书	7期	1983
藏园群书经眼录	傅增湘	中华书局		1983
简评《藏园群书经眼录》	王义耀	文献	3期	1985
博采善本 考辨源流——《藏园群书经眼录》	仇正伟	中国社会科学	3期	1985
藏园老人《学津讨原》校语十一则	萧新祺	文献	1期	1990
藏园群书题记	傅增湘	上海古籍出版社		1989
《藏园群书题记》	宛 丘	读书	3期	1990
藏园题记一则	张其凡	文献	3期	1990
傅增湘简介	赵济武	河北图苑	2期	1991
藏园题跋匡正一例	李国庆	文献	3期	1991
《藏园群书题记》佚文二则（之一）	白莉蓉	文献	3期	1991
《藏园群书题记》佚文二则（之二）	白莉蓉	文献	3期	1991
傅增湘先生藏书思想探析	李衍翎	山东图书馆季刊	2期	1992
晚清藏书家、目录学家傅增湘	张志强	江苏图书馆学报	2期	1993
四十条黄金换来的书	杨 杞	图书馆建设	6期	1993
傅增湘与《藏园群书经眼录》	杨自然	郑州大学学报（哲社）	3期	1994
一代藏书校书宗师傅增湘	郑伟章	中国图书馆学报	6期	1994
傅增湘先生的版刻艺术鉴赏	徐雁平 武晓峰	四川图书馆学报	1期	1995
"双鉴楼主"傅增湘	崔春青	阅读与写作	8期	2003
傅增湘日本访书考略	王 玮	图书情报工作	3期	2004
始之以鉴存 继之以校勘 卒之以传播——论傅增湘的藏书思想及实践	冯 志	四川图书馆学报	3期	2005

续表一五

篇、书名	著(译)编者	出处	卷、期	年月日
调查四川省图书馆报告	毛坤	中华图书馆协会会报	8卷3期	1932
四川图书馆界概况调查	张慕骞	浙江图书馆馆刊	2卷6期	1933
1938年成都图书业抗日救亡活动简况	杨用之	成都现代革命史资料	3辑	1982
四川省立图书馆概况	四川省立图书馆筹备处	编者刊		1940
四川省立图书馆四年（1940—1944）来的情况		中华图书馆协会会报	19卷1-3期	1945
四川省图书馆馆藏珍品集	李忠昊	四川美术出版社		2002
四川大学图书馆概况	桂质柏	国立四川大学图书馆		1936
四川大学图书馆概况		文物参考资料	11期	1951
华西协合大学图书馆概况		文物参考资料	11期	1951
西南人民图书馆概况		文物参考资料	11期	1951
万县公立图书馆概要	万县公立图书馆	编者刊		1930
万县公立图书馆创办始末记	李寰	四川文献	60期	1967
川东联立师范学校典夔图书馆概况	川东联立师范学校典夔图书馆总务股	编者刊		1937
重庆市图书馆馆藏地方文献简介	黄贤虞	重庆地方志资料	1期	1986
重庆市图书馆四十年史略（1947—1987）	陈铎	四川图书馆学报	4期	1987
重庆市图书馆建馆四十周年纪念文集1947—1987	重庆市图书馆	编者刊		1987
北碚图书馆纪念建馆60周年		重庆日报		1986.5.29
川东"天一阁"	余兰芳	重庆日报		1988.4.2
从毕阿苏拉则"藏经楼"看彝族先民的图书馆意识	熊克江	凉山大学学报	1期	2003
建国前四川现代博物馆述略	陈德富	四川文物	2期	1991
60年来重庆文博事业发展概述	胡昌健	中国博物馆	2期	1996
		史志文汇	3期	1996
A Volume From the Hanlin Library in West China Union University Museum	D. C. Graham	Journal of the West China Border Research Society	Vol. 5	1932
The West Chian Union University Museums	D. C. Graham	Journal of the West China Border Research Society	Vol. 6	1933–1934
The West China Museum, or West China Man and His Culture	D. S. Dye	Journal of the West China Border Research Society	Vol. 11	1939

续表一六

篇、书名	著(译)编者	出处	卷、期	年月日
华西大学博物馆参观记	卫聚贤	说文月刊	2卷8期	1940
忆"华大"博物馆	陈德富	文史杂志	6期	1987
华大博物馆与皮影戏艺术	江玉祥	四川文物	4期	2004
中国西部博物馆概况	中国西部博物馆	编者刊		1947
四川大学博物馆	陈德富	四川文物	3期	1986
四川大学博物馆：历史与今天	陈长虹	回顾与展望：中国博物馆发展百年		2005
川西博物馆概况		文物参考资料	11期	1951
看四川省博物馆书法碑帖展览	元丁	成都晚报		1962.8.29
四川省博物馆	四川省博物馆	文物出版社		1988
建国前四川现代博物馆述略	陈德富	四川文物	2期	1991
四川省博物馆	四川省博物馆	文物出版社、日本讲谈社		1992
重庆市博物馆历史考古文集1950-1984	徐文彬	重庆市博物馆		1984
重庆市博物馆概况		重庆地方志资料	1期	1986
荟巴蜀风物 迎八方亲朋——重庆市博物馆介绍	王川平	四川文物	2期	1991
重庆自然博物馆		重庆与世界	1期	1994
重庆自然博物馆研究文集	周世武等	重庆出版社		2002
重庆中国三峡博物馆重庆博物馆	重庆中国三峡博物馆·重庆博物馆	文物出版社		2005
杜甫草堂博物馆馆藏古籍探索	郭大仁	杜甫研究学刊	3期	2001

第十二章 移民文化

篇、书名	著(译)编者	出处	卷、期	年月日
略谈古代四川与国外的经济文化交流	冯一下	四川师院学报（社科）	3期	1980
试谈古代四川与东南亚文明的关系	童恩正	文物	9期	1983
		中国西南民族考古论文集		1990
试论我国从东北至西南的边地半月形文化传播带	童恩正	文物与考古论集		1987
		中国西南民族考古论文集		1990
三星堆遗址与古代西南文化关系初论	罗开玉	四川文物	1期	1989
广汉三星堆青铜文化与古代西亚文明	霍 巍	四川文物	1期	1989
商文化怎样传入四川	李学勤	中国文物报		1989.7.21
商周文化入蜀时间及途径初探	陈 亮	四川文物	6期	1990
褒斜道与商周文化入蜀途径	陈 亮	中国文物报		1990.4.26
商代蜀国青铜雕像文化来源和功能之再探讨	段 渝	四川大学学报（哲社）	2期	1991
三星堆文化与西南地区文化传播的源流	庄文彬	四川文物	2期	1992
古代巴蜀与近东文明	段 渝	历史月刊	2期	1993
商代中国西南的世界文明——论商代长江上游川西平原青铜文化与华北和世界文明的关系	段 渝	东南文化	2期	1993
古代巴蜀与南亚和近东的经济文化交流	段 渝	社会科学研究	3期	1993
川西平原的蜀文化与商文化入川路线	张玉石	华夏考古	1期	1995
略论巴、蜀与楚的文化交流关系	段 渝	长江文化论集		1995
从蜀墓腰坑的设置看巴蜀文化与关中文化的交流	彭 文	西北史地	2期	1995
		四川文物	4期	1996
		考古与文物	6期	1996
从考古发现看四川上古文化的开放性	高大伦	天府新论	5期	1996
古代巴蜀的对外文化交流与传播	段 渝	成都文物	3期	2001
三星堆时期古蜀国与远方的文化交往	黄剑华	文史杂志	4期	2001
商代黄金制品的南北系统	段 渝	考古与文物	2期	2004
滇越考——早期中印关系的探索	汶 江	中华文史论丛	2辑	1980
南方丝绸之路与中、印、缅经济文化交流	朱昌利	东南亚	3期	1991
秦汉时期四川对云南的经济文化交流贡献	胡小柳	四川文物	5期	2003

续表一

篇、书名	著(译)编者	出处	卷、期	年月日
论秦汉时期西南地区与岭南地区的经济和文化交往	刘汉东	文史杂志	2期	2004
西汉前期的蜀商在中外文化交流史上的贡献	周永卫	史学月刊	9期	2004
简牍和考古所见汉代河西走廊与蜀地之间的交往及相关的几个问题	李永平	四川文物	6期	2004
史志中的古韩国来川使者	刘时和	巴蜀史志	4期	2002
杨慎在川滇文化传播和交流中的作用	李朝正	社会科学研究	4期	1991
试述清代闽人入川与川闽经济文化交流	徐心希	中华文化论坛	4期	2003
重庆近代对外关系史略（1891—1919）	王志昆	重庆地方志	5期	1991
试论100年来重庆市的三次开放	王川平	重庆社会科学	6期	1991
李约瑟在四川	黄友良	文史杂志	6期	1992
抗战时期重庆的对外交往	苏文光	重庆出版社		1995
"陪都"时期中外科学文化交流探析	俞荣根	中华文化论坛	3期	1999
康藏与中原地区早期交往试探	任乃强 泽旺夺吉	藏学研究论丛	1辑	1989
历史上的四川移民潮	凌子	文史杂志	5期	1994
夏代大巫山地区外来移民文化简论	任桂园	中华文化论坛	4期	2001
夏人对巴地的移民新探	曾超	烟台大学学报（哲社）	4期	2004
从考古材料看三峡移民的历史	王家德	三峡大学学报（人文）	3期	2005
论秦汉政府向巴蜀的移民、徙徒与迁房	罗开玉	天府新论	3期	1990
巴蜀地区的移民墓研究	江章华	四川文物	1期	1996
从秦移民墓看秦移民对巴蜀地区的影响	吴怡	考古与文物（先秦考古）	增刊	2004
西南丝绸之路上的汉代移民	刘弘	东南文化	6期	1991
魏晋巴蜀移民述论	张泽洪	许昌师专学报（社科）	4期	1991
成汉前期巴蜀之民外流及其影响	周蜀蓉	成都大学学报（社科）	1期	2004
唐五代移民入蜀考	谢元鲁	中国社会经济史研究	4期	1987
元明清时期进入西南地区的外来人口	方慧	中央民族大学学报	5期	1996
论元明清三峡地区的移民对区域文化发展的影响	邹登顺	重庆师范大学学报（哲社）	5期	2004

续表二

篇、书名	著(译)编者	出处	卷、期	年月日
明代四川移民史论	黄友良	四川大学学报（哲社）	3 期	1995
明清时期两湖移民研究	石 泉 张国雄	文献	1 期	1994
蒲江县明清两代移民考	江文佐	成都文物	2 期	1986
明清时期的两湖移民	张国雄	陕西人民教育出版社		1995
封建社会后期两湖移民过程的时空特征	张国雄	中国史研究	2 期	1996
明清时期两湖移民的动因与类型分析——族谱资料的历史人口地理研究	张国雄	历史地理	13 辑	1996
"解手"的传说与明清"湖广填四川"	陈世松	中华文化论坛	4 期	2003
明清的江西湖广人与四川	孙晓芬	四川大学出版社		2005
谈谈清初所谓"湖广填四川"的问题	万大斌	沈阳师院教学研究集刊	7 期	1956
"张献忠屠蜀"与"湖广填四川"考辨	胡昭曦	中国农民战争史集刊	1 辑	1979
"湖广填四川"问题探讨	王 纲	社会科学研究	3 期	1979
Sichuan and Qing Migration Policy	R. Entenmann	Ch'ing Shih Wen T'i	Vol. 4, No. 4	1980
"湖广填四川"的移民过程	田光炜	四川师院学报（社科）	2 期	1981
"湖广填四川"三百年后闻见录	庚国琼	龙门阵	3 辑	1981
从汤油坊石碑看"湖广填四川"的真伪	李旭葵	四川文物	2 期	1989
湖北麻城迁民入川问题初探	邹功勇	巴蜀史志	1 期	1992
"湖广填四川"与四川流民问题	刘 源	清史研究	1 期	1994
清代四川土著和移民分布的地理特征研究	蓝 勇	中国历史地理论丛	2 期	1995
"湖广填四川"始末	曾祥邹	中学历史教学参考	7 期	1995
移住民の秩序——清代四川地域社会史研究	山田贤	名古屋大学出版会		1995
湖广填四川的几种情况	南治平	文史古今谈		1996
中国历史上的移民发源地之一麻城孝感乡	葛剑雄	寻根	1 期	1997
清代前期的移民填四川	孙晓芬	四川大学出版社		1997
"湖广填四川"的移民浪潮与清政府的行政调控	王 炎	社会科学研究	6 期	1998

续表三

篇、书名	著(译)编者	出处	卷、期	年月日
移民入川与舞台人生	蒋维明	成都科技大学出版社		1998
"湖广填四川"及其它——田野调查笔记	孙和平	达县师范高等专科学校学报	3期	2000
清代移民与四川经济文化的变迁	赖悦	西南民族学院学报(哲社)	5期	2000
清廷四川移民政策的演变——兼论客家迁徙四川问题	宋超	重庆师院学报(哲社)	3期	2001
清代移民与川西藏区开发	刘正刚 唐伟华	西藏研究	1期	2002
"湖广填四川"与美国"西进运动"比较	张小路	江汉论坛	5期	2002
巴蜀"土著"何处寻	邓经武	巴蜀史志	6期	2003
近代四川移民及对社会构成的影响	张伟	西南民族大学学报(人文)	12期	2003
湖广填四川——到四川去	肖平	四川省情	7期	2004
四川移民地名与"湖广填四川"——四川移民地名空间分布和移民的省籍比例探讨	黄权生 杨光华	西南师范大学学报(社科)	3期	2005
"湖广填四川"研究平议	陈世松	天府新论	3期	2005
麻城孝感乡移民考	凌礼潮	寻根	5期	2005
"麻城孝感乡现象"探疑	陈世松	社会科学研究	6期	2005
"湖广填川"的三个"版本"	毛毛	四川党的建设(城市)	9期	2005
论清代"湖广填四川"的政策导向	陈典	理论月刊	10期	2005
寻访我们永远的"麻城孝感乡"	孙晓芬 曾东平	四川日报		2005.10.14
湖广填四川	肖平	成都时代出版社		2005
大迁徙"湖广填四川"历史解读	陈世松	四川人民出版社		2005
战时移民地理之一例——北碚附近战时移民之分布及特征	周立三	地理	3卷 1、2期	1943
近代四川的移民及其所发生的影响	吕实强	"中研院"近代史研究集刊	6期	1977
近代四川移民及对社会构成的影响	张伟	西南民族大学学报(人文)	12期	2003
明清时期闽粤客家人内迁与秦巴山区的开发	陈良学	汉中师范学院学报(社科)	2期	2001
粤系姚氏迁川记	姚蒸民	四川文献	129期	1973
18世纪广东移民四川路线之考察	刘正刚	中山大学研究生学刊	2期	1990
清代四川的粤民家族组织	刘正刚	岭南文史	4期	1991
清前期广东向四川的移民	刘正刚	广东史志	4期	1991

续表四

篇、书名	著(译)编者	出处	卷、期	年月日
清前期闽粤移民四川数量之我见	刘正刚	清史研究	3期	1994
清代四川的广东移民社会组织	刘正刚 黄启臣	中山大学学报论丛	3期	1994
清代前期广东移民四川原因考述	刘正刚	广东社会科学	1期	1995
清代福建移民在四川分布考——兼补罗香林四川客家人分布说	刘正刚	中国历史地理论丛	3期	1995
清代广东移民在四川分布考——兼补罗香林四川客家人分布说	刘正刚	暨南学报（哲社）	1期	1996
清代福建移民在四川分布考	刘正刚	客家研究辑刊	2辑	1996
清初闽西移民大举迁川内因的个案研究	陈世松	客家文化研究（上）		2004
清代の地域社会と移住宗族——四川省雲陽涂氏の軌跡	山田賢	社会経済史学	55卷4期	1990
从移民史角度看三峡移民	蓝勇	光明日报		2001.10.1
清前期四川和台湾移民政策之比较	刘正刚	四川大学学报（哲社）	1期	1996
草根文化与移民社会整合——清代台湾与四川移民家庭比较	刘正刚 乔素玲	福建省社会主义学院学报	4期	2001
清代台湾与四川移民家族发展比较	乔素玲 刘正刚	西南师范大学学报（人文）	3期	2002
环境、移民与社会经济——清代川、湖、陕交界地区的经济开发和民间风俗之一	郑哲雄等	清史研究	3期	2004
试论四川三台的"湖广填四川"	张龙	乐山师范学院学报	1期	2004
重庆移民地名与"湖广填四川"	黄权生	重庆师范大学学报（哲社）	6期	2004
彭州移民话沧桑	沈洪氏	成都文物	2期	2004
四川客家人的来源，移入及分布	黄友良	四川师范大学学报（社科）	1期	1992
清代四川的广东客家人	刘正刚	岭南文史	2期	1994
龙泉山上客家人	肖晓文	四川统一战线	11期	1995
闽粤客家人在四川	刘正刚	广西教育出版社		1997
首届四川客家学术研讨会观点综述	陈世松	天府新论	6期	1999
西部大开发与四川客家文化	陈世松	中华文化论坛	2期	2000
古镇洛带客家的来源与形成	刘世旭	成都文物	2期	2000
四川的客家人与客家文化		四川大学学报（哲社）	4期	2000
四川客家探访录	张全庆	海内与海外	4期	2000

续表五

篇、书名	著(译)编者	出处	卷、期	年月日
四川的"土广东"来自何方——孙晓芬《四川的客家人与客家文化》面世	周舸	四川文物	4期	2000
成都龙泉驿"田氏支祠"与"唯仁山庄"	方全明	四川文物	5期	2000
成都东山客家"耕读为本"浅析	刘世旭	四川文物	5期	2000
四川的客家人	李义让	四川统一战线	12期	2000
四川的客家人与客家文化	孙晓芬	四川大学出版社		2000
四川客家问题的特殊性及研究历程	陈世松	中华文化论坛	4期	2001
移民与客家文化——三台县客家联谊会成立大会专集	王伦传	三台县客家联谊会		2001
四川客家历史与现状调查	陈世松 刘义章	四川人民出版社		2003
移民与客家文化学术研讨会论文汇编	四川客家研究中心	编者刊		2003
鲜为人知的西昌客家人	宋明 郑客	中国民族报		2003.11.4
四川土著哪里去了	邓经武	四川日报		2003.11.14
从传世碑刻看入川的客家人	龙显昭	四川文物	3期	2004
四川的客家人	张磊	西部时报		2004.7.28
四川客家人的来源	宋妙	天府新论	2期	2005
民国时期四川客家"发现"始末	陈世松	成都大学学报（社科）	5期	2005
明清的江西湖广人与四川	孙晓芬	四川大学出版社		2005
重庆江津的移民与客家	钟永毅	中国三峡出版社		2005
四川移民与客家文化学术研讨会论文集	陈世松	四川出版集团 天地出版社		2005
四川与客家世界——第七届国际客家学研讨会论文集 上	陈世松	四川出版集团 天地出版社		2005
成都东山客家研究（上）——成都沙河客家的变迁	谢桃坊	四川出版集团 天地出版社		2005
成都东山客家研究（下）——成都东山客家太平村	钟培全 冯敏	四川出版集团 天地出版社		2005
客家妇女——纪念朱德母亲钟太夫人逝世60周年文集	陈世松	四川出版集团 天地出版社		2005
四川客家文化丛书 第一辑	陈世松	四川客家研究中心		2005
"移民与客家文化"国际学术研讨会论文集	陈世松	广西师范大学出版社		2005

续表六

篇、书名	著(译)编者	出处	卷、期	年月日
"移民与客家文化"国际学术研讨会论文集（续编）	陈世松	四川客家研究中心		2005
老成都与新移民（外六种）——献给第二十届世界客属恳亲大会	四川客家研究中心	编者刊		2005
陕西会馆	鄢定高	成都文物	1期	1983
湖广会馆	一卉	成都文物	1期	1984
从"湖广填四川"谈四川的会馆	黄友良	文史杂志	1期	1989
清代四川的广东移民会馆	刘正刚	清史研究	4期	1991
清代西南移民会馆名实与职能研究	蓝勇	中国史研究	4期	1996
清代四川南华宫分布考	刘正刚	岭南文史	3期	1997
试论清代四川南华宫的社会活动	刘正刚	暨南学报（哲社）	4期	1997
清代四川天后宫考述	刘正刚	汕头大学学报	5期	1997
重庆湖广会馆及其保护研究	龙彬	建筑史论文集	14辑	2001
移民社会的缩影——重庆"湖广会馆"文化内涵三题	郭璇	华中建筑	1期	2002
移民社会的缩影——重庆"湖广会馆"文化内涵三题（续）	郭璇	华中建筑	2期	2002
重庆移民会馆产生和兴盛的原因探析	王巧萍	重庆工商大学学报（社科）	2期	2005
自贡盐业与会馆庙宇	宗建	盐业史研究		1986
自贡盐业会馆的兴起与社会功能	宋良曦	盐业史研究	4期	2001
宏伟奇特的西秦会馆	颜史	四川日报		1981.1.3
自贡西秦会馆	罗明扬	光明日报		1981.12.29
西秦会馆调查报告	彭久松	井盐史通讯	1期	1981
自贡西秦会馆	颜波文	旅游天府	4期	1981
西秦会馆的两篇建馆碑记及其译文	罗成基	井盐史通讯	1期	1982
四川的古典舞台	孙晓芬	成都晚报		1983.6.8
盐都第一胜景——西秦会馆	张此吾	四川日报		1984.4.21
自贡西秦会馆	宋良曦	四川文物	2期	1984
陕西商人与西秦会馆	土军勇	华夏文化	1期	1997
自贡西秦会馆	张哲	四川统一战线	1期	1999
四川会馆建筑与移民文化	陈玮 胡江瑜	华中建筑	2期	2001
西秦会馆续盐史	黄健	中国旅游报		2001.3.28
自贡盐业会馆的精品——西秦会馆	谢岚	建筑知识	2期	2004

续表七

篇、书名	著(译)编者	出处	卷、期	年月日
建筑历史文化遗产——西秦盐业会馆	谢 岚	小城镇建设	3期	2004
浅析西秦会馆建造背景	陶 宏	四川文物	6期	2004
四川同乡会馆的社区功能	黄友良	中华文化论坛	3期	2002
剖析会馆文化 透视移民社会——从成都洛带镇会馆建筑谈起	傅 红	西南民族大学学报（人文）	4期	2004
聚落·会馆——洛带客家移民文化之初探	马跃峰 张庆顺	重庆建筑大学学报	2期	2005
清代成都会馆的背影	陈 宇	四川日报		2005.8.26